E-BUSINESS PARA TURISMO

O68g   Organização Mundial de Turismo
       E-business para turismo / Organização Mundial de Turismo; trad. Roberto Cataldo Costa. – Porto Alegre : Bookman, 2003.

       1. Turismo. I. Título.

       CDU 338.486:379.85

Catalogação na publicação: Mônica Ballejo Canto – CRB 10/1023

ISBN 85-363-0174-0

E-BUSINESS PARA TURISMO

Guia prático para destinos e empresas turísticas

Tradução:
ROBERTO CATALDO COSTA

Consultoria, supervisão e revisão técnica desta edição:
DAVID M. JOHNSTON
Mestre em Marketing pelo PPGA/UFRGS
Professor da FACE/PUCRS

ELISABETH AVILA ABDALA
Mestre em Administração pelo PPGA/UFRGS
Doutoranda em Comunicação Social pela FAMECOS/PUCRS
Professora da FACE/PUCRS e ESPM

Bookman

2003

Obra originalmente publicada sob o título:
E-Business for Tourism: Practical Guidelines for tourism destinations and businesses

Copyright © 2001 World Tourism Organization

This work is published for and on behalf of the World Tourism Organization

Capa:
Mário Röhnelt

Preparação de originais:
Daniel Grassi

Leitura final:
Marcos Rubenich

Supervisão editorial:
Arysinha Jacques Affonso

Editoração eletrônica:
AGE – Assessoria Gráfica e Editorial Ltda.

Reservados todos os direitos de publicação em língua portuguesa à
ARTMED® EDITORA S.A.
(Bookman® Companhia Editora é uma divisão da Artmed® Editora S.A.)
Av. Jerônimo de Ornelas, 670 – Santana
90040-340 Porto Alegre RS Brasil
Fone (51) 3330-3444 Fax (51) 3330-2378

É proibida a duplicação ou reprodução deste volume, no todo ou em parte,
sob quaisquer formas ou por quaisquer meios (eletrônico, mecânico, gravação,
fotocópia, distribuição na Web e outros), sem permissão expressa da Editora.

SÃO PAULO
Av. Rebouças, 1.073 – Jardins
05401-150 São Paulo SP Brasil
Fone (11) 3062-3757* Fax (11) 3062-2487

SAC 0800 703-3444

IMPRESSO NO BRASIL
PRINTED IN BRAZIL

Agradecimentos

As Partes A e B deste texto foram escritas por Roger Carter e seus colegas da Tourism Enterprise and Management (TEAM); a Parte C, por François Bédard, da Universidade de Québec, em Montreal, Canadá.

O WTOBC, Conselho Empresarial da Organização Mundial do Turismo, gostaria de agradecer aos autores, assim como às outras organizações cujo material é citado ou apresentado nesta publicação: Computer Industry Almanac, Concierge, Datamonitor, eTForecasts, IDC, Jupiter Communications, Nykamp Consulting Group, Scottish Tourist Board, Travel Industry Association of America.

Este material foi produzido com o apoio ativo da International Federation of IT and Travel & Tourism.

O WTOBC também gostaria de expressar seus agradecimentos a nosso membro MasterCard International, bem como à Microsoft Iberica, cujo patrocínio tornou possível o financiamento deste estudo.

Prefácio

Os negócios eletrônicos (*e-business*) na Internet apresentam novas e compensadoras oportunidades de negócios para todo destino ou fornecedor do setor turístico, seja pequeno ou grande. Para isto, o *marketing* na Web e por *e-mail* é fundamental. Contudo, o *e-business* é muito mais amplo do que isso, com impactos internos e externos em todos os tipos de processos empresariais e de comunicação, exigindo novas formas de pensar e trabalhar.

Assim sendo, as Organizações de Gerenciamento de Destinos (OGDs) e as empresas turísticas têm que lidar não apenas com as transformações tecnológicas, mas também com as transformações organizacionais, com base nos princípios do trabalho cooperativo e do aproveitamento conjunto de recursos. Organizações e empresas desse tipo devem integrar-se mais internamente, ao mesmo tempo em que viabilizam novas parcerias e alianças externas.

Aquelas que escolhem ignorar o *e-business*, ou considerá-lo uma atividade periférica, assumem todos os riscos, já que seus principais concorrentes irão com certeza explorar as oportunidades que o sistema oferece para melhorar sua competitividade.

Como fica demonstrado no primeiro capítulo deste livro, a Internet é o meio ideal para o turismo e o turismo é um setor fundamental para o comércio na Internet. Na verdade, o comércio eletrônico no setor turístico continua a ampliar-se em ritmo acelerado, enquanto outros setores encontram dificuldades. Diversas previsões sugerem que a fatia referente ao setor turístico continuará seu rápido crescimento, talvez atingindo os 50% nos próximos dois ou três anos.

O Conselho Empresarial da Organização Mundial do Turismo está ciente de que, neste ambiente dinâmico, as OGDs e as empresas turísticas têm uma necessidade real de orientação prática sobre como assumir o *e-business*. Este texto visa atender a essa necessidade, dividindo-se em três partes:

- A Parte A estabelece os alicerces, com uma análise das tendências de mercado e uma explicação dos conceitos de *e-business* e do gerenciamento de relações com os clientes (CRM – *customer relationship management*).
- A Parte B trata do e-business para as OGDs, iniciando-se com um panorama das mudanças nas cadeias de valor e das evoluções no papel cumprido pelas OGDs. A seguir, oferece orientações práticas (passo a passo) de como as OGDs devem responder aos desafios, através do desenvolvimento de sistemas de *e-business* e, mais especificamente, como desenvolver *sites* para os consumidores, os intermediários, a mídia turística e as empresas do setor.
- A Parte C concentra-se no *e-business* para os fornecedores como um todo do setor turístico, especialmente as Pequenas e Médias Empresas (PMEs). Começa com um apanhado geral sobre as aplicações e os serviços de *e-business* relevantes para cada um dos principais setores do turismo, entrando a seguir em detalhes relacionados às oportunidades de quatro setores específicos: serviços de hospitalidade, agências de viagens, operadoras turísticas e atrações.

Este livro dá continuidade a um relatório publicado pelo conselho empresarial da OMT em novembro de 1999 sob o título "Marketing Tourism Destinations Online" (*O marketing de destinações turísticas on-line*). A referida publicação inclui um amplo leque de informações gerais sobre as implicações da era da informação para o *marketing* desenvolvido pelos segmentos do setor turístico. O documento cobre o desenvolvimento e a utilização de sistemas de distribuição eletrônica no setor – especialmente os sistemas de distribuição global e os sistemas centrais de reservas dos hotéis, o surgimento e o impacto da Internet como canal de distribuição, e as tecnologias emergentes (especialmente a tevê interativa) que terão conseqüências futuras sobre a distribuição. Estes assuntos não serão tratados novamente aqui, de forma que os leitores que desejam conhecer mais a seu respeito devem consultar o relatório em questão.

Embora este material se baseie parcialmente no conteúdo dos conceitos de "Marketing Tourism Destinations Online", a maior parte do material é nova. As diretrizes para as OGDs foram bastante ampliadas; os estudos de caso sobre os sistemas de gerenciamento de destinos e os *sites* das OGDs foram completamente atualizados, e a Parte C, escrita especialmente para empresas turísticas, é completamente nova. O título deste livro reflete não apenas o fato de ser uma publicação diferenciada, mas também com abrangência muito mais ampla.

MARTIN BRACKENBURY	JOSÉ ANTONIO FERREIRO
Presidente	Executivo-chefe
Conselho Empresarial da OMT	Conselho Empresarial da OMT

Sumário

Parte A
INTRODUÇÃO

1 Definindo o cenário 15
A Internet e o turismo – uma combinação poderosa 15
A importância da Internet e do comércio eletrônico na Web 15
    O crescimento da utilização da Internet 15
    O perfil do usuário da Internet 17
    O crescimento do comércio na Internet 18
    A participação de mercado do turismo 20
    As compras de produtos turísticos 20
    O impacto do uso da Internet sobre os canais tradicionais 20
    Resumo das principais tendências do mercado 23
O conceito de *e-business* 23
Os princípios do gerenciamento do relacionamento com os clientes (CRM) 24

Parte B
E-BUSINESS PARA ORGANIZAÇÕES DE GERENCIAMENTO DE DESTINOS

2 *E-business* para OGDs – Princípios e Conceitos 29
Cadeias de valor em evolução 29
    O futuro das OGDs como entidades intermediárias 31
    Posicionamento das OGDs dentro da rede de valor 31
Sistemas integrados de *e-business* para destinações turísticas 33
    Sistema-modelo de *e-business* para destinos 33
    Parcerias em *e-business* para OGDs 35
O potencial do *marketing* eletrônico e do CRM 36
    A abrangência do *marketing* eletrônico para as OGDs 36
    Gerenciamento de Relacionamento com os Clientes para as OGDs 37
    Técnicas de *marketing* eletrônico 39
    Fatores fundamentais para o sucesso do CRM e do *marketing* eletrônico proativos 42
Comércio eletrônico para OGDs 42
As novas formas para as OGDs fazerem negócios 45
Desafios estratégicos para as OGDs 46

**3 Implementando um Sistema de Gerenciamento de Destino (SGD)
como infra-estrutura para o *e-business*** 48
Introdução 48
Guia passo a passo para a implementação de um SGD 48
Fatores-chave para o sucesso do SGD 58
Estudos de caso de SGD 59
    Colúmbia Britânica 59
    Finlândia 62
    Seychelles Tourism Marketing Authority 67
    Singapore Tourist Board 71
    Tirol Tourist Board / Tiscover 74
Tabela com o resumo dos estudos de caso 78

4	*Sites* da Web voltados ao consumidor	81
	Guia passo a passo para o desenvolvimento de um *site* voltado ao consumidor	81
	Fatores fundamentais para o sucesso	90
	Estudos de caso	90
	Berlim	91
	Caribbean Tourism Organisation	93
	Nova Zelândia	96
	Cingapura	98
	Tourism Vancouver	102
	Características fundamentais de um *site* voltado ao consumidor	105

5	**Redes para intermediários**	109
	Intermediários do setor turístico	109
	Características de um *site* turístico	110
	Implementando um *site* para o setor turístico	110
	Intermediários turísticos *on-line*	111
	Exemplos de boa prática	111
	Organizadores de eventos, incentivo, conferências e exposições (MICE)	111
	Recursos	111
	Implementando um *site* MICE	112
	Exemplos de boa prática	112
	Site para a mídia	112
	Recursos	113
	Implementando um *site* para a mídia	113
	Exemplos de boa prática	114

6	**Redes para o setor turístico**	115
	Conectando e qualificando as PMEs	115
	Recursos e funções	115
	Publicação de informações corporativas	116
	Publicação de informações e acesso aos recursos	116
	Serviços interativos	117
	Negociações *business-to-business*	118
	Usuários e conteúdo	119
	Custos e benefícios	119
	Guia passo a passo	120
	Fatores fundamentais para o sucesso	125
	Estudos de caso	125
	Canadian Tourism Exchange	125
	Scot Exchange	128

Parte C
***E-BUSINESS* PARA PMEs DO SETOR TURÍSTICO**

Introdução à Parte C	133

7	**Panorama do setor**	134
	O crescimento do *e-business* em turismo e seu impacto sobre as PMEs em todo o setor	134
	Importância estratégica do comércio eletrônico e do *e-business* para as PMEs	136
	Mapeando as aplicações de comércio eletrônico e de *e-business*	137
	Análise da estrutura e do conteúdo de cada setor	139

8	**Serviços de hospitalidade**	141
	Introdução	141
	Direcionando sua estratégia de *e-business*	141
	Atraindo visitantes internacionais	142
	Oferecendo pacotes personalizados	142
	Mantendo relacionamentos de longo prazo	143
	Aplicações e funcionalidades do *e-business*	144
	Guia passo a passo para a implementação de sua estratégia de *e-business*	146
	Fase 1 – Desenvolvendo o *site*	147
	Fase 2 – Posicionando o *site*	148
	Fase 3 – Fazendo reengenharia do processo de reservas	149

Fase 5 – Reconfigurando a propriedade 155
  Fatores fundamentais para o sucesso de sua estratégia de *e-business* 158
  Estudos de casos de soluções inovadoras de *e-business* 159
    Provedores de serviços de aplicação 159
    Parcerias em compras eletrônicas 161
    Sistemas de gerenciamento de propriedade 161
    Inteligência competitiva 163
  O futuro do comércio eletrônico e do *e-business* 163

9 **Agências de viagem** 165
  Introdução 165
    Direcionando sua estratégia de *e-business* 166
    Sendo realista sobre o comércio eletrônico e o *e-business* 167
    Indo além da emissão de passagens 167
    Adotando uma estrutura básica de receitas alternativas 168
  Aplicações e funcionalidade do *e-business* 169
  Guia passo a passo para a implementação de sua estratégia de *e-business* 171
    Fase 1- Ampliando a estratégia e os recursos 171
    Fase 2 – Construindo a infra-estrutura e as competências 174
    Fase 3 – Concentrando os aplicativos na excelência em serviços 177
  Fatores fundamentais para o sucesso de sua estratégia de *e-business* 180
  Estudos de caso sobre soluções inovadoras em *e-business* 181
    Identificar oportunidades para a segmentação e a especialização 181
    Desenvolver uma pequena agência de viagens *on-line* de forma paralela 182
    Participar de um serviço de referência *on-line* 183
    Tornar-se uma agência virtual 184
    Aplicar as tecnologias de *e-business* para desenvolver excelência em serviços 185
  O futuro do comércio eletrônico e do *e-business* 186

10 **Operadoras turísticas** 189
  Introdução 189
  Direcionando sua estratégia de *e-business* 189
    Concentração e estrutura dos nichos de mercado 190
    Transformando o relacionamento com as agências de viagens 190
    Concorrendo com as empresas recém-chegadas 191
  Aplicações e funcionalidade do *e-business* 192
  Guia passo a passo para a implementação de sua estratégia de *e-business* 193
    Fase 1 – Avançando rumo ao *marketing* eletrônico 194
    Fase 2 – Adaptando sua base tecnológica 196
    Fase 3 – Tornando o desenvolvimento do produto mais flexível 200
  Fatores fundamentais para o sucesso de sua estratégia de *e-business* 202
  Estudos de caso sobre soluções inovadoras de *e-business* 203
    Desenvolver novos conceitos para as operadoras de turismo *on-line* 203
    Integrar os aplicativos de *e-business* para as operadoras de turismo em crescimento 204
    Transformar-se num consolidador virtual 206
  O futuro do comércio eletrônico e do *e-business* 207

11 **Atrações turísticas** 209
  Introdução 209
  Direcionando sua estratégia de *e-business* 209
    Gerenciando as informações sobre as atrações de forma estratégica 210
    Criando operações mais flexíveis 211
    Explorando o poder das alianças 212
  Aplicações e funcionalidade do *e-business* 213
  Guia passo a passo para a implementação de sua estratégia de *e-business* 214
    Fase 1 – Criando e difundindo conteúdos de informação mais atrativos 214
    Fase 2 – Criando processos totalmente coordenados de *e-business* 220
    Fase 3 – Tornando-se uma atração ágil e inovadora 221
  Fatores fundamentais para o sucesso de sua estratégia de *e-business* 222
  Estudos de caso de soluções inovadoras de *e-business* 223
    Turismo cultural 224
    Ecoturismo 226
    Turismo esportivo 227
    Turismo urbano 228
    Turismo rural 229
  O futuro do comércio eletrônico e do *e-business* 229

Conclusão 231

Apêndice A – Análise de *sites* voltados ao consumidor 234

Apêndice B – Glossário técnico e abreviaturas 269

Apêndice C – Sugestões de leitura 273

Apêndice D – Bibliografia da Parte C 276

Parte A
INTRODUÇÃO

1
Definindo o cenário

A INTERNET E O TURISMO – UMA COMBINAÇÃO PODEROSA

A Internet e seu protocolo (TCP/IP) criaram uma plataforma universal para comunicação e apresentação – uma rede verdadeiramente aberta e global. Ela será cada vez mais acessada de tipos diferentes de equipamento – tevê, dispositivos móveis, tecnologia em automóveis, telefones terrestres, terminais eletrônicos, consoles de jogos de computador, etc – com diversos propósitos. O custo de acesso está diminuindo e a velocidade, aumentando. A rede está tornando-se mais útil (em termos de funções e conteúdo) e mais fácil de se usar, uma combinação poderosa de fatores que estimulam o aumento de sua utilização, como demonstra a Seção 1.2.

O turismo e a Internet são parceiros ideais. Os consumidores, ao planejarem uma viagem a um novo destino, enfrentam o problema de realizar uma compra cara sem que possam ver o produto. A Internet fornece acesso imediato a informações relevantes sobre os destinos em todo mundo, com maior variedade e profundidade do que era possível antes, e permite fazer reservas de forma rápida e fácil.

Para os locais que atraem os turistas e para as empresas turísticas, a Internet oferece a possibilidade de se disponibilizar informações de sistemas de reservas a um grande número de consumidores, por um custo relativamente baixo; possibilita grandes economias na produção e na distribuição de material impresso e em outras atividades tradicionais (por exemplo, centrais de atendimento telefônico, os chamados *call centers*, e pontos de informação); e oferece uma ferramenta para a comunicação e o desenvolvimento de relacionamentos, tanto com prestadores de serviços turísticos e intermediários do mercado quanto com os consumidores finais.

O turismo diferencia-se da maioria dos setores do comércio eletrônico em um elemento fundamental – o seu consumidor vai até o ponto de produção e lá recebe o produto – ou seja, o destino. Dessa forma, o setor turístico não precisa entregar produtos no mundo todo – uma tarefa que apresenta problemas logísticos reais, que têm se constituído numa grande fonte de insatisfação por parte dos clientes.

Juntos, esses fatores levam o setor turístico a uma participação cada vez maior no comércio eletrônico (*e-commerce*) global – demonstrado na Seção 2. Como resultado, a Internet está revolucionando a distribuição de informações e vendas em turismo. Ela não só oferece destinos e empresas turísticas diretamente aos consumidores finais, como também está se tornando o principal canal para a comunicação *business-to-business*.

A IMPORTÂNCIA DA INTERNET E DO COMÉRCIO ELETRÔNICO NA WEB

O crescimento da utilização da Internet

O grande crescimento do número de usuários da Internet no períodop de 1995 a 2000 – um aumento de cerca de nove vezes – e a projeção de 2003 até 2006 são apresentados na Figura 1. Os 15 principais países em termos de números absolutos de usuários (previsão

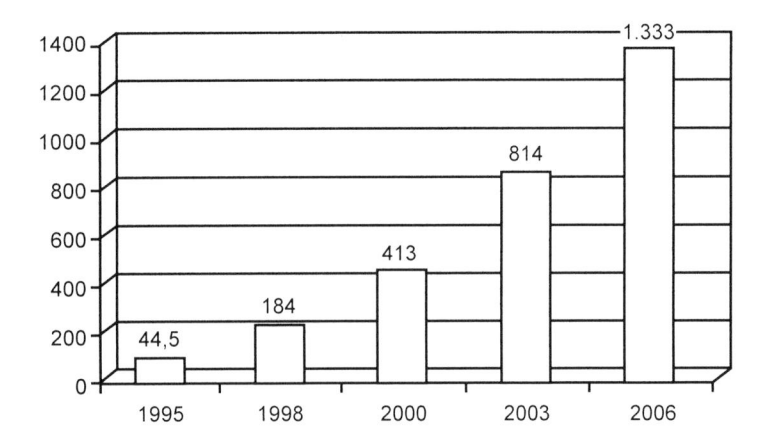

FIGURA 1 Número de usuários da Internet no mundo (em milhões). [Fonte: eTForecasts, julho de 2001].

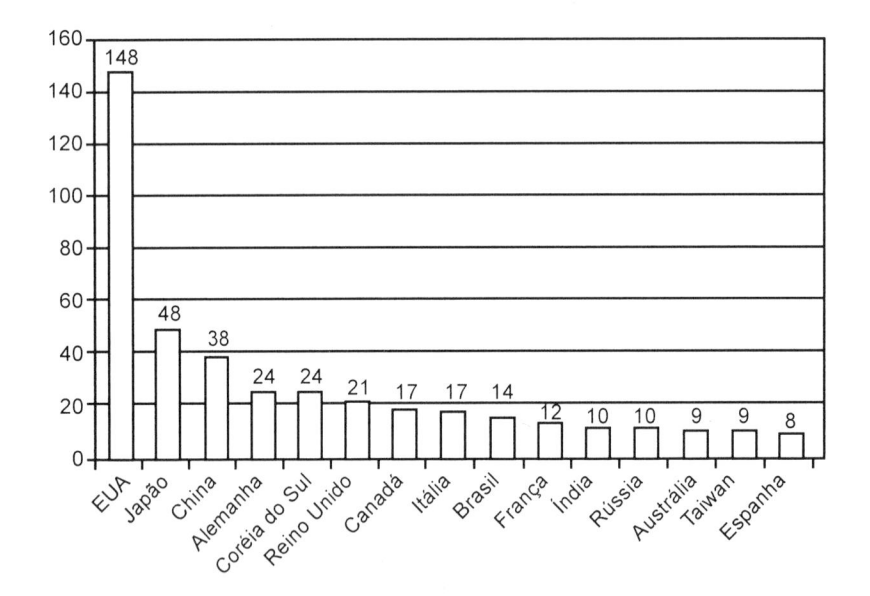

FIGURA 2 Os 15 principais mercados em termos de número de usuários da Internet no final do ano 2001 (em milhões). [Fonte: eTForecast, julho de 2001].

até o final do ano 2001) são apresentados na Figura 2, e é possível perceber um claro domínio dos Estados Unidos. Nessa lista se incluem os nove principais geradores de turismo internacional do mundo (com exceção da Holanda), destacando-se uma posição forte da região Ásia-Pacífico.

A Figura 3 apresenta os 15 principais países em termos de número de usuários da Internet por 1000 habitantes. Nesse critério, os países menores e maiores aparecem lado a lado, com a Suécia tendo a maior taxa de utilização. Outros países escandinavos e a Australásia também têm uma posição forte, da mesma forma que países asiáticos menores. Entre os 10 principais mercados do mundo para o turismo internacional de longa distância, não aparecem nesse gráfico os seguintes países: Alemanha, Reino Unido, França, Japão, Itália, Espanha e Bélgica.

O crescimento futuro nos números de usuários da Internet deve variar muito entre as diferentes regiões do mundo. A Jupiter prevê que (Figura 4):

- A América do Norte terá uma taxa relativamente baixa de crescimento, mas ainda será predominante em 2003.
- O maior crescimento geral acontecerá na região da Ásia-Pacífico.
- As maiores porcentagens de crescimento acontecerão nos mercados que fizeram uma "adoção tardia", especialmente no Oriente Médio (partindo de uma base pequena).

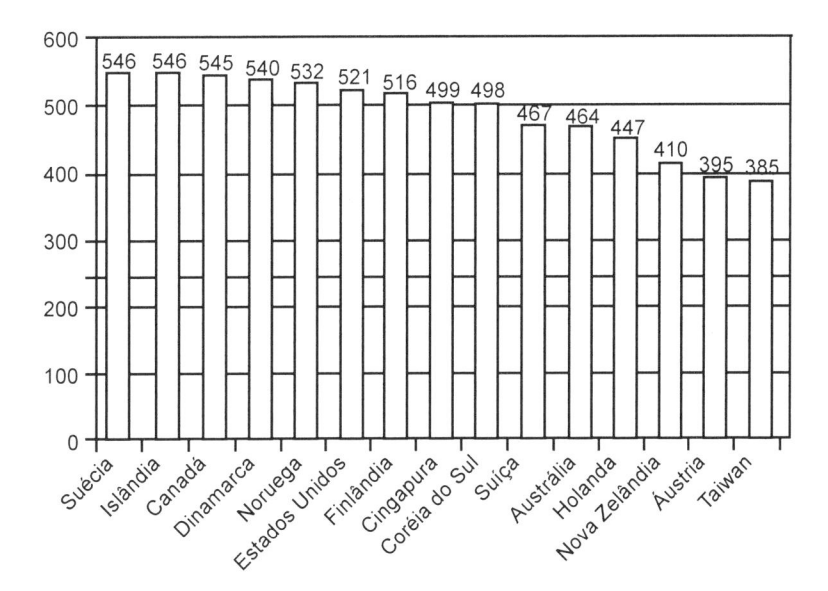

FIGURA 3 Os 15 principais mercados em termos do número de usuários da Internet por 1000 habitantes no final do ano 2000. [Fonte: eTForecasts, julho de 2001].

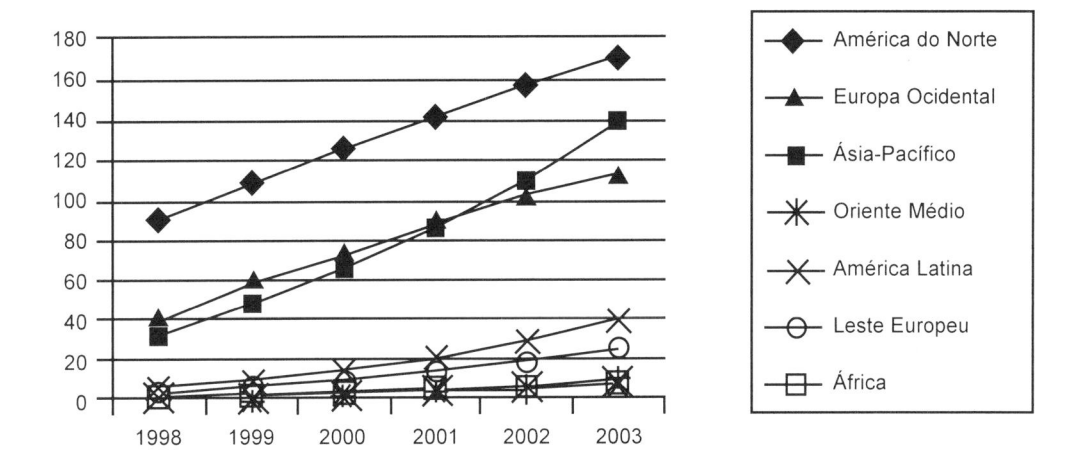

FIGURA 4 Usuários da Internet (em milhões) por região do mundo. [Fonte: Jupiter Comunications, 2000, citado por eMarketer].

Outra empresa, a eTForecasts (Figura 5), projeta um crescimento muito maior na Ásia, a ponto de superar a América do Norte no ano 2003 e dobrar o valor em 2006. A suposição de crescimento rápido na Ásia baseia-se no aumento da utilização de dispositivos sem-fio na Web.

O perfil do usuário da Internet

Os usuários tendem a ter, relativamente falando:

- Uma boa situação financeira.
- Uma boa formação.
- Interesse no turismo independente.

Em outras palavras, eles têm um relacionamento excelente com algum ou todos os mercados-alvo de muitos destinos. Contudo, à medida que cresce o número de usuários, especialmente através do aumento no uso dos novos canais de acesso (principalmente a tevê interativa

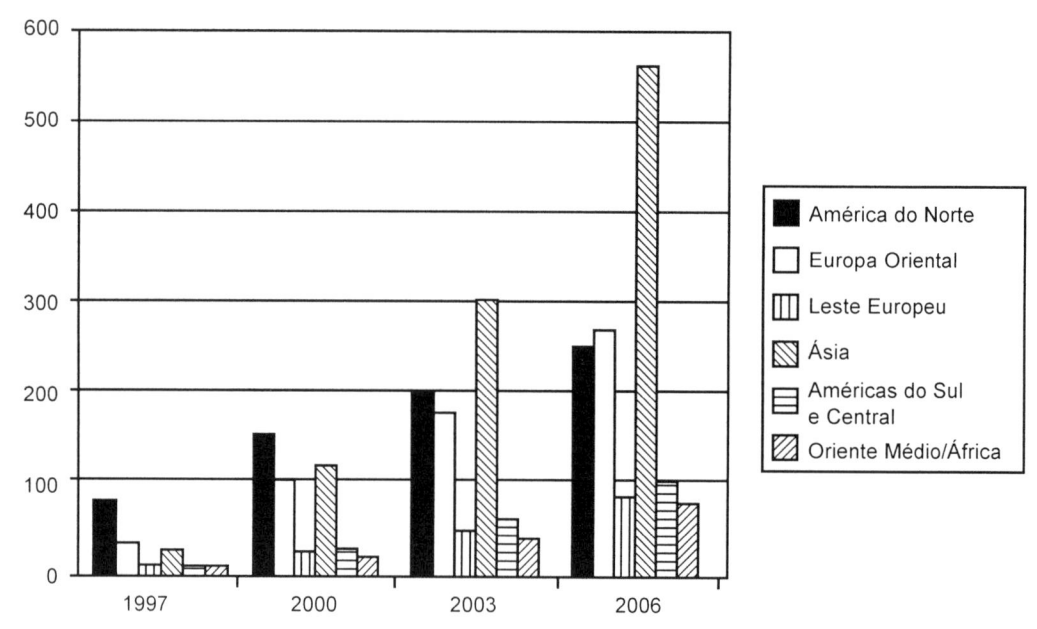

FIGURA 5 Usuários da Internet por regiões (em milhões), em 1997-2006. [Fonte: eTForecasts, julho de 2001].

e os dispositivos móveis), o perfil do usuário irá se modificar, ampliando-se e afastando-se um pouco mais do mercado superior.

Nos Estados Unidos, é alta a proporção de usuários atuais ou futuros da Internet que viajam para o exterior. O mesmo padrão se aplicará a outros mercados importantes dentro dos próximos dois ou três anos.

Assim, com base no perfil do usuário, a Internet parece ser o meio ideal para o *marketing* por parte de destinos e empresas turísticas, como veremos adiante neste capítulo. Em primeiro lugar, entretanto, examinaremos a questão fundamental: até onde a Internet está sendo utilizada como meio de compra e de pesquisa?

O crescimento do comércio na Internet

A Figura 6 apresenta uma importante análise apresentada pela Jupiter, demonstrando como, nos Estados Unidos, a propensão para comprar aumenta de forma diretamente proporcional ao

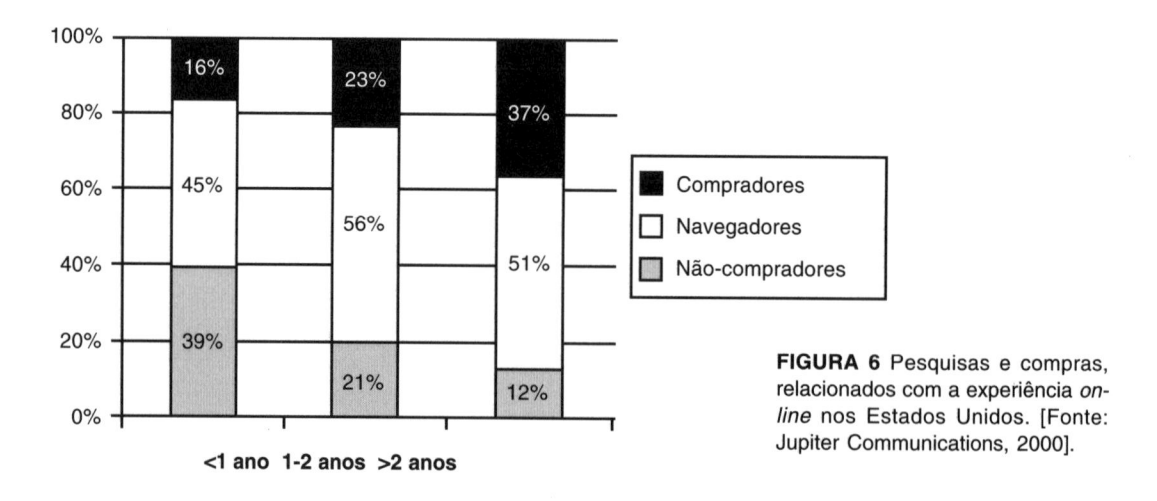

FIGURA 6 Pesquisas e compras, relacionados com a experiência *on-line* nos Estados Unidos. [Fonte: Jupiter Communications, 2000].

tempo de uso da Internet. As pessoas que já utilizam a rede por três anos ou mais têm mais do que o dobro de probabilidades de comprar do que um usuário que utiliza a Internet há menos de um ano.

Desta forma, com o amadurecimento do mercado, houve e continuará havendo um crescimento substancial no número e na porcentagem de usuários da Internet que efetivamente fazem compras – veja os números da Jupiter mais uma vez na Figura 7. A Figura 8 apresenta as previsões da IDC para o número de usuários e compradores na Internet, em termos mundiais.

Como resultado desses fatores, a IDC prevê que a receita do comércio eletrônico em termos mundiais irá aumentar em cerca de oito vezes entre 2001 e 2005, passando de 634 bilhões de dólares em 2001 para mais de 5 trilhões de dólares em 2005. As taxas mais altas de crescimento (aumentos percentuais) devem acontecer fora dos Estados Unidos. Como mostra a Figura 9, os Estados Unidos, o Japão e o resto do mundo devem (segundo a IDC) ter uma participação menor no comércio pela Internet, enquanto a participação da Europa Ocidental e do resto da Ásia irá aumentar.

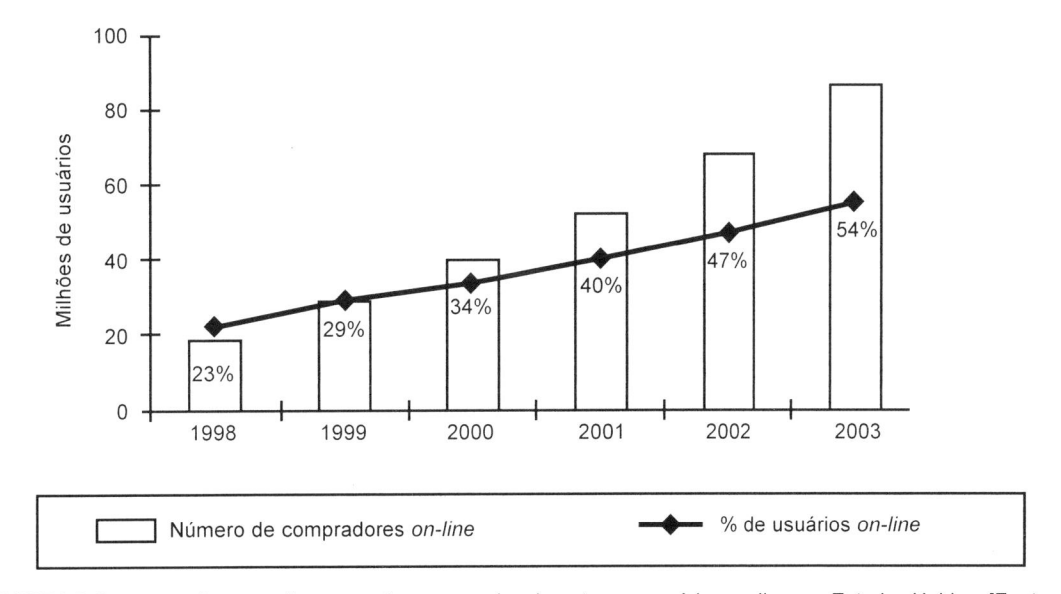

FIGURA 7 Os compradores *on-line* aumentam proporcionalmente aos usuários *on-line* nos Estados Unidos. [Fonte: Jupiter Communications].

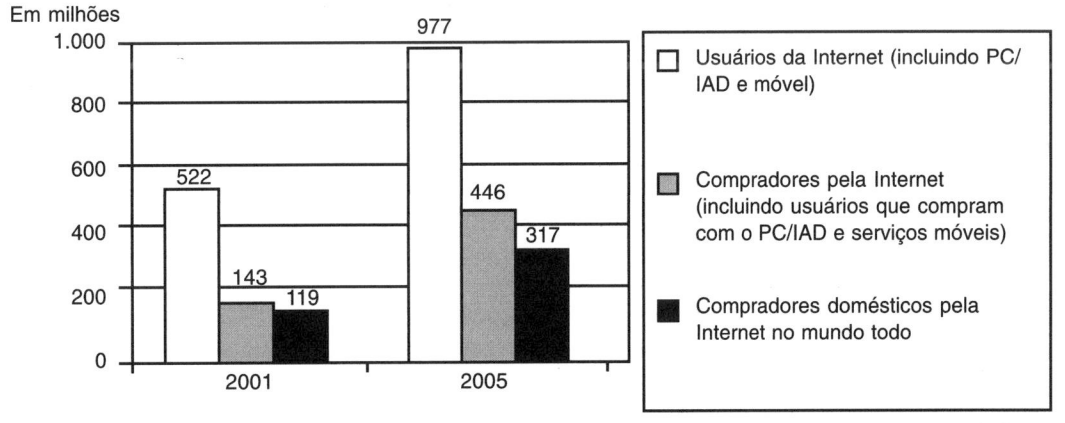

FIGURA 8 Modelo para o mercado de comércio na Internet da IDC – em termos mundiais (em milhões). [Fonte: IDC, 2001].

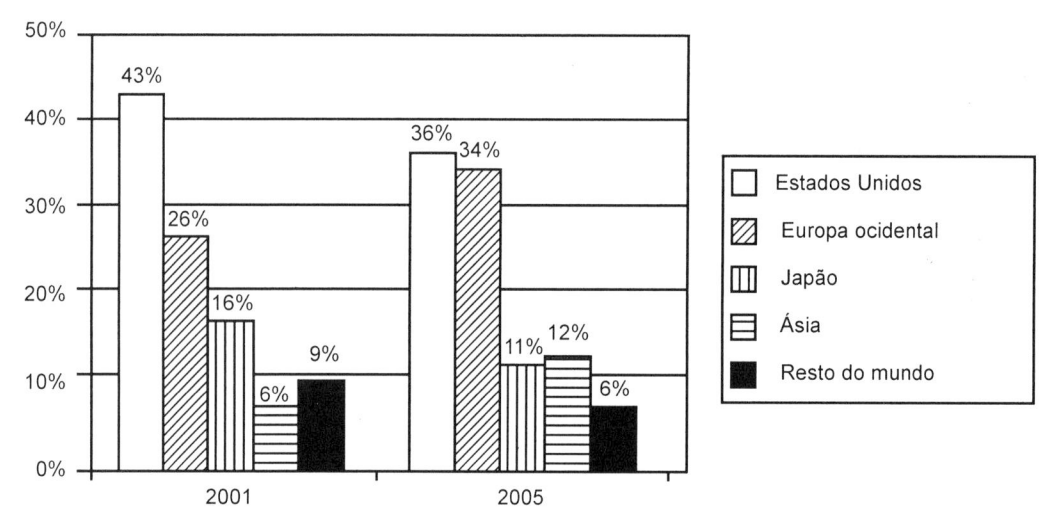

FIGURA 9 Participações de receita no comércio pela Internet por região. [Fonte: IDC, 2001].

A participação de mercado do turismo

Pelas razões apresentadas na Seção 1.1, o setor de turismo e das viagens tornou-se rapidamente a maior categoria individual de produtos vendidos pela Internet. Em 1998, o Datamonitor estimou que sua fatia no comércio pela Internet aumentou de 7% em 1997 para 11% em 1998, e projetava um aumento de 35% em 2002. Outras fontes sugeriram que essa previsão já pode ter sido atingida.

A Jupiter previu que, como resultado destas tendências, as vendas turísticas *on-line* nos Estados Unidos irão aumentar de 18 bilhões de dólares em 2000 para 63 bilhões em 2006, dos quais quase metade virá do mercado de turismo corporativo. As projeções da PhoCusWright para a Europa são de que as vendas *on-line* no setor turístico aumentarão de 2,9 bilhões de dólares em 2000 para 10,9 bilhões em 2002.

As compras de produtos turísticos

Uma pesquisa realizada pela Travel Industry Association of America (TIA), em 2001, mostrou que a grande maioria dos viajantes dos Estados Unidos que utilizam a Internet compraram passagens aéreas e fizeram *on-line* suas reservas em hotel – veja a Figura 10. Em função do tamanho e da freqüência das transações relacionadas a passagens aéreas, eles assumiram a maior fatia do mercado; essa fatia, contudo, está diminuindo, de 80% em 1998, para uma previsão de 59% em 2003 (Jupiter).

O impacto do uso da Internet sobre os canais tradicionais

Uma questão fundamental para as Organizações de Gerenciamento de Destinos (OGDs) e para as empresas que atuam no setor turístico é a forma como a Internet está afetando o uso dos canais tradicionais de *marketing*. Uma série de pesquisas recentes aponta o seguinte:

- Uma pesquisa sobre turismo e estilo de vida, realizada para a Concierge em 2000 (Figura 11), mostrou que, entre a população dos Estados Unidos como um todo, a Internet já havia se tornado a primeira fonte de informações consultada ao se escolher ou se planejar uma viagem.

- Os resultados obtidos com a "e-Travel Tracker Survey", realizada pela MORI para a Scottish Tourist Board sobre o mercado do Reino Unido, cuja tendência é estar 18 a 24 meses atrasado em relação ao mercado norte-americano, demonstraram que, em março de 2001,

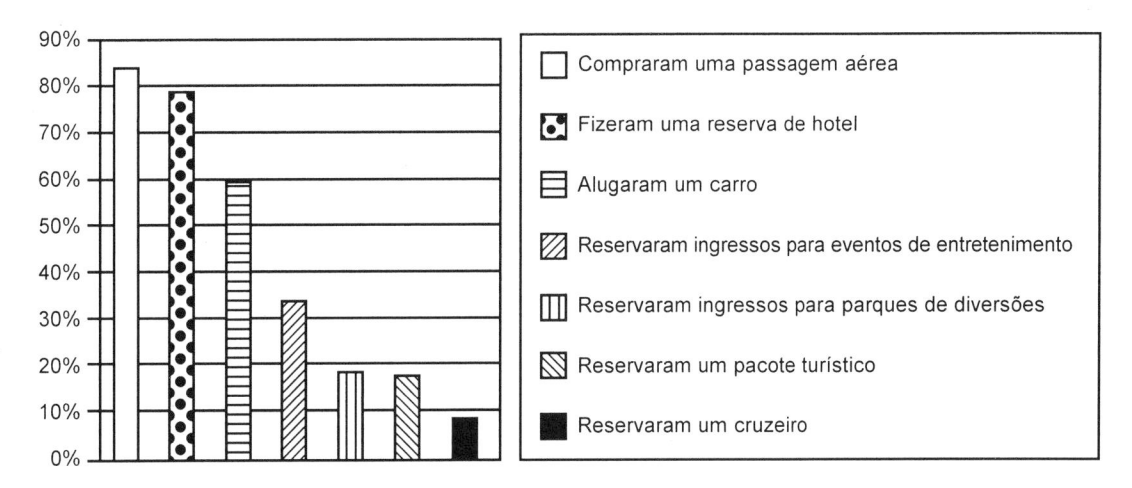

FIGURA 10 – Reservas turísticas realizadas *on-line* por consumidores dos Estados Unidos, por setor. [Fonte: Travel Industry Association of America, 2001].

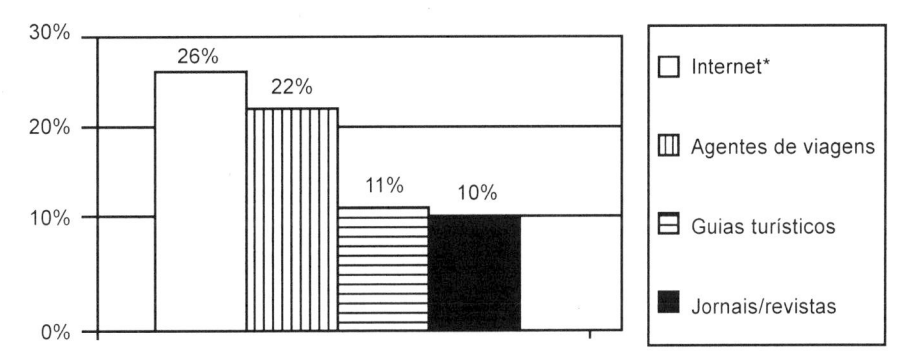

* entre os usuários da Internet, este número sobe para 64%.

FIGURA 11 Principal fonte consultada por consumidores dos Estados Unidos para pesquisa e planejamento de viagens. [Fonte: resultado da pesquisa sobre turismo e estilo de vida feito pela Concierge, 2000, disponível no endereço www.hotel-online.com].

os viajantes usuários da Internet usavam a Internet e os folhetos turísticos em proporções iguais como fontes de informação para a reserva de férias ou outras formas de viagem – veja a Figura 12. Em maio de 2000, quando os entrevistados responderam sobre qual fonte fornecia a informação mais completa, a Internet foi classificada em posição muito mais alta do que os folhetos turísticos ou do que qualquer outra fonte – veja a Figura 13.

- Uma pesquisa feita pela TIA, em 2001, (Figura 14) mostrou que cerca de 70% dos viajantes que utilizavam a Internet estavam fazendo um uso menor dos agentes de viagens e dos escritórios de turismo do estado. Uma proporção semelhante estava telefonando menos para as companhias aéreas, enquanto quase 60% estava utilizando menos outros serviços telefônicos.

Assim, em um período de apenas cinco anos, a Internet tornou-se uma fonte básica de informações turísticas para os mercados mais maduros de usuários da Internet, que também são grandes países geradores de turismo. Atualmente, a proporção de reservas de produtos turísticos feitas pela Internet é relativamente pequena (entre 6 e 15% nos Estados Unidos, segundo o setor, e menos ainda em outros lugares), mas irá aumentar substancialmente à medida que crescer o número de usuários da Internet e a propensão a se fazer compras *on-line*. Parece razoável prever que as transações na Internet podem vir a ser responsáveis por 20 a 25% de todas as vendas turísticas nos principais mercados durante os próximos quatro ou cinco anos.

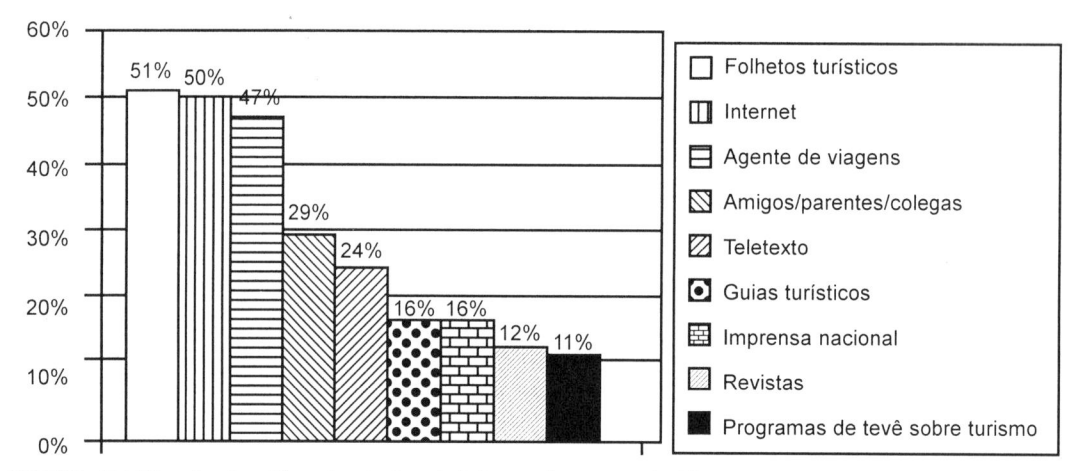

FIGURA 12 Utilização das diferentes fontes de informações ao se decidir as reservas – usuários da Internet no Reino Unido. [Fonte: resultado da E-Travel Tracker Survey, no endereço www.scotexchange.net, março de 2001. Base: todos os que usam a Internet (605) Março de 2001].

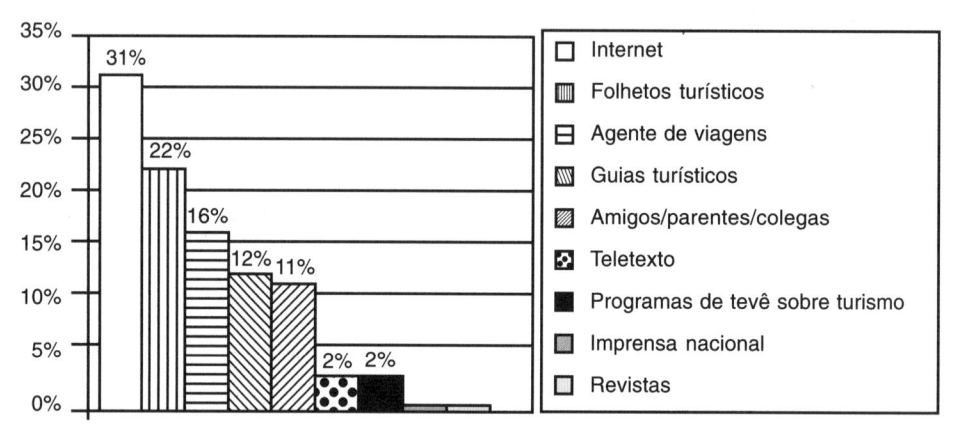

FIGURA 13 A fonte mais completa para pesquisa e planejamento de viagens – consumidores do Reino Unido. [Fonte: resultados da E-Travel Tracker Survey, no endereço www.scotexchange.net, maio de 2000. Base: todos os que usaram qualquer fonte de informação turística, maio de 2000 (1.112)].

Em 2000, os viajantes *on-line* nos Estados Unidos informaram que, desde que começaram a planejar *on-line* suas viagens, estavam...

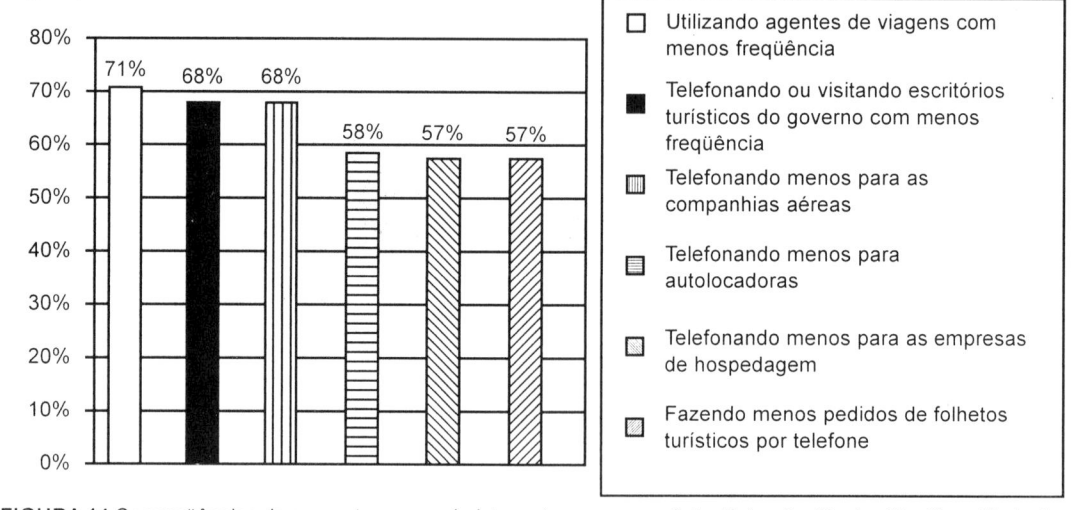

FIGURA 14 Conseqüências do aumento no uso da Internet para os canais tradicionais. [Fonte: The Travel Industry Association of America, 2001 (www.tia.org)].

Resumo das principais tendências do mercado

- A utilização da Internet está aumentando drasticamente;
- Um número cada vez maior de usuários está fazendo compras *on-line*;
- O setor turístico ganhará uma fatia cada vez maior do mercado de comércio *on-line*;
- Os produtos em terra ganharão uma fatia maior do comércio *on-line* em turismo;
- Os perfis de usuários estão relacionados aos mercados-alvo de muitas organizações turísticas;
- A Internet está tendo um grande impacto, com relação a outros canais, como fonte de informações para escolha e planejamento de férias e outras formas de viagem, e uma importância crescente como canal para reservas.

O CONCEITO DE *E-BUSINESS*

O *e-business*, também chamado simplesmente de *negócio eletrônico*, foi definido como "o crescimento dos negócios através da conectividade" (PriceWaterhouseCoopers[1]) e "o uso das tecnologias da Internet para aprimorar e transformar os principais processos empresariais" (IBM[2]). Tomando-se essas duas definições conjuntamente, fica claro que, para as destinações e as empresas turísticas, o *e-business* está relacionado à concretização de oportunidades de melhor conectividade em termos externos, através da Internet, e internos, através das *intranets*.

A dimensão externa diz respeito à transformação da cadeia de valor, conectando o fornecedor do produto turístico (ou o prestador de serviços) ao consumidor, e da cadeia de oferta, conectando o fornecedor do produto turístico com seus próprios fornecedores. Essa situação coloca em cena o *marketing* eletrônico (*e-marketing*), o comércio eletrônico (*e-commerce*) e as compras eletrônicas (*e-procurement*):

- O **marketing eletrônico** explora a Internet e outras formas de comunicação eletrônica para se comunicar, das formas mais eficazes em termos de custo, com os mercados-alvo, e possibilitar o trabalho conjunto com organizações parceiras, com as quais haja interesses comuns;
- O **comércio eletrônico** é a atividade de vendas desenvolvida através dos canais de distribuição eletrônica;
- As **compras eletrônicas** agilizam o processo, permitindo que uma empresa conecte seu inventário e seus sistemas de compras aos sistemas de expedição e cobrança de seus fornecedores, ou vice-versa. Isso não apenas reduz os custos através da automação, como também facilita a identificação das fontes de oferta com melhor valor.

A Figura 15 ilustra graficamente como esses três aspectos de conectividade externa enquadram-se no contexto do *e-business*.

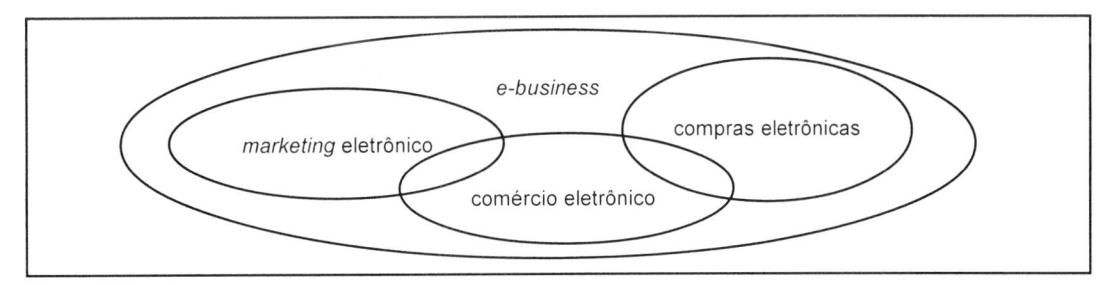

FIGURA 15 Componentes da dimensão externa do *e-business*.

[1] http://www.pricewaterhousecoopers.com/extweb/indissue.nsf/
[2] http://www.ibm.com/e-business/overview/28212.html

A dimensão interna está relacionada à transformação da forma através da qual a organização funciona, capacitando-a a trabalhar de forma totalmente integrada, através do uso de sistemas comuns. A organização transformada deve:

- Funcionar completamente em rede para comunicação interna e externa.
- Utilizar ferramentas, protocolos e padrões comuns.
- Compartilhar dados sobre produtos e clientes.
- Ter funcionários que operam como equipes, concentrados na maximização da sinergia dos recursos compartilhados.

Em outras palavras, a equipe de uma OGD ou de uma empresa turística pode trabalhar junta de forma mais eficaz, para compilar informações e utilizá-las – em efeito, fazendo uso coletivo do conhecimento e da excelência. Entre as ferramentas (aplicações) que podem ser compartilhadas estão o gerenciamento de conteúdos, o gerenciamento de relacionamento com os clientes (CRM), sistemas de gerenciamento financeiros (às vezes chamados de *Planejamento de Recursos Empresariais* – PRE) e os sistemas de controle operacional.

É certo que os processos internos e externos estão intimamente ligados. Falando de forma mais simples, os processos internos avançados de *e-business* possibilitam à organização maximizar os benefícios das oportunidades externas. Além disso, os limites entre os processos empresariais internos e externos passam a ser mais flexíveis, e a compra de serviços (ou terceirização) torna-se uma idéia mais prática à medida que aumenta a conectividade externa.

Dessa forma, os benefícios do *e-business* podem ser resumidos como:

- Uma melhor relação de custos de comunicação com os mercados-alvo.
- Uma compra mais rápida e mais fácil por parte do cliente e, assim, um aumento da conversão e dos níveis de despesa.
- Uma melhoria do serviço e da retenção de clientes.
- Uma redução de custos através de operações internas e processos de compra mais eficientes.

Nos próximos capítulos deste texto, examinamos as implicações do *e-business* para as OGDs (Parte B) e para as empresas turísticas (Parte C). Com certeza, há uma relação direta entre as duas. As diversas categorias de empresas turísticas são elementos-chave na rede de *e-business* das OGDs (veja a Seção 2.1). A OGD tem uma responsabilidade específica para com os fornecedores do setor turístico – integrar os diversos atrativos que compõem o "produto" do destino e apresentá-los no mercado com a "marca" do destino. O *e-business* oferece uma forma ideal de cumprir essa responsabilidade com mais eficácia.

OS PRINCÍPIOS DO GERENCIAMENTO DO RELACIONAMENTO COM OS CLIENTES (CRM)

Um aspecto fundamental do *e-business* e do *marketing* eletrônico é o gerenciamento e/ou *marketing* do relacionamento com os clientes – conceito normalmente conhecido pela sigla CRM (*Customer Relationship Management*). O CRM é uma abordagem altamente eficaz e eficiente em termos de custos; alguns a chamariam de filosofia, com base no princípio de que o conhecimento e o relacionamento com os clientes são fundamentais para se maximizar as oportunidades de vendas, especialmente através de sua repetição. O método merece atenção especial nesse caso, já que apresenta uma base para redirecionar e reestruturar a organização como um todo. Os princípios podem ser aplicados a clientes de qualquer tipo – sejam consumidores finais ou intermediários.

Assim como acontece com o *e-business* em geral, existem muitas definições de CRM. O Nykamp Consulting Group[3] utiliza a seguinte: "Otimizar todos os contatos com os clientes ou com os clientes em potencial". Essa definição contém, em poucas palavras, a essência do con-

---

[3] http://www.eyefortravel.com/pastevents/crm/program.html

ceito. A Nykamp também oferece um excelente modelo conceitual para o ciclo de CRM, apresentado na Figura 16. Talvez o melhor ponto de partida seja a compreensão das necessidades do cliente (quadrante inferior direito), seguido pela diferenciação entre clientes em termos dessas necessidades e do valor em potencial, e do tipo de relacionamento que pode ser mais eficaz.

A partir daí, o ciclo avança para o desenvolvimento de produtos e canais, para a personalização a diferentes segmentos, para a interação com os clientes e um maior valor recebido por eles, e para a aquisição e a retenção de clientes.

O CRM implica acumular informações mais profundas sobre clientes ou contatos. No caso dos consumidores, essa informação geralmente inclui perfil social e demográfico, interesses e atividades, necessidades passadas e possíveis necessidades futuras, etc. Com esse tipo de informação, é possível:

- Estar informado e ser eficiente para atender às consultas.
- Ter uma postura proativa, visando aos melhores clientes em potencial, com produtos especificamente adequados às suas necessidades.
- Estabelecer as bases para um relacionamento vitalício com o cliente, mantendo-o mesmo quando não houver transações envolvidas.

Os relacionamentos devem ser desenvolvidos com o passar do tempo, como resultado da comunicação através de diferentes canais, exigindo que todos os funcionários que têm contato com os clientes tenham acesso ao mesmo banco de dados a seu respeito. No contexto das destinações ou das empresas turísticas, a meta deve ser a manutenção do relacionamento com os clientes antes, durante e depois da visita, através da Internet, de correio eletrônico, da central de atendimento telefônico, dos terminais eletrônicos, dos escritórios de informação turística, etc. – veja a Seção 2.3.

O CRM não é um módulo que pode ser simplesmente acrescentado às atividades de uma organização, devendo ser parte integrante de todo o etos* e método de operação, com o enfoque centrado no cliente (e não no produto). A equipe de *marketing* deve estar preparada para

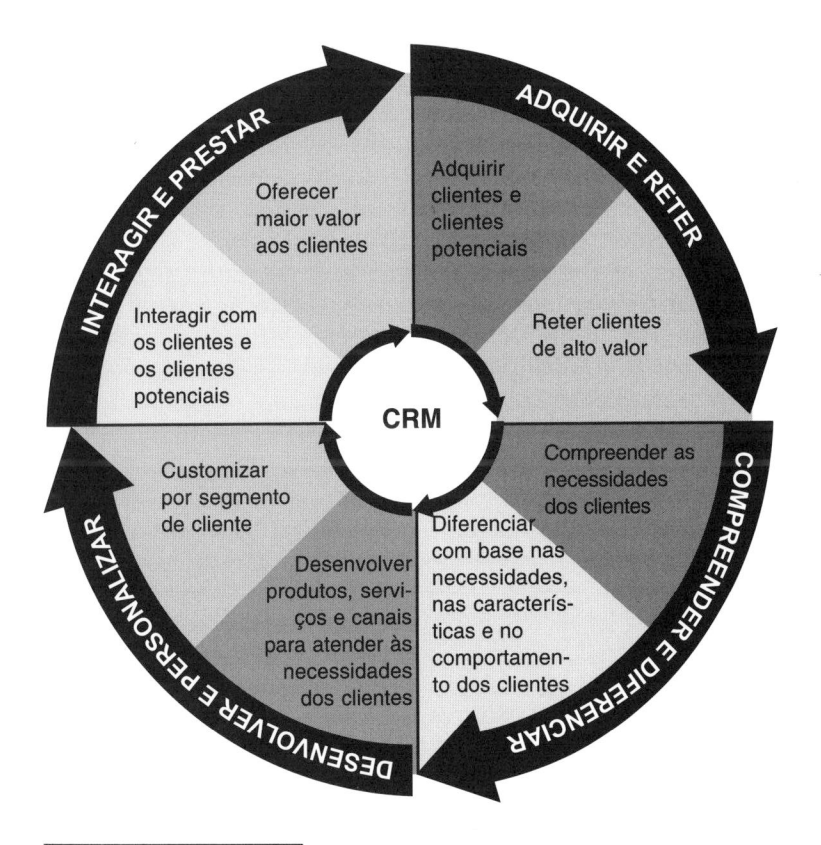

FIGURE 16 O ciclo do CRM, da Nykamp.

---

*N. de R.: ETOS – Conjunto de características de um povo ou grupo que o diferencia dos outros.

atender às necessidades de segmentos específicos de clientes, e seus objetivos devem ser estabelecidos em termos de aquisição, retenção, valor e lucratividade dos clientes, bem como de sua satisfação. Isso exigirá sistemas excelentes de monitoramento, junto com uma pesquisa de mercado criativa e bem-direcionada. À medida que isso avança, a Internet oferece um bom meio para se realizar pesquisas instantâneas (ou por correio eletrônico e ou por levantamentos vinculados ao uso de algum *site* da Web) sobre demandas, interesses, atividades, atitudes e satisfação, e outras características dos clientes. Tudo isso terá de ser complementado com pesquisas de mercado realizadas através de métodos tradicionais, de tempos em tempos.

Parte B

E-BUSINESS PARA ORGANIZAÇÕES DE GERENCIAMENTO DE DESTINOS

2
E-business para OGDs – princípios e conceitos

CADEIAS DE VALOR EM EVOLUÇÃO

Como se observou na Seção 1.1, a Internet está revolucionando a distribuição de informações e as vendas em turismo. O perfil das cadeias de valor no setor turístico (incluindo a distribuição de informações e as transações) está se transformando, no que diz respeito a seus fundamentos. As Figuras 17 e 18 demonstram graficamente essa situação. A primeira[1] oferece uma representação ampla das cadeias "tradicionais", com a estrutura da organização turística (em termos de fluxos de informações e transações) operando em grande parte de forma independente do setor comercial.

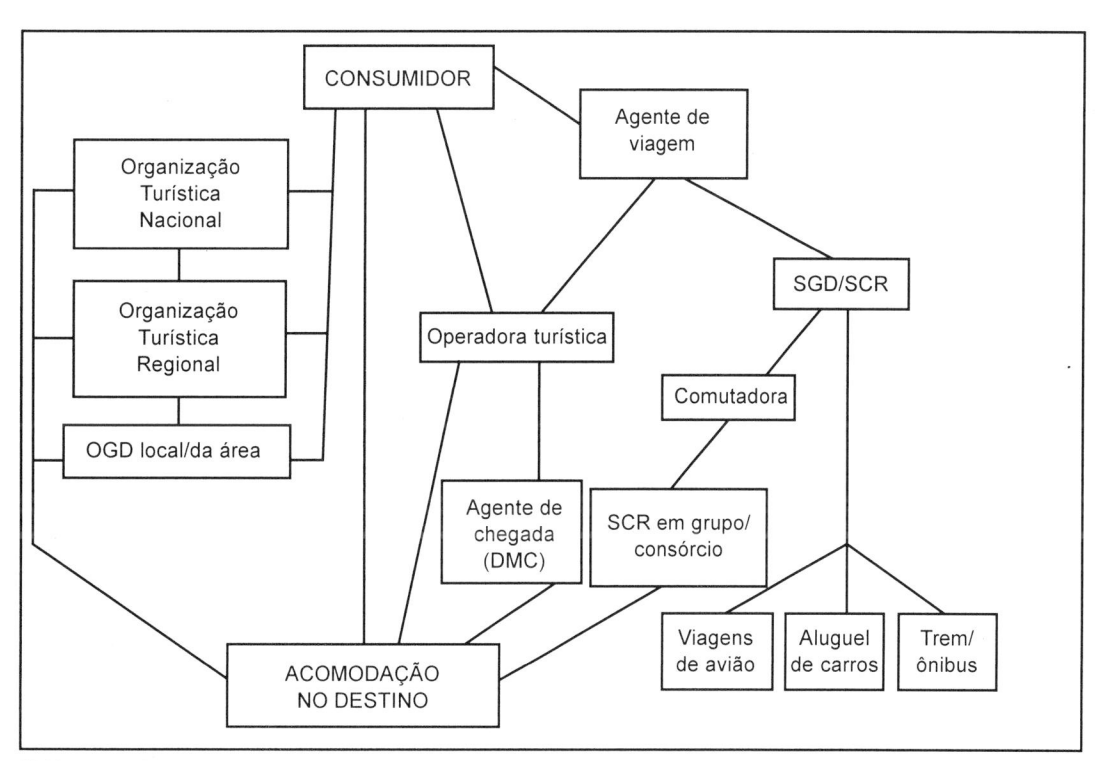

FIGURA 17 Cadeias tradicionais de valor. [Elaborada por TEAM a partir de Werthner e Ebner].

---

[1] Hannes Werthner, 'Editor's Introduction', Information Technology & Tourism, Vol. 1, 1998, p.6. Arno Ebner, 'New generation of DMOs', artigo para o Destination Management Systems Seminar, Madeira Tecnolpolo, November 1998.

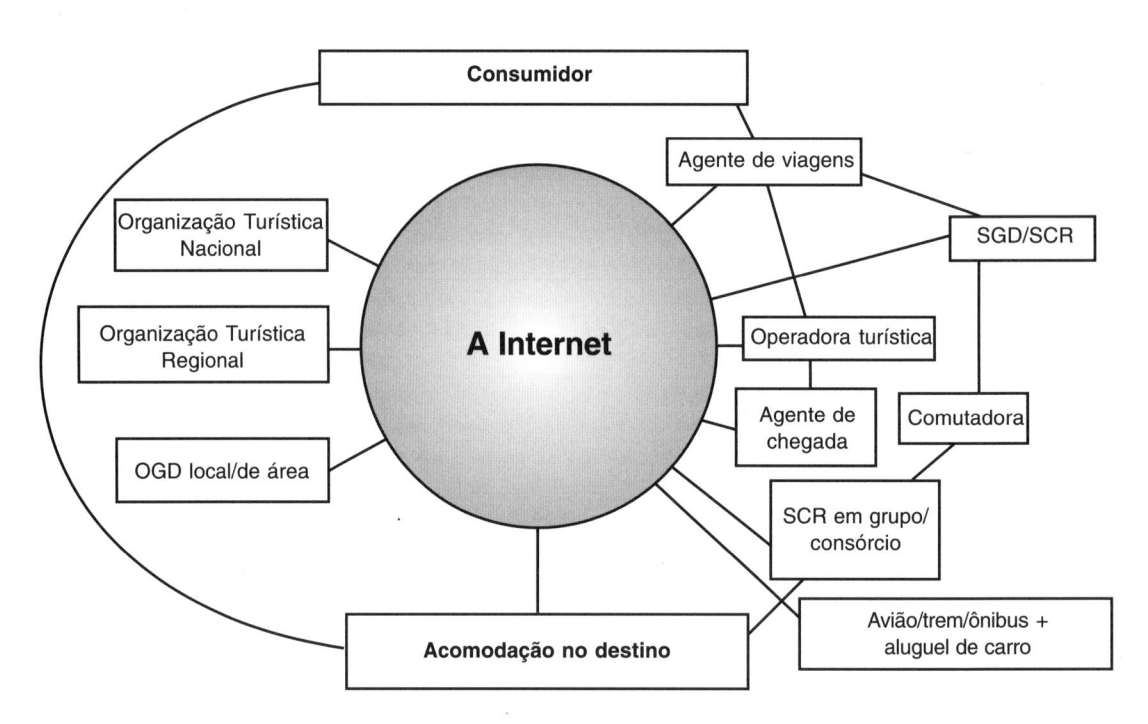

FIGURA 18 Rede (ou estrela) de valor emergente. [Elaborada por TEAM – Com base no conceito do IFITT Workshop, setembro de 1998].

Em geral, o setor comercial, especialmente as companhias aéreas e os grandes grupos hoteleiros, utiliza muito a Tecnologia de Informação e Comunicação – TIC, ao passo que a cadeia de valor da OGD tem feito apenas um uso limitado. A presença das cadeias comerciais nas transações é extremamente forte, mas deixa a desejar nas informações sobre destinações. No caso da cadeia da OGD, a situação é inversa: em geral há pouca ou nenhuma interação entre esses dois conjuntos de cadeias de valor.

Atualmente a situação está mudando, à medida que a estrutura geral avança no sentido da rede de valor (ou estrela de valor) baseada na Internet, como mostra a Figura 18. Dadas a plataforma aberta e global da Internet e a disponibilidade muito maior dos computadores e das telecomunicações em termos globais, hoje é uma realidade palpável para qualquer participante do sistema comunicar-se eletronicamente com outros participantes. Assim, em nível geral, as oportunidades existem para a comunicação cada vez maior do *business-to-business* (B2B) e para o aumento das vendas diretas ao consumidor.

Mais especificamente, abre-se a oportunidade para que as OGDs:

- Estabeleçam *links* eletrônicos com os fornecedores do setor turístico dentro do destino, permitindo-lhes manter informações e disponibilidades de produtos por conta própria.
- Funcionem como intermediários ao consolidar o amplo leque de produtos nos destinos (especialmente as empresas de pequeno e médio porte, as que mais necessitam do apoio das OGDs) e ao distribuí-lo eletronicamente aos agentes de viagens (*on-line* ou outro tipo) e outros envolvidos no comércio de viagens – talvez mesmo para SGD (Sistema Global de Distribuição).

Em nenhum dos casos a tarefa é fácil de se implementar, podendo ser vista como um objetivo de médio a longo prazo. Além disso, a distribuição por parte das OGDs para as pessoas que atuam no ramo turístico pode ser mais bem sucedida se for desenvolvida de forma conjunta, a fim de estabelecer uma "massa crítica". Esse assunto é discutido mais detalhadamente na próxima subseção.

O futuro das OGDs como entidades intermediárias

O surgimento da rede de valor leva naturalmente a alguns questionamentos: se qualquer um pode se comunicar facilmente com o consumidor final, qual é o papel dos intermediários, incluindo a OGD? Será que eles ainda cumprem algum papel?

A resposta se encontra na necessidade de agregar valor. As organizações certamente podem fazê-lo, caso se envolvam ativamente no *e-business*. Elas podem acrescentar valor para os consumidores, fornecendo:

- Informações isentas e de alta qualidade, baseadas no conhecimento local.
- Sistemas de compra, incluindo pacotes específicos.
- Ofertas especiais – exclusividade, preço, etc.

Elas também podem agregar valor para os fornecedores do setor turístico com:

- A "marca registrada" do destino, como um "guarda-chuva" para ofertas individuais de produtos. Esse elemento é especialmente importante no caso de pequenas e médias empresas.
- Informações sobre todo o leque de produtos do destino.
- Distribuição para os consumidores e para os intermediários, o que o fornecedor teria dificuldades de fazer por conta própria.
- Mecanismos para transações seguras e automatizadas.

Embora as OGDs tenham algumas vantagens, elas também enfrentam desafios. Em um mercado global competitivo, as organizações de destino enfrentam ameaças de:

- Outros destinos que foram rápidas em identificar e explorar o potencial, estabelecendo sua posição no novo mercado.
- Comerciais *on-line* que exploraram as novas oportunidades para promover seus destinos e seus produtos. Eles costumam promover uma quantidade limitada de produtos – normalmente, as empresas maiores, que têm maior comissão ou potencial de propaganda; e sua informação genérica sobre o destino tende a ser muito limitada.

Posicionamento das OGDs dentro da rede de valor

Como as organizações de destino devem enfrentar as ameaças e concretizar as oportunidades? A resposta reside no estabelecimento e na exploração de uma posição forte no interior da nova rede de valor baseada na Internet. Essa situação é apresentada graficamente na Figura 19.

Como foi dito na Seção 2.1, a rede de valor permite que as OGDs se conectem eletronicamente:

- Com seus fornecedores do setor turístico (ou vice-versa) para manter a disponibilidade atualizada, de forma que a organização possa implementar a distribuição eletrônica diretamente para os consumidores e para os intermediários do mercado.
- Com os agentes de viagens, SGDs e outros elementos "tradicionais" no comércio de viagens.

Além disso, há a oportunidade de se distribuir produtos de destino através de canais alternativos de distribuição (CAD), apresentados no lado inferior direito do diagrama. Trata-se dos novos canais de distribuição eletrônica das agências de viagem *on-line*, os diretórios gerais de pesquisa, os portais de destinações e outros participantes *on-line* bem-sucedidos. Existem também serviços *on-line* de reservas de acomodações, com os quais as OGDs podem estabelecer parcerias.

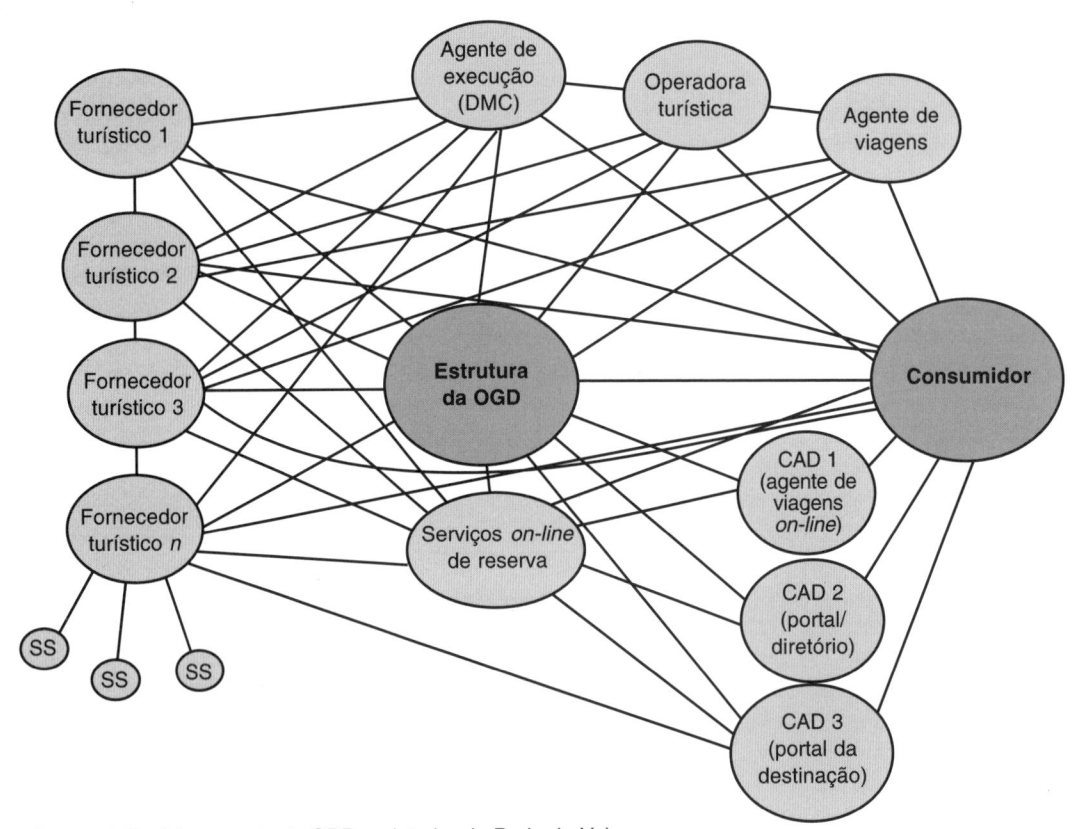

FIGURA 19 Posicionamento da ODD no interior da Rede de Valor.

Como a Web passou a ser uma fonte primária de informações para se planejar viagens e atividades turísticas em grande parte dos principais mercados, é fundamental que as OGDs atinjam um nível máximo de distribuição *on-line* de seu produto. A tarefa primeira e mais evidente – cujas técnicas são apresentadas no Capítulo 3 – é a de maximizar o número de consumidores e compradores das atividades turísticas que vão diretamente ao *site*. O número de visitantes atingido vai depender da destreza com a qual essas técnicas forem aplicadas, do nível de recursos disponíveis no mercado e do interesse existente na marca do destino.

Para maximizar a distribuição, as OGDs terão de dar mais atenção, no futuro, ao desenvolvimento da distribuição através de terceiros *on-line* (principalmente CADs), capazes de fornecer acesso a um grande número de usuários. A prioridade para a maioria das OGDs será estabelecer parcerias com companhias *on-line* em posição de liderança (mídia, telecomunicações, provedores de Internet, etc.) que sejam ativas e bem-sucedidas no mercado doméstico da própria organização.

Para atrair os visitantes internacionais, será necessário estabelecer parcerias em determinados mercados-alvo no exterior, ou com os CADs globais. Até hoje, com algumas admiráveis exceções, as OGDs não têm sido ativas (individual ou conjuntamente) na distribuição através de CADs globais, talvez refletindo o pouco conhecimento das oportunidades e das dificuldades, ou dos custos, desse tipo de distribuição.

Estes CADs fornecem informações sobre a destinação, mas, para adquirir uma cobertura global permanente, eles vêm se concentrando em obter o conteúdo de grandes editoras ou em fornecer *links* aos *sites* dessas editoras – por exemplo, Fodors, Lonely Planet and World Travel Guides (utilizado pelo Travelocity); Fielding World-wide Inc. e Moon Publications (utilizado pelo Expedia). A maioria dos CADs oferecerá *links* para as OGDs apenas pelo pagamento de *banners* (ou alguma outra forma de propaganda) – exceto no caso dos mecanismos de busca em geral, como o Google, o Altavista, etc.

São poucos os portais dedicados à promoção do uso de *sites* de organizações de destinos, principalmente aqueles das organizações turísticas internacionais. Esses portais tendem a ser relativamente pouco sofisticados e carecem de atividades permanentes de *marketing* e distribuição, necessárias para maximizar as oportunidades.

SISTEMAS INTEGRADOS DE *E-BUSINESS* PARA DESTINOS TURÍSTICOS

Sistema-modelo de *e-business* para destinos

O desafio da maioria das OGDs é fornecer sistemas de TIC que lhes permitam ocupar um lugar dentro da Rede de Valor, como foi descrito na seção anterior, desenvolvendo uma ampla gama de relacionamentos através do *e-business* com os consumidores, fornecedores e intermediários do mercado. Para tanto, elas devem pensar e agir de forma integrada, como demonstrado na Seção 1.3.

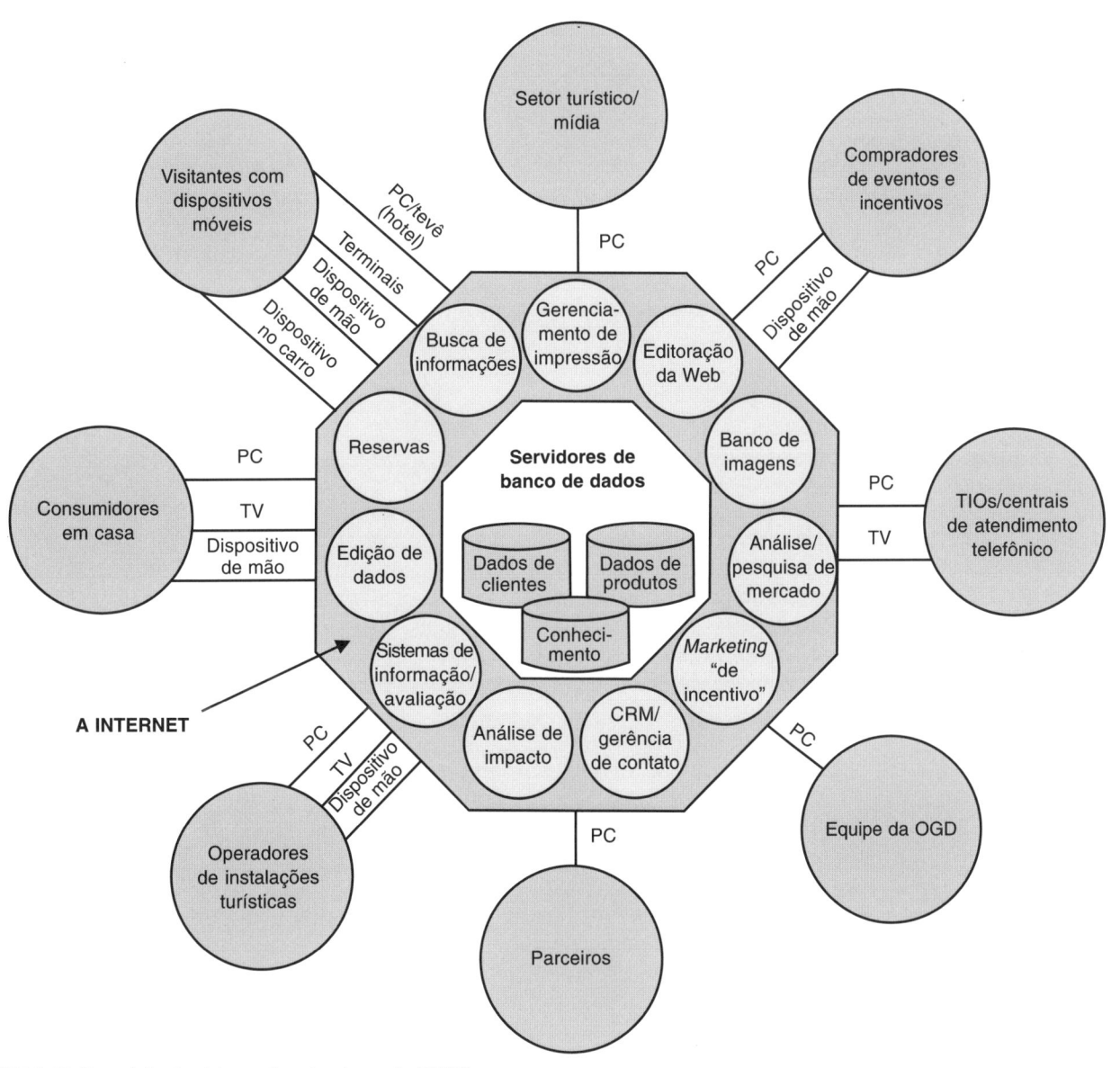

FIGURA 20 O modelo de sistema de *e-business* da TEAM.

Para cumprir tal papel, a infra-estrutura de TIC para as operações empresariais das OGDs está mudando, passando de sistemas legados verticalmente integrados, que foram desenvolvidos em algumas destinações na década de 1990, para sistemas modulares ligados em redes e compatíveis com a Web. Com esses sistemas, os usuários só precisam de um navegador para obter acesso a bancos de dados e funções em toda a Web ou através de *intranets* organizacionais.

No passado, departamentos diferentes dentro de uma OGD e mesmo OGDs diferentes dentro de um país ou de uma região mantinham bancos de dados separados com informações relativas a serviços e clientes turísticos. Hoje, eles podem trabalhar juntos em *intranets* e na Internet, tanto para compilar informações de alta qualidade quanto para utilizá-las.

A Figura 20 apresenta o diagrama de um sistema de *e-business* para destinações, compatível com a Internet. São apresentadas categorias diferentes de **usuários**, acessando o sistema através de **gateways** ou **interfaces** próprias, utilizando um ou mais **canais** (PC, dispositivos *handheld*, tevê interativa, terminais eletrônicos, sistemas instalados em automóveis, etc.). Após acessarem o sistema, os usuários podem escolher, a partir de uma ampla variedade de **serviços** (ou aplicativos) que irão acessar, o **banco de dados** adequado.

Os Capítulos 4 e 6 deste livro discutem o desenvolvimento de interfaces para grupos de usuários principais:

- Consumidores em casa ou no destino – Capítulo 4.
- O setor turístico, a mídia ou os compradores de turismo de eventos/incentivo – Capítulo 5.
- Fornecedores do setor turístico ou outros interessados/parceiros com atividade no destino – Capítulo 6.

Dependendo das exigências do plano de *marketing* da OGD, serão necessários *gateways* diferentes para diversas subcategorias de usuários – por exemplo, para consumidores ou negociantes do setor turístico de diferentes mercados geográficos ou lingüísticos; e para compradores de eventos corporativos, separadamente para compradores de conferências de associações internacionais.

Os **serviços genéricos** fundamentais podem incluir:

- Busca de informações – por categoria, geografia (utilizando-se GIS), palavras-chave, etc.
- Planejamento de itinerários.
- Reservas.
- Gerenciamento de banco de dados sobre clientes/contatos (que cobriria registro, membros e gerenciamento de classificações).
- Funções de gerenciamento de relacionamento com clientes (CRM) – Seção 2.3.
- *Marketing* "de incentivo".
- Pesquisa e análise de mercado.
- Banco de imagens.
- Edição para canais eletrônicos e tradicionais.
- Planejamento e gerenciamento de eventos.
- Otimização do *marketing* e gerenciamento de rendimentos.
- Edição e gerenciamento de dados.
- Gerenciamento financeiro.
- Sistemas de informações de gerenciamento e avaliação de desempenho.
- Análise de impacto econômico.
- Acesso a fontes de terceiros, como previsão do tempo, tabelas de horários de serviços de transporte e planejamento turístico, reservas de ingressos para teatro e eventos.

A forma como esses serviços são projetados e apresentados para diferentes grupos de usuários variará muito, obviamente. Por exemplo, as reservas de hospedagem serão estruturadas e apresentadas de forma diferente para os organizadores de conferências e para consumidores.

Os serviços disponíveis através de alguns *gateways* podem estar protegidos por senhas, quando os serviços são cobrados ou o uso da informação é de alguma forma restrito.

Esse modelo estabelece um menu de oportunidades nos negócios eletrônicos. Para cada destinação, as categorias de usuários, os canais e as aplicações podem variar, para atender às exigências locais.

A velocidade com que os vários serviços são implementados vai depender do nível de financiamento disponível e da capacidade da(s) OGD(s) e de suas parceiras em utilizá-los. Este último fator é fundamental, e deve ser levado em consideração não apenas em termos dos recursos humanos disponíveis, como também da cultura da(s) organização(ões) e sua disposição para transformar seu funcionamento. Nas circunstâncias adequadas, pode ser possível implementar tal programa em um prazo de 12 a 18 meses. Em outros destinos, o prazo poderá ser de três a quatro anos.

Parcerias em *e-business* para OGDs

As OGDs não operam de forma isolada. Fazem parte de redes e parcerias mais amplas. As redes através das quais a informação é distribuída e recebida, e se fazem as transações, custam caro. Como foi explicado na Seção 1.3, o *e-business* certamente está aperfeiçoando a eficiência e a eficácia operacional dessas redes, através de conexões eletrônicas totais pela Internet.

Atualmente, existem oportunidades para que as OGDs dentro de um país (ou mesmo entre países) operem sistemas comuns de *e-business* – talvez com o objetivo de, em médio a longo prazo, estabelecer sistemas comuns integrados, conectando os níveis local, regional/ estadual e nacional. Trata-se de uma tarefa de grande porte, exigindo enfoques comuns – idealmente, *softwares* e estruturas de dados comuns, mas, no mínimo, padrões técnicos e tipos de conteúdo comuns.

Nos países em que as estruturas existentes são limitadas, será interessante implementar sistemas integrados como parte de um programa de implementação, não apenas para garantir um alto grau de interoperabilidade, mas também para adquirir economias de escala em potencial na especificação de sistemas, compras e implementação – como será exposto no Capítulo 3. Tais iniciativas só terão sucesso quando houver ambiente e disposição para o trabalho conjunto.

O acesso a essas redes pode ser ampliado para:

- Organizações parceiras no setor público que tenham algum interesse no turismo – principalmente departamentos importantes no governo central e local, agências de desenvolvimento econômico, etc.
- Parceiros estratégicos do setor privado – por exemplo, câmaras de comércio, associações ou consórcios de *marketing*, etc.
- Representantes da comunidade – escolas, faculdades, grupos de bairro, grupos da sociedade civil, etc.

Uma oportunidade específica de *e-business* para as OGDs é a conexão em rede de seus escritórios de informações turísticas e centrais de atendimento telefônico (também conhecidos como serviço de atendimento ao consumidor) dentro de um país ou de uma região – para a troca de informações e reservas. A tecnologia que permite esse tipo de conexão em rede está tornando-se relativamente simples. Contudo, outras questões podem ser bastante complexas – como os termos e as condições para os negócios, a transmissão/liberação de pagamentos, responsabilidades legais, etc.

Uma outra parceria fundamental acontece com os fornecedores do setor turístico, especialmente os operadores de hospedagem dentro do destino. Com o tempo, existe potencial para desenvolver-se uma rede (tecnicamente, uma *extranet*) especificamente para estes fornecedores, no sentido de:

- Melhorar as comunicações entre a OGD e as empresas, e os relacionamentos de trabalho em geral.
- Fornecer informações e serviços para as empresas turísticas, permitindo um melhor desempenho.

- Possibilitar que esses fornecedores obtenham acesso a informações turísticas para os clientes.
- Permitir que atualizem informações e disponibilidade de produtos no sistema do destino, para facilitar as reservas feitas *on-line* em tempo real.

O Capítulo 6 apresenta uma visão detalhada de como uma rede deve ser projetada e implementada para o setor turístico.

As OGDs também têm a oportunidade de criar *links* com as redes baseadas na Internet de outros fornecedores, como serviços de transportes (transporte aéreo, ônibus, trem, serviços marítimos), operadoras de passeios, organizadores de eventos e festividades, teatros, etc. No passado, o trabalho em conjunto dos sistemas mostrou-se difícil, mas as redes e os *softwares* de *e-business* estão fazendo disso uma realidade.

Por fim, ao implementar novos sistemas de *e-business*, existe um potencial para parcerias estratégicas com empresas que talvez não estejam envolvidas diretamente no turismo no momento, mas que tenham possibilidades de benefícios indiretos – por exemplo:

- Empresas de mídia, que costumam ter grandes quantidades de conteúdos e, em alguns casos, canais de distribuição eletrônica e canais tradicionais muito importantes.
- Empresas de telecomunicações, que têm interesse no fornecimento de redes e no desenvolvimento de sistemas, além da prestação de serviços de TIC para empresas turísticas. Em alguns casos, elas podem oferecer a distribuição através de seus próprios portais na Internet.
- Bancos, que têm interesse no fornecimento de sistemas financeiros e de liberação/transmissão de pagamentos para OGDs e fornecedores do setor turístico.
- Provedores de Internet, que fornecem conexão com a Internet às OGDs e aos fornecedores do setor turístico, hospedando serviços e, em alguns casos, a distribuição de portais.
- Desenvolvedores da Web e fornecedores de sistemas, que podem estar dispostos a participar de *joint-ventures*.

O POTENCIAL DO *MARKETING* ELETRÔNICO E DO CRM

A abrangência do *marketing* eletrônico para as OGDs

O *marketing* eletrônico oferece às OGDs a possibilidade real de atingir um público muito maior, e muitas são as técnicas em uso englobando uma ampla gama de atividades. A Seção 2.3 apresenta exemplos das técnicas mais comuns. O fator fundamental é custo/benefício da Internet, isto é, a rede como mecanismo para a publicação de informações e relação com capacidade transnacional para os clientes; e o correio eletrônico (*e-mail*) como forma de transmitir diretamente informações e ofertas, com baixo custo e em curto prazo, para os clientes em potencial. O *marketing* eletrônico deve funcionar em harmonia com as atividades tradicionais de *marketing*, de forma que a movimentação aconteça em ambas as direções, da Web para os folhetos ou para o telefone, do telefone para a Web, e assim por diante.

Uma das principais vantagens do *marketing* eletrônico é a capacidade das OGDs de se envolver com os clientes de forma pessoal (Seção 2.3.1), mas ele também pode ser utilizado para promover atividades destinadas a grupos maiores, nos quais um grande número de visitantes em potencial pode ser atraído para o(s) *site(s)* da OGD. Existem várias técnicas para isso, entre elas:

- *Links* recíprocos ou pagos, a partir de outros *sites* adequados.
- Grande promoção do URL do *site* em todos os materiais impressos ou itens promocionais em geral.
- Patrocínio *on-line* e *off-line*, para elevar o perfil do URL da destinação.

Gerenciamento de Relacionamento com os Clientes para as OGDS

A Seção 1.4 apresenta uma introdução ao gerenciamento de relacionamento com o cliente (CRM – *customer relationship management*), explicando que esta é a uma abordagem eficaz e vantajosa em termos de custos, baseada no princípio de que o conhecimento e o relacionamento com os clientes é fundamental para maximizar as oportunidades de vendas, especialmente através de compras repetidas. Menciona-se aqui a definição do Kykamp Consulting Group[2]: "Otimizar todos os contatos com os clientes ou com os clientes em potencial". Assim, como aplicamos o CRM no contexto das OGDs?

Um ponto de partida é identificar as possibilidades de contato que uma OGD pode ter com seus clientes. Um sistema útil é o Ciclo de Vida das Comunicações (também chamado de Ciclo de Vida do Cliente [*consumer life cycle* – CLC]). A Figura 21 resume os pontos de contato em um ciclo de quatro etapas. [Obs.: o ciclo pode ser ampliado para cinco ou seis etapas.]

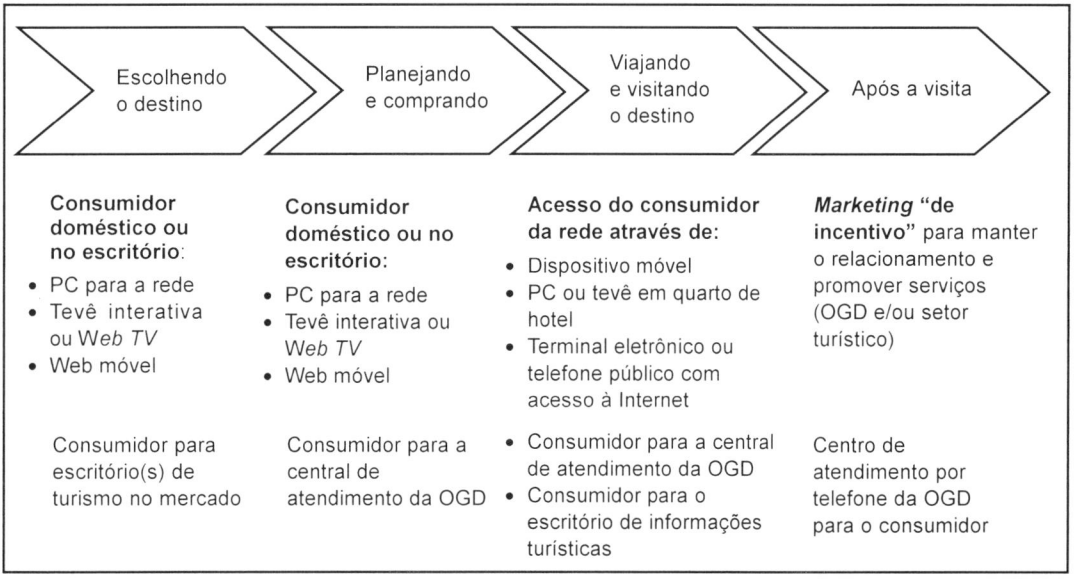

Escolhendo o destino	Planejando e comprando	Viajando e visitando o destino	Após a visita
Consumidor doméstico ou no escritório: • PC para a rede • Tevê interativa ou Web TV • Web móvel	**Consumidor doméstico ou no escritório:** • PC para a rede • Tevê interativa ou Web TV • Web móvel	**Acesso do consumidor da rede através de:** • Dispositivo móvel • PC ou tevê em quarto de hotel • Terminal eletrônico ou telefone público com acesso à Internet	*Marketing* "de incentivo" para manter o relacionamento e promover serviços (OGD e/ou setor turístico)
Consumidor para escritório(s) de turismo no mercado	Consumidor para a central de atendimento da OGD	• Consumidor para a central de atendimento da OGD • Consumidor para o escritório de informações turísticas	Centro de atendimento por telefone da OGD para o consumidor

FIGURA 21 Contato com o consumidor através do Ciclo de Vida das Comunicações.

A aplicação do CRM implica no uso de *softwares* de TI e de bancos de dados sofisticados para manter um relacionamento interativo individualizado com os clientes atuais e em potencial – através de mala-direta, *e-mail*, Web, telefone e contato pessoal – durante os vários estágios do ciclo do cliente. Assim, envolve:

- A personalização do *marketing* e das mensagens de vendas, garantindo uma adequação entre as necessidades e os interesses do cliente e os tipos de produto que lhe são oferecidos. É particularmente adequado para a promoção de produtos para nichos de mercado ou ofertas especiais em curto prazo, para aqueles com um potencial aquisitivo mais alto;
- Serviço personalizado durante a visita.
- Talvez o mais importante, "fechar o círculo" através de acompanhamento posterior à visita para estimular o desejo de retorno ou de visita a um destino parceiro – ou para recomendar aos amigos e parentes.

---

[2] http://etefortravel.com/pastevents/crm/program.html

Para tanto, é necessário:

- Construir um banco de dados de clientes e obter a maior quantidade possível de informações sobre seus estilos de vida, hábitos turísticos e de compra, através de CLCs diferentes (veja adiante).
- Desenvolver e elaborar um relacionamento individual personalizado com os clientes. Comunicar-se através de *e-mail* sempre que possível, devido a sua característica pessoal e imediata e, ao mesmo tempo, menos invasiva do que o telefone.
- Utilizar ferramentas de filtragem de bancos de dados para garantir que as correspondências proativas sejam realmente pessoais.
- Utilizar concorrências, leilões, salas de bate-papo, formulários de avaliação e questionários para incentivar os clientes a falar mais sobre si próprios.
- Talhar sua oferta de produto com mais precisão, para atender às demandas de seus clientes.
- Dar aos clientes uma razão para voltar ao seu *site* da Web e estimulá-los a comprar por impulso.

O CRM costuma ser aplicado em situações em que os clientes podem repetir a compra regularmente. Para muitos destinos, especialmente aqueles com importantes mercados de longa distância, não é este o caso, e as pessoas podem ter poucas chances de visitar a página mais de uma vez em um período de cinco a 10 anos. Na verdade, em um destino como as Ilhas Seychelles, os clientes podem encarar sua aquisição como um evento único em suas vidas.

Esses fatores não negam imediatamente a importância do CRM. Ao contrário, ele pode ser adaptado para atender às exigências da estratégia de *marketing*. Há três possibilidades:

- Através de ofertas especiais, persuadir os visitantes anteriores a pensar numa nova visita, quando eles poderiam nem ao menos considerar essa possibilidade. Quanto mais forte for o relacionamento desenvolvido com o cliente antes, durante e após a visita, maior será a chance de que essa estratégia tenha sucesso. Será importante fazer com que os clientes aceitem emocionalmente a destino.
- Estimular os visitantes anteriores a fazer recomendações a amigos e parentes, não apenas para o destino, mas também para atividades especiais, eventos e ofertas sobre as quais receberão informações por parte da OGD. Provavelmente, seria mais eficaz criar uma forma de incentivo ao visitante anterior, para que ele transmitisse a recomendação.
- Obter acesso aos bancos de dados de pessoas que ainda não visitaram o destino, mas que têm boas perspectivas de fazê-lo, em função de seus interesses e suas escolhas e preferências de viagem. Esses bancos de dados de clientes podem ser obtidos através de empresas comerciais que trabalham com correspondências ou listas de endereços, ou podem ser acessados formando-se alianças com outras destinações semelhantes, que têm muito mais a ganhar do que a perder ao compartilhar os dados dos clientes.

A utilização de correio eletrônico aumenta as possibilidades do CRM, mas este não depende dela, obviamente. Também é possível utilizar outros métodos de distribuição, embora possam não ser tão econômicos ou ter retornos imediatos.

Como técnica, o CRM também é importante para contatar a mídia do setor e os compradores de eventos de turismo. Pode-se dizer que será até mesmo mais importante nesse caso, em vista da necessidade de se desenvolver um relacionamento íntimo, contínuo e produtivo com um grupo de contatos relativamente pequeno e gerenciável. A importância de se desenvolver estes relacionamentos é tal que eles merecem um mecanismo especial, baseado no conceito de *extranets* – veja o Capítulo 6.

Coletando dados dos clientes

Dos parágrafos anteriores, pode-se concluir que é importante coletar a maior quantidade possível de dados sobre um cliente, em termos de estilo de vida, tipos de viagens e destinos anteriores, aspirações turísticas futuras, etc, além de dados precisos para o contato posterior, incluindo, quando possível, o endereço eletrônico. Muitas OGDs coletam uma ampla gama de dados sobre os consumidores a partir de fontes diferenciadas para um propósito específico, mas é apenas depois que esses dados são consolidados em um único banco de dados, no qual se pode manipulá-los, que realmente se começa a maximizar o valor dos clientes.

Há uma série de oportunidades para a coleta de informações sobre os clientes que acontecem como parte de nossas atividades diárias. Entre elas estão as reservas, consultas gerais e solicitações de folhetos, levantamentos, formulários de avaliação e até mesmo reclamações. Além disso, você pode criar outras oportunidades, como televendas ou *telemarketing*, levantamentos com visitantes, exposições ou mesmo competições.

Uma vez que tenhamos uma presença *on-line*, mais oportunidades serão abertas para a coleta de informações sobre os clientes. Como em tudo na vida, uma abordagem sutil compensa. Não faça muitas perguntas na primeira vez que alguém telefona com uma consulta ou visita seu *site*. Faça apenas algumas perguntas, que não demorem mais que poucos segundos para ser respondidas. Na próxima vez em que o cliente fizer contato, ele poderá ser reconhecido e já se saberá alguma coisa a seu respeito. É importante treinar sua equipe com as melhores técnicas. Muitas pessoas fornecem voluntariamente uma grande quantidade de informações sobre si próprias no primeiro telefonema, ao passo que outras estão com pressa e querem apenas receber a informação básica.

A proteção e a privacidade dos dados são um assunto cada vez mais complexo, especialmente quando relacionado a organizações que trabalham em várias partes do mundo. É importante prestar a devida atenção às exigências legais sobre o assunto, não apenas no país de origem da OGD, mas também no exterior. Mudanças recentes nas leis européias exigem que os consumidores façam uma opção positiva sobre a possibilidade da OGD manter e utilizar seus dados, em vez da situação anterior, na qual se devia optar negativamente. Em geral, esse fato deve ser visto com bons olhos, já que garante que aqueles que recebem as ofertas de uma organização são os que têm perspectivas maiores de vendas.

Técnicas de *marketing* eletrônico

Os parágrafos a seguir apresentam alguns exemplos de técnicas de *marketing* eletrônico.

Marketing de incentivo – campanhas por *e-mail*

Uma campanha de *marketing* de incentivo (*push marketing*) passa pela identificação de clientes específicos a partir de seu banco de dados ou de uma lista adquirida, enviando-lhes um *e-mail* com um propósito determinado. Pode ser um aviso de uma oferta especial ou um informativo mensal. Às vezes, a mensagem está no próprio *e-mail*, ou pode ser apenas um aviso que estimule o leitor a acessar um *link* no seu *site*.

Existe uma série de ferramentas de CRM que podem ajudá-lo a gerenciar seu banco de dados, processando as consultas para gerar um público-alvo. A produção segue um processo semelhante ao de uma campanha publicitária tradicional. Você precisa de uma oferta, um mecanismo para comunicá-la (por exemplo, a página na Internet ou material impresso) e um método para fazer com que a oferta chegue ao público, nesse caso, o *e-mail*. É fundamental estabelecer um mecanismo de resposta antes que a campanha comece, já que esse tipo de *marketing* tem um tempo de exposição muito mais curto do que a propaganda tradicional ou a mala-direta.

É necessário um *software* específico para as listas de *e-mail* se o número de clientes for além de algumas centenas. As ferramentas de CRM costumam ser muito caras, cerca de US$ 75.000,00 para os níveis básicos, de forma que vale a pena considerar a utilização de uma agência, especialmente se seus recursos forem limitados.

Clubes *on-line*

Muitos *sites* de destinos da Web oferecem uma chance ao usuário para ser membro de um clube especial que oferece benefícios extras. A entrada costuma ser gratuita, mas exige que se forneçam alguns detalhes pessoais que são obtidos pela OGD para utilização em suas atividades de CRM. Entre os benefícios, estão o aviso antecipado sobre ofertas, notícias e agilidade em reservas.

Personalizando sua *homepage*

Alguns *sites* permitem que o usuário personalize sua *homepage* de forma que ela possa adaptar-se às suas necessidades particulares. Geralmente é necessário, mais uma vez, responder a uma série de questões sobre seus interesses, aquilo que você gosta ou não, e seus planos. Essas informações serão utilizadas para selecionar os dados e garantir que os itens de interesse específico sejam realmente mostrados no futuro.

Função de envio de saudações

Muitos *sites* oferecem aos usuários a possibilidade de enviar um cartão postal eletrônico ou saudações a amigos e familiares. É necessário escolher o cartão (geralmente com uma imagem atraente do destino) e digitar seu nome e endereço eletrônico como remetente, e os de seu amigo como destinatário, e redigir uma mensagem curta. A seguir, o cartão é enviado ao destinatário em um ou dois dias. Para recebê-lo, o usuário deverá acessar o *site* do destino ou receberá uma notificação, estimulando-o a visitá-lo.

As saudações e cumprimentos eletrônicos são muito populares e oferecem a oportunidade de convidar amigos e conhecidos a enviar o endereço eletrônico deles para que recebam informações sobre o destino. É claro que isso gera questionamentos com relação à proteção dos dados. É necessário garantir que todos os usuários tenham a chance de optar pela inclusão no banco de dados de clientes, antes que sejam alvo de suas atividades de CRM.

Histórias e críticas sobre turismo

Como o turismo é uma experiência bastante pessoal, é divertido estimular os visitantes a escrever artigos curtos sobre sua viagem e disponibilizá-los no *site* para que outros os leiam, além de enviar fotografias de sua visita recente. É necessário um pouco de moderação para garantir que a qualidade dos textos apresentados seja razoável, mas essa é uma boa forma de criar embaixadores para seu destino. Supõe-se, obviamente, que suas experiências sejam boas. Reconhecendo que nem sempre é assim, o conteúdo deverá ser moderado de tempos em tempos.

Quadro de avisos eletrônicos e salas de bate-papo

Você pode criar uma comunidade *on-line* em seu *site,* hospedando um quadro de avisos eletrônicos ou uma sala de bate-papo. Assim, os usuários poderão conversar entre si e responder a questões sobre tópicos específicos. Talvez você queira animar essa parte do *site* estabelecendo temas e estimulando os usuários a participar. A maioria dos *sites* pede que você se registre antes de participar, o que proporciona mais uma oportunidade para coletar dados.

Formulários de avaliação

Alguns *sites* solicitam que os usuários apresentem à OGD avaliações sobre sua visita ao destino e sobre o próprio *site*. É importante elaborar os formulários de avaliação de forma que consigam obter uma quantidade mínima de dados e permitam que se responda adequadamente ao remetente, junto com um cumprimento.

Também é possível publicar um questionário mais proativo, como um intersticial (uma janela separada que surge em determinado ponto da visita) ou quando o usuário entra ou sai do *site*. Todos os dados contidos nas respostas devem ser armazenados no banco de dados de clientes.

Coleta de dados de vendas e consultas

Muitos clientes entram em contato com o destino através de telefone ou fazem uma visita a um escritório de informações, o que também proporciona uma oportunidade extra para a coleta de dados. Os que fazem reservas ou solicitam um folheto devem ser reconhecidos pelo sistema caso já sejam clientes, ou, caso contrário, devem ser identificados como clientes novos e, a seguir, acompanhados durante um certo tempo após sua volta para casa.

Bate-papo textual *(chat)*

O bate-papo textual é um recurso que permite ao usuário entrar em contato com um agente (geralmente no destino) utilizando um editor de texto *on-line*. A mensagem é transmitida pela Internet em apenas alguns segundos, e, mesmo não sendo tão rápida quanto um telefonema, o fato de se utilizar a Internet faz com que fique barato para o consumidor estabelecer contato com destinos no exterior.

Botões "Ligue para mim"

Alguns destinos possuem botões "Ligue para mim" em seus *sites*, que permitem a solicitação de um telefonema por parte de um operador no centro de contato da OGD. Geralmente, esses recursos são configurados de forma a permitir que o usuário especifique a hora em que gostaria de receber uma ligação, por exemplo, agora ou em 10 minutos, e na língua de sua preferência. Tanto esta função quanto o bate-papo textual ajudam a dar um toque mais humano aos processos *on-line*, mas é fundamental que a organização possa prestar o serviço satisfatoriamente. Não há nada mais frustrante do que solicitar um telefonema e esperar 30 minutos até que um operador esteja disponível.

Concursos, questionários e leilões

Convidar os usuários a participar de concursos ou questionários é mais uma boa forma de estimulá-los a fornecer seus dados pessoais, bem como fazer com que tenham interesse e estímulo para permanecer por mais tempo e retornar com mais freqüência.

Os leilões podem dar ao *site* um interesse especial e também podem oferecer oportunidades de obter algum rendimento extra e dados do cliente.

Cookies

Uma forma excelente de acompanhar os usuários é a utilização de "*cookies*". Trata-se de um arquivo simples de dados enviado ao computador do usuário quando ele acessa uma página da Web. Uma vez que o *cookie* tenha sido enviado, ele lhe permite rastrear o usuário – você não sabe o nome nem os detalhes desse usuário, mas você sabe que ele visitou a página de onde o *cookie* foi enviado.

Costuma-se utilizar os *cookies* para permitir o acesso a páginas protegidas por senhas ou para gerenciar as configurações da *homepage* (veja a próxima subseção). A partir daí, são mantidos em um arquivo separado e os usuários podem apagá-los se desejarem. Também é possível estabelecer mecanismos de segurança nos computadores para rejeitá-los ou alertar antes de sua transmissão. A maioria das pessoas os aceita sem alerta, especialmente levando-se em conta que a maioria deles é útil.

Homepages personalizadas

Outra técnica para coletar informações sobre os clientes é incluir funções que permitem que os usuários personalizem sua página para refletir seus interesses. O mecanismo pode ir desde um simples cumprimento, como "seja bem-vindo, João", até uma página totalmente configurada pelo usuário, com os padrões de conteúdo e de funcionalidade que lhe são mais relevantes.

Embora as aplicações mais óbvias do *marketing* eletrônico estejam relacionadas aos "consumidores finais", os princípios são igualmente aplicáveis a comunicações com intermediários do mercado, fornecedores do setor turístico e interessados na OGD.

Fatores fundamentais para o sucesso do CRM e do *marketing* eletrônico proativos

- Construir um banco de dados sobre os clientes e coletar a maior quantidade possível de informações sobre seus estilos de vida, hábitos de viagem e compra, e novas solicitações de informações periodicamente. Você não pode ficar achando que vai receber todas as informações no primeiro contato.
- Desenvolver e estimular um relacionamento individualizado com os clientes, e reconhecê-los quando fazem contato através de todos os canais.
- Utilizar concursos, leilões, salas de bate-papo, formulários de avaliação e questionários para estimular os clientes a contar mais sobre si.
- Comunicar-se por *e-mail* sempre que possível, por sua forma pessoal e imediata, mas menos invasiva do que o telefone.
- Utilizar ferramentas de filtragem de bancos de dados para garantir que os *e-mails* proativos sejam realmente bem dirigidos e pessoais.
- Adaptar de forma mais precisa seu produto às demandas dos clientes.
- Dar aos clientes uma razão para voltar ao *site* e estimulá-los a comprar por impulso.
- Estimular os clientes a ser embaixadores do destino que você oferece, por exemplo, através de funções como "envie essa página a um amigo".

COMÉRCIO ELETRÔNICO PARA OGDS

Muitas OGDs oferecem serviços de reservas de acomodação aos clientes, em escritórios de informação turística e cada vez mais por telefone. Uma quantidade cada vez maior de OGDs está fazendo sua oferta de reservas *on-line* através de seus *sites*, para hospedagem e outros produtos.

Os processos técnicos envolvidos no estabelecimento de uma plataforma de comércio eletrônico são relativamente diretos, mas há uma série de dificuldades em nível empresarial que têm funcionado como grandes obstáculos.

Existem quatro opções principais para possibilitar as transações relativas a acomodação através do *site* da Web da OGD. Elas são resumidas a seguir, com alguns comentários sobre os prós e os contras de cada uma:

Consulta direta ao estabelecimento de hospedagem por *e-mail*

- Você pode definir seu sistema de forma que qualquer consulta sobre reservas possa ser passada diretamente para o estabelecimento escolhido, seja através de um formulário *on-*

line ou de um simples *e-mail*. Se o prestador do serviço não tiver acesso ao correio eletrônico, a mensagem pode ser enviada automaticamente por fax ou para a OGD e tratada manualmente por telefone. Essa é a solução mais simples, e muitas vezes é adotada por organizações que têm uma grande proporção de estabelecimentos pequenos entre seus fornecedores. Isso não constitui comércio eletrônico, apenas uma consulta por *e-mail*.
- A vantagem é que o prestador do serviço não tem que manter seu produto *on-line* ou oferecer uma alocação (ou distribuição) à OGD. O ponto negativo, contudo, é que o processo não é dinâmico, e pode ser frustrante para o visitante que tem de esperar para saber se sua solicitação pode ser atendida, e receber diversas rejeições, especialmente em épocas de alta demanda.

Comércio eletrônico através da OGD

- Para oferecer aos usuários uma função de reservas *on-line* em tempo real, a OGD precisará do software adequado para utilizar o mecanismo de reservas, de um sistema para o processamento das transações financeiras e, mais importante, do inventário atualizado e preciso de disponibilidade ou alocações.
- A maior parte dos principais sistemas dos destinos incorpora os mecanismos de reservas e, cada vez mais, os prestadores de serviços estão interessados em *joint-ventures* que envolvem a divisão da receita de transação.

O último ponto é provavelmente o mais difícil. O método tradicional de alocações funciona bem para reservas antecipadas em grandes hotéis, mas não para as de curto prazo, em estabelecimentos de menor porte.

Existem várias soluções parciais para o problema:

- Os operadores de hospedagem assumem a responsabilidade pela atualização de suas informações sobre disponibilidade para a OGD através de diversos métodos – telefonando, enviando um fax ou mandando um *e-mail*, que então é inserido manualmente pela equipe da OGD no sistema do hotel, ou obtendo acesso ao sistema através de uma interface protegida por senha com um navegador da Web ou por um telefone de teclas. A dificuldade desse método é o fato de que a organização dependerá da operadora para atualizar os registros. Muitas delas o fazem, mas algumas operadoras não têm motivação e, assim, o método pode não ser confiável para a obtenção da melhor posição atualizada de todo o estoque.
- As operadoras recebem o sistema de reservas que as conecta do sistema do destino, ou que faz parte dele. Elas acessarão o sistema através de um navegador, de forma que estarão utilizando o sistema da OGD de forma eficaz para gerenciar o inventário como um todo. Isso cria dificuldades para aqueles prestadores de serviços que já tem seu próprio Sistema de Gerenciamento de Propriedade (SGP).
- Estabelece-se uma interface entre o sistema do destino e os sistemas de gerenciamento de propriedade do próprio estabelecimento de hospedagem, possibilitando uma troca automática das informações disponíveis. Esta é a melhor solução, mas sua implementação é cara, já que pode ser necessária uma interface com SGPs diferentes.

É provável que, nos próximos dois ou três anos, as OGDs precisem oferecer opções, aguardando um tempo para o aumento na conscientização do setor sobre os benefícios, no sentido de fazer com que a maioria dos prestadores de serviço adote uma solução mais sofisticada.

Terceirização para uma ou mais agências comerciais

- É possível que uma OGD terceirize sua função de comércio eletrônico a um atuante global, como o all-hotels, HRN/TravelNow, Hotels Online e WorldRes; ou a uma agência nacional ou local de reservas, o que estaria sujeito a um processo de concorrência. Esse caminho apresenta certas vantagens, especialmente a velocidade com a qual tal solução pode ser implementada e a ampla distribuição oferecida por alguns desses parceiros. Contudo, também pode haver problemas em potencial, especialmente com relação à divisão das comissões, à manutenção dos dados sobre o cliente e ao direito de utilizá-los, bem como à incorporação de todos os produtos de hospedagem do destino.

Agência indicada pelo prestador de serviços

- Essa opção possibilita que cada estabelecimento de hospedagem indique uma agência de reservas *on-line* de sua própria escolha, a partir de uma lista aprovada pela organização. Isso dá ao prestador de serviços a responsabilidade de manter o inventário, mas permite que aqueles que estejam bastante motivados tenham a melhor oportunidade de vender seus produtos *on-line*.
- Para os destinos que dependam muito de intermediários, por exemplo, operadoras turísticas ou agentes de viagem, é possível canalizar os clientes para o mecanismo de reservas dos intermediários para desenvolver a transação.

Conclusões sobre as opções de comércio eletrônico

Todas essas opções podem proporcionar oportunidades para que você e seus parceiros comerciais gerem algum lucro decorrente de comissões, mas, obviamente, em nível mais baixo, já que outra agência é que realmente faz o negócio. Você pode concluir que vale a pena abrir mão desse lucro para maximizar o retorno para os estabelecimentos de hospedagem.

As OGDs enfrentam uma série de desvantagens a serem superadas quando tentam estabelecer um sistema de reservas *on-line*. É importante que os seguintes fatores sejam cuidadosamente considerados antes de se decidir sobre a melhor atitude:

- As OGDs não detêm o produto que estão vendendo e não têm qualquer controle imediato sobre ele.
- Muitas OGDs representam predominantemente estabelecimentos de pequeno porte, que costumam relutar para pagar até mesmo comissões bastante razoáveis, e podem carecer das aptidões empresariais ou da motivação para gerenciar seu inventário de maneira a possibilitar as reservas *on-line*.
- Operadoras turísticas maiores já estão desenvolvendo um volume razoável de negócios através de seus próprios sistemas de reservas na Internet, agências de reservas conectadas, como as citadas acima, Sistemas de Distribuição Global e, às vezes, acham difícil lidar com uma OGD.
- Os produtos turísticos têm dificuldades inerentes, já que o cliente não pode experimentar, ou ver, antes de comprar; assim, o procedimento de compra costuma ser postergado enquanto o comprador em potencial coleta cada vez mais informações.
- As OGDs costumam ter uma cultura de serviços, e tanto os funcionários quando as gerências acham difícil adaptar-se a uma cultura mais voltada às vendas.
- As OGDs costumam achar difícil lidar com transações com cartão de crédito (especialmente aquelas que operam com estruturas governamentais).
- As OGDs acham difícil criar termos e condições aceitáveis aos visitantes, ao prestador de serviços e a elas próprias, e sob os quais todos estejam razoavelmente protegidos.

Existem alguns bons exemplos de que as OGDs estão atingindo altos níveis de consultas e reservas a partir de fontes *on-line*, mas os maus exemplos ainda são maioria. Muitos vão depender do modelo empresarial da OGD. Nos casos em que ela escolher não operar uma solução de comércio eletrônico por conta própria, as opções para a terceirização ou para a transferência de consultas sobre reservas diretamente para o prestador de serviços escolhido serão as mais interessantes.

As novas formas para as OGDs fazerem negócios

As OGDs têm a chance de explorar as técnicas de *e-business* em todos os departamentos, seja no de *marketing*, de vendas, de serviços de informação, desenvolvimento, pesquisa, contabilidade, etc. Anteriormente, cada um podia ter seus próprios dados, específicos para seus objetivos, mas agora pode haver um nível mais alto de conhecimento compartilhado, através do uso de ferramentas que permitam a comunicação através de rede. Esse tipo de oportunidade de trabalho em rede pode melhorar em muito o conhecimento das informações e, por sua vez, o desempenho, ajudando a reduzir os custos através de economias de escala.

Serviços novos serão desenvolvidos para substituir aqueles em decadência. Por exemplo, é provável que a demanda por um guia anual sobre o destino venha a cair muito nos próximos três a cinco anos, sendo substituída, por um lado, pelo uso de novos meios, manuais do setor e conferências, etc., e, por outro, pelo material impresso de menor porte, mais dirigido e produzido no ponto de consulta.

Outro exemplo é a possível queda na demanda dos serviços prestados pelos escritórios de informações turísticas, uma vez que os visitantes de um determinado local possuem acesso a informações detalhadas através de dispositivos móveis, *Web TV* nos apartamentos de hotel, etc. As OGDs devem estar prontas para utilizar os novos canais a fim de distribuir as informações e os serviços de reservas.

Em termos mais gerais, as oportunidades para o comércio eletrônico têm implicações profundas. Ao passo que, no passado, as OGDs tendiam a ser fornecedoras de informações e facilitadoras nos relacionamentos entre turistas e serviços, no futuro é provável que elas se envolvam mais nas transações turísticas, direta ou indiretamente. À medida que mais organizações oferecerem ou possibilitarem as reservas *on-line* para seus produtos/destinos e, quando for o caso, receberem comissões, elas irão evoluir para um novo tipo de intermediário, circunstância na qual poderão ser julgadas de forma mais direta por resultados facilmente mensuráveis. Independentemente dessa mudança de papel, é fundamental que as organizações permaneçam sendo as guardiãs dos interesses de seus destinos e as principais promotoras de seu valor como local a ser visitado.

À medida que a estrutura das OGDs avança no sentido de parcerias de *e-business*, as administrações e os funcionários devem adotar novas maneiras de trabalhar. Tais maneiras basear-se-ão muito em princípios empresariais padronizados, mas, para algumas OGDs, especialmente aquelas bem-estabelecidas no setor público, essa realidade precisará de tempo para ser atingida. Eis algumas considerações importantes:

- O planejamento e o gerenciamento de sistemas de *e-business* não podem ser feitos individualmente pelos departamentos, de forma isolada dos outros. Devem ser parte integrante das atividades cotidianas de cada administrador e membro da equipe.
- Os administradores e os funcionários devem assumir uma nova cultura para sua organização, baseada no trabalho compartilhado e em equipe. Um fator central será a adoção do conceito de *marketing* de relacionamento, não apenas para os consumidores, mas também para o setor turístico, para a mídia, para os compradores de conferências, etc, e em relação aos prestadores de serviços do setor turístico.
- Todos os funcionários e, na verdade, os interessados no destino de forma mais ampla devem enxergar os sistemas de bancos de dados comuns como ativos principais da organização, o alicerce sobre o qual todas as atividades estarão assentadas, e garantir que os dados sejam utilizados em seu potencial total em toda a organização.
- As OGDs devem estar muito mais alertas às necessidades dos clientes existentes e potenciais, devendo prever essas necessidades e ser proativas para lhes atender.
- Em muitas OGDs, a administração e os funcionários não estão bem equipados para assumir as técnicas modernas de *e-business*, de forma que o desenvolvimento de um programa de conscientização, treinamento e desenvolvimento em grande escala é um desafio para o futuro. Todos os interessados devem estar envolvidos no processo e ser estimulados a participar de maneira ativa.

- As OGDs não devem supor que a implementação de novos serviços será necessariamente muito cara. Cada vez mais é possível acessar serviços de bancos de dados em toda a rede, utilizando apenas um navegador da Web. Diversos fornecedores de *software* para sistemas de destinos já oferecem acesso a serviços dessa forma, evitando a necessidade de que a OGD compre equipamentos, *softwares* e redes, além de caros serviços de apoio. Um simples PC, um navegador e uma conexão com a Internet serão suficientes. É provável que, nos próximos dois ou três anos, a maioria dos fornecedores de sistemas ofereça essa opção, tornando-se "Provedores de Serviços de Aplicação" – PSA. Esse modelo é ideal para as OGDs de pequeno porte.

As OGDs não têm a opção de manter o *status quo*. Os novos atuantes comerciais *on-line* serão rápidos em sua inserção em territórios em que a OGD não estiver com desempenho adequado, mas sem o devido compromisso com a destinação como um todo. Todas as OGDs devem fazer seus planos de investimento e refletir sobre os sistemas de *e-business* para a destinação, como ferramenta fundamental em seu arsenal organizacional, seja qual for a forma que adotem.

DESAFIOS ESTRATÉGICOS PARA AS OGDs

O advento da Internet está criando oportunidades e desafios estratégicos para as OGDs. Testemunhamos o rápido surgimento de um novo mercado de grande porte para o turismo. Nos últimos três ou quatro anos, os principais *sites* comerciais sobre o tema tiveram um rápido crescimento, não apenas na quantidade de visitantes mas também, e muito importante, no número e no valor das transações. Como já se observou antes, as companhias de pesquisa de mercado da Internet, como o Forrester Research e o Jupiter Media Metrix, estão projetando altos índices de crescimento, não apenas no uso da Internet e no comércio, mas também na parcela desse mercado em crescimento referente ao turismo. Um fator importante para muitas OGDs é o fato de que a Internet está facilitando e estimulando as tendências dos últimos anos rumo ao turismo independente e a férias e folgas com atividades relacionadas a interesses especiais.

Dessa forma, a Internet representa um mercado cada vez mais importante de consumidores cujo perfil se encaixa nas exigências da maioria das OGDs, senão de todas. Além disso, a Internet será cada vez mais usada por agentes de viagens, no lugar de folhetos e guias para a obtenção de informações sobre os destinos (geralmente através de *sites* específicos que oferecem informações de boa qualidade sobre atrações, eventos, clima, etc.) para dar suporte às vendas de produtos turísticos específicos. Assim, ela permite que as OGDs se comuniquem diretamente de forma relativamente barata com consumidores de alto rendimento, além de intermediários. As implicações são muito importantes para o futuro papel a ser cumprido pelas OGDs.

O principal desafio para os prestadores de serviços turísticos e destinos é capturar e manter a atenção em um mercado com uma forte semelhança conceitual a uma feira, na qual existe uma série de atuantes importantes que desenvolveram marcas conhecidas para o turismo e construíram uma grande base de clientes. Companhias turísticas importantes estão gastando somas muito altas na construção de *sites* atrativos e eficazes, e no desenvolvimento de suas próprias marcas *on-line*. Nessas circunstâncias, será que as OGDs devem tentar concorrer diretamente? Caso afirmativo, como poderiam ganhar "voz" no mercado? Ou será que elas deveriam tentar trabalhar junto com esses atuantes novos e importantes?

As OGDs partem da vantagem de que muitos clientes buscam ativamente as informações sobre os destinos. Contudo, ao utilizar os mecanismos de busca, muitas vezes é difícil de diferenciar os *sites* oficiais das OGDs de outros (geralmente em grande quantidade) que oferecem informações relacionadas ao turismo, sobre um ou mais destinos. As OGDs também enfrentam o problema de como atrair o interesse de clientes que podem não ter um destino específico em mente, mas sim uma idéia clara do tipo de experiência que buscam, por exemplo, trilhas, observação de pássaros, canoagem, etc.

Para começar, é importante que as OGDs desenvolvam uma compreensão sobre esse meio e sobre as pessoas que o utilizam. A Internet é um meio relativamente novo, com vantagens diferenciadas em relação aos meios tradicionais, mas também limites importantes, pelo menos em curto prazo. As vantagens devem ser exploradas ao máximo, e os limites, reconhecidos.

No momento em que a organização identificar segmentos-alvo em um mercado específico, será importante analisar se a Internet irá proporcionar um acesso compensador em termos de custo a esses mesmos segmentos. As pesquisas feitas pelos usuários da rede acontecem na maioria dos mercados importantes e devem oferecer um tipo de orientação. Essa base permitirá que as OGDs planejem seu uso da Internet com os mesmos métodos e cuidados que aplicariam a outras atividades de *marketing*.

3

Implementando um sistema de gerenciamento de destino (SGD) como infra-estrutura para o e-business

INTRODUÇÃO

A expressão "sistema de gerenciamento de destino" (SGD – passou a ser utilizada na última década para descrever a infra-estrutura de TIC de uma OGD. Em princípio, haviam sistemas de gerenciamento de destino diferentes para dar apoio a distintas funções, dependendo das exigências do destino em questão. Cada vez mais, no entanto, os SGDs dão suporte a múltiplas funções, a partir de um produto e de um banco de dados de cliente centralizados.

Hoje em dia, já começamos a avançar de SGDs verticalmente integrados para outros sistemas que consistem num conjunto de módulos de *softwares* que funcionam a partir de um navegador, acessados pela Internet a partir de servidores remotos e provedores de serviços de aplicação (PSAs – veja a seção 2.5) ou internamente, através de *intranets*. As OGDs ainda podem optar pela compra de todo o seu sistema de um fornecedor. Como alternativa, podem escolher comprar módulos diferentes de vendedores diferentes, integrando-os em uma rede.

Vários fornecedores tradicionais dos SGDs vêm tentando oferecer seus produtos de forma modulada, mas muitas vezes mostram-se relutantes em facilitar a integração com outros *softwares*. No entanto, essa atitude está mudando, e existe um afluxo de novos elementos no mercado, oferecendo produtos para atender a necessidades específicas, que podem ser facilmente integrados em redes de *e-business* por terem sido projetados para uma plataforma compatível com a Internet a partir de um navegador. Da mesma forma, é provável que surja uma grande quantidade de integradores especializados e analistas comerciais para assessorar e dar suporte às OGDs no desenvolvimento de seus negócios eletrônicos.

À medida que as OGDs estabelecem cada vez mais sistemas integrados de *e-business*, o termo SGD pode muito bem ficar obsoleto, mas ainda o utilizamos para descrever a infra-estrutura de TI necessária para dar apoio às atividades de *e-business* dos destinos.

GUIA PASSO A PASSO PARA A IMPLEMENTAÇÃO DE UM SGD

Os componentes centrais de um SGD são:

- A infra-estrutura técnica de uma rede de computadores, *hardwares*, *softwares* e *links*.
- Um banco de dados, ou uma série de banco de dados, com um sistema de gerenciamento de conteúdos que permite que os usuários gerenciem os dados dentro do banco de dados.
- Os diversos aplicativos, ou seja, o *software* que realiza as funções de apoio às atividades empresariais.
- Os dados.

Será necessário avaliar paralelamente todos esses componentes de TIC inter-relacionados durante o processo de planejamento.

Este guia oferece uma seqüência lógica de passos para auxiliá-lo durante o processo complexo de projeto e implementação de sua estratégia de *e-business* e de seu SGD.

Passo 1 – Fornecer suporte especializado

Dependendo das capacidades disponíveis em sua OGD, entre suas organizações parceiras ou nos atuais fornecedores, pode ser interessante contratar ajuda especializada. Se seu projeto tem escala suficientemente grande, pode ser interessante recrutar um gerente de projetos para coordenar o processo desde o início. Contudo, para muitas OGDs essa não é uma medida prática. Pode ser mais eficiente empregar serviços de uma consultoria para elementos fundamentais do trabalho.

Também pode-se considerar a busca de ajuda externa para alguns elementos, entre eles:

- Elaborar uma estratégia de *e-business*.
- Ajudar a desenvolver uma marca registrada, a aparência e o comportamento de seu destino, ou a interpretar a marca atual para uso digital.
- Elaborar componentes específicos do SGD.
- Organizar a coleta de dados e a inserção de produtos e material editorial.
- Hospedar e fazer a manutenção do SGD e de seus vários *sites*.
- Gerenciar o projeto durante sua implementação.
- Registrar os *sites* junto a mecanismos de busca e otimizar sua apresentação com o passar do tempo.
- Fornecer perfil dos usuários e do uso que estes fazem de todos os *sites* e serviços importantes.
- Preparar a análise de caso empresarial.

Se você deseja obter apoio para ajudá-lo a implementar o projeto no primeiro exemplo, estabeleça o contrato em etapas menores, de forma a não ficar preso a um esquema de longo prazo antes de saber o que é realmente necessário.

Quanto mais específico você puder ser no resumo, mais fácil será a implantação. Você pode querer trabalhar apenas com uma agência que preste todos os serviços de que necessita, ou com diversas agências, cada uma delas desenvolvendo uma tarefa específica. Este último sistema é perfeitamente viável, mas vai necessitar de um trabalho conjunto, com a verificação e a documentação clara das interdependências entre as diferentes agências, além da inclusão de penalidades, em um contrato no qual o tempo é fundamental.

Passo 2 – Preparar uma estratégia inicial de *e-business*

O próximo passo é a preparação de uma estratégia de *e-business*, englobando os princípios estabelecidos nos Capítulos 1 e 2 deste livro. A produção dessa estratégia é o passo inicial, e mais importante, no processo como um todo. Se não for bem-feita, sua capacidade de desenvolver os passos seguintes ficará muito reduzida, e você pode acabar cometendo erros onerosos ao longo do caminho.

A estratégia de *e-business* deve ser estabelecida na estratégia geral de turismo para seu destino e dos planos empresarial e de *marketing* de sua organização. São eles que ajudarão a determinar os objetivos e os alvos da estratégia.

Essa estratégia diz respeito à definição dos componentes fundamentais do programa de *e-business* (em termos de usuários, canais, aplicativos e conjuntos de dados); às prioridades para implementação; aos profissionais envolvidos na implementação; aos recursos necessários; e a um programa inicial de implementação. Pode ser interessante consultar o modelo de *e-business* de destinos e o texto correspondente, apresentados na Seção 2.2.1. Estude-o de forma sistemática.

Comece pensando sobre seus usuários, especialmente seus clientes – quais são suas necessidades e quais são os canais que utilizam para interagir com você. É importante compreender que seu sistema terá, potencialmente, muitas interfaces diferentes para cada categoria e segmento de usuários e para cada tipo de canal que possam usar. Uma vez tendo avaliado as exigências em potencial de seus usuários e os tipos de canais que eles provavelmente utilizam, você poderá refletir sobre quais os aplicativos e o conjunto de dados necessários para lhes dar suporte. A partir de sua análise, elabore uma versão do modelo de *e-business* de destinos específica para o destino que você tem em mente, a qual irá conter o núcleo de sua estratégia.

É necessário avaliar sua própria organização e como cada departamento pode melhor atingir suas metas. Além disso, é necessário compreender as oportunidades para comunicar-se com seus clientes ou com os investidores de uma forma compensadora em termos de custos, compartilhando recursos e dados interna e externamente, através de uma rede que funciona a partir de um navegador.

É importante definir algumas prioridades amplas na estratégia, identificando as áreas que vão oferecer benefícios maiores, inicialmente. Por exemplo, sua prioridade pode ser criar e gerar conteúdo para um banco de dados de um produto compatível com a Internet como recurso comum e aberto, ou você pode querer concentrar-se no desenvolvimento de um *site* voltado aos consumidores. É provável que já existam estruturas e recursos, de forma que é importante pensar como eles podem ser integrados aos seus novos sistemas de *e-business,* ou seja, como você vai:

- Criar, manter e compartilhar seus ativos principais, ou seja, os dados sobre produtos, consumidores e contatos que você possui?
- Estabelecer as ferramentas, os protocolos e os padrões comuns de que você vai precisar?
- Definir se é importante implementar o comércio eletrônico? Em caso afirmativo, como deve ser feito?
- Adotar os princípios e as técnicas de CRM para se comunicar com os consumidores e intermediários, com a melhor relação custo/benefício e da forma mais focada?
- Estabelecer parcerias com outras organizações com as quais tem um interesse comum?
- Adquirir respaldo de seus funcionários e fornecedores, de forma que trabalhem juntos para atingir os objetivos da estratégia de *e-business*?
- Gerenciar as transformações necessárias na cultura e nas práticas de trabalho?

Além dos pontos fundamentais apresentados acima, você também deve identificar os contextos local, regional e nacional nos quais está trabalhando, e identificar as oportunidades para se vincular a outras iniciativas.

A estratégia deve demonstrar claramente de que forma o *e-business* dará uma contribuição real para atingir os objetivos estratégicos de seu destino e melhorar o desempenho de sua organização. Em termos financeiros, deve-se verificar as possíveis economias de custo e, quando for o caso, as oportunidades para o aumento da receita desses benefícios em potencial, com exemplos de boas práticas realizadas em outros destinos.

A estratégia deve incluir algumas alternativas. Você não deverá entrar um projeto de grande escala e muito complicado, se esse não for o mais apropriado para sua OGD. Pense no que você realmente vai precisar e se isso pode ser obtido de forma mais simples através da expansão de seu processo atual ou a partir de opções terceirizadas.

Passo 3 – Consultar e trocar idéias com os principais interessados

Entre os interessados no negócio, inclui-se um amplo leque de pessoas e organizações que tenham interesse direto ou indireto em seu destino. Aí estão a gerência, a equipe de funcionários e financiadores, operadoras turísticas, empresas de transporte, operadoras de passeios, organizadores de entretenimento e eventos, residentes, associações locais e entidades comerciais, como companhias de telecomunicações e a mídia local. É importante obter amplo apoio para seu SGD e envolver os principais interessados desde o início, especialmente se for necessário levantar verba para financiar o projeto.

A implementação de uma estratégia de *e-business* exigirá um investimento significativo de dinheiro, tempo e qualificação, e terá um impacto muito grande na forma como a OGD funciona e interage com seus vários parceiros e interessados. É importante que eles estejam envolvidos na identificação de suas exigências enquanto usuários.

Também é fundamental que a evolução do projeto, nos estágios fundamentais, seja comunicada a todos. Existem diversos exemplos de OGDs que não conseguiram envolver de forma eficaz os interessados, e que pagaram um preço alto pela falta de apoio e pela propaganda negativa. Esse envolvimento pode ser feito através de reuniões regulares com os atuantes fundamentais para avaliar o processo, fornecendo relatórios ou participando de reuniões de associações ou comitês importantes, emitindo notas e informativos à imprensa, ou promovendo regularmente fóruns abertos.

O estabelecimento de uma boa comunicação com os principais interessados no início do processo deixará o treinamento e a geração de ânimo muito mais fáceis. Certifique-se de que as pessoas entendam o que se espera delas para que possam participar e se beneficiar dos novos sistemas que estão sendo implantados.

Passo 4 – Preparar uma especificação inicial de exigências dos usuários

Uma vez estabelecida sua estratégia de *e-business* e obtido o apoio efetivo de todos os interessados, é necessário avançar para um estágio mais detalhado do planejamento, com a criação de uma Especificação das Exigências do Usuário – EEU.

A primeira tarefa é determinar as exigências detalhadas dos vários grupos de usuários e identificar quais deles você deseja apoiar a partir do SGD. Comece reunindo um grupo de colegas e fazendo uma sessão para expor todas as idéias possíveis e imagináveis (a chamada sessão de *brainstorming*). Identifique todos os tipos de usuários e todos os seus públicos-alvo, como funcionários, fornecedores, clientes, intermediários, grupos da comunidade, etc. Reflita cuidadosamente sobre os usuários menos óbvios, como um funcionário do governo que solicita estatísticas, ou estudantes em busca de informações para fazer trabalhos escolares.

Nesse relatório, você deve identificar os usuários e listar todas as suas exigências e a forma como interagem com sua organização ou no interior dela. Esse procedimento fornecerá uma lista organizada daquilo que você pode utilizar como estrutura para discussões com seus usuários.

É importante pensar para frente, em como você pretende que os processos empresariais sejam desenvolvidos no futuro, já que alguns processos existentes podem desaparecer na nova forma de trabalhar. Certifique-se de incluir a data e o número da versão de sua EEU, já que o documento será atualizado com o passar do tempo, de acordo com suas conversas com os diversos públicos.

Uma vez elaborada sua EEU inicial, peça que um pequeno, mas representativo, número de pessoas, escolhido a partir dos grupos de usuários, avalie a lista e identifique quaisquer requisitos que não estejam já identificados. Peça também que essas pessoas indiquem o nível de prioridade que atribuem a cada um desses requisitos. Ao fazê-lo, devem refletir, para cada exigência:

- Quantos usuários vão se beneficiar e até que ponto?
- Qual é a quantidade de trabalho envolvida para fornecer a função que atenda a essa exigência?
- Ela depende de outros recursos ou funções para operar, por exemplo, um banco de dados ou uma solução de comércio eletrônico?
- Ela pode fornecer um ganho rápido?
- Ela demanda um trabalho de grande porte?

Será necessário consolidar todos os comentários em sua EEU mestre para obter uma lista de requisitos por ordem de prioridade.

A EEU descreve os requisitos que formam a base para sua Especificação Funcional, que descreve como eles serão atingidos. Veja o exemplo do Passo 5.

Passo 5 – Preparar uma Especificação Funcional

Sua Especificação das Exigências do Usuário (SUR) descreve as exigências e forma a base para sua Especificação Funcional, a qual apresenta a forma como os requisitos serão atendidos. As funções podem ser mais ou menos sofisticadas, mas incluem, por exemplo, as reservas, a pesquisa por palavras-chave, os quadros de avisos eletrônicos, os mapas interativos. Os exemplos a seguir mostram as exigências dos usuários para o gerenciamento dos dados dos clientes e as especificações funcionais correspondentes.

Exigências dos usuários	Especificação funcional
Gerenciar os dados dos consumidores, incluindo: • Informação sobre contatos • Origem • Perfil demográfico • Histórico de atividades Registrar data, hora e origem.	Criar um banco de dados com os campos apropriados: título, nome, sobrenome, etc. Criar uma interface para a coleta de dados através de: • Inserção manual (por exemplo, através de um teclado) • Automaticamente, durante uma transação • Através de rotinas de importação • Inserções restritas de respostas predefinidas, sempre que possível, para contribuir com o controle de qualidade, por exemplo, para o título, a origem, o perfil demográfico e a atividade Automatizar data, hora e inserções do usuário no banco de dados, a partir do momento que o usuário entrou no calendário/relógio do sistema.

Passo 6 – Ampliar o conhecimento

Nesta etapa, em geral é útil ampliar o seu conhecimento sobre os sistemas existentes no mercado e os tipos de funções disponíveis na forma de serviços terceirizados. Converse com seus próprios funcionários da área de TI (se for importante) sobre os diferentes enfoques, ou realize discussões preliminares com desenvolvedores em potencial de *softwares* e fornecedores de sistemas, já que a maioria deles se dispõe a demonstrar seus produtos. Você ainda pode querer visitar um outro destino no qual seu sistema esteja implantado. Se o projeto for suficientemente grande, você pode cogitar a emissão de solicitações de informação, que darão início a discussões estruturadas com fornecedores, como uma etapa precursora para o processo final de licitação.

Essas discussões também irão ajudar a obter alguma indicação sobre os prováveis custos. Será interessante criar uma tabela de custos na qual você pode detalhar a despesa e a renda atual de cada atividade para compará-las com os custos da mesma atividade se for desenvolvida através do SGD. A comparação das duas colunas possibilitará a identificação dos ganhos ou dos custos líquidos associados a cada componente. Vale a pena dividir os custos em investimentos únicos de desenvolvimento e custos de receita recorrentes. Lembre-se que há custos e benefícios leves, como economias de tempo no trabalho dos funcionários, aperfeiçoamento dos serviços, além de custos e economias diretas como cobranças de hospedagem e redução de custos de impressão e postagem.

Passo 7 – Preparar uma primeira análise empresarial

Com base em seu conhecimento ampliado e com assessoria especializada, quando for necessário, você deve estar agora muito mais informado sobre:

- As formas como um SGD pode ajudar a organização a melhor desenvolver seu trabalho.
- Os custos potenciais.

- As implicações para a gerência e para os funcionários, e até que ponto os processos atuais precisarão ser mudados.
- As opiniões dos interessados.

Nesse momento, você já deve ser capaz de analisar e finalizar sua estratégia de *e-business*, sua Especificação das Exigências do Usuário e sua Especificação Funcional, acrescentando qualquer coisa que tenha sido deixada de lado nas primeiras versões, e examinando o que é possível obter-se em termos reais e como isso pode ser atingido com o passar dos anos.

Toda essa informação vai ajudá-lo a preparar uma primeira análise empresarial, a qual deverá detalhar os benefícios e os riscos potenciais associados à operação de um SGD e uma estimativa dos custos gerais de receita adicional que você pode esperar, incluindo:

Possíveis áreas para a geração de receita extra:

- Receitas de comércio eletrônico a partir de vendas de produtos turísticos pela Internet e por *e-mail*, especialmente hospedagem, mas também transporte, entretenimento, serviços e mercadorias.
- Aumento no número de vendas e nas tarifas de participação dos fornecedores do setor turístico.
- Aumento nas vendas através de seus escritórios de informações turísticas e centrais de atendimento telefônico, como conseqüência de um serviço mais rápido, de uma maior produção, melhor adequação de demanda e de oferta.
- Financiamento e patrocínio corporativo em troca de exposição no *site* do destino, terminais eletrônicos, etc.
- Exploração do banco de dados de produtos, consumidores e empresas.

Possíveis áreas para a economia de custos:

- Custos menores de impressão e distribuição de material.
- Economia no tempo dos funcionários, na produção e distribuição de materiais impressos, no processamento de consultas, no processamento de transações, nas comunicações, etc.
- Menor necessidade de investimentos em atividades tradicionais de *marketing* e vendas.
- Custo reduzido no contato entre funcionários.
- Assim como as economias financeiras, há um benefício considerável na capacidade de fornecer informações e serviços que não estavam disponíveis antes. Uma das principais vantagens de um SGD é o fato de poder ser configurado para coletar automaticamente muitos dados que podem ser analisados depois, a fim de fornecer informações valiosas sobre a gerência.

Se você precisar garantir um orçamento para um SGD, observe as orientações apresentadas na Seção 6.3, Passo 3, e avalie como os princípios podem ser aplicados nesse contexto mais amplo.

Passo 8 – Desenvolver uma especificação técnica como base para a licitação

Essa é uma área na qual é mais provável que haja uma necessidade de apoio especializado, já que envolve a especificação de requisitos técnicos para *hardwares*, *softwares* e comunicações, que serão necessários para a implementação do SGD. Você pode tratar esta questão de várias formas:

- Se você tem confiança em um fornecedor específico, que poderá suprir todas as suas exigências ou boa parte delas por um custo satisfatório, pode ser interessante estabelecer um relacionamento mais próximo e pedir-lhe que prepare as especificações técnicas como uma forma de antecipar a licitação. Pode ser mais fácil pagá-lo nessa etapa, de forma que você não fique comprometido a escolher a solução proposta caso lhe seja apresentada outra mais apropriada depois.

- Se você não tiver um relacionamento estabelecido, pode ser mais fácil buscar a assessoria independente de uma consultoria. Isso garantiria uma proposta neutra, já que a consultoria não deve estar alinhada a um sistema específico. Contudo, deve-se escolher uma empresa com boa experiência na área, ou talvez acabe faltando o conhecimento necessário sobre o setor para desenvolver o trabalho com eficácia.
- Como alternativa, se a escala de seu projeto for adequada, você pode empregar ou contratar um gerente de projeto que tenha a capacitação técnica necessária para desenvolver esse elemento do trabalho como parte do projeto. Nesse caso, essa pessoa seria indicada no início, de forma que pudesse conduzir essa parte do processo.

Você pode querer postergar a produção da especificação técnica até recrutar um fornecedor, e solicitá-la como parte da primeira etapa do trabalho para o contrato. Esse método pode ser eficaz, já que o fornecedor estará bem equipado para produzir a especificação, pois já realizou boa parte desse trabalho ao manter propostas para a licitação. Para habilitar esse sistema, a especificação funcional terá de ser suficientemente desenvolvida, fornecendo uma base adequada para a licitação.

Passo 9 – Desenvolver um processo de licitação

Dependendo do tamanho e da escala de seu projeto, pode ser interessante pensar em várias formas de escolher um desenvolvedor de *software*. Se essa escala for grande, talvez você prefira fazer uma concorrência aberta e amplamente divulgada. Se tiver financiamento oficial, pode ser necessário seguir procedimentos específicos. Autoridades locais costumam estar sujeitas a regras específicas de licitação, assim como os projetos que têm que seguir regulamentações de governos nacionais ou da União Européia.

- *Se, por outro lado, seu projeto for pequeno, talvez você prefira indicar uma empresa com a qual já tenha um relacionamento e esteja satisfeito. Pode ser a empresa que elaborou seu site para os consumidores ou que presta suporte à sua rede nos escritórios.*

Se precisar adotar essa opção de licitação aberta, você deve buscar assessoramento especializado de uma autoridade competente para garantir que todas as regras sejam cumpridas. Utilizar um fornecedor existente apresenta outras vantagens em termos de velocidade de implantação e gerenciamento do projeto, mas pode restringir sua capacidade de aproveitar a experiência maior de outras empresas.

A maioria das OGDs opta pelo caminho intermediário e desenvolve a licitação com candidatos a partir de um número razoavelmente pequeno de fornecedores, os quais podem atender à maioria das exigências. Identifique as companhias importantes a partir de seu próprio conhecimento e faça sua complementação através da comunicação com outras organizações que tenham passado por semelhante processo. Talvez você prefira abordar cada uma delas e solicitar um currículo simples da experiência da empresa e alguns exemplos de *sites* elaborados para outros clientes. Você provavelmente conseguirá obter uma grande quantidade de informações a partir de seus *sites* da Web.

Sempre é bom falar com um ou dois clientes como referência para coletar informações sobre o serviço da empresa e suas qualificações gerais. Um telefonema costuma revelar mais informações do que uma carta ou um *e-mail*, de forma que vale a pena o esforço extra necessário. De posse dessas informações, você deve ser capaz de elaborar uma lista inicial, e pode já ter passado por esse processo no passo "ampliar o conhecimento".

O número de empresas em sua lista vai depender da natureza e da complexidade de seu projeto. Uma quantidade razoável vai de três a cinco candidatos.

Elabore um documento de Solicitação de Propostas. Nele podem constar alguns ou todos os itens apresentados a seguir, ou então poderá ser um documento que resume os pontos fundamentais:

- Carta introdutória (veja a seguir).
- Estratégia de *e-business*.
- Especificações das exigências do usuário.
- Especificações técnicas e funcionais.
- Análise empresarial.

Utilize a carta introdutória para especificar exatamente o que quer. Estabeleça algumas diretrizes para as empresas seguirem ao participar da licitação, o que facilita a análise comparativa entre as propostas. Alguns exemplos:

- Informações para contato com a empresa e para o estatuto legal.
- Tempo de existência – anos/meses.
- Visão geral das qualificações e experiências da empresa, com referências.
- Número de funcionários, especialmente desenvolvedores e programadores.
- Informações sobre empreiteiras ou *free-lancers* contratados.
- Informações de quaisquer propostas de *softwares* ou serviços de terceiros.
- Informações sobre recursos para o gerenciamento de projetos.
- Visão geral da abordagem que a empresa pretende empregar em seu projeto, apontando quaisquer questões específicas que você queira conhecer.
- Calendário proposto para o cumprimento do projeto.
- Lista detalhada dos custos e do calendário de pagamentos propostos.
- Informações sobre os termos comerciais, as condições e as ressalvas da companhia.
- Quaisquer exceções, restrições ou penalidades.
- Uma data-limite para que as propostas sejam submetidas, uma observação sobre os formatos exigidos e seu endereço para resposta.

Nessa etapa, você precisa pensar sobre como irá avaliar as propostas recebidas. Isso deve ser feito de forma sistemática, utilizando sua solicitação de propostas como ponto de referência. Será necessário:

- Elaborar uma matriz de avaliação ou um gráfico de classificação no qual apareçam listados todas as exigências fundamentais e os pesos relativos a essas exigências, de acordo com a importância que cada item tem para você.
- Buscar assessoramento técnico e/ou empresarial independente, se você não dispuser de qualificações suficientes internamente.
- Envolver funcionários importantes, e talvez alguns dos principais interessados no processo, para analisar as respostas à licitação e/ou fazer parte do painel de seleção.

Passo 10 – Escolher um fornecedor de sistema ou desenvolvedor de *softwares*

Uma vez tendo recebido todas as propostas, você vai encaminhá-las para os envolvidos no processo de avaliação. Talvez você consiga escolher imediatamente, ou talvez deseje entrevistar as empresas mais promissoras para obter mais informações. Isso pode ser feito através de um rápido telefonema ou de um processo de apresentação mais formal, dependendo do tamanho e da abrangência de seu projeto.

A lista a seguir apresenta algumas dicas sobre o que deve ser observado em um desenvolvedor de *software*:

- Capacitação técnica – você precisa certificar-se de que ele tem a qualificação para cumprir sua especificação funcional e de que está completamente atualizado sobre os últimos avanços tecnológicos, além de ser capaz de explorar as melhores soluções técnicas em seu sistema. Esse aspecto é particularmente relevante para os fornecedores de SGD cujos sistemas não são totalmente compatíveis com a Web.
- Habilidades relativas ao projeto – observe exemplos do trabalho que ele faz e veja se a empresa é boa na área de *design* gráfico, e se pode adaptar sua marca registrada a um

aplicativo digital. Os desenvolvedores técnicos não costumam ser bons em *design*, de forma que, quando for importante, você poderá utilizar uma empresa separada para definir a aparência e o comportamento de seu *site* – talvez até mesmo os *designers* de seu material impresso.
- Demonstrações de exemplos importantes – avalie a importância e a complexidade de seus exemplos e veja se são recentes. Ligue para cliente para discutir o sucesso, ou não, do projeto, se foi entregue na data, dentro do orçamento, e a forma como trabalharam.
- Suporte ao gerenciamento de projetos – como a empresa se propõe a lhe dar suporte durante o projeto? Você terá um ponto de contato?
- Preço – a coisa não é tão simples como dizer que o mais barato ou o mais caro é o melhor. O programador mais caro pode ser capaz de fazer o trabalho na metade do tempo. Contudo, as grandes empresas costumam ter despesas gerais muito altas, que elevam consideravelmente seu preço.
- Escalas de tempo na entrega – será que eles conseguem entregar em tempo hábil? Tente descobrir outros compromissos de trabalho que eles possuam e compará-los ao tamanho da equipe. Não coloque escalas de tempo indevidamente apertadas sobre o projeto pois isso pode aumentar consideravelmente o preço.
- Inovação – a empresa oferece qualquer coisa diferente, inovadora, ou que realmente agregue valor?
- Tipo e tamanho de organização, e tempo de existência – as empresas estabelecidas muito recentemente podem não dispor da experiência que você necessita. As pequenas costumam ser mais esforçadas, mas as maiores podem oferecer segurança, o que não acontece quando se depende de uma pessoa.
- Confiabilidade – a melhor maneira de se avaliar esse aspecto é conversar com alguém que tenha sido cliente da empresa, ou ainda o seja.
- Localização – se seu projeto for complexo, você pode querer fazer reuniões regulares para avaliar o desenvolvimento, sendo preferível ter uma empresa local.

Talvez você queira utilizar diversos fornecedores e integrar as várias soluções. Se o fizer, deve considerar a indicação de um deles para assumir o papel de líder e coordenar o programa de integração. Caso contrário, a responsabilidade ficará com você e será necessário ter a qualificação técnica para cumprir a tarefa.

Quando tiver tomado sua decisão, você precisará desenvolver as seguintes ações:

- Informar a empresa vencedora da licitação por escrito.
- Organizar os contatos ou os acordos apropriados a serem assinados entre você e a vencedora.
- Efetuar quaisquer pagamentos necessários para o início dos trabalhos.
- Informar seus funcionários e parceiros sobre a indicação.
- Organizar uma reunião de iniciação do projeto e elaborar um calendário.
- Notificar as empresas não-vencedoras, como cortesia.

Passo 11 – Finalizar a análise empresarial

A partir do momento em que escolheu o fornecedor, você precisará finalizar a análise empresarial, desenvolvida no Passo 7. Com a abrangência e os custos do projeto conhecidos, pode ser necessário revisar a análise para uma decisão final de levar o projeto adiante.

Passo 12 – Organizar o gerenciamento do projeto

Ao passar à fase de implementação, é essencial ter uma estrutura clara de gerenciamento do projeto. Será necessário:

- Estabelecer um grupo coordenador para supervisionar todos os aspectos da implementação da estratégia de *e-business*. Esse processo deve ser coordenado de cima, com apoio de todas as partes da organização e das parcerias mais amplas. O grupo terá a responsabilidade de monitorar o progresso em relação aos prazos, controlar orçamentos e avaliar realizações. A equipe de gerenciamento do projeto deve relatar os avanços ao grupo coordenador, de forma aberta e honesta, e deverá obter o apoio estratégico desse grupo.
- Apontar uma equipe de projeto. A função fundamental será a de um gerente de projetos competente, que irá trabalhar como um cliente em nome da organização de gerenciamento de destino – a interface entre ela e os fornecedores, incluindo os internos (por exemplo, provedores de dados, desenvolvimento de funcionários, etc). É importante que essa pessoa tenha autoridade suficiente para ser capaz de tomar decisões diariamente, ao mesmo tempo em que permanece responsável pelo grupo coordenador para as decisões importantes, como a necessidade de se fazer grandes mudanças no plano do projeto. Em termos ideais, o gerente do projeto deve estar envolvido desde as etapas iniciais, mesmo que apenas em tempo parcial, e possivelmente desenvolver a maioria do trabalho de planejamento necessário.
- Estabelecer sistemas de gerenciamento do projeto, como os planos de projeto, dispositivos de acompanhamento financeiro, mecanismos de relatórios, contratos com fornecedores, etc.

Passo 13 – Preparar o plano de implementação

Seu gerente de projetos deve preparar um plano de implementação para o projeto em conjunto com o fornecedor-líder, cobrindo a instalação da tecnologia de informações e comunicações, e tudo aquilo que a organização terá que fazer como parte integrante do programa, a fim de garantir que o seu SGD seja utilizado de forma completa e eficaz. Especificamente, isso significa garantir que:

- Os funcionários dêem total apoio ao projeto, compreendam o que e quando está acontecendo e tenham todas as habilidades necessárias para desenvolver suas tarefas futuras da forma mais efetiva.
- Os dados necessários estejam disponíveis no momento e na forma necessários, e sejam de alta qualidade.

Quer você tenha ou não um fornecedor-líder, haverá uma ou mais empresas de tecnologia envolvidas em cada setor: *hardware*, *software* e telecomunicações. Seu trabalho deverá ser cuidadosamente planejado com uma análise do caminho crítico. Quanto maior for a quantidade de fornecedores, maior será a probabilidade de atrasos. Além disso, inclua tempo para eventuais percalços com os prazos.

O plano final deverá demonstrar, semanalmente (e diariamente, em períodos mais importantes), o que cada um dos fornecedores e cada um dos atuantes centrais deverá estar fazendo, em sua própria organização. Como regra geral, seja muito cuidadoso com relação à velocidade de implementação, especialmente quando houver algum desenvolvimento de *software* importante envolvido.

O plano de implementação definido deve se refletir nos contratos com cada um dos fornecedores. Quando houver prazos críticos para a implementação de elementos específicos do sistema de gerenciamento, você deve considerar a redação de cláusulas punitivas nos respectivos contratos.

Esteja ciente da possibilidade de haver uma "escalada de especificações", quando cada vez mais recursos passam a ser acrescentados às especificações depois do início do trabalho. Tente finalizar a especificação e os contratos antes desse início. Elabore um procedimento formal de "controle de mudanças", de forma que possam ser acomodadas ordenadamente, com ambas as partes cientes das implicações em termos de tempo e custo.

Inclua tempo suficiente em seu plano para testar minuciosamente o sistema antes de lançá-lo a seus usuários. Garanta que esses testes tenham sido feitos completamente em todos os processos empresariais e que tenham funcionado com sucesso. Funcionando como usuários experimentais, cometa erros deliberados para que os mecanismos constantes no sistema com esse fim funcionem adequadamente.

Passo 14 – Preparar planos específicos

Talvez você precise preparar planos detalhados para aspectos específicos do projeto, por exemplo, gerenciamento de conteúdos, treinamento, comunicação ou RP.

- O Plano de Gerenciamento de Conteúdos estabelece um caminho lógico através das várias etapas envolvidas na criação e na administração permanente de um amplo leque de dados. Inicialmente, serão determinados os dados necessários para cada produto ou item e, a seguir, os mecanismos para a coleta e a verificação de garantia de qualidade desses dados terão que ser desenvolvidos e comunicados às pessoas responsáveis. Se você pretende atualizar os dados regularmente, seria interessante desenvolver o trabalho dentro de sua empresa, tanto quanto for possível. Esse procedimento oferece um grau mais alto de flexibilidade e permite que você reaja rapidamente a oportunidades que venham a surgir, ou administre uma crise.
- O Plano de Treinamento tem que identificar as necessidades de formação dos vários grupos envolvidos – tanto dentro quanto fora da organização. Haverá uma necessidade de treinamento em todos os níveis – desde funcionários seniores envolvidos no planejamento estratégico e na exploração do sistema, passando por níveis de gerenciamento e supervisão, com habilidades básicas de gerenciamento de pessoal, até o pessoal de operação e a equipe de linhas de frente, com necessidade de habilidades no tratamento com os clientes.
- O Plano de Comunicações identificará seu público principal, estabelecerá aquilo que você precisa para se comunicar e definirá quais canais serão mais eficazes. Entre os métodos utilizados, podem haver reuniões, oficinas e conferências, informativos, *sites*, notas à imprensa, demonstrações públicas, material impresso, CD-ROMs, etc. Alguns desses itens farão parte do treinamento, outros da comunicação. Estabelecer e manter boas relações com aqueles que têm interesses na negociação é algo que deverá fazer parte do projeto desde o começo.

Passo 15 – Monitorar, avaliar e revisar

Embora este seja o último passo, é outro aspecto que deve ser levado em consideração desde o início do projeto, para avaliar se os objetivos e os alvos estabelecidos na estratégia de *e-business* foram atingidos.

Costuma haver o risco de se transformar os próprios indicadores de desempenho nos objetivos do projeto. Por exemplo, atrair um milhão de visitantes para o seu *site* é a atividade-alvo, não o alvo do negócio como um todo. É importante que sua avaliação avance para identificar qual o crescimento no volume de negócios experimentado na destinação como resultado.

Supervisionar o monitoramento e a avaliação, bem como determinar a ação a ser tomada em seguida, devem permanentemente fazer parte do trabalho de gerenciamento do projeto e do Grupo Coordenador. Eles também terão a responsabilidade de avaliar as exigências de ampliação da especificação do projeto (veja o Passo 13). Muitas dessas solicitações serão táticas, mas outras serão estratégicas – por exemplo, o desejo de publicar dados através de canais novos, como dispositivos móveis 3G ou a tevê interativa, ou de implementar funções novas e importantes, como o planejamento de itinerários.

3.3 FATORES-CHAVE PARA O SUCESSO DO SGD

- O SGD deve ser parte integrante das operações de uma OGD e deve ser orientado por necessidades empresariais. O projeto não deve acontecer apenas por que você tem acesso a financiamento para apoiar um projeto tecnológico!
- Você deve obter apoio verdadeiro a partir do nível mais alto. Muitos projetos de *e-business* e SGD falharam porque a gerência sênior não compreendeu totalmente o projeto ou suas implicações.
- Estabelecer um SGD não tem um custo único. Haverá custos de receita e custos extras de capital, continuamente. Prepare suas projeções através da análise empresarial para

um período de três a quatro anos. Desenvolva uma análise inicial e outra mais detalhada quando tiver uma idéia mais clara da proposta e dos custos. É improvável que o sistema compense financeiramente a curto prazo, se é que isso vai acontecer um dia. Não suponha que haverá um grande aumento de renda imediatamente.
- A implantação de um SGD completo deve ser feita de forma gradual em um período razoável, começando pelo estabelecimento de uma rede interna e acostumando os funcionários à utilização dos *softwares* mais modernos para uso em escritórios, etc. É mais fácil dar uma série de pequenos passos do que dar um passo gigantesco.
- Compreensão, respaldo e envolvimento por parte dos funcionários são fundamentais e exigem programas específicos de consulta, discussão e participação ativas, sustentados por atividades adequadas de treinamento e desenvolvimento. Isso inclui a comunicação com aqueles que estão nos níveis mais altos, especialmente onde houver uma grande quantidade de transformações a ser gerenciada. É importante garantir que as pressões que possam ser geradas pelo estabelecimento do SGD e pela implantação de novas formas de trabalhar não se tornem desestimulantes.
- Ao lidar com fornecedores de sistemas, seja cético e não deixe de fazer as perguntas que devem ser feitas. Não parta do princípio de que você tem de comprar todos os componentes de um único fornecedor, mas certifique-se de que o fornecedor-líder esteja satisfeito em assumir a responsabilidade pela integração daqueles componentes que você comprar em outro lugar.
- Sempre que possível, escolha *softwares* prontos, cuja eficácia já tenha sido comprovada, mas não se esqueça de que qualquer coisa com mais de cinco anos de idade provavelmente está desatualizada. Indague sobre os programas de investimento da empresa; quando for necessário desenvolver novo *software*, lembre-se de que será necessário um investimento grande em termos de tempo da equipe da OGD para trabalhar com o desenvolvedor. Quando os prazos forem cruciais, inclua cláusulas punitivas nos contratos com os fornecedores.
- Teste seu sistema de gerenciamento minuciosamente antes de lançá-lo a seus usuários e, quando lançar, faça-o gradualmente, para que seja possível envolver inicialmente os usuários mais experientes.
- A elaboração e a manutenção de um banco de dados digital de alta qualidade são tarefas importantes, para as quais devem ser alocados os recursos adequados.
- Estabeleça um mecanismo para conduzir a implementação, monitorando e avaliando abertamente o progresso, em relação a prazos e orçamentos.

ESTUDOS DE CASO DE SGD

Essa seção apresenta um resumo das atividades de *e-business* e OGD de quatro organizações do mundo – OGDs que estão bastante avançadas no desenvolvimento e na implantação de *e-business* e podem ser consideradas modelos em potencial para outras. Elas foram escolhidas para representar tipos diferentes de OGDs: organizações turísticas de países, cidades e regiões. Algumas possuem sistemas bem-estabelecidos e desenvolvidos há muitos anos, outras embarcaram no *e-business* há pouco tempo, com a vantagem de ter adotado a tecnologia mais moderna de Internet.

Colúmbia Britânica

Panorama do destino

A Colúmbia Britânica é uma província do litoral oeste do Canadá. Possui uma população relativamente pequena, de menos de quatro milhões de pessoas, sendo governada por uma assembléia legislativa.

O turismo rende 9,5 bilhões de dólares canadenses por ano (2000), resultado de um total de 22,4 milhões de visitantes, sendo o segundo setor industrial mais importante, depois da silvicultura, em termos de PIB. Cento e treze mil pessoas estão empregadas diretamente no setor turístico e, em valores atualizados, o turismo cresceu muito nos últimos 10 anos, chegando a 22,7%.

Os principais mercados da província são a região da Ásia-Pacífico, a América do Norte e a Europa.

Estrutura da OGD

A OGD é chamada de Tourism British Columbia. Trata-se de uma corporação independente da coroa britânica, subordinada a um conselho de diretores coordenado pelo setor turístico. A ligação com o governo provincial é feita através do Ministério de Pequenas Empresas, Turismo e Cultura.

Seu papel principal é o de uma organização de *marketing* turístico para a província, com escritórios internacionais na Califórnia, em Londres, Frankfurt, Sydney, Tóquio e Taiwan, e sendo sócia de um escritório em Beijing.

A organização é financiada por uma parcela do imposto cobrado dos hotéis na província.

O conselho inclui 15 membros, cinco dos quais indicados pelo governo e 10 pelo setor privado, que tem poder considerável e muita influência em seus negócios.

Existem muitas municipalidades em BC que estabeleceram OGDs locais ou regionais, misturando fontes de receita que incluem tarifas pagas por membros e parcelas do imposto local existente sobre os hotéis. Entre essas estão a Tourism Vancouver, Tourism Whistler, Tourism Nanaimo e Tourism Victoria.

Os destinos locais são responsáveis pela coordenação de centros locais de visitantes, geralmente uma função da Câmara de Comércio. Existem aproximadamente 120 dessas em toda a província, sendo quatro dirigidas diretamente pela Tourism British Columbia.

A Tourism British Columbia presta apoio e fornece materiais para os centros de visitantes locais, sendo que 30 destes utilizam seus mecanismos de reserva para gerenciar a hospedagem *on-line* para seus clientes.

Histórico do desenvolvimento do SGD na Colúmbia Britânica

A Tourism British Columbia opera um sistema legado de SGD já há alguns anos, o qual é formado por diversos componentes que atualmente são integrados (em sua maioria, de forma manual) para prestar uma ampla gama de serviços. São eles:

- Um banco de dados de produtos – desenvolvido especificamente para a organização.
- Uma plataforma de reservas – InfoRM, fornecida pelo InfoCentre, que se concentra nos aplicativos para centrais de atendimento telefônico.
- Gerenciamento de contatos – Maximizer.
- *Site* – desenvolvido especificamente a partir de um banco de dados Oracle.

Em 2000, a Tourism British Columbia indicou um profissional sênior para examinar o futuro de suas atividades de *e-business*. Reconheceu-se rapidamente que a integração atual do sistema estava tendo um desempenho inadequado e que seriam necessários sistemas de *e-business* muito mais eficientes.

Atualmente, a equipe trabalha em uma redefinição das necessidades. Decidiu-se por uma política na qual a OGD irá trabalhar com fornecedores de *e-business* reconhecidos, em vez de desenvolver um programa elaborado internamente.

A situação atual

Existem 7.000 produtos turísticos na Colúmbia Britânica, dos quais aproximadamente 2.800 são estabelecimentos de hospedagem. A grande maioria são pequenos *Bread & Breakfast*, com abrangência muito limitada para a utilização *on-line*. Assim, a Tourism British Columbia aprova apenas 800 estabelecimentos de hospedagem para que sejam feitas reservas *on-line*, os quais, contudo, representam cerca de 80% do total de leitos.

Os funcionários da central de atendimento telefônico coletam dados de disponibilidade dos estabelecimentos, por fax, e os inserem manualmente no sistema. A principal operação da central de atendimento é servida por uma empresa chamada Corporatel West, que emprega entre 70 a 80 funcionários em horários de pico para responder às chamadas, e as principais campanhas de *marketing* direcionam o movimento de reservas à central de atendimento (ou Internet).

A central de atendimento é promovida como um serviço de informações e reservas, e a Tourism BC paga por minuto para atender às chamadas, cobrando 10% da estada total do serviço de hospedagem, para ajudar a contrabalançar os custos.

Assim como outras destinações, a Tourism BC assistiu a uma queda de 20% no movimento da central de atendimento nos últimos dois anos, embora o volume geral de reservas tenha aumentado. Imagina-se que isso tenha ocorrido porque cada vez mais pessoas estão pesquisando seus planos de viagem na Internet e, assim, têm menos necessidade de entrar em contato com a central de atendimento para fazer consultas gerais. Embora se possa considerar positivo que os telefonemas que não geram receita estejam diminuindo, e de que os que geram receita estejam aumentando, é preocupante a queda no volume geral de chamadas, pois isso torna mais difícil cobrar sobre o volume da empresa responsável pelo centro. Se essa tendência continuar, pode acabar ameaçando a operação da central de atendimento por telefone.

O *site* www.hellobc.com inclui vários destinos que oferecem reservas *on-line* e pacotes BC Escapes, com um *link* para uma sessão de mídia que inclui histórias, banco de imagens e estatísticas.

Desempenho

A Tourism BC tem uma OGD bem-estabelecida e tem tido sucesso na geração de um volume considerável de negócios para a destinação. O *site* Hello BC recebe 2.000 visitantes por dia, dos quais 20% fazem reservas. Além disso, 400 reservas são feitas por dia na central de atendimento por telefone.

Gerenciamento de dados

Os dados sobre os produtos são coletados dentro da província pela Tourism BC, e a disponibilidade de reservas é apurada de forma manual por funcionários da central de atendimento. Não existe um mecanismo para compartilhar dados com a Canadian Tourism Commission ou com as municipalidades. Como mencionado antes, dos 120 centros de visitantes locais, trinta podem fazer reservas no sistema da BC (denominado InfoRM), mas não dispõem de qualquer mecanismo para gerenciar os dados.

A Tourism BC mantém um banco de dados e desenvolve algumas das campanhas diretas tradicionais a partir deste. A equipe decidiu-se pela política de não adotar técnicas de *marketing* por *e-mail* no momento, já que os esforços estão concentrados na tevê e em mecanismos impressos.

Distribuição

Atualmente, os produtos são distribuídos através do próprio *site* da Tourism BC. Não há nenhum outro sistema de distribuição até o momento, mas já existe a disposição de desenvolver-se uma estratégia para construir relacionamentos com elementos do turismo *on-line*, no futuro.

Eles gostariam de desenvolver parcerias por meio das quais fornecessem os dados de produtos de marca registrada de algumas grandes empresas, como hospedagem, vôos e aluguel de carros, possivelmente através de uma conexão com os sistemas de distribuição global de reservas.

Aspectos financeiros

É difícil estimar os custos iniciais para se estabelecer o SGD da Tourism BC, já que ele evoluiu com o passar do tempo. Os custos anuais de operação estão atualmente em torno de 1,5 milhão de dólares canadenses, mas provavelmente será necessário um grande investimento para desenvolver novamente os sistemas legados atuais, para que possa atender às necessidades futuras.

A Tourism BC não cobra pela participação das empresas, mas cobra uma comissão de 10% do valor da estada total sobre as reservas que faz. As receitas para a operação como um todo advêm de uma parcela do imposto sobre hotéis que é aplicado às empresas pelo governo da província.

Questões específicas

A equipe da Tourism BC considera um grande desafio para o futuro mostrar aos fornecedores do setor turístico como os novos modelos empresariais transformarão a forma como operam. A Tourism BC está pensando onde ela estará no futuro, como OGD. Qual deve ser seu papel daqui para a frente? É difícil ser mais comercial sem competir com o próprio setor.

Evoluções futuras

A tarefa mais premente agora é substituir os sistemas legados pelos novos sistemas de *e-business* que podem atender aos desafios do futuro. A Tourism BC tem claro seu caráter de organização de *marketing*, e não de empresa de tecnologia. Assim, ela não deseja levar adiante o próprio projeto de desenvolvimento, e sim trabalhar em parceria com outros, e talvez conquistar um parceiro adequado através de fusões ou aquisições.

Conclusões

A Tourism BC possui uma operação de OGD bem-estabelecida e, assim, a vantagem de ter muitos de seus processos empresariais já em funcionamento. Em função disso, sua evolução para um sistema novo de *e-business* deve ser relativamente fácil de administrar. A instituição está questionando seu papel como OGD e sabe que sua estratégia e suas ações devem ser elaboradas no melhor interesse do setor privado na província.

Sites importantes:
www.hellobc.com
www.hellobc.com/media/index.jsp

Finlândia

Panorama do destino

A Finlândia é um país nórdico, situado entre a Suécia, a oeste, e a Rússia, a leste. Em 1999, recebeu cerca de 3,4 milhões de visitantes, principalmente da Suécia, Rússia, Alemanha, Estônia, Noruega, Grã-Bretanha, dos Estados Unidos, da Dinamarca, da França e da Holanda (Fonte: Border Interview Survey 1999/FTB).

No ano 2000, a capacidade de quartos era de 63.400, dos quais quase 55.000 estavam em hotéis e estabelecimentos conveniados. Há um total de 151.000 leitos atualmente (Statistics Finland).

O turismo é responsável por 2,2% do PIB (1998) e emprega 98.000 pessoas (Fonte: Tom Ylkänen: KTMFactcard/Mextra, SMAK).

Estrutura da OGD

O Finnish Tourist Board é a organização governamental responsável pelo *marketing* da Finlândia como destino turístico, operando a partir de um escritório central em Helsinque e tendo escritórios em outros 11 países.

Seus principais produtos são *city tours*, turismo cultural, viagens familiares e férias de inverno. As viagens de incentivo e reuniões também são um nicho importante e têm conquistado uma boa reputação.

Afinado com seus principais mercados, o FTB tem visado visitantes dos seguintes países, em ordem de prioridade: Alemanha, Rússia, Suécia, Reino unido, França, Itália, Holanda, Espanha, Noruega, Estados Unidos, Estônia e Japão.

Histórico do desenvolvimento de SGD da OGD

O Finnish Tourist Board (FTB) desenvolveu e opera um conjunto integrado de serviços relacionados ao turismo em rede para utilização por parte de organizações turísticas do país e pelo setor turírtico, desde 1992. O desenvolvimento aconteceu na forma de um processo orgânico e abrangente exposta a seguir:

- 1992 – Desenvolvimento do sistema de informações para gerenciar os dados de *marketing* do FTB. Inicialmente, tratava-se de um sistema interno, mas o acesso foi ampliado para usuários profissionais no interior do país. A base para o sistema foi o Lotus Notes.
- 1995 – Desenvolvimento de um banco de dados em inglês sobre produtos turísticos e serviços, denominado PROMIS, cobrindo o país inteiro, em cooperação com escritórios regionais de turismo.
- 1997 – Desenvolvimento do sistema RELIS (Research, Education and Library Information System). Devido a mudanças estratégicas nas atividades do FTB, o sistema não é utilizado desde 1999.
- 1997 – Digitalização de imagens realizada pela Comma Finland.
- 1997 – Lançamento do primeiro *site* internacional, incluindo um guia turístico *on-line* com a utilização dos arquivos PROMIS.
- 1998-1999 – Lançamento de 14 páginas específicas de alguns países, nas línguas locais, *extranets* para a imprensa e serviços internacionais para segmentos de mercado (Natal, férias de inverno, ecoturismo).
- 2000 – Lançamento da segunda versão da página internacional incluindo "Finland Travel Guide" (o novo nome dos arquivos PROMIS na Internet), novas ferramentas para o centro de contatos (Infoset e CIS) e ferramentas de manutenção de dados que funcionam pelo navegador, para que pequenas e médias empresas possam acessar o PROMIS.
- 2001 – Lançamento do serviço WAP: "Finland Travel Guide" com cobertura nacional incluindo os arquivos PROMIS para atrações, acomodação, eventos, passeios excursões, telefones de atendimento ao cliente. A Finlândia teve o primeiro escritório nacional de turismo no mundo a promover seu banco de dados em um serviço WAP.

A estratégia do Finnish Tourist Board é trabalhar junto com o setor turístico e outros grupos com interesses comuns, para maximizar o alcance e o impacto do país no mercado internacional. A tecnologia de informações e comunicação é considerada uma ferramenta poderosa nesse sentido, não apenas para proporcionar uma presença eletrônica no ponto de venda, como também estimular a colaboração entre os diferentes setores da sociedade.

Um dos primeiros objetivos foi melhorar a relação de custos do trabalho do órgão, simplificando e acelerando os processos de trabalho, reduzindo a duplicação de atividades e melhorando as comunicações internas e externas do FTB. A implementação bem-sucedida das iniciativas de TIC do órgão também propiciou um ambiente técnico eficaz para o setor turístico do país desenvolver aplicativos para uso próprio.

Dá-se uma ênfase especial à estratégia turística geral da Finlândia de "definir claramente o perfil da imagem turística do país, segmentar com precisão os clientes e mercados e fazer o *marketing* e a distribuição eficazes do produto". O Market Information System (MIS), particularmente, permite que o FTB e seus parceiros gerenciem e organizem as campanhas de vendas e *marketing* no mundo todo.

A situação atual

Os atuais aplicativos concentram-se basicamente no gerenciamento e na informação de sua comunicação com um leque de usuários, incluindo o setor turístico do país e os turistas domésticos e internacionais. As transações não são processadas diretamente pelo FTB, mas existem conexões diretas do Finnish Travel Guide para os serviços de reserva de empresas ou órgãos governamentais, da forma apropriada.

Encontra-se disponível hoje uma variedade de páginas na Internet específicas para os seguintes países: Bélgica, Canadá, Dinamarca, Estônia, França, Alemanha, Itália, Japão, Holanda, Noruega, Polônia, Rússia, Espanha, Suíça, Suécia e Estados Unidos. Cada um dessas páginas funciona como um *gateway* para o Finland Travel Guide além de possuírem informações específicas sobre produtos relevantes disponíveis em cada mercado, como passeios e transporte.

O Market Information System (MIS)

O MIS é um sistema de gerenciamento e distribuição de dados utilizado e mantido por toda a equipe do FTB com o objetivo de organizar e administrar campanhas específicas de vendas e *marketing*. É formado por 11 aplicativos principais, que dão conta de todo o leque de atividades do órgão turístico e do setor. Por exemplo:

- O aplicativo Buyers and Media contém perfis de operadoras turísticas e agências de viagem, junto com informações de contatos. Guarda também dados básicos sobre a mídia principal nos mercados mais importantes. O aplicativo funciona através da Internet e é utilizado pelo setor turístico da Finlândia.
- O aplicativo RMS Marketing Plan contém detalhes de todos os planos de *marketing*, campanhas promocionais e suas ações relacionadas, a partir de todos os escritórios do FTB no mundo.
- O aplicativo Mekkala, bastante popular, funciona como um quadro de avisos eletrônicos para o conjunto do FTB no mundo e para o setor turístico do país, através do MeXtra, na Internet, proporcionando uma plataforma eficaz para discussões e notícias internas, apresentações e outras comunicações corporativas.

Entre outros aplicativos MIS estão os dados estatísticos, informações gerais sobre escritórios e a equipe, além de dados sobre os grupos de trabalho da organização, projetos e seus relatórios de *status*. Existe um aplicativo específico, denominado Events, que gerencia a documentação e a correspondência referentes a seminários e oficinas (através da Internet, para o setor turístico no país e operadoras turísticas no exterior), bem como informações de contatos com os clientes do FTB. Os escritórios utilizam as ferramentas Lotus Domino para produzir e atualizar a estrutura e o conteúdo de seus próprios serviços na Internet.

O Professional Marketing Information Service (PROMIS)

O PROMIS é o banco de dados nacional dos produtos e serviços turísticos da Finlândia. Fornece a todos os usuários do PROMIS, do Mextra, do Tradextra e do MIS uma ampla gama de informações atualizadas sobre produtos, serviços e contatos em turismo. Em setembro de 2000, foi lançada uma nova interface baseada em navegador e, em maio de 2001, cerca de 70 organizações e 130 pequenas e médias empresas a estavam utilizando.

O PROMIS é fonte de dados para:

- Serviços na Internet e WAP: Finland Travel Guide, Finland mTravel Guide, fonte de dados para páginas do setor na Finlândia e no exterior, *sites* temáticos e manuais de vendas.
- Folhetos MEK.
- Finland Handbook, hotéis.
- Familiy Vacation, Winter Wonderland, cultura e Natal.
- Escritórios do MEK.
- Call Centre Europe.
- Folhetos e serviços na Internet dos próprios geradores de dados.
- A prestação de alguns serviços externos ao MEK, através de licenças de editores.

O *site* na Web do FTB, o Online Travel Guide, baseia-se em aplicativos MIS e PROMIS. Atualmente, os aplicativos da Internet são apenas de texto para otimizar as velocidades de navegação e de impressão, embora obviamente haja uma capacidade para a apresentação de dados multimídia. Os aplicativos de *extranet* MeXtra and TradeXtra são de uso profissional.

Apresentação dos países:
- Ferramenta internacional de *marketing,* aberta ao consumidor.
- Aberto a todos, em inglês.

Apresentação da organização:
- Mostra o que a MEK está fazendo como organização, em finlandês.

MeXtra – Lançada em abril de 2001:
- Voltado ao setor na Finlândia, é necessário registro, em finlandês.
- *Site* doméstico – *extranet* – para o setor turístico e para a mídia (B2B).
- Informações de mercado, estatísticas, eventos de venda, contatos.

TradeXtra – Lançado em junho de 2001:
- *Extranet* internacional para o Trade and Media (B2B).
- É necessário registro.
- Manuais de vendas dos principais grupos de produtos.
- Ferramenta de gerenciamento de eventos e viagens de familiarização.
- eLearning (razões para a venda da Finlândia como produto, etc.).
- Ferramentas de *marketing*... etc.

Finland mTravel Guide – Menu principal:
- Places to visit (Locais a visitar).
- Places to stay (Locais para hospedar-se).
- What's on (O que está acontecendo).
- To do (O que fazer).
- Questions (Perguntas – números da central de atendimento por telefone).

Sistemas TIC utilizados pelo Contact Centre Europe:
- CIS;
- Sistema de gerenciamento para folhetos e pedidos.
- Listas de correspondência para campanhas e *marketing* direto.
- InfoSet.
- PROMIS + arquivos produzidos por MEK especialmente para o uso de agentes CCE:n.
- Páginas específicas dos países.
- Quadro de avisos eletrônicos "Mekkala".

Desempenho

Estatísticas de uso do *site* www.finland-tourism.com, em maio de 2001

Total de acessos: 287.470
Total de arquivos: 254.306
Total de páginas: 255.150

Estatísticas de utilização do *site* www.mek.fi, em maio de 2001

Total de acessos: 292.068
Total de arquivos: 251.171
Total de páginas: 243.429

Gerenciamento de dados

Os dados são mantidos por entidades diferentes. Por exemplo, as informações gerais sobre a Finlândia como destino são mantidas pela equipe do FTB e por parceiros externos do PROMIS, como organizações turísticas regionais e municipais, redes hoteleiras e pelas pequenas e médias empresas. O banco de dados contém informações turísticas do país, apresentando qualidade e profundidade de informações.

As atualizações no banco de dados do PROMIS, por parte do provedor de informações, são automaticamente convertidas em HTML e transferidas diariamente para o servidor comum de Internet, e dali para a sessão correspondente no guia turístico *on-line*. Elas também estão disponíveis para todos os usuários dos serviços MIS, PROMIS, Mextra, Tradextra e WAP, e para o Infoset que é usado pelos agentes do centro de contatos.

É importante ressaltar que certas informações do PROMIS não estão protegidas por direitos autorais e podem ser baixadas por parceiros do PROMIS para a utilização em folhetos e em outras publicações de *marketing*. Da mesma forma, os parceiros comerciais podem utilizar os dados em seus próprios aplicativos de TIC, como *sites* e CD-ROMs.

O Sistema de Informações do Cliente (CIS – *customer information system*) é um programa de gerenciamento de relacionamento com os clientes desenvolvido especialmente para o Finnish Tourist Board, a fim de contribuir com a administração de seus relacionamentos com os consumidores finais, com o setor turístico e com a mídia.

Todos os pedidos de folhetos inseridos pelos agentes do centro de contatos e por aplicativos de solicitação na Internet são armazenados no CIS. Diariamente, o sistema produz arquivos de transferência de pedido de folhetos para uma empresa de envio postal. O arquivo contém as informações de contato do cliente (como nome e endereço) e as informações dos folhetos solicitados (como o número do item e as quantidades).

Distribuição

Os produtos turísticos da Finlândia são distribuídos através dos próprios *sites* do FTB, de *sites* associados e por parceiros externos contratados que detêm licenças editoriais.

Aspectos financeiros

Os sistemas MIS e PROMIS centrais são financiados pelo FTB e operam em um sistema não-comercial. Grande parte dos dados do PROMIS é coletada e mantida por parceiros que os produzem, os quais pagam cerca de 600 euros por ano, e pelas próprias pequenas e médias empresas (PME), através de formulários geradores de dados baseados em navegador. O parceiro gerador de dados do PROMIS geralmente concede uma licença gratuita para a pequena e a média empresa. Os custos totais de instalação não estão disponíveis, mas são citados como "surpreendentemente baixos". Esta operação como um todo foi gerenciada essencialmente por um executivo até 1997. No momento, existem seis funcionários na área de TIC.

Desenvolvimento futuro

O FTB lançou várias funções novas em 2001, as quais serão consolidadas no próximo ano.

Conclusões

O Finnish Tourist Board foi, de várias maneiras, pioneiro no uso das TICs como parte integrante das operações de um escritório nacional de turismo. O órgão acredita que elas têm sido uma ferramenta eficaz para se desenvolver a cooperação entre vários setores na Finlândia, bem como para atingir um público mundial. Também demonstrou que, com o gerenciamento eficaz dos vários aspectos, o uso do *software*-padrão do setor, o relacionamento e a resposta direta dos projetos às exigências dos usuários, é possível desenvolver-se sistemas importantes sem investimentos financeiros de grande porte.

Como destino, a Finlândia é um pouco incomum, tendo que trabalhar muito para maximizar seu alcance e seu impacto no mercado internacional. Não surpreende o fato que, tendo o país a terceira maior utilização de Internet e telefones móveis no mundo, tenha adotado as TICs de forma tão intensa como ferramenta para atingir esse objetivo.

Seychelles Tourism Marketing Authority

Panorama do destino

As Ilhas Seychelles são um arquipélago no Oceano Índico, a 1.500 km a leste da África, que atraem 130.000 visitantes por ano, a maioria da Europa. Existem apenas 143 serviços de hospedagem, espalhados em 13 ilhas. Oitenta por cento da hospedagem localiza-se em 20% dos estabelecimentos. Existem planos para quatro grandes *resorts*, os quais aumentariam em muito o estoque de leitos.

A maioria dessas empresas presta serviços através de grandes operadoras turísticas. Embora o destino não seja especialmente sazonal, tende a ter picos que refletem os padrões de férias dos principais mercados, especialmente no Natal e no Ano-Novo, momentos de maior demanda.

O turismo contribui com 12,7% do PIB (70,2 milhões de dólares) e emprega mais de 5.000 pessoas, 16,6% da população economicamente ativa. O setor é uma grande fonte de moeda estrangeira – fundamental para um arquipélago muito dependente de bens importados.

Estrutura da OGD

A organização é a Seychelles Tourism Marketing Authority (STMA). Foi criada em julho de 1999 como uma organização não-governamental sem fins lucrativos para promover e vender o turismo para as ilhas. As atividades incluem a implementação e a coordenação de atividades internacionais de *marketing* através dos vários escritórios turísticos e agências representantes no exterior, além de pesquisa e ligação com o governo central.

A STMA está subordinada ao Seychelles Tourism Advisory Board, presidido pelo ministério do turismo, mas também tem uma representação forte do setor privado, incluindo a Air Seychelles, a companhia aérea nacional.

A própria STMA tem uma diretoria, 51 funcionários trabalhando na sede em Mahé e 21 trabalhando nos escritórios em nove países no mundo todo. A organização opera três escritórios de informações no interior do destino, sendo um em Mahé, um em Praslin e outro em La Digue.

A ecologia é uma preocupação constante nas ilhas. O principal papel da STMA é colocar o destino no mercado de forma ecologicamente responsável e dentro de sua capacidade de suporte. É pouco provável que se possam elevar os números de visitantes em mais de 20%, de forma que um dos principais objetivos é o gerenciamento eficaz dos rendimentos. A STMA cumpre um papel importante no gerenciamento do programa de desenvolvimento de produtos, e é capaz de influenciar as decisões de planejamento para garantir que a oferta atenda à demanda.

As ilhas ficam muito distantes dos seus mercados centrais, o que faz com que os custos para atingir os consumidores sejam muito altos. O destino é de alto valor e baixo volume, e muitos dos seus visitantes irão apenas uma vez na vida, fazendo com que a STMA tenha que estar permanentemente buscando novos turistas.

Histórico do desenvolvimento do SGD da STMA

O destino é vendido principalmente através de intermediários, de forma que a STMA e seu antecessor não tiveram uma interface para o consumidor. Em vez disso, têm trabalhado amplamente através de seus escritórios no exterior, com as operadoras turísticas e com a mídia, e diretamente com as empresas locais de gerenciamento de destinos.

A STMA vem enfrentando os custos de gerenciar suas operações no exterior, os quais aumentaram para além dos recursos de um país pequeno, reconhecendo que uma solução tecnológica poderia proporcionar um enfoque mais combinado e mais eficaz em termos de custo. Também foi importante o fato de a STMA reconhecer que havia uma alta propensão ao uso da Internet em seus mercados principais.

Após um seminário do Conselho Empresarial da OMT, o WTOBC, em abril de 2000, sobre o uso de TIC e *e-business* em turismo, a organização deu início ao projeto de criação de uma série de produtos compatíveis com a Internet para gerenciar e promover os produtos turísticos e proporcionar o melhor serviço aos visitantes intermediários, em maio de 2000. As primeiras etapas envolviam a garantia de assistência profissional para ajudá-los a preparar uma estratégia e um caso, especificando as exigências do usuário, documentando as especificações funcionais e técnicas, e fazendo a reengenharia dos processos empresariais.

O trabalho inicial de projeto e especificação foi desenvolvido entre julho e dezembro de 2000, e a licitação foi feita em março de 2001.

A situação atual

Como o destino é altamente dependente dos intermediários, o SGD foi projetado para divulgá-la e direcionar o movimento para os mecanismos existentes de reserva. A STMA tomou uma decisão consciente de não competir no mercado de reservas, mas, em vez disso, oferecer cinco opções aos visitantes em potencial:

- Uma operadora turística em seu próprio país.
- Uma operadora turística (DMC) com sede nas Ilhas Seychelles.
- Um número para as operadoras turísticas *on-line*.
- Os (SCRs – Sistemas Computadorizados de Reserva) dos hotéis; ou
- Contato direto com o hotel.

Embora esses mecanismos estejam bem-estabelecidos, não costumam ser oferecidos através da mesma interface, causando dificuldades em gerenciar a estrutura de preços de maneira que todas as partes fiquem satisfeitas.

O objetivo básico da STMA é atrair o maior volume de negócios para as ilhas, mas dentro de sua capacidade de suporte. Assim, a SMTA adotou um enfoque duplo:

- Concentrar seus esforços na elevação do perfil do destino, através de atividades na mídia e de relações diretas com os intermediários, oferecendo *sites* e serviços direcionados.
- Maximizar o potencial dos clientes atuais, tanto no sentido da repetição de visitas quanto na condição de embaixadores entre amigos e familiares. A STMA está desenvolvendo esse trabalho através da adoção e adaptação de técnicas de CRM.

Os componentes centrais do sistema são:
- Um conjunto de bancos de dados para gerenciar produtos turísticos, material editorial, multimídia, clientes e intermediários.
- Um sistema de gerenciamento de conteúdos compatível com a Internet, possibilitando que um grande número de usuários, tanto nas Ilhas Seychelles quanto nos escritórios no exterior, mantenha seus dados (em cinco línguas) através de acesso seguro por senha.
- Um *site* em cinco idiomas para o consumidor, com ênfase nas imagens para estimular o desejo de se visitar o destino.
- Um *site* da Web para a mídia, também em cinco línguas, possibilitando que jornalistas de todo mundo tenham acesso a uma grande quantidade de materiais úteis, idéias inspiradoras, notas à imprensa, arquivos multimídia, etc. (previsto para dezembro de 2001).

Desempenho

O sistema foi lançado há pouco tempo, de forma que ainda não existem números disponíveis sobre seu desempenho. Os índices a seguir referem-se aos objetivos para o primeiro trimestre operacional:

- Novos membros do Seychelles Select: 675
- Número de visitantes únicos (por *site*):

Aspureasitgets.com	13.500
Mídia	1.350
Pesca	2.700
Mergulho	2.700
Barco à vela	2.700
Ecologia	4.100
Aventura	6.250

Número total de consultas sobre:

Hospedagem local	675
Empresas de gerenciamento de destino	270
Operadoras turísticas de fora	900
Companhias aéreas	675
Jornalistas registrados	540

Gerenciamento de dados

A STMA projetou o SGD de forma que todos os usuários autorizados possam manter seus materiais. Isso aplica-se a todos os públicos:

- Os fornecedores de produtos turísticos podem manter os dados de seus produtos, especialmente preços e estoque.
- As operadoras turísticas podem inserir pacotes de ofertas especiais.

- Os funcionários que trabalham no exterior podem criar material editorial e notícias voltadas a seus mercados específicos.
- Os funcionários da STMA em Mahé podem manter material editorial sobre a destinação, material para a mídia, notícias, notas a imprensa e a biblioteca multimídia.

Embora a STMA tivesse tomado uma decisão consciente de não se envolver no comércio eletrônico, o SGD foi projetado para permitir a coleta e a exploração dos dados dos consumidores. O Seychelles Select é um clube de fidelidade do qual os consumidores podem fazer parte através do *site*. A STMA planeja atingir esses membros com ofertas e promoções utilizando técnicas sofisticadas de CRM.

Distribuição

O SGD encontra-se em estágio inicial, não havendo ainda parceiros na distribuição. Os dados do produto serão distribuídos através do *site* aspureasitgets.com. Existe um interesse considerável por parte das companhias comerciais, tanto *on-line* quanto as tradicionais, nos conteúdos sobre o destino, e em breve podem acontecer negociações nas quais a STMA venha a fornecer esse conteúdo para as operadoras que já vendem o produto das Seychelles.

Os intermediários turísticos *on-line* de grande porte demonstraram interesse na oferta de divisão de comissões, se a STMA atuar como consolidadora dos dados de produtos, especialmente para o estoque. Contudo, não há qualquer compromisso firme no momento em que esse texto é redigido.

A Air Seychelles é a empresa nacional de transportes. A organização planeja desenvolver seu próprio sistema de *e-business* e, por isso, está trabalhando junto com a STMA para garantir que haja um intercâmbio de informações entre o novo sistema da Air Seychelles e o SGD.

Em função da natureza das ilhas, existe uma série de operadoras de nichos nos setores de turismo de aventura e ecoturismo interessados na distribuição de dados. Atualmente, busca-se estabelecer negócios com as operadoras.

Finanças

O orçamento total anual da STMA é de três milhões de dólares. Esse valor mantém todas as atividades das ilhas, inclusive a operação dos escritórios no exterior.

O projeto do SGD foi financiado por verbas do governo e tem um custo estimado de um milhão de dólares para um período de três anos, com aproximadamente US$ 150.000 separados para os custos anuais com receita.

No momento, não há planos para cobrar tarifas de propaganda ou de participação do setor privado. Como não há estrutura para o comércio eletrônico, não existe cobrança de comissão.

Questões específicas

O tamanho, a localização e a natureza do destino são grandes desafios. A STMA estabeleceu o objetivo de atrair 30.000 novos visitantes, o que pode parecer pouco, mas é um aumento percentual importante, de 25%. O principal desafio é o gerenciamento de rendimentos.

A divulgação simultânea de todos os métodos de compra para o consumidor representa outro desafio. O processo é razoavelmente transparente, de forma que os prestadores de serviços e intermediários têm que demonstrar integridade em suas ofertas.

O produto é complexo e não é fácil comprar diretamente os componentes individuais. Os pacotes turísticos cumprem seu papel e é importante não prejudicá-los na busca de aumento dos rendimentos.

Talvez o maior desafio seja o tamanho pequeno da comunidade. Apesar de ter apenas 143 estabelecimentos de hospedagem, a STMA necessita de um grande investimento para desenvolver e operar seu SGD. Outros países, que dispõem de milhares de produtos, têm dificuldades para levantar uma quantidade semelhantes de fundos.

Desenvolvimento futuro

Existem planos imediatos para desenvolver cinco *sites* voltados aos nichos de barco à vela, pesca, mergulho, ecoturismo e aventura, a ser lançados no final de 2001. Estão sendo desenvolvidas pesquisas sobre a viabilidade de um ponto de contato centralizado ou disperso com os clientes. Entre as questões que estão sendo avaliadas, encontra-se até onde os consumidores fazem contato direto com a rede de escritórios das Seychelles atualmente, e se as melhorias de serviço iriam contribuir para o aumento nos negócios.

Conclusão

O SGD das Seychelles encontra-se no início de seu processo de implementação, sendo difícil tirar conclusões consistentes. A STMA concentrou suas atenções no caso empresarial e projetou uma solução de SGD baseada em suas necessidades centrais. O local é pequeno, e pode estar elaborando um novo modelo para outros locais, de forma que devemos observar esse projeto com muito cuidado.
www.aspureasitgets.com

Singapore Tourist Board

Panorama do destino

Cingapura está localizada no coração da Ásia, recebendo 7,6 milhões de visitantes por ano, dos quais 70% são originários do próprio continente, além de outros mercados importantes como os Estados Unidos, o Canadá e o norte da Europa.

O país é um destino importante para eventos corporativos; é um centro econômico e empresarial, com uma base de mais de 5.000 companhias multinacionais, tendo sido o principal país da Ásia em termos de convenções nos últimos 20 anos.

Possui 32.000 quartos de hotel, sendo um número impressionante, 50% deles, de cinco estrelas. O turismo é responsável por 5% do PIB.

Estrutura da OGD

A OGD é o Singapore Tourism Board (STB). Trata-se de uma agência autônoma do governo, com 25 escritórios em todo mundo e cerca de 350 funcionários. É controlada por uma diretoria de 10 membros e presidida por um representante do setor privado.

Cingapura é uma área geográfica compacta, um país do tamanho de uma grande cidade, o que faz com que sua hierarquia organizacional não seja complexa. A STB é responsável pelo gerenciamento e *marketing* da destinação e está disposta a fazer com que o país avance para ser uma Capital do Turismo e uma destinação de nível internacional, um centro de viagens e de negócios.

A declaração de missão da STB diz:

> "(...) estabelecer Cingapura como uma força importante no turismo global e um destino único e atrativo, oferecendo uma experiência turística integrada, vinculada ao desenvolvimento regional. Somos parceiros e pioneiros das novas fronteiras do negócio turístico total. Promovemos a prosperidade econômica e valorizamos a qualidade de vida em Cingapura."

Grandes desenvolvimentos de infra-estrutura e iniciativas atraíram financiamento direto do governo, mas os custos operacionais do STB são cobertos a partir de um imposto de 1%, cobrado dos fornecedores do setor turístico.

Histórico do desenvolvimento do SGD da STB

A primeira utilização de TIC por parte do STB foi um *site* voltado ao consumidor, criado em 1995. A versão inicial era simplesmente informativa e, em 1998, a organização introduziu algumas funções de reservas através de uma parceria com a WorldRes. Desde então, o STB criou uma série de *sites* diferentes, voltados a públicos específicos.

Situação atual

O STB opera atualmente os seguintes *sites* voltados a públicos específicos:

Site *para o consumidor* – www.newasia.singapore.com.sg

O principal *site* voltado aos consumidores também foi definido para mercados específicos de viajantes dos Estados Unidos, do Canadá, da China, do Japão e dos países nórdicos, contando com tradução em diversas línguas.

O módulo de comércio eletrônico é fornecido através de um *link* para o endereço www.stayinsingapore.com, operado pela associação de hotéis do país. O *site* promove 21.000 quartos em mais de 58 hotéis, oferecendo reservas em tempo real, com confirmação instantânea.

O *site* é dirigido aos mercados antes e depois da chegada: o primeiro, através da Internet, e o segundo, através de uma rede de terminais e de um serviço de informações aos clientes operado por parceiros locais.

O recurso "Live Chat" ("Bate-papo ao vivo") permite que os usuários do *site* estabeleçam um *link* com um agente especializado em Cingapura, para obter a assessoria necessária durante as consultas e as reservas.

Singapore Travel Exchange – www.ste.com.sg

Este *site* se destina às comunicações internas do setor turístico. Inclui um diretório de agentes de viagens, quadros de avisos eletrônicos, lista e registro de eventos, anúncios classificados e cursos CTRS. Através do *site*, os agentes de viagens e as operadoras turísticas podem renovar suas licenças e atualizar *on-line* as estatísticas de desempenho.

Centro de recursos turísticos – www.cybrary.com.sg

O centro de recursos "Cybrary"* contêm estatísticas sobre turismo, recursos globais, venda de produtos turísticos do país e uma sessão de treinamento *on-line*. Há um *link* para uma seção turística de *e-business* e para o Tourism Resource Centre Slide Library, no endereço www.sms.stb.com.sg.

Site *corporativo* – www.stb.com.sg

O *site* corporativo do STB oferece diversas informações sobre a organização, sua estrutura, seu papel e sua responsabilidade. Apresenta sua estratégia empresarial e o plano "Tourism 21", além de *links* para *sites* úteis e uma seção de notícias.

---

*N. de T.: Em inglês, fusão das palavras "cyber" e "library", ou seja, uma "ciberbiblioteca".

Site MICE – www.meet-in-singapore.com.sg

O *site* "Meet-in-Singapore" dedica-se a viajantes de negócios, incluindo um banco de dados sobre eventos que pode ser pesquisado por datas, palavras-chave, tópicos e tipos de evento.

Desempenho

O principal *site* para os consumidores está recebendo um milhão de acessos por mês, mas o STB gostaria que os números fossem muito mais altos. Parceiros locais no destino processam as consultas feitas diretamente para Cingapura, enquanto outros são atendidos nos vários setores no exterior, ou pela própria organização. A WorldRes processa cerca de 100 reservas de hotel por semana a partir do *site* do STB.

Gerenciamento de dados

O STB mantém um banco de dados de produtos destinado a publicar dados gerais para várias interfaces. Antes, essas informações eram fornecidas mediante solicitação postal para os participantes, depois eram inseridas de forma manual no banco de dados. A partir de 1998, os participantes têm condições de manter seus próprios dados na *extranet* do setor turístico. O estoque é gerenciado separadamente através de *links* diretos ao WorldRes.

O STB deu vários passos no sentido de assessorar o setor turístico em sua utilização de TICs. Foram organizados seminários e eventos de treinamento, e chegou-se a trabalhar com a associação de hotéis para envolver os participantes e estimular os fornecedores de tecnologia a fazer apresentações, a fim de aumentar o conhecimento sobre as possibilidades e conceder financiamentos para que pequenas e médias empresas adquirissem computadores.

O STB não está ativamente envolvido em gerenciamento de relacionamento com clientes nesse momento. O WorldRes fornece acesso a dados agregados sobre reservas, mas o STB não tem um banco de dados integrado sobre consumidores.

Distribuição

Os produtos turísticos de Cingapura são distribuídos através dos vários *sites* do STB e de outras atividades de *marketing*. Os produtos de hospedagem são promovidos amplamente através da rede de distribuição WorldRes, que inclui cerca de 120 organizações comerciais importantes.

Finanças

A elaboração dos *sites* mais recentes do STB foi terceirizada. O STB gastou cerca de dois milhões de dólares para o desenvolvimento inicial, e cerca de um milhão por ano para mantê-los. Não há cobranças, apenas o imposto turístico de 1% sobre os produtos e seus parceiros pela infra-estrutura oferecida, mas, obviamente, as empresas pagam uma comissão ao WorldRes para cada reserva feita.

Há dois funcionários no STB responsáveis pelo desenvolvimento e pela operação de TICs.

Questões específicas

O STB identificou três questões fundamentais que afetarão o progresso de seu SGD:

- Os consumidores ainda não estão prontos para comprar produtos complexos em pacotes na Internet; eles estão satisfeitos com produtos únicos e simples, como um pernoite, mas ainda não estão reservando pacotes em quantidades significativas;

- O setor turístico e os fornecedores do setor turístico tendem a ser lentos na adoção das novas tecnologias e dos novos processos empresariais;
- Os novos canais de tecnologia móvel G3 serão as ferramentas fundamentais no futuro.

Desenvolvimentos futuros

O STB planeja desenvolver funções que permitirão aos fornecedores do setor turístico ter *minissites* formados por páginas baseadas no *site* principal NewAsia-Singapore. Espera-se que essa função esteja disponível em 2002.

O STB reconhece a importância do *marketing* de relacionamento com os clientes, mas não tem planos imediatos para desenvolver esse tipo de função.

Conclusão

Com certeza, Cingapura está bem situada em termos de seu produto ao capitalizar ao crescimento do turismo, especialmente porque as tendências em seus principais mercados avançam a seu favor. O país já investiu em uma série de *sites* integrados, tratando de cada um de seus principais públicos, mas a movimentação ainda é relativamente baixa, e é necessário aumentar a divulgação do destino em geral e de cada *site*, especificamente.

Até o momento, o STB não assumiu o *marketing* de relacionamento com clientes, e esse deve ser o seu próximo foco e, para garantir um melhor aproveitamento dos negócios que faz atualmente, terá que gerar mais volume para o futuro.

3.4.5 Tirol Tourist Board / Tiscover

Panorama do destino

O Tirol, uma das nove províncias austríacas, tem mais de sete milhões de visitantes por ano, representando oito milhões de pernoites. O movimento é forte no inverno e no verão, sendo, em grande parte, resultado de viajantes independentes que aproveitam folgas curtas, para os quais a informação prévia é muito importante. O Tirol é uma área turística fundamental na Áustria, sendo responsável por cerca de 40% da receita turística total do país.

Existem 19 OGDs regionais e 159 escritórios turísticos locais na província de Tirol. Cerca de 4500 estabelecimentos de hospedagem são promovidos pelo sistema TISCover (desde acomodações *bread and breakfast* a hotéis cinco estrelas), dos quais cerca de 550 podem ser reservados *on-line*.

Estrutura da OGD

A Áustria tem uma constituição federal, e cada uma das nove províncias possui sua própria administração. O escritório turístico nacional do país é responsável pelo *marketing* internacional, e cada um dos organismos turísticos provinciais cumpre papéis bem-definidos na coleta e no gerenciamento de informações e no *marketing* externo.

O Tirol Tourist Board foi o gerador do sistema TISCover original. No início do desenvolvimento do banco de dados de destino TIS, em 1991, decidiu-se estabelecer uma empresa separada, constituída como uma subsidiária de propriedade total do órgão.

Durante os anos 90, a TIS GmbH continuou a investir no desenvolvimento do sistema agora o portal www.TIScover.at inclui conteúdos de todo país em parceria com o escritório nacional de turismo, além de sete parcerias do setor público e privado com organizações turísticas provinciais. Estas utilizam os *softwares* TISCover como a principal ferramenta de gerenciamento de dados e de publicação *on-line*.

A empresa, chamada TIS GmbH, opera agora comercialmente, com uma presença forte em três mercados de língua alemã, a Áustria, a Suíça e a própria Alemanha, e está atualmente pensando na possibilidade de ampliar seus negócios para outros destinos.

O objetivo geral da utilização do TISCover pelo Tirol é: "Possibilitar a todos os prestadores de serviços do destino como um todo, a participação direta no mercado eletrônico, ao mesmo tempo em que oferece um serviço abrangente e preciso de informações aos visitantes, antes e após sua chegada".

Histórico do desenvolvimento do SGD da OGD

A TIS GmbH, como subsidiária do Tirol Tourist Board, foi uma das primeiras empresas a adotar a tecnologia, investindo no início da década de 90 e lançando sua primeira versão do TIS Destination Database (patenteado em 1991).

O sistema TIScover vem sendo adotado desde então, com uma contribuição acadêmica importante da Universidade de Linz e Viena. Em 1995, tornou-se o primeiro de seu tipo a avançar para uma plataforma que funciona a partir da Internet. A outra versão, lançada em maio de 2001, é o sétimo lançamento do *software*.

Situação atual

O SGD TIScover é um sistema de informações e reservas baseado na Web, com funções abrangentes (disponível em alemão e inglês). Atualmente, oferece os seguintes recursos e funções:

- Banco de dados sobre o destino e seus produtos, mantido por escritórios turísticos regionais ou locais e acessado através de uma *intranet* (Sistema de Gerenciamento de Conteúdo).
- Mecanismo de reservas/confirmações, incluindo um sistema eletrônico de pagamento.
- Módulo de manutenção de dados, permitindo que as pequenas e médias empresas mantenham seus próprios dados sobre os produtos através de uma *extranet*, incluindo funções simples de SGPs, para lidar com estoques.
- Banco de dados de clientes, permitindo inserção manual e coleta de dados de todos os processos eletrônicos.
- Conjunto Office, possibilitando o desenvolvimento de uma ampla gama de atividades de escritório, como solicitações de folhetos.
- Ferramentas de informações sobre estatísticas e gerenciamento.
- Dispositivo para tradução.
- Editor de eventos.
- Ferramenta de propaganda.
- Dispositivo para conversão cambial.
- Ferramenta de *marketing* individual.
- Ferramenta de gerenciamento de CRM/endereços.

Assim como os *sites*, o TIScover lançou recentemente um serviço WAP: wap.TIScover.com, que permite ao usuário acessar as informações interativas relacionadas à destinação, como clima, riscos de avalanche, condições de neve, hospedagem, eventos e assim por diante.

Desempenho

Os principais indicadores de desempenho são os seguintes:

Número total de estabelecimentos promovidos – 4.500
Número total de estabelecimentos com possibilidade de reservas *on-line* – 550

Número de reservas-solicitações de informações:

No ano 2000, o TIScover gerou mais de 332.000 solicitações de informações e reservas, e essa quantidade aumenta ano a ano; no primeiro trimestre de 2001, aproximava-se de 172.000. Deve-se observar que as solicitações e as reservas são atualmente contadas juntas, não sendo fácil conhecer as estatísticas sobre reservas *on-line* em tempo real.

Visitas às páginas do *site*:

1998	4,3 milhões
1999	18,8 milhões
2000	143,1 milhões
2001 (janeiro-abril)	18,8 milhões

Visitas:

1998	1,4 milhão
1999	4,6 milhões
2000	9,9 milhões
2001 (janeiro-abril)	6,6 milhões

Gerenciamento de dados

A peculiaridade do sistema TIScover está no fato de que a organização turística local deve responsabilizar-se pela manutenção de seus próprios dados em padrões especificados pelo sistema. Os prestadores de serviços individuais podem agora manter suas próprias informações diretamente *on-line*, utilizando um acesso protegido por senha. Essa melhoria foi particularmente importante, já que possibilita que os serviços tenham seu próprio sistema de reservas e, portanto, possibilitem reservas *on-line*. A TIS GmbH mantém o sistema como um todo e administra os módulos em nome do Tirol Tourist Board.

Os dados sobre os clientes, de propriedade do prestador de serviço e da organização turística local, são mantidos no banco de dados dos clientes do TIScover. O conteúdo é automaticamente inserido no banco de dados sempre que ocorre uma troca eletrônica de dados.

Distribuição

O sistema TIScover, a rede turística da Áustria, tornou-se uma marca importante para obter informações turísticas relacionadas à Áustria. Além da promoção direta obtida através da Internet, os produtos turísticos do país também são veiculados no sistema em uma série de portais turísticos comerciais e mecanismos de distribuição, como AOL, Expedia, Travelchannel, T-Online e Start Amadeus, que fornece *links* para o sistema SGDL.

Finanças

No início a TIS GmbH recebeu investimentos do governo austríaco para construir a infra-estrutura do TIScover. Nesta época, a renda veio do pagamento feito pelos operadores turísticos para aparecer no sistema e de órgãos turísticos locais e outras organizações que o utilizaram e pagaram pela licença.

O valor das tarifas é razoavelmente baixo; por exemplo, um estabelecimento de hospedagem pequeno, com menos de 10 quartos, paga cerca de 30 dólares por mês para o nível mais sofisticado de participação, e 10 dólares mensais pelo mais simples. Até 2001, nenhuma outra cobrança incidia sobre os fornecedores do setor, mas esta forma de financiamento foi reavaliada e prevê-se que o sistema irá transformar seu modelo empresarial em um que combine as comissões com uma tarifa única baixa, em vez de cobrar pela licença como antes.

O TIScover tem, atualmente, volumes consideráveis de consultas e transações pelo seu sistema. Por isso, acredita-se que tenha atingido a massa crítica necessária para avançar para um modelo combinado. A TIS GmbH vem tendo um balanço positivo nos últimos três anos e reinveste seus lucros em desenvolvimento de tecnologia.

A TIS GmbH está comprometida com o investimento no desenvolvimento de seu produto a longo prazo. Por isso, destina um orçamento de cerca de dois milhões de dólares a cada ano para garantir que o sistema continue a ser desenvolvido, atendendo as necessidades de seus usuários e mantendo sua posição à frente da tecnologia de SGD.

Nos mercados de língua alemã da Áustria, da Suíça e da Alemanha, os sistemas são patenteados e dirigidos pela TIS GmbH, sob a marca TIScover. A empresa está promovendo o sistema para outros destinos, mas não deverá envolver-se diretamente nesses mercados, a não ser na condição de fornecedor técnico.

A TIS GmbH tem cerca de 45 funcionários trabalhando em Innsbruck, além de escritórios em Viena e Carinthia, na Áustria.

Questões específicas

O Tirol Tourist Board dá uma grande ênfase no treinamento e no desenvolvimento de habilidades como forma de garantir que a manutenção de dados, as funções de *back-office*, o gerenciamento de informações da Internet, a elaboração de *sites* e a edição de material multimídia sejam feitos de forma eficaz. Uma rede de parceiros desenvolve os cursos de treinamento, e existe um centro de serviços TIScover em cada uma das províncias da Áustria com o objetivo central de desenvolver centros de competência em consultoria de *marketing* eletrônico.

O desenvolvimento da Web Factory, unidade especial criada para dar apoio ao setor turístico na criação de outros *sites* com imagens integradas ao principal, também foi uma conquista importante.

Desenvolvimentos futuros

A TIS GmbH planeja um programa contínuo de desenvolvimento. Para o próximo ano, estão previstos:

- Uma interface com novo *design*.
- Ferramentas para reservas e centrais de atendimento por telefone.
- Comércio móvel (mCommerce).
- Terminais para automóveis;
- *Web TV*.
- Rede de terminais públicos.
- Distribuição eletrônica – desenvolvimento de novos canais e mercados de distribuição no mundo.
- Interface aberta TIScover-XML (por exemplo, *softwares* para os SGPs em hotéis).
- Tiscover Club (ofertas especiais, descontos para membros).
- Integração completa com o SIG, incluindo um planejador de rotas, informações sobre distâncias (por exemplo, o hotel com piscina térmica e campo de golfe num raio de cinco quilômetros).
- Sistema de Busca (ou seja, busca de uma data próxima: o sistema oferece sugestões alternativas se não encontrar nada no período especificado, por exemplo, uma semana).
- Busca inteligente (elaborada a partir de buscas anteriores).
- Avaliação do usuário (o usuário pode avaliar os destinos e a hospedagem).
- Ações de acompanhamento (como mala-direta para clientes).
- Sistema de compras.
- Personalização de *homepages* e ferramentas de fidelização.

Conclusão

O Tirol Tourist Board liderou o desenvolvimento de SGDs na Áustria com grande visão. O estabelecimento da TIS GmbH na forma de uma entidade à parte permitiu que a empresa investisse no desenvolvimento contínuo do *software*, muito mais do que o Tirol Tourist Board poderia justificar para seus propósitos específicos.

O organismo criou uma empresa de desenvolvimento de *software* que conhece totalmente as operações de uma OGD e construiu um sistema a partir desse conhecimento. Isso permitiu que a operação do sistema dentro do Tirol se desse através de um processo tranqüilo e que o organismo se beneficiasse do fato de fazer parte do processo de desenvolvimento.

A TIS GmbH reconheceu cedo que a distribuição seria um fator decisivo e investiu tempo e esforços em estabelecer relacionamentos importantes com diversos distribuidores, proporcionando valor real aos clientes do TIS.

Os fatores importantes a seguir levaram ao sucesso da TIScover como SGD:

- O apoio inicial do Tirol Tourist Board e da PPP aos escritórios nacionais de turismo de OGDs.
- A vantagem de ser fundadora da TIS GmbH e seu estabelecimento como unidade operacional independente.
- Uma ênfase marcada nas ciências da informação.
- A prestação de serviços específicos para os principais clientes do TIS no setor turístico.
- O desenvolvimento de relacionamentos eficazes, em parceria com uma ampla gama de organizações complementares dos setores público e privado, especialmente os distribuidores.
- Distribuição.
- Gerenciamento de tráfego.

TABELA COM O RESUMO DOS ESTUDOS DE CASO

A seguinte tabela de resumos oferece uma referência rápida para comparar os cinco destinos.

TABELA 1 Tabela de resumos de SGD

Funções dos sistemas					
	Colúmbia Britânica	Finlândia	Seychelles	Cingapura	Tirol
Panorama do destino					
Nome	Tourism British Columbia	Finnish Tourist Board	Seychelles Tourism Marketing Autonomy	Singapore Tourist Board	Tirol Tourist Board/ TIScover
Situação da propriedade	Empresa da coroa britânica	FTB + subsidiária comercial	Departamento do governo	Agência autônoma do governo	TIS GmbH – subsidiária comercial do órgão
Localização	Colúmbia Britânica (Canadá)	Finlândia	Seychelles, Oceano Índico	Cingapura	Tirol, mas também utilizada na Áustria, Alemanha, Suíça
Número de serviços turísticos na área	7.000 produtos, dos quais 2.800 são estabelecimentos de hospedagem	Quartos: 63.400 (incluindo 55.000 em hotéis e estabelecimentos *serviced*)	143 estabelecimentos de hospedagem	32.000 quartos de hotel	4.500 estabelecimen-OTs de hospedagem promovidos no sistema TIScover
Número de OGDS ETCs/locais/regionais	120 centros locais de visitantes	422 municipalidades e distritos	2 centros de informações turísticas	5 centros de informações turísticas	19 OGDs regionais e 159 escritórios turísticos locais (ETCs)

	Colúmbia Britânica	Finlândia	Seychelles	Cingapura	Tirol
Estrutura da OGD					
Estrutura legal	Agência do governo	Agência do governo	Agência do governo	Agência do governo	TIS comercial, agência do governo TTB
Histórico do desenvolvimento do SGD da OGD					
Data do primeiro lançamento	Desconhecida (alguns anos)	Opera um conjunto de serviços relacionados ao turismo, funcionando em rede, desde 1992	Julho de 2001	Primeira utilização de TIC (com um *site* para o consumidor)	Primeiro investimento em 1998 e primeira versão do TIScover lançada em 1991
Situação atual					
Site para o consumidor geral	Sim	Sim	Sim	Sim	Sim
Site para nichos de mercado	–	–	Sim	Sim*	–
Site para o setor turístico	–	Sim	–	Sim	Sim (*Extranet*)
Site MICE	–	–	–	Sim	–
Site para a mídia	Sim (*subhomepage*)	–	Sim	–	–
Site para o setor turístico	–	–	–	Sim	–
Banco de dados de produtos	Sim	Sim	Sim	Sim	Sim
Banco de dados de consumidores	Sim	Sim	Sim	Sim	Sim
Ferramentas de gerenciamento de conteúdos	Sim	Sim	Sim	Sim	Sim
Ferramentas CRM	Sim (através da mídia tradicional)	–	Sim	–	Sim
Tipo de sistema de comércio eletrônico					
Reservas *on-line* em tempo real	Sim**	–	–	Sim – com o WorldRes	Sim
Solicitação de reservas *on-line*	–	Sim	–	–	–
Tipo de serviços ao consumidor					
ETCs	Sim	Sim	Sim	Sim	Sim
Central de atendimento por telefone	Sim	–	Sim		Sim (principalmente para profissionais do setor)
WAP	–	Sim	–	–	Sim
Terminais eletrônicos	–	–	–	Sim	Sim
Canais de TV	–	–	–	–	–
Gerenciamento de dados					
Propriedade do banco de dados sobre o produto	Tourism BC	FTB	STMA	STB	TIS
Método utilizado para atualização	Coletado em nível provincial pela Tourism BC. Inventário coletado manualmente por funcionários na central de atendimento por telefone	Ferramentas de gerenciamento de conteúdo através de servidor PROMIS	Ferramentas de gerenciamento de conteúdo através de acesso protegido por senha	Ferramentas de gerenciamento de conteúdo através de *extranet* do setor. O inventário é gerenciado separadamente através de *links* dire-OTs ao WorldRes	Ferramentas de gerenciamento de conteúdos diretamente acessíveis *on-line*, utilizando acesso protegido por senha

TABELA 1 *(Continuação)*

	Colúmbia Britânica	Finlândia	Seychelles	Cingapura	Tirol
Atualização direta pelos fornecedores	–	–	Sim***	Sim	Sim
Propriedade do banco de dados sobre consumidores	Tourism BC	FTB	STMA	STB	Propriedade do provedor individual e organizações turísticas locais, mas mantidos centralizadamente no banco de dados TIScover
Distribuição					
Onde os dados são publicados	*Site* próprio da Tourism BC	*Site* próprio do FTB e material impresso	*Sites* próprios da STMA e material impresso	*Sites* próprios da STB, atividades de *marketing* e através do WorldRes	*Site* TIScover, portais turísticos comerciais e mecanismos de distribuição (AOL, Expedia, TraXXX Focus Online, T-online e START Amadeus

Observação: o traço "–" indica que a função não está disponível.
* *Sites* da Web para eventos.
** Banco de dados não-disponível, impossível ir adiante com o processo.
*** As funções existem, mas a animação está na segunda fase.

4
Sites da Web voltados ao consumidor

Existem milhares de *sites* de destinos na Internet. Alguns são operados de forma comercial, mas muitos foram desenvolvidos por OGDs. Organismos turísticos nacionais promovem países inteiros, instituições municipais e regionais promovem suas áreas específicas, e mesmo cidades e vilarejos costumam estar presentes *on-line*.

Muitas OGDs têm sido lentas no processo de integração de suas atividades *on-line* à estrutura geral de suas estratégias de *marketing* e serviço aos visitantes. Muitas vezes, os *sites* da Web vêm sendo desenvolvidos pelo funcionário do departamento de TI, e não pelo departamento de *marketing*, ou, o que é ainda pior, alguns *sites* de destinos têm sido elaborados como *hobby* de algumas pessoas. O quadro está se transformando, à medida que as organizações reconhecem a importância do *marketing* eletrônico e começam a enxergar suas atividades *on-line* como elemento fundamental da estratégia geral, passando a investir adequadamente.

GUIA PASSO A PASSO PARA O DESENVOLVIMENTO DE UM *SITE* VOLTADO AO CONSUMIDOR

Esse tipo de *site*, em termos ideais, deveria fazer parte de um sistema integrado de gerenciamento do destino, como apresentamos no capítulo anterior. Contudo, muitas organizações têm orçamento limitado ou não dispõem de acesso aos recursos necessários para construir um sistema sofisticado. Nesse caso, apenas um *site* simples pode ser eficaz, desde que integrado às iniciativas gerais de *marketing* e serviço aos turistas de todas as organizações envolvidas no gerenciamento e na promoção do destino.

Esta seção apresenta um guia passo a passo para ajudá-lo a planejar e desenvolver seu *site*, respondendo com eficácia às necessidades de seus clientes.

Passo 1 – Definir o papel do *site* de acordo com a estratégia geral de *marketing*

O primeiro passo é considerar o papel de seu *site* na estratégia geral de *marketing*, particularmente importante se o destino for administrado e promovido por várias organizações.

Comece estabelecendo seus objetivos e pensando como um *site* poderia ajudá-lo a atingi-los. Alguns exemplos:

Aumentar o volume de negócios de seu destino e de seus fornecedores:

- divulgando o destino.
- fornecendo informações sobre coisas a fazer e locais para se hospedar.
- oferecendo folhetos virtuais e planejamento de itinerários.
- garantindo negócios, ao permitir que os clientes façam reservas em hospedagem e outros produtos de forma fácil e segura, *on-line*.

- oferecendo negócios de última hora e ofertas especiais voltados a consumidores com uma alta propensão a comprar.

Gerar receita para sua organização:
- recebendo comissão sobre vendas.
- vendendo produtos e serviços *on-line*, como seguros de viagem, produtos locais, etc.
- vendendo propaganda (por exemplo, serviços a serem oferecidos no *site* ou através de propaganda em *banners*).
- atraindo patrocínio.

Melhorar a comunicação e o relacionamento com os consumidores:
- apresentando novidades e ofertas especiais.
- oferecendo funções como "ligue para mim" ou "bate-papo".
- oferecendo sistemas de fidelidade para os clientes atuais.
- estimulando os usuários a preencher seus formulários de avaliação.
- estimulando os usuários a participar em salas ou grupos de bate-papo.
- oferecendo oportunidades para *marketing* virtual, por exemplo, cartões postais eletrônicos ou envio da página a um amigo.

Reduzir os custos:
- direcionando as consultas para o *site*, em vez de enviar um folheto impresso.
- atingido clientes em potencial de forma mais eficaz, através do *marketing* de relacionamento e da análise de dados sobre o uso do *site*.
- acompanhando a utilização do *site* para compreender melhor as necessidades dos consumidores.

Gerar boas relações públicas fornecendo:
- *links* para outros *sites* de organizações úteis.
- informações empresariais no *site*.

É necessário refletir cuidadosamente sobre seu caso empresarial. Você pretende direcionar as reservas diretamente às empresas turísticas ou deseja se tornar um intermediário e desenvolver um sistema de comércio eletrônico? Qual seria a implicação de estabelecer uma parceria com uma empresa comercial que processasse essas transações para você?

Se seu destino é vendido principalmente através de intermediários, há menos necessidade de você lidar com as reservas *on-line*. Em vez disso, é necessário estimular os clientes a visitar e dirigi-los aos mecanismos de compra existentes.

É muito importante que você analise seus segmentos-alvo em termos de sua propensão a utilizar a Internet para pesquisa e reservas de informação turística. Isso irá ajudá-lo a determinar se os *sites* serão um canal de distribuição efetivo para seu destino e quanto de seu orçamento de *marketing* deve ser transferido para as atividades *on-line*.

Passo 2 – Especificar as funções do *site*

Uma vez tendo compreendido seus objetivos, vale a pena gastar mais tempo examinando os *sites* de outros destinos para levantar idéias sobre recursos e funções. Utilize os estudos de caso incluídos no final deste capítulo e no Anexo A como ponto de partida.

Depois de ter uma boa idéia sobre os tipos de recursos e funções que podem ser oferecidos, é necessário decidir quais você gostaria de incluir em seu *site*, e as limitações que deseja evitar. Reflita cuidadosamente sobre o que os consumidores em seus segmentos de mercado prioritários podem querer do *site*.

Ao fazer sua lista, avalie os seguintes pontos:

- Visibilidade – tenha certeza de que o *site* é fácil de ser encontrado, registrando um endereço (URL) claro e inserindo-o nos principais mecanismos de busca.

- Velocidade – garanta que o *site* tenha uma operação rápida, com opções para não carregar imagens, em função dos usuários que possuem equipamentos lentos.
- *Design* – certifique-se de que o *site* seja atraente e fácil de utilizar, de forma a prender o interesse do usuário, e de que sua navegação seja simples de entender.
- Conteúdo – ofereça conteúdo atualizado, preciso, relevante e suficientemente detalhado. Utilize vídeos, animações e imagens de forma controlada, garantindo a eficácia, mas sem prejuízo para o desempenho.
- Ferramenta de pesquisa – auxilie seus usuários a encontrar o que procuram com facilidade através de uma ferramenta de pesquisa que lhes permita selecionar critérios antes de começar a navegar em mapas ou gráficos.
- Capacidade de reserva – facilite a verificação de disponibilidade, reservas e/ou pagamento por produtos e serviços *on-line*, com garantia de segurança.
- *Links* – ofereça *links* para outros *sites*, com a possibilidade recíproca de permitir um retorno fácil.
- Personalização – reconheça os clientes que já visitaram o *site* e ofereça informações para atender a suas exigências conhecidas.
- Ajuda – forneça ajuda para navegar no *site* e/ou obtenha auxílio para consultas sobre o conteúdo ou reservas, seja *on-line*, através de correio eletrônico e/ou por telefone.
- Resposta a consultas – ofereça um mecanismo eficiente para lidar com consultas sobre reservas, quando o sistema *on-line* não estiver disponível.
- Idiomas – forneça opções nas línguas faladas em seus principais mercados, de forma que o usuário possa visualizar o *site* em sua própria língua.

A essas alturas, você já deve ter uma idéia razoável das funções necessárias que o *site* deve ter, e pode começar a trabalhar na preparação de uma especificação funcional, que será a base de seu documento de licitação. Nele, você deve descrever os objetivos, os recursos que o *site* deve apresentar e a forma como espera que ele funcione.

Passo 3 – Preparar uma estrutura e um *design*

Após esboçar sua especificação funcional, é hora de buscar capacitação técnica. A estrutura e o *design* do *site* vão depender de:

Fatores empresariais:
- A magnitude de seu destino e o número de produtos individuais a serem promovidos.
- A freqüência prevista para a atualização das informações.
- A ordem na qual os produtos devem ser apresentados, por exemplo, ordem alfabética, aleatória, pela atualização mais recente, etc.
- A necessidade ou não de transações *on-line* seguras.
- A quantidade necessária de dados do cliente.

Fatores técnicos:
- A quantidade de material multimídia que você pretende utilizar.
- A importância relativa dos mecanismos de busca para que os usuários encontrarem o *site*.
- A versão do navegador predominante nos mercados-alvo, sendo que as gerações anteriores impõem muito mais limitações do que as mais recentes.
- O nível de resolução dos monitores utilizados.
- Se você hospeda seu próprio servidor ou comprou serviços de um provedor da Internet.

Se você prevê a promoção de mais de (digamos) 50 produtos individuais e/ou deseja atualizar as informações regularmente, deve construir o *site* de forma que seja "orientado a banco de dados". Isso vai exigir a utilização das Active Server Pages (páginas ativas de servidor), nas quais cada página é um gabarito com dados apresentados de forma dinâmica em áreas pré-programadas cada vez que a página é ativada. A alternativa, fazer o tratamento para apenas uma situação específica (o "*hard-coding*") da informação em páginas estáticas HTML, é viável para os *sites* mais simples, mas seria muito restritiva para aqueles nos quais há evoluções regulares e modificações nos dados.

Certifique-se de que suas equipes técnica e de conteúdo estejam coordenadas desde o princípio, trabalhando juntas para desenvolver um plano de navegação que mostre a relação entre todas as telas e como uma pode levar à outra, junto com as soluções que apresentem o leiaute e o *design* gráfico de cada página.

Você precisa atingir um equilíbrio entre querer material totalmente multimídia, estimulando o interesse em promover o destino, e a necessidade de manter um alto padrão de desempenho para o *site*. Os usuários não vão gostar de esperar cinco minutos enquanto um gráfico é carregado, independentemente de sua boa qualidade. Aquilo que é simples e rápido é muito melhor do que o criativo e lento.

Em termos de seus objetivos originais, se for necessário divulgar mais seu destino, você precisará de mais informações editoriais e menos sobre o produto. Pode ser interessante incluir um mapa que localize seu destino no mundo, em uma área facilmente reconhecível, por exemplo, a Europa. Se seu objetivo é fornecer um mecanismo de reservas para a demanda existente, o *site* precisará ser rápido e fácil para o cliente identificar o que quer e passar rapidamente à reserva – por exemplo, o sistema "Três cliques para reservar" do Travelocity.

É possível criar endereços diferentes para utilizações distintas, de forma que se possam trazer usuários até o ponto adequado no *site*. Isso costuma ser feito acrescentando-se uma extensão aos endereços, por exemplo, www.holland.com/livro.

A equipe de *design* desenvolverá a aparência e o comportamento do *site*, que deverá refletir o estilo corporativo do destino, se houver, e relacioná-lo a outros materiais de *marketing* e outras campanhas, de forma que haja uma continuidade para o consumidor.

Os pontos a seguir devem ser levados em consideração:

- Mantenha o *site* simples e fácil de usar. Tente evitar muitos *banners* e *pop-ups* – potencialmente difícil se você for incluir propaganda.
- Muitos mecanismos de busca consideram os *sites* baseados em *frames* difíceis de trabalhar e podem ignorá-los ao dar retorno dos resultados. O problema é menor com os navegadores mais modernos, mas, em geral, os *sites* baseados em tabelas oferecem mais flexibilidade do que os primeiros.
- Tente elaborar o *design* de suas páginas de forma que haja pouca necessidade de rolagem. Será mais fácil para o usuário se tudo estiver à vista na página, mas, se tiver que rolar, certifique-se de que as funções principais, como os botões de busca, estejam localizadas na primeira tela.
- Cuidado com os tipos e tamanhos de fontes e com o uso de texto colorido. Faça alguns testes com usuários para garantir que todo texto seja fácil de ler, e lembre-se de que você vai precisar de duas cores para textos que representam *links*, que mudam de aspecto ao serem ativados.
- Cada vez mais utiliza-se a navegação com a mão esquerda, que você pode querer adotar ou não. Os menus escamoteáveis e de rolagem são boas maneiras de oferecer uma estrutura para um menu grande, de forma a evitar o uso de *banners* e *pop-ups*.
- Se estiver oferecendo *links* para outros *sites*, tenha certeza de que eles apareçam em uma nova janela dentro do seu *site*, de forma que o cliente retorne a ele quando fechar os outros. Como alternativa, você pode garantir que sua navegação principal seja transferida ao novo *site* com um *link* de retorno.
- As *homepages* e as páginas com envelope precisam incorporar as palavras-chave adequadas no topo da página, garantia de maior visibilidade aos mecanismos de busca.

Passo 4 – Contratar uma agência

É provável que você queira contratar alguns serviços de uma agência. Dependendo da capacidade de sua equipe, você pode comprar serviços para:

- Trabalhar junto com você e desenvolver a marca de seu destino, bem como a aparência e o comportamento do *site*.
- Trabalhar em conjunto para desenvolver a especificação funcional.
- Desenvolver a especificação técnica.
- Elaborar o *site*.
- Organizar a coleta e a inserção de dados de produtos e material editorial.
- Hospedar e manter o *site*.
- Gerenciar a implementação do projeto.
- Registrar o *site* nos mecanismos de busca e otimizar sua visibilidade com o passar do tempo.
- Fornecer a análise e a utilização que os usuários fazem do *site*.

Você encontrará orientação sobre como contratar uma agência na Seção 3.2.

Passo 5 – Gerar informações sobre produtos em formato digital

Avançar no sentido da geração de informações sobre produtos em formato digital é um aspecto fundamental do corte de custos, da melhoria da qualidade e da aceleração do processo empresarial. As OGDs enviam formulários impressos e solicitam que os fornecedores os preencham e devolvam uma vez por ano, um procedimento claramente inadequado para o mundo rápido de hoje em dia, mas as organizações não dispõem dos recursos para realizar esse tipo de exercício manual mais seguidamente.

Muitas organizações estão tratando do problema oferecendo funções que permitam a seus fornecedores manter seus próprios dados no banco de dados da organização, seja através de *link* em seu *site* principal ou em uma *extranet* específica protegida por senha. Esse sistema permite que os fornecedores insiram mudanças sempre que elas acontecerem, no momento em que for mais adequado, ao mesmo tempo em que a qualidade é melhorada através da utilização constante e da ausência de erros de transcrição.

Geralmente, os dados, como informações para contato, descrições, orientações e sistemas, não mudam com freqüência. As informações sobre estoques e preços são mais complicadas. Esse tipo de dado só tem real valor para o consumidor se estiver completamente atualizado. Se você não puder fazer essa atualização, é melhor publicar apenas uma faixa de preço e oferecer formas alternativas de acessar a informação sobre disponibilidade, como um telefone direto.

A maneira como seus dados forem passados para o *site* influenciará os requisitos de atualização:

- Páginas construídas "em atividade" (ou seja, aquelas nas quais o *site* consultou o banco de dados para obter as informações necessárias à construção da página "em tempo real", enquanto o usuário espera). Esse método faz com que os dados estejam sempre atualizados.
- Atualização periódica do banco de dados (ou seja, os dados são modificados periodicamente, por exemplo, diariamente, semanalmente, seja de forma central ou local, e reorganizados no final do período, gerando novamente o banco de dados ao se compararem os registros e se fazerem as mudanças). Esse método permite que os dados fiquem ultrapassados até a próxima atualização periódica.
- Páginas HTML projetadas para uma situação específica (o que se chama de "*hard-coded*"). Esse método envolve a edição do código HTML, de forma que as mudanças mensais possam estar dentro de suas possibilidades, no caso de uma organização pequena.

O material editorial pode ser gerado eletronicamente e armazenado em formato adequado para publicação posterior. Se os recursos forem muitos, você pode cogitar sua indexação com uma pesquisa por palavras-chave para possibilitar um acesso fácil.

Os recursos multimídia e editoriais também precisam ser gerenciados de forma digital. Você pode ter um número considerável de transparências, figuras, vídeos e eslaides, que podem ser processados em formato digital de forma relativamente fácil. A manutenção desse tipo de imagem é muito mais eficaz para armazenagem, catalogação e acesso do que a forma física. Contudo, é necessário considerar cuidadosamente suas necessidades reais, já que haverá um custo.

Várias questões devem ser levadas em conta ao se digitalizar os recursos existentes:

- A resolução necessária das imagens (as imagens utilizadas para formatos pequenos na tela precisam ser escaneadas apenas em 72 dpi, ao passo que as que vierem a ter um formato maior necessitam de uma resolução muito mais alta).
- A mesma imagem precisa muitas vezes ser escaneada e gravada em tamanhos e resoluções diferentes.
- Vídeos para utilização na Internet precisam ser comprimidos e reduzidos a 256 cores.
- É preciso elaborar uma nomenclatura coerente e lógica.
- Deve-se tomar cuidado para garantir o cumprimento das regras de direitos autorais e proteção de dados.
- Dados de textos, como título, origem e palavra-chave, devem ser inseridos com base em padrões comuns de terminologia.
- A formatação de textos deve ser mantida em um nível mínimo, para garantir que possa ser acessado e utilizado em muitos aplicativos diferentes.

As câmeras digitais facilitaram relativamente a geração de informações sobre produto em formato digital. Contudo, saber operar uma câmera digital não garante necessariamente uma boa fotografia. Ainda são necessárias as habilidades de um profissional para orientar uma tomada fotográfica e garantir que a composição da imagem seja tão boa quanto o resultado técnico.

As informações de produto baseadas em texto podem ser geradas de várias formas:

- Importadas de bancos de dados de sistemas legados.
- Inserção manual, com teclado e *mouse*.
- Escaneamento ótico de formulários.
- Telefone de teclas.
- Equipamento de reconhecimento de voz.

Uma vez inseridos os dados, seja qual for o método utilizado, deve-se desenvolver um exercício rigoroso de validação para garantir o padrão de qualidade mais elevado para a informação.

Passo 6 – Produzir material editorial e gráfico, levando-se em conta as características especiais da Internet

A maioria das OGDs quer ter um *site* rico em imagens e conteúdo, mas é necessário ter cuidado para garantir que o tempo para carregá-lo não diminua o bom desempenho. Os vídeos devem ser utilizados com cuidado, assim como os *plug-ins* e as animações. Utilize imagens imóveis, com efeitos de animação de sombreamento, para economizar espaço e tempo.

As câmeras digitais ou os *softwares* modernos oferecem um amplo leque de recursos para a aproveitar a natureza multimídia da Internet. Podem-se utilizar visões panorâmicas em 360°, *zooms* e animações, mas deve-se tomar cuidado para que tais recursos realmente agreguem valor e não tirem a atenção do usuário da mensagem principal.

A utilização de arquivos de som junto com outros recursos pode causar dificuldades. Os videoclipes costumam ter esse tipo de arquivo incorporado, sendo fáceis de acomodar. Talvez seja difícil utilizar arquivos de som separados, funcionando em conjunto com vídeos silenciosos ou animações, sem causar pausas demoradas, ou sem que a tela fique temporariamente preta. Muitos usuários não têm placas de som ou as têm desligadas, sendo importante garantir que o *site* funcione mesmo sem som.

Ofereça mapas do destino para auxiliar na orientação de seus usuários, prestando atenção às leis de direitos autorais. Os mapas sobrepostos, em diferentes escalas, funcionam muito bem. Se você precisar apresentar seus produtos turísticos e localizá-los em um mapa, pode fazê-lo de forma dinâmica a partir do banco de dados utilizando referências de mapas ou através da tecnologia SIG, que pode ser cara, dependendo da sofisticação de que você precisar. Os usuários não costumam gostar de ler grandes quantidades de texto na tela, assim, certifique-se de que seu material editorial é atrativo, mantém o interesse e vai direto aos assuntos essenciais, sem se alongar demais.

Passo 7 – Testar e validar o *site*-piloto

Garanta que sua agência de desenvolvimento da Web construa uma versão beta do *site* e tenha uma amostragem de dados suficiente para permitir que você teste minuciosamente o sistema. Todas as combinações de critérios para a pesquisa devem ser testadas pelo menos três vezes para garantir que os resultados esperados sejam obtidos.

Em primeiro lugar, você deve testar e aprovar o *software*. Será necessário:

- Elaborar um plano de aprovação do *software* em relação ao qual você irá testar o sistema e aceitá-lo.
- Construir uma "lista de *bugs*" na qual você anotará quaisquer problemas.
- Testar todas as funções pelo menos três vezes para garantir que o sistema apresente o resultado esperado.
- Gerar novamente o banco de dados e fazer os mesmos testes, para garantir que eles sejam confirmados.
- Fazer algumas mudanças e testar novamente.
- Gerar mais uma vez, e testar.
- Garantir que os dados da "caixa preta" estejam sendo gravados adequadamente.
- Testar o funcionamento dos processos de transferência de arquivos para o servidor.
- Uma vez tendo completado o plano de aceitação, você terá uma certa quantidade de listas de *bugs* detalhando os problemas pontuais, as quais devem ser enviadas para os desenvolvedores, para correção.
- Não esteja tão certo de que todos esses pontos serão corrigidos de uma só vez. Faça testes de regressão rigorosos para identificar situações nas quais a correção de um problema leva a outros, em funções que antes estavam bem.

Em segundo lugar, você deve validar os dados. Será necessário:

- Revisar todos os dados cuidadosamente para identificar erros ortográficos ou tipográficos.
- Conferir sua precisão, incluindo alguma forma de procedimento de validação por parte de seu proprietário.
- Desenvolver algum tipo de verificação aleatória para conferir de forma independente a correção dos dados que você recebeu.

Em terceiro lugar, você deve validar os processos relativos aos negócios, onde for o caso. Será necessário:

- Realizar algumas transações de amostragem.
- Garantir que todos os mecanismos de resposta necessários estejam funcionando.
- Instalar um sistema para lidar com reclamações.

Tendo passado por esses estágios, faça um teste completo apresentando seu *site* para colegas que conheçam o turismo e tenham alguma experiência na Internet. Peça-lhes para avaliar o *site* em todos os seus detalhes, incluindo as transações, e, a seguir, fazer sugestões de melhorias.

Em termos ideais, você deve identificar alguns usuários independentes (talvez estudantes de uma universidade local) e lhes pedir para fazer o mesmo processo. Será mais útil se eles não forem usuários experientes da Internet, pois isso revelaria quaisquer fraquezas em sua estrutura.

Ao passar por essas etapas, você poderá incorporar quaisquer mudanças no *site* e revalidar o *software*.

Passo 8 – Implementar, monitorar e avaliar

Tendo testado suficientemente o seu *site*, e estando contente com ele a ponto de disponibilizá-lo ao público, divulgue o endereço e registre-o nos principais mecanismos de busca. No início, você provavelmente terá classificações boas nesses sistemas (supondo, obviamente, que o *design* do *site* seja adequado). Contudo, a forma como funcionam faz com que sua posição rapidamente comece a descer, e será necessário dar passos concretos para garantir que permaneça em destaque. Como os mecanismos de busca sempre alteram suas políticas, você pode empregar os serviços de uma agência especializada para ajudá-lo a manter a posição do *site*, como parte de um contrato permanente de manutenção.

Após implementar o *site*, você precisará dar um tempo para analisar seu desempenho, em termos de:

- Performance (por exemplo, monitorando o tempo que ele precisa para ser carregado).
- Posição na classificação dos mecanismos de busca.
- Número de usuários das páginas específicas.
- Quantidade de negócios gerada.

Um recurso fundamental da Internet é o fato de que os usuários deixam uma pegada eletrônica, que passa a ser uma ferramenta poderosa para o *marketing*. É possível obter-se diversas informações sobre os usuários, por exemplo, onde vivem, a que hora do dia visitaram, por quanto tempo permaneceram conectados, o que procuravam e o que compraram, mas a complexidade dos dados faz com que você tenha de interpretá-los com cuidado. Uma técnica simples é a criação de diferentes páginas *splash*, acessadas por um endereço único que é ligado a uma campanha específica.

Se houver tempo e recursos, troque correspondências com os usuários para que eles façam avaliações e lhe forneçam mais informações sobre si próprios e suas necessidades, suplementando os dados estatísticos.

Há diversas outras formas de monitorar o desempenho de seu *site*:

- Estimular os usuários a registrar suas informações, oferecendo incentivos, como ofertas especiais, questionários ou brindes, por exemplo: "Cite as 10 coisas que você mais gosta na Holanda e concorra a um fim de semana gratuito em Amsterdã".
- Implementar uma sala ou um grupo de bate-papo.
- Fornecer formulários para avaliação.
- Trocar *e-mails* sempre que possível.
- Acompanhar a quantidade de negócios que está sendo gerada.

Passo 9 – Promover o uso do *site*

Existem três formas principais de promover seu *site*:

Promovendo o endereço

Essa técnica, conhecida como "drive to Web" ("Leve para a Web") envolve a divulgação de seu endereço para que clientes em potencial possam entrar diretamente no *site*. Você pode utilizar páginas *splash* diferentes para saber como o usuário o conheceu, ou trazer os clientes até o *site*, nas páginas de seu interesse específico.

Existem muitas oportunidades para divulgar seu endereço eletrônico, o qual deve ser promovido tanto quanto o número do telefone de sua empresa. Você pode imprimí-lo nos folhetos de divulgação, no material de escritório, material empresarial, em suas publicações promocionais e sua propaganda. Tente adotar um endereço que reflita o nome do destino, algo que seja tão fácil de lembrar quanto www.visiteainglaterra.co.uk ou www.australia.com.

Talvez você venha a descobrir que o nome de domínio ideal já foi registrado por outra pessoa. Isso pode acontecer porque um outro operador está utilizando o nome para um propósito legítimo, ou pode ser obra de um ciberinvasor. No segundo caso, você tem a opção de comprar o nome pelo preço pedido, ou processar a pessoa para obter a liberação. O sucesso desta última ação dependerá da natureza de sua organização.

Atualmente, existem muitos domínios de alto nível disponíveis, como .com, .co.<país>, .org, .net, etc. O recém-criado .info é particularmente importante para o setor turístico. Ao registrar seu nome de domínio, você pode fazer o mesmo com uma série de domínios de alto nível, de modo que todos apontem para o *site* principal. É possível utilizar um endereço que tenha sua frase promocional, tal como www.aspureasitgets.com, o endereço adotado pelas Seychelles.

Criando links *em outros* sites

Crie alguns *links* para a sua página em outros *sites* na Internet. Isso pode ser feito de forma recíproca, sem nenhum custo; ou, nos outros casos, ter que pagar. *Links* para *sites* de empresas ou organizações relacionadas (por exemplo, a serviços de transporte) tendem a funcionar bem e, geralmente, podem ser estabelecidos de forma recíproca.

Você pode comprar propaganda em *sites* de terceiros, por exemplo, em mecanismos de busca ou em agências de viagens *on-line*. Os *banners* são uma forma tradicional de propaganda *on-line*, mas os preços variam muito dependendo da quantidade de tráfego. Geralmente, cobra-se uma tarifa "por cliques". Na Internet, como em qualquer outro meio, é importante avaliar de que forma sua propaganda vai aparecer na tela e o que há ao redor dela. O advento dos programas de *"banner washing"* (que removem os *banners* à medida que o *site* vai sendo carregado) faz com que esse tipo de propaganda não seja tão interessante hoje em dia.

Muitos dos provedores de mecanismos de busca ISP oferecem um dispositivo de registro para que você possa inserir seu *site* em categorias específicas nos diretórios desses mecanismos. Esse procedimento costuma ser gratuito e pode oferecer uma plataforma promocional útil, já que esses *sites* tendem a ter grandes volumes de tráfego.

Usando mecanismos de busca

Se seu destino for grande e muito conhecido, você provavelmente dependerá menos dos mecanismos de busca, especialmente se tiver o endereço adequado, como www.holanda.com. Nesse caso, há boas chances de você ser encontrado pelos usuários que "chutam" o endereço. Destinos menos conhecidas, ou com recursos limitados, poderão fazer muito uso desses sistemas. Contudo, é necessário um esforço contínuo para manter seu *site* no topo das listagens desses mecanismos, que mudam constantemente os critérios de classificação. Existem editores independentes analisando os *sites*, mas o grande número de novos itens acrescentados a cada dia faz com que grande parte do trabalho seja feito automaticamente.

É necessário garantir que sua agência conheça profundamente o funcionamento dos principais mecanismos de busca ao projetar o *site* que você deseja. Você precisa maximizar a visibilidade, sendo necessário escolher cuidadosamente diversas palavras-chave ou utilizar *metatags* para ajudar a melhorar sua classificação. Evite técnicas de *spamming** para melhorar artificialmente sua classificação, já que muitos mecanismos de busca estão cientes desses métodos e aplicam penalidades aos infratores.

---

*N. de R.: Spamming – envio de mensagens de correio eletrônico não-solicitados sobre um assunto irrelevante a um número grande de usuários ao mesmo tempo.

4.2 FATORES FUNDAMENTAIS PARA O SUCESSO

Os fatores a seguir são fundamentais para o bom desenvolvimento e a boa promoção de um *site* de destino voltado ao consumidor:

- Garanta que a mensagem e o conteúdo do *site* sejam apropriados a seu público-alvo.
- Crie um *design* vivo, que mantenha o interesse em todo o *site* e reflita a natureza de sua destinação e o estilo corporativo ou promocional de sua organização.
- Garanta que seu conteúdo seja atual e preciso, além de ser relevante para o público-alvo.
- Certifique-se de que a navegação seja evidente, com atalhos adequados para as partes importantes.
- Garanta a funcionalidade do *site*, adequado-o aos objetivos empresariais, como maior divulgação, fornecimento de informações, processamento de transações.
- Desenvolva parceria com terceiros (como operadoras de transporte, empresas de cobrança postal) para ajudar na apresentação do conteúdo e/ou proporcionar um mecanismo de apoio a respostas ou vendas.
- Explore com cuidado os recursos multimídia, garantindo que eles realmente agreguem valor e não comprometam um desempenho.
- Invista na promoção de seu endereço e garanta que ele possa ser encontrado com facilidade pelos principais mecanismos de busca.
- Dê às pessoas uma razão para voltar ao *site* e as estimule a fazê-lo.
- Teste minuciosamente o *site* antes de lançá-lo.
- Acompanhe seu desempenho, avalie seus resultados e faça regularmente todas as correções necessárias.
- Empregue todas as três técnicas principais para promover o *site*.

4.3 ESTUDOS DE CASO

Para apresentar um panorama geral da boa prática por parte das OGDs, avaliamos 30 *sites* da Web especialmente para esta publicação. Para desenvolver a pesquisa, estudamos uma grande quantidade de *sites* e preparamos uma matriz de recursos e funções, em relação à qual todos eles foram examinados.

Os *sites* foram avaliados por profissionais do ramo turístico, e não por consumidores, pois havia o risco de uma ênfase exagerada ou muito pequena em alguns recursos. Espera-se que, antes da próxima edição deste livro, hajam pesquisas de mercado confiáveis sobre as atitudes e as exigências dos consumidores em relação a seus *sites* de destino.

Metodologia

Inicialmente, identificamos mais de 100 *sites*, a partir de destinos conhecidos em todo mundo, que tinham presença *on-line*. Utilizamos diversas fontes diferentes para elaborar uma lista inicial. Entre elas:

- Revistas turísticas, como Escape Routes, Condé Nast Traveller.
- Guias *on-line* sobre destinações, como Lonelyplanet, CityNet, Fodors, Travelocity, Infoseek, Expedia, Rough Guides, ITN's Travel Network, Leisure Planet.
- Mecanismos de busca, como Metacrawler, Altavista, Google, Yahoo, Looksmart.com.
- Portais que oferecem *links* para *sites* de destinos, como Travel & Tourism Intelligence, IACVB, Tourism Offices World-wide Directory.

Mais de 100 *sites* foram analisados num primeiro momento, sendo 30 selecionados para passar por uma análise mais detalhada. Para estar entre eles, os *sites* foram analisados de acordo com os critérios a seguir. Todos têm, pelo menos, os três primeiros recursos:

- *Links* para OGDs regionais ou locais.
- *Links* para empresas turísticas locais privadas.
- Planejador de viagens interativo, permitido a pesquisa por categoria.
- Mecanismos para reservas.
- Registro de visitantes *on-line*.

O Anexo A traz um resumo dos principais recursos de cada *site* e uma análise comparativa dos 30 sites selecionados.

Cinco *sites* foram selecionados como base de um estudo de caso mais detalhado, para representar tipos diferentes de OGDs, em países, cidades e regiões no mundo todo. Cada um possui funções excelentes e demonstra princípios eficazes de *design*. Alguns já estão no ar há muito tempo, ao passo que outros adotaram há pouco tempo os princípios do *e-business*.

Esses cinco estudos de casos são analisados detalhadamente a seguir.

Berlim

2000 foi o melhor ano da história de Berlim, capital da Alemanha, em termos de turismo. A cidade recebeu cinco milhões de visitantes, representando um aumento de 20% em relação a 1999. O número de pernoites também aumentou em 20,4%, chegando a 11,4 milhões. O setor turístico gera cerca de 3,5 bilhões de dólares por ano para a cidade e é responsável por cerca de 50.000 empregos.

A Berlin Tourism Marketing GmbH (BTM) foi criada em 1993, com a missão de promover a cidade como destino turístico em todo mundo. A organização funciona como agência de serviços para viajantes individuais ou em grupo, e como ponto de informação para o setor turístico e para o turista. Além de fornecer informações sobre a cidade, a BTM presta os seguintes serviços:

- Faz reservas de hospedagem para viajantes individuais ou em grupo.
- Organiza locais para eventos e restaurantes para grupos.

Homepage do site de Berlim – http://www.berlin-tourism.de

- Providencia ingressos para eventos, feiras e encontros corporativos.
- Providencia passagens ferroviárias.
- Organiza aluguel de carros.
- Proporciona guias turísticos em outros idiomas, especializados em determinados tópicos;
- Mostra os CITs (centro de informações turísticas).
- Mostra os pontos de informações.

Desde 1996, o conteúdo turístico relacionado à cidade na Internet tem sido apresentado através de um domínio de propriedade exclusiva da cidade de Berlin. Na época, o *site* existia apenas em alemão, com uma pequena parte em inglês. Em 1997, além deste *site*, a BTM lançou seu próprio *site* contendo dados relacionados ao turismo exclusivamente em alemão e inglês. Em 2001, uma versão mais simples foi lançada em francês, italiano e espanhol. O *site* foi projetado e desenvolvido pelo departamento de serviços ao consumidor da BTM, e recebe cerca de 25.000 visitas, garantindo cerca de 600 reservas de hospedagem por mês.

O *site* recebeu o primeiro prêmio entre *sites* da Web na categoria *cidade*, escolhido pelo júri da competição "Destination 2000".

O site é voltado fundamentalmente a viajantes de lazer e em grupo, mas oferece também acesso a sessões (*subhomepages*) dedicadas à mídia, ao setor turístico e ao mercado MICE.

Rico em conteúdo e funcionalidade, o *site* oferece informações sobre interesses especiais para grupos específicos, como jovens, portadores de deficiências, idosos, crianças e famílias, gays e lésbicas, oferecendo a cada um deles uma lista de *links* e descrevendo o que o destino pode oferecer para esse público em particular. É atraente, bem estruturado, com um bom equilíbrio entre texto e fotografias da destinação. É muito fácil de usar, com uma barra de menu no lado esquerdo da tela disponível em cada página do *site*, com listas de subseções.

Os visitantes recebem várias opções para planejar e reservar suas viagens, como:

- Centro de atendimento BTM – os visitantes podem contatar o centro de atendimento BTM de segunda a sexta-feira (entre 8h e 19h) e sábado e domingo (das 9h às 18h).
- Formulário de solicitação de reservas *on-line* – os visitantes podem preencher uma solicitação de reserva *on-line* para uma série de produtos, incluindo entretenimento,

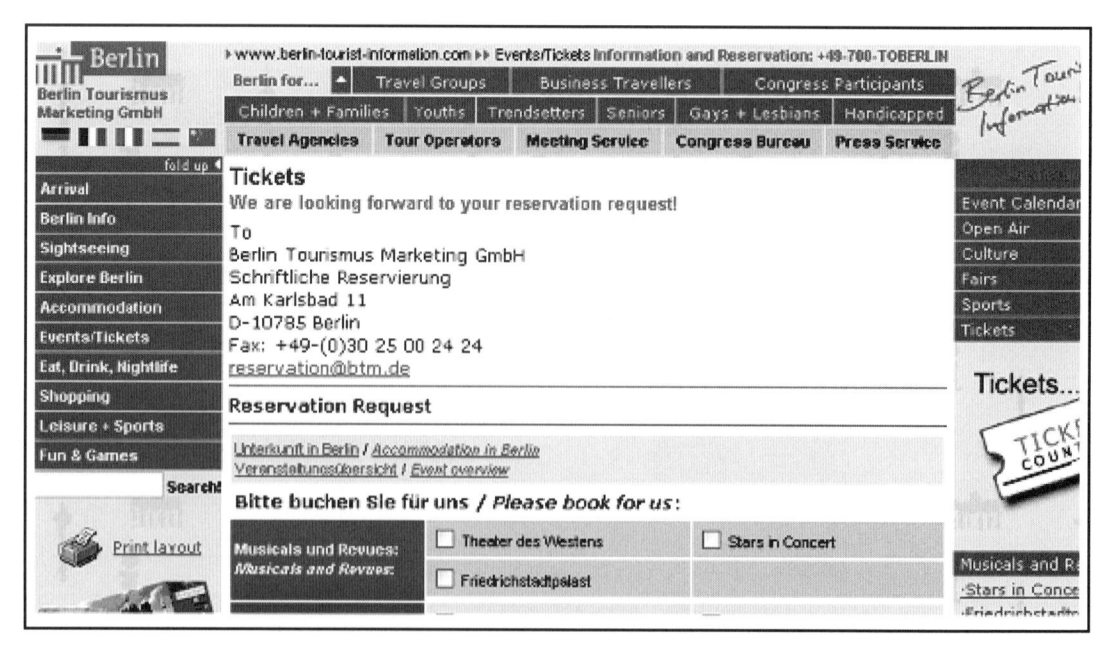

Formulário de solicitação de reservas **on-line**

esportes e passagens de trem (dentro da Alemanha). A seguir, devem apresentar as informações do cartão de crédito, mas a transação é feita de forma tradicional, enviando-se uma confirmação depois, por *e-mail* ou por fax, uma vez que a reserva tenha sido processada.
- Reservas *on-line* – os visitantes podem fazer pesquisas no banco de dados interativo de hospedagem e utilizar o serviço de reservas *on-line* da BTM para obter seus quartos através de um servidor seguro. O banco de dados representa 90% do total de leitos disponíveis na cidade, em hotéis, pensões, pousadas e albergues da juventude.
- O processo de reservas é facilitado por um procedimento em etapas, de fácil utilização, com ampla orientação disponível no botão "help" ("Ajuda").

Há uma seção dedicada ao turismo em grupo, que também tem um mecanismo para que os usuários preencham um formulário de solicitação de reservas *on-line*.

Ao escolher fazer reservas de hospedagem ou solicitar outros produtos *on-line*, os visitantes deverão fornecer informações para contato, mas não se solicita qualquer outro tipo de dado pessoal.

Caribbean Tourism Organization

A Caribbean Tourism Organization (CTO) é a agência de desenvolvimento internacional e o organismo oficial para promoção e desenvolvimento do turismo no Caribe. Seus membros incluem países-destinos e empresas turísticas privadas (companhias aéreas, hotéis, operadoras de cruzeiros e agências de viagens) envolvidas na prestação de serviços de férias e viagens na região.

Sua missão é "estimular o turismo sustentável, sensível aos interesses econômicos, sociais e culturais do povo do Caribe, preservando seu ambiente natural e prestando serviços da mais alta qualidade aos visitantes".

O *site* Do it Caribbean foi desenvolvido pela CTO e seus países-membros, para oferecer um ponto de entrada na Internet para todos os destinos da região.

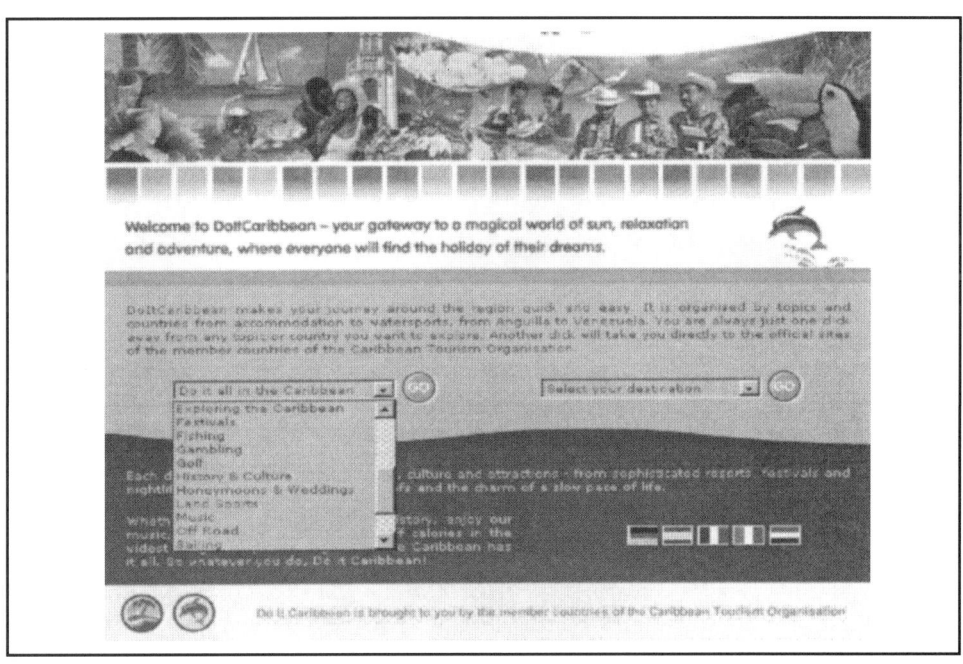

Homepage do site *Doitcaribbean – http://www.doitcaribbean.com*

O *site* Do it Caribbean é voltado aos consumidores e funciona como portal para os destinos da região. Contém pouquíssimas informações específicas sobre os destinos, o que não é surpreendente, já que, como ponto de entrada, seu objetivo é direcionar os visitantes aos *sites* de cada uma delas. Não obstante, está cumprindo sua função de forma inteligente e eficaz, orientando os visitantes através de um sofisticado método de indexação.

O *site* é visualmente atraente, muito colorido e com imagens que ilustram o destino. É fácil de utilizar e bem estruturado, tendo adotado um formato de menu pouco comum mas eficaz. Na verdade, existem dois menus diferentes possibilitando a pesquisa através de procedimentos como:

- Por destino, utilizando o menu "Select your destination" (Selecione seu destino), com a lista alfabética de todas os destinos/ilhas do Caribe.
- Por interesses especiais ou tópicos gerais, utilizando o menu Do it Caribbean, com temas como hospedagem, aventura, Caribe afro-americano, conferências, mergulho, gastronomia, ecoturismo, explorando o Caribe, festas, pesca, jogo, golfe, história e cultura, lua-de-mel e casamentos, esportes terrestres, música, trilhas fora da estrada, vela, eventos especiais, esportes para espectadores, esportes aquáticos.

Cada destino têm sua própria *subhomepage*, e todas seguem o mesmo formato, contendo:

- Um *link* para o *site* oficial da destinação.
- Um mapa com uma seta amarela localizando-a na região do Caribe e em relação aos países vizinhos.
- Uma breve descrição do destino.
- Uma seção chamada "Did you know?" (Você sabia?), contendo um texto curto sobre os principais fatos históricos ou curiosos sobre o lugar.
- Um *link* interno para a página com fatos importantes sobre o destino, denominada "Essential facts" (Fatos essenciais).

Cada tema também tem sua própria *subhomepage*, com comentários gerais prévios sobre o assunto e a área de interesse, e uma lista de destinos no Caribe, com *links* para suas páginas,

Exemplo de página com "fatos essenciais" do destino.

nas quais se podem encontrar as áreas de interesse específicas. Como exemplo, na *subhomepage* de gastronomia, chamada de "Eating out" (Comendo fora), se o visitante clicar sobre as Bahamas, irá diretamente para a página de gastronomia/alimentação do *site* do destino, e não para a *homepage*, possibilitando que os visitantes acessem a informação de que precisam.

Sub*homepage* temática "Comendo fora"

O *site* também oferece um mecanismo de busca com palavras-chave, disponível a partir da *homepage* e de cada página do *site*. Basta clicar sobre o ícone "Search do it caribbean" (Pesquisa Do It Caribbean) (o ícone do golfinho azul) e o visitante é levado à página correspondente. O dispositivo é bastante detalhado, já que permite aos visitantes escolher alguns critérios (através de um menu escamoteável) para direcionar sua pesquisa a um assunto específico.

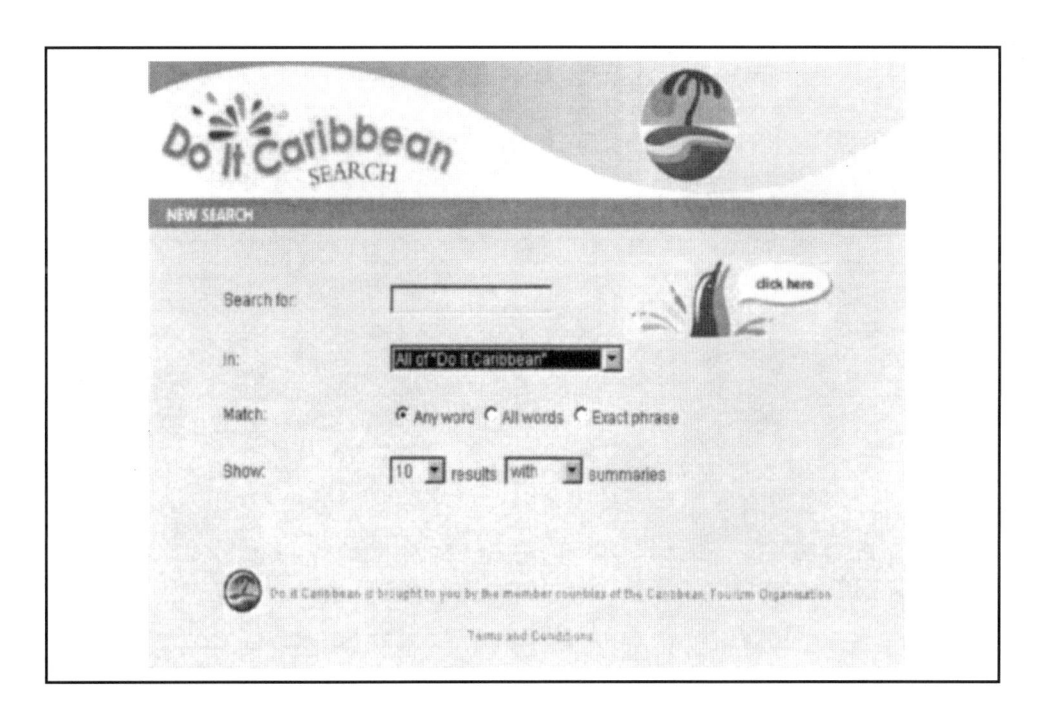

Em sua primeira vista ao *site*, os internautas são estimulados a solicitar gratuitamente o Carribean Vacation Planner (Planejador de férias do Caribe), através de uma pequena janela que se abre e promove o folheto. Além disso, também podem solicitá-la numa etapa posterior, visitando o *site*, no momento em que aparece um ícone "Order brochure" (Encomendar folheto). A seguir, solicitam-se as informações de contato e a resposta a algumas perguntas curtas.

Nova Zelândia

O turismo internacional contribui com 4,7% do PIB da Nova Zelândia. Apesar de um crescimento forte nos últimos 10 anos, o país permanece sendo um destino pequeno em termos globais, com uma fatia de mercado de 0,45%. A Tourism New Zealand acredita que o número de visitantes pode chegar a 2,5 milhões nos próximos cinco anos e que o setor turístico poderá gerar 7,7 bilhões de dólares nesse período. O número de visitantes passou de 1,824 milhão em 2000.

Como parte de uma campanha global de *marketing*, a organização identificou a Internet como um componente fundamental para a comunicação e, em julho de 1999, foi lançada a primeira fase do *site* voltado ao consumidor, www.purenz.com, inicialmente com dois objetivos principais:

- Estimular os visitantes estrangeiros a conhecer o país;
- Conectar os visitantes em potencial ao setor turístico nacional.

O *site* foi projetado por uma empresa com sede em Wellington, a Shift. A equipe da Tourism New Zealand continua a trabalhar em conjunto com esta empresa para incorporar as evoluções do *site*.

Esse *site* destina-se a visitantes de longa distância, oriundos da América do Norte, da Europa e do Japão, bem como de curta distância, da Austrália. Baseia-se em um banco de dados de produtos, e, para garantir a qualidade do conteúdo, os fornecedores são estimulados a inserir suas próprias informações no banco de dados.

Com um orçamento de *marketing* total de 22 milhões de dólares por ano, a Tourism New Zealand não pode levar a campanha "100% New Zealand" a todos os seus 21 mercados, de forma que a construção da marca registrada a longo prazo concentra-se em sete mercados de maior porte: Austrália, Reino Unido, Alemanha, Estados Unidos, Japão, Cingapura e Taiwan. O *site* recebeu 87.452 visitantes em maio de 2001.

Atualmente, o PureNZ.com está passando por uma renovação importante e será relançado em setembro de 2001. As evoluções vão se concentrar no aprimoramento:

- da navegação no *site*.
- das funções de pesquisa.
- do conteúdo visual, incluindo a melhor utilização de imagens e mapas.
- do conteúdo do *site* em termos de profundidade e qualidade.

O sistema de gerenciamento de conteúdos (CMS – *content management system*) também será lançado em julho, e o banco de dados do operador que detém as listagens de produtos apresentados no PureNZ.com também passa por evoluções.

O *site* "100% Pure New Zealand" é um portal turístico para a Nova Zelândia. A Tourism New Zealand incentiva os visitantes a fazerem contato direto com as operadoras turísticas apresentadas no banco de dados *on-line* e oferece *links* para seus próprios *sites*, sempre que possível. O órgão não oferece serviço de reservas, mas disponibiliza *links* para outros *sites* de OGDs no interior do país.

O *site* tenta focar na experiência do visitante, estimulando-o a analisar o destino pelo tipo de experiência que oferece. Isso é feito basicamente através de cinco temas ou domínios emocionais: vida selvagem, zona de aventuras, interior, espírito kiwi e relaxamento, e três domínios funcionais – transporte, hospedagem e pacotes turísticos. Os visitantes podem descobrir mais sobre o país, não apenas através de localizações geográficas, mas também com base em suas necessidades emocionais como viajantes.

Homepage do site da Nova Zelândia – http://www.purenz.com

Cada "tema" tem sua própria *subhomepage*. Os visitantes podem examinar a listagem completa por categorias ou utilizar o mecanismo de busca por palavras-chave, limitando-se ao tema específico. Também podem recorrer ao mecanismo de menu *drop-down* para escolher uma localização específica e restringir sua pesquisa a ela.

O *site* contém um mecanismo de busca geral por palavras-chave, aperfeiçoado pela opção de utilização do menu *drop-down*, para especificar em qual seção a pesquisa deve ser realizada.

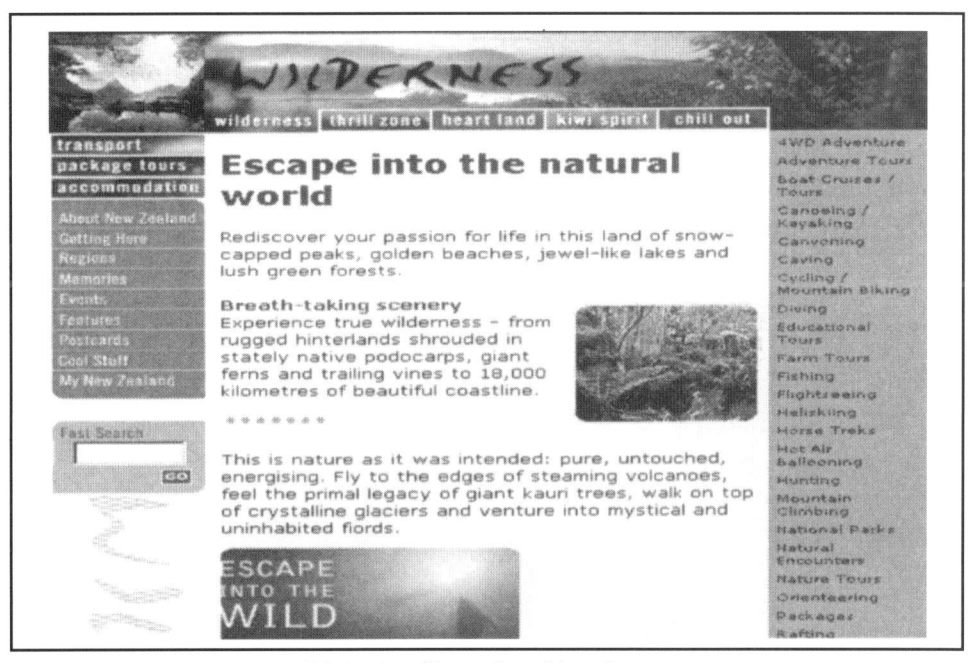

Página temática sobre vida selvagem

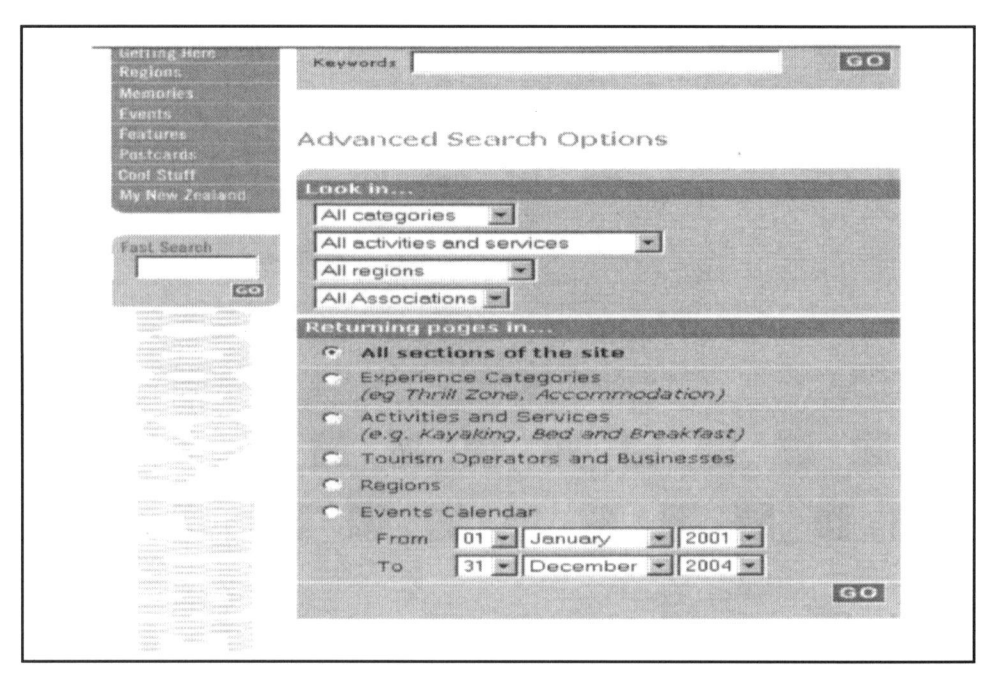

Mecanismo de pesquisa avançada, através de palavras-chave.

As informações gerais contidas no *site* são divididas nas seguintes áreas:

- Seções temáticas: vida selvagem, zona de aventuras, interior, espírito kiwi e relaxamento.
- Sessões de serviços: hospedagem, transportes, eventos, etc.
- Atividades.
- Operadoras turísticas individuais.
- Seção de informações gerais, por exemplo, sobre cada região, como chegar.
- Ferramentas: fórum de discussão, cartões postais eletrônicos, testemunhos sobre experiências na Nova Zelândia, arquivo pessoal, protetores de tela, papéis de parede.

O *site* é bonito, com uma aparência e um comportamento geral coerentes, com exceção de duas *subhomepages* temáticas. Trata-se de "Footprints" (informativo/revista sobre turismo) e "Aussie Breakaway Holidays" (ofertas especiais) dedicadas aos visitantes australianos, com um *link* para um *site* de terceiros para reservas.

O *site* é de fácil utilização, com os menus de serviços de informações à esquerda e o menu temático acima. Várias cores diferenciam as sessões.

"My New Zealand" (Minha Nova Zelândia) (pasta/folheto pessoal *on-line* do *site*) é um mecanismo excelente que permite gravar, imprimir e enviar por *e-mail* o programa escolhido, e também diferentes itens em um mapa.

É solicitado aos usuários que registrem e especifiquem um nome e uma senha para acessar sua pasta pessoal "My New Zealand" (Minha Nova Zelândia). Se também quiserem participar da mala-direta (com atualizações de ofertas especiais), os usuários deverão informar país de origem e endereço eletrônico. A Tourism New Zealand poderá oferecer diretamente ofertas de setor. Aleatoriamente, ao deixar o *site*, pede-se que os visitantes participem de uma pesquisa, uma boa forma de avaliar o *site*.

Cingapura

Cingapura fica localizada no coração da Ásia, recebendo 7,6 milhões de visitantes por ano, dos quais 70% são oriundos do próprio continente, e o restante de outros mercados importantes

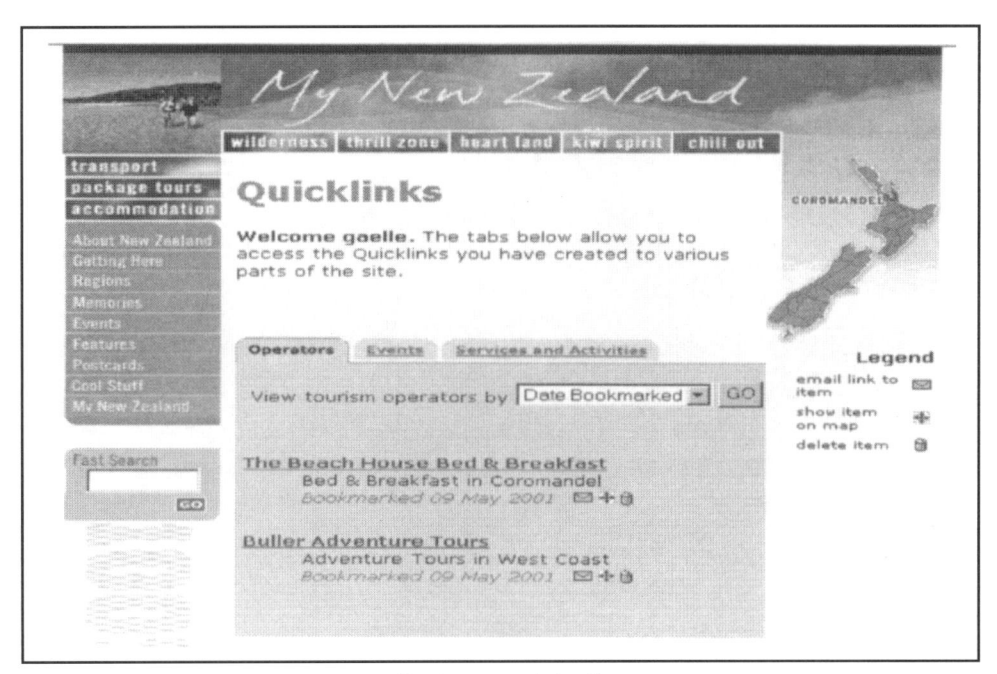

Pasta pessoal do site

como Estados Unidos, o Canadá e o norte da Europa. O país é o principal destino para encontros corporativos; é um centro econômico e comercial, com uma base de mais de 5.000 companhias multinacionais. Nos últimos 20 anos, tem sido a principal escolha para convenções na Ásia; dispõe de 32.000 quartos de hotel, sendo que uma porcentagem impressionante de 50% deles são de cinco estrelas. O turismo é responsável por 5% do PIB.

Uma descrição mais completa da destinação e da Singapore Tourist Board é apresentada na sessão 4.3.4.

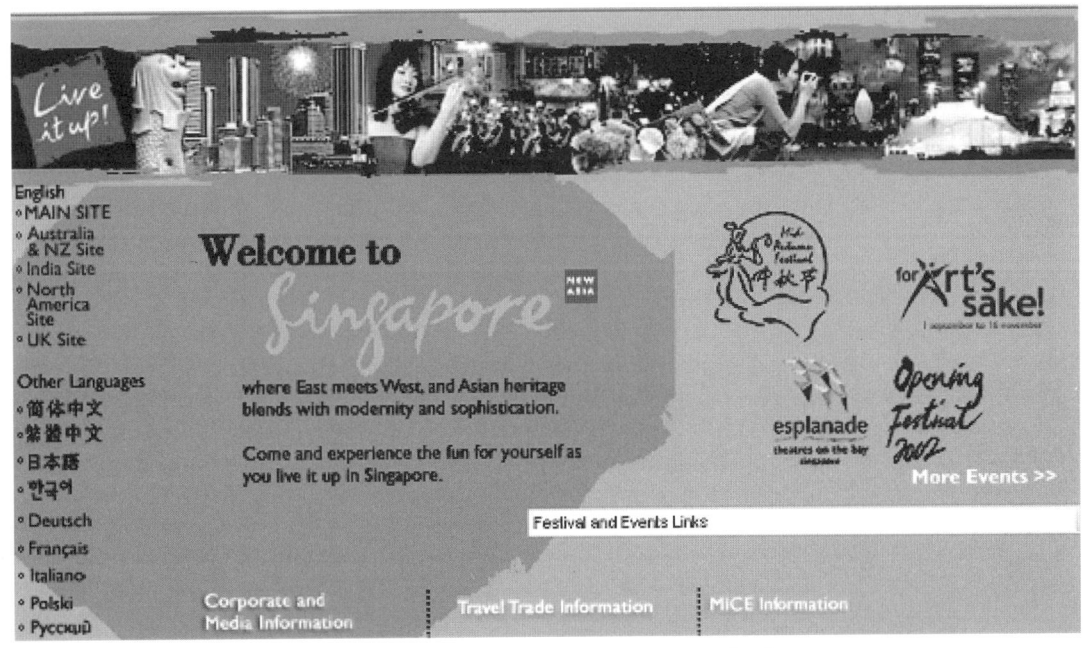

Homepage do site de Cingapura – http://www.newasia-singapore.com

O *site* é rico tanto em termos de conteúdo sobre o destino quanto no fornecimento de informações visuais a seu respeito. É atraente, contendo fotografias como papel de parede (na *homepage*, como ilustrado anteriormente, e na *subhomepage* de cada seção). Também apresenta um mapa animado, com rotas aéreas e horários de vôo, o que é excelente para definir o contexto para o usuário. A seguir, é apresentado um menu principal, com ferramentas de informações gerais, e um menu de informação principal sobre o destino, no lado direito da tela, com produtos e serviços. É fácil de navegar e, além disso, contém um mapa do *site*.

O *site* é altamente funcional e utiliza algumas das mais modernas ferramentas de TIC para dar apoio aos usuários, incluindo um serviço de bate-papo. Este sistema de bate-papo "ao vivo" permite o contato com um agente especializado em Cingapura para tirar dúvidas sobre reservas através de um editor de texto.

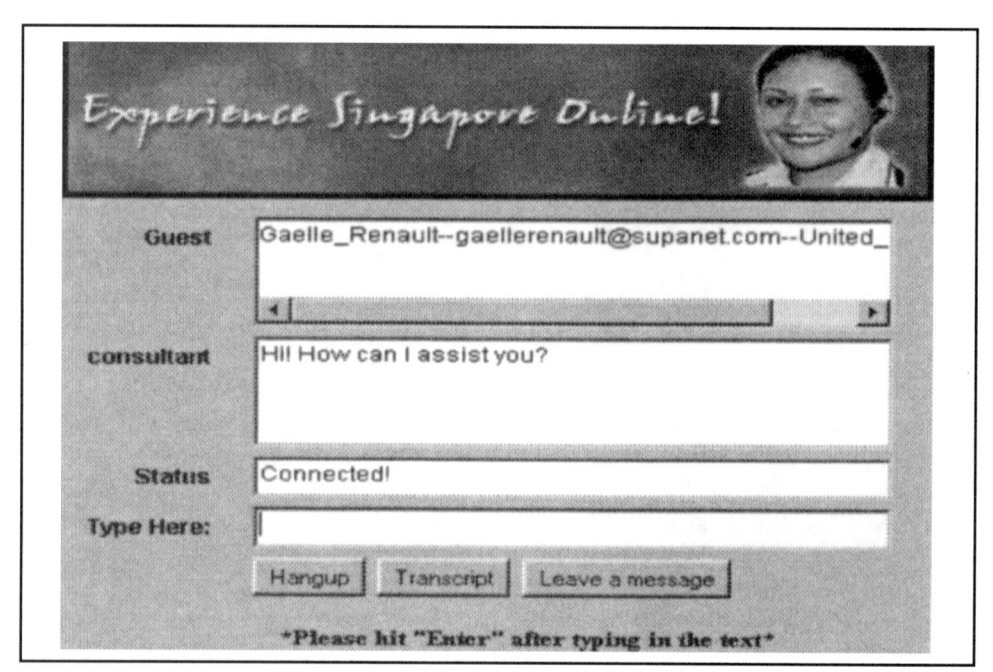

Ilustração do serviço de bate-papo textual

Os usuários podem fazer pesquisas no banco de dados de produtos e serviços, seja por meio das listagens (por exemplo, para atrações, lojas, pacotes de hotéis, golfe) ou especificando critérios definidos (para hospedagem, passeios regionais, festivais e eventos especiais).

Um excelente planejador turístico (o *tour planner*) permite que os visitantes criem um itinerário específico baseado na duração de sua estada e em seus interesses para passeios de até 14 dias. Pede-se que as pessoas forneçam a data de chegada e de partida, e escolham as áreas de interesse a partir de uma lista abrangente de tópicos. A pesquisa é devolvida em relação às datas informadas, na forma de um itinerário específico diário, e com passeios detalhados por atividades pela manhã, à tarde e à noite. Os visitantes podem saber mais sobre cada item apresentado seguindo o *link* interno para esse produto em particular, com detalhes que incluem descrição, informações para contato, localização, horários de funcionamento, preço do ingresso, horário dos passeios, etc.

A reserva de hospedagem e pacotes *on-line* em tempo real, possibilitada pelo WorldRes, encontra-se disponível no endereço ww.stayinsingapore.com. Os visitantes podem buscar hospedagem especificando a data de chegada, o número de noites, tipo de hotel que buscam, faixa de preço e outros. A seguir, recebem uma lista de estabelecimentos com quartos disponíveis nas

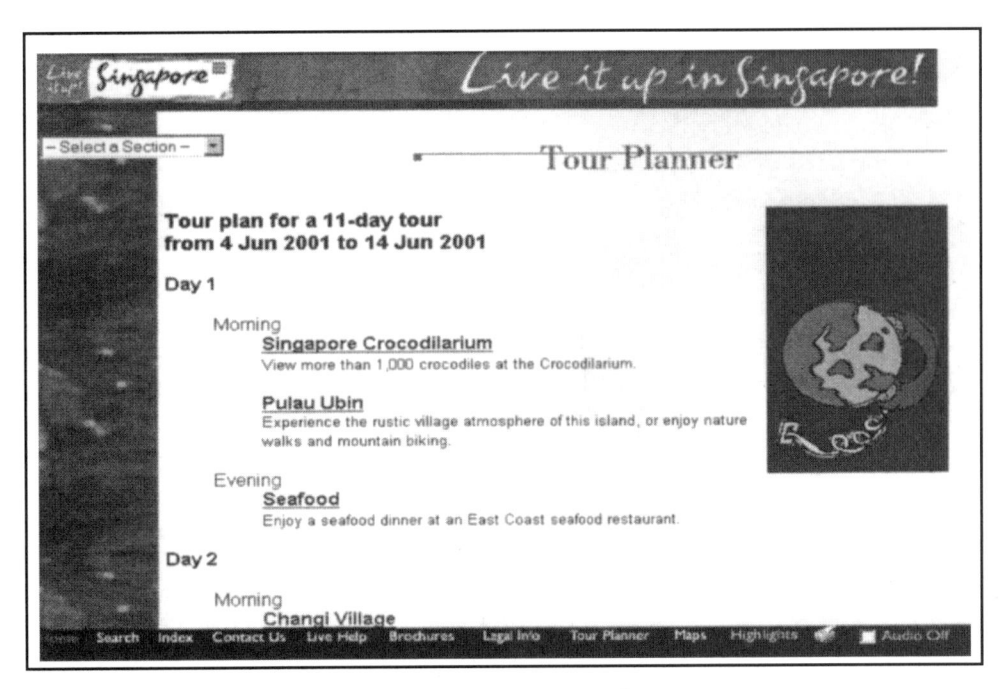

Ilustração do planejador turístico

devidas datas. Prosseguindo, podem escolher um desses estabelecimentos, um quarto e completar a reserva apresentando suas informações para contato (incluindo o endereço eletrônico) e o número do cartão de crédito (garantido pelo servidor seguro do WorldRes). No final do processo de reserva, os visitantes recebem um número de confirmação, o qual, junto com seu endereço eletrônico, permitirá verificar, modificar ou cancelar posteriormente a reserva feita *on-line*. Também é possível, registrando-se como membros do Stay in Singapore, utilizar o nome de usuário e a senha que lhes foi destinada.

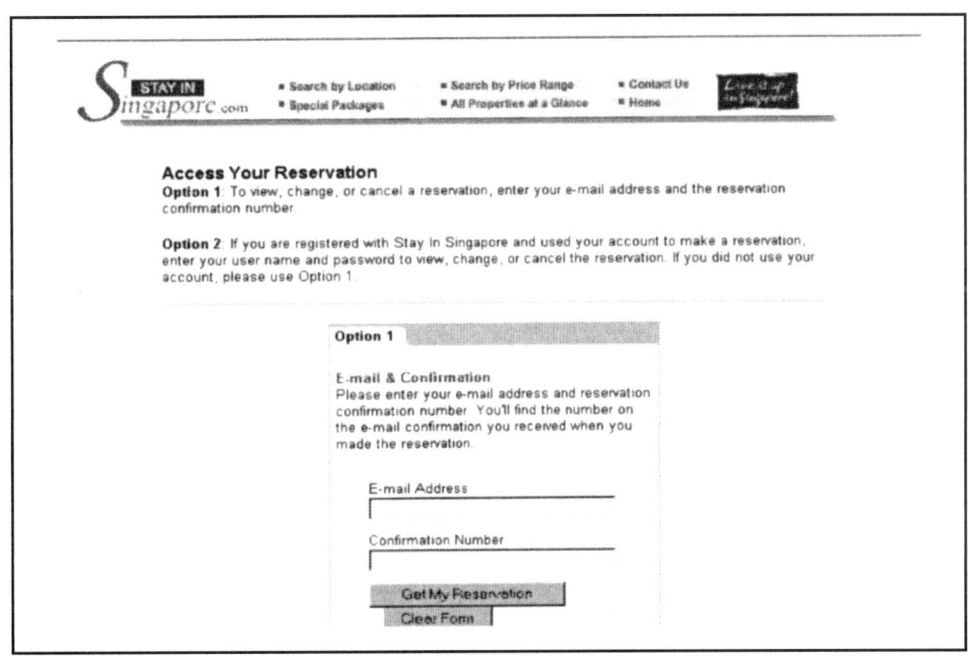

Log-in *de membro do Stay in Singapore*

Atualmente, a STB não tem um envolvimento ativo com o *marketing* de relacionamento com os clientes. Contudo, as informações pessoais (detalhes para contato, gênero, idade, interesses, ocupação) são coletadas quando os usuários se registram como membros da lista de endereços da STB para receber o boletim informativo. A organização também dá aos usuários a oportunidade de comentar sua viagem ao país (por exemplo, sua impressão geral do destino, aspectos positivos, sugestões de melhoria).

Tourism Vancouver

Em 1999, a região da Grande Vancouver recebeu 8,3 milhões de visitantes com pernoite, dos quais quase a metade era de estrangeiros. Estima-se que a área atrairá cerca de 8,6 milhões em 2000, gerando 2,5 bilhões de dólares em divisas e empregando cerca de 108.000 pessoas.

Criada em 1902, a Tourism Vancouver é uma organização metropolitana de *marketing* (uma associação empresarial sem fins lucrativos). A entidade dedica-se ao aumento no turismo de lazer, encontros e eventos, e incentiva os visitantes a permanecer por mais tempo, além de visitar o local com mais freqüência. Sua missão é: "Liderar o esforço conjunto de posicionamento da Grande Vancouver como destino turístico preferido em todos os mercados-alvo do mundo, criando, assim, oportunidades para que membros e comunidades compartilhem dos benefícios econômicos, ambientais, sociais e culturais resultantes".

A Tourism Vancouver tem cerca de 1.150 membros no setor turístico e em áreas correlatas.

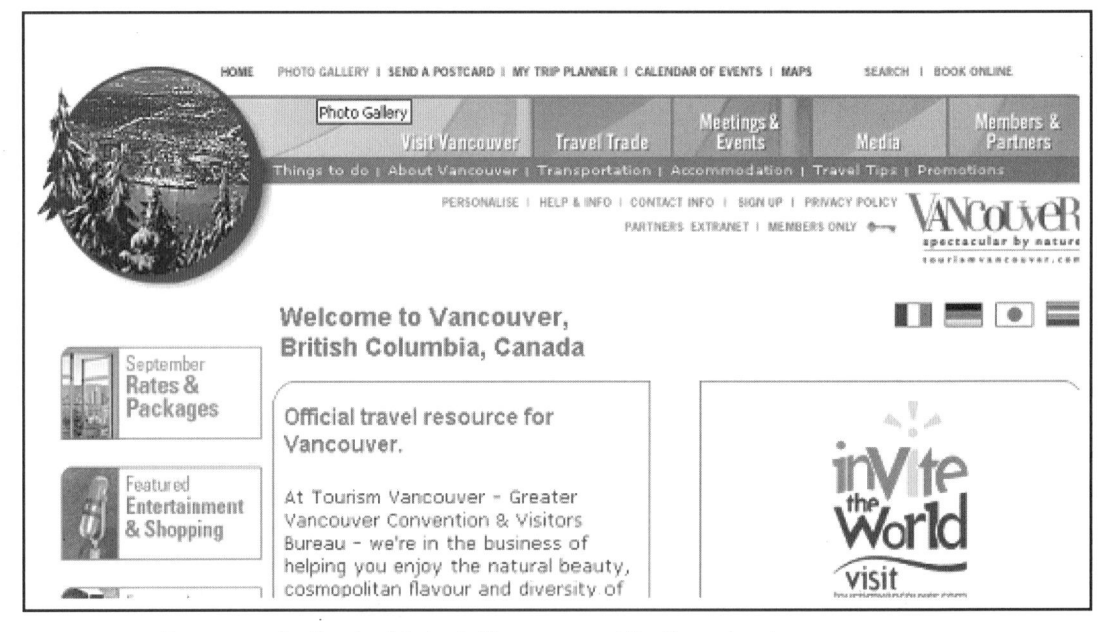

Homepage do site da cidade de Vancouver – http://www.tourismvancouver.com

O *site* da Tourism Vancouver é excelente e fácil de utilizar, voltado principalmente para os viajantes de lazer, mas fornece acesso a *subhomepages* para o setor turístico, MICE, a mídia e o setor turístico.

O *design* é simples, com fotos (incluindo uma galeria fotográfica e cartões postais eletrônicos) que oferecem uma boa experiência visual da destinação. A fotografia que faz parte da barra do menu (na *homepage* do *site*, mostrando um caiaque) muda à medida que os visitantes navegam pelo *site*. Utilizam-se cores diferentes que auxiliam o usuário a navegar com facilidade e um menu simples e mais bem estruturado, coerente durante todo o *site*.

O grupo completo de produtos e serviços pode ser acessado através de um mecanismo de busca, em um banco de dados interativo: hospedagem, companhias aéreas, eventos, atrações, atividades, restaurantes, operadoras turísticas, instalações para conferências, serviços locais, comércio e varejo.

Os visitantes podem fazer pesquisas especificando as principais categorias e subcategorias, ou podem focar ainda mais a pesquisa, utilizando palavras-chave. Existe também a opção de visualizar os resultados em ordem alfabética.

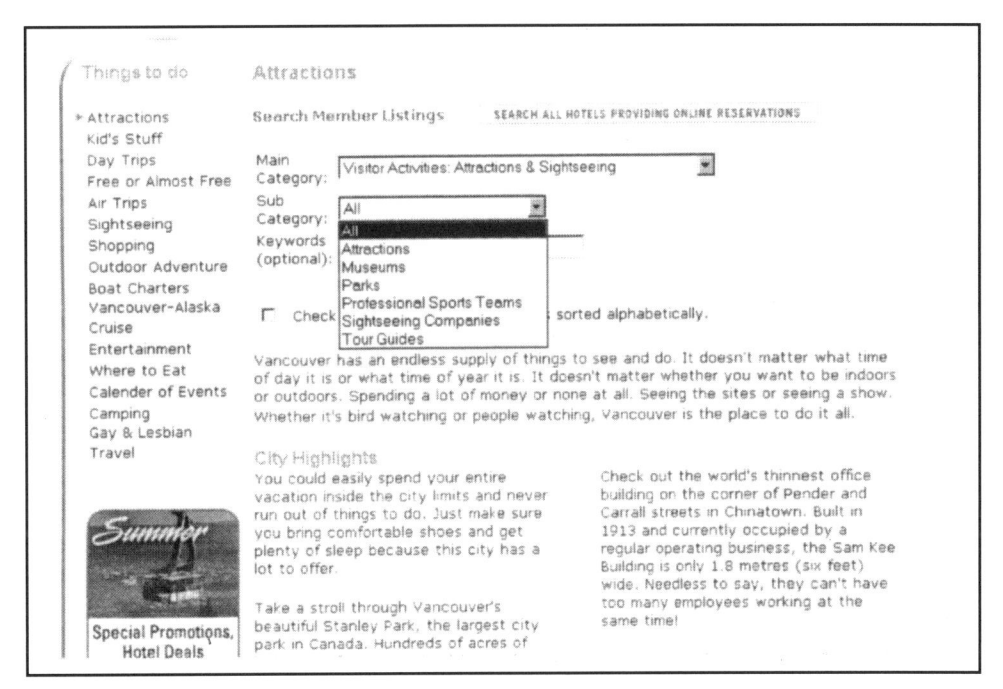

Ilustração do mecanismo de busca por categoria

Os resultados propiciam o mínimo de informação: uma breve descrição e informações de contato (incluindo *links* e o endereço do *site* de origem, quando houver). No *site*, há informações mais detalhadas para os estabelecimentos de hospedagem (preço, amenidades, fotografias, etc.) que aceitam reservas *on-line*.

Como acontece no caso de Cingapura, a reserva *on-line* de alguns estabelecimentos de hospedagem e pacotes funciona através de WorldRes, que faz reservas seguras, com confirmação instantânea. No caso da Tourism Vancouver, a pesquisa em todos os hotéis que oferecem reservas *on-line* é iniciada através de um mapa interativo, possibilitando aos visitantes escolher a localização na qual desejam encontrar hospedagem. A seguir, recebem uma lista de estabelecimentos na área selecionada, acompanhada de uma breve descrição, do preço e do tipo de propriedade, podendo escolher um estabelecimento e receber informações mais detalhadas, com fotografias, além de conferir disponibilidade para as datas de sua escolha. Se o estabelecimento tiver quartos disponíveis, podem escolher o tipo em que estão interessados e completar a reserva. O processo é semelhante ao de Cingapura, e os visitantes também têm a possibilidade de verificar, modificar ou cancelar sua reserva *on-line*, posteriormente.

Alguns pacotes podem ser reservados pelo telefone do centro de atendimento HelloBC, operado pelas OGDS da região. Para isso, veja o estudo de caso sobre OGDs para a Colúmbia Britânica, na Seção 3.4.1.

O *site* dá aos visitantes a opção de configurar a *homepage* para se adequar a suas preferências pessoais. Isso inclui a modificação de seu perfil pessoal (nome, informações de contato, país, idade, sexo, tipo de visitantes).

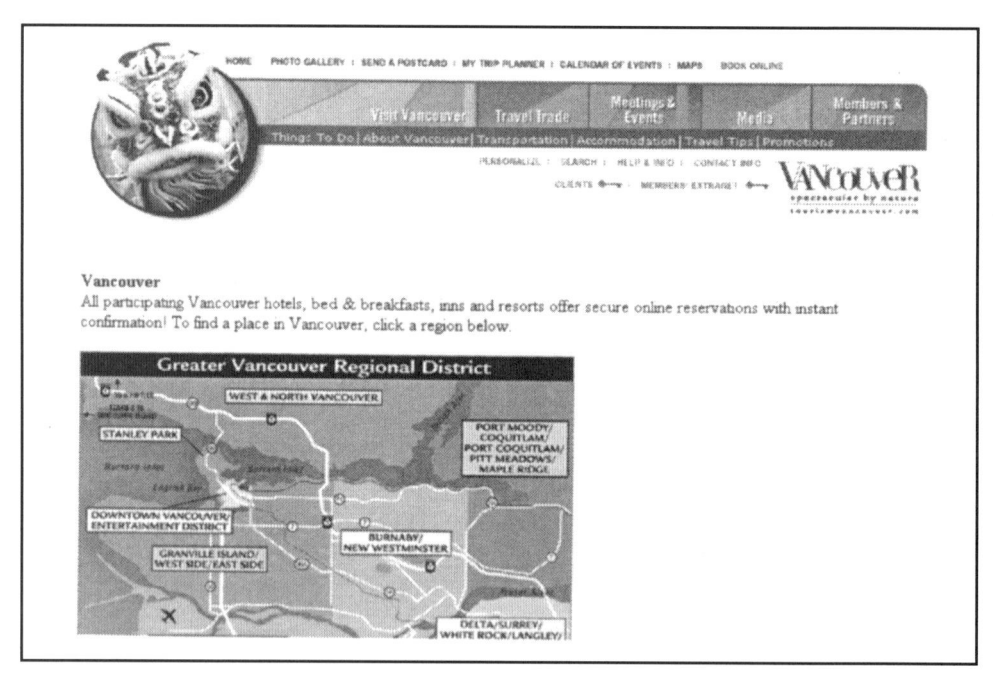

Ilustração do mapa interativo utilizado para fazer a pesquisa de hospedagem

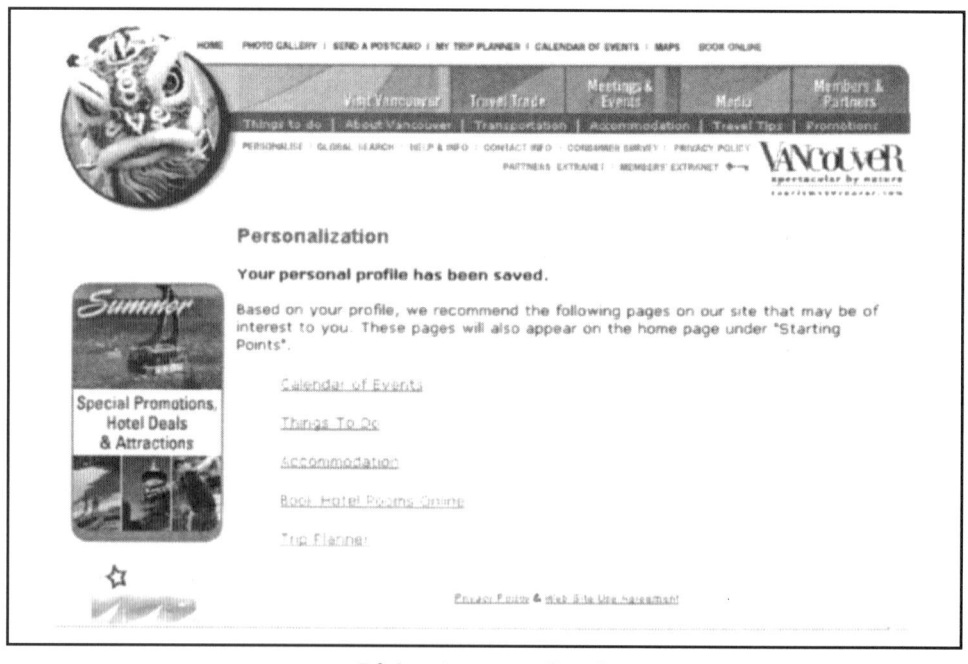

Página de personalização

O *site* oferece aos visitantes a possibilidade de utilizar o "planejador de viagens", um mecanismo padronizado que permite gravar e imprimir endereços importantes de prestadores de serviços e produtos (utilizando a opção "imprimir" no menu de seu navegador).

A Tourism Vancouver projetou uma pesquisa *on-line* com clientes, no sentido de coletar informações sobre o perfil de seus visitantes, que podem utilizar a Internet para obter informações turísticas, planejando e dando opiniões e sugestões sobre o *site*. O procedimento não é obrigatório e não há qualquer estímulo específico para que participem.

Características fundamentais de um *site* voltado ao consumidor

A partir da análise de cinco *sites* de OGD, algumas características fundamentais se destacam:

A *homepage*

A *homepage* é a porta de entrada do *site*. Deve ser atraente e sedutora, comunicando claramente o conteúdo e contribuindo para uma percepção positiva do destino.

Embora sejam bastante diferentes em aparência e conteúdo, as *homepages* dos *sites* das OGDs possuem diversas características em comum. Em geral, todas transmitem uma quantidade razoável de informações, mas são organizadas de forma clara e simples. Todas apresentam uma lista sobre os conteúdos do *site*; muitas têm uma breve descrição textual do destino, fotografias, ilustrações e um logotipo ou marca. A página de Cingapura é visualmente atraente e promove um tema especial (combinado com a fotografia e a legenda) que muda regularmente. A página do *site* canadense é bem-estruturada e também oferece ilustrações fotográficas interessantes.

A aparência das páginas da Web

A aparência de cada página dentro de um *site* é importante. Olhá-las é uma experiência altamente visual; assim, ao mesmo tempo em que o objetivo é transmitir informações, é fundamental que as páginas o façam de forma inovadora e interessante, sem qualquer amontoamento ou confusão. Isso pode ser feito utilizando-se uma série de métodos diferentes: blocos grandes de texto podem parecer pouco interessantes, difíceis de ver e exigir um esforço mental maior do usuário do que as formas alternativas de transmissão de informações. A utilização de cores diferentes, fotos, imagens, mapas, tabelas e símbolos quebra esses blocos e facilita a leitura. Os *sites* do Canadá e de Berlim demonstram bom equilíbrio entre o conteúdo e as fotografias do destino.

A utilização de multimídia também pode ser uma forma eficaz de manter o interesse dos consumidores. Embora algumas formas possam demorar para carregar, os passeios virtuais e as câmeras ao vivo são outras formas de deixar a apresentação mais interessante. O *site* de Cingapura proporciona uma experiência visual muito rica, com fotografias e vídeos; o de Copenhague também é um bom exemplo, apresentando vídeos curtos da cidade e da Dinamarca, bem como fotos panorâmicas de 360° de galerias fotográficas. O *site* de Trentino apresenta flashs locais capturados com uma Web Cam.

Informações gerais contidas no site

A importância da forma como a informação é transmitida aumenta se a destinação tiver uma cultura ou costumes arraigados, ou circunstâncias especiais que devem ser conhecidas pelos viajantes em potencial. Além disso, as informações sobre como chegar, o clima, a geografia, as atividades, os eventos, a história, telecomunicações e transportes, serão muito importantes para quem não tem um bom conhecimento sobre o lugar.

As informações gerais costumam ser apresentadas na forma de texto. É o tipo de dado que pode tornar um *site* confuso. Assim, o modelo deve permitir que os usuários tenham acesso fácil às informações ou possam ir adiante, se quiserem. Os *sites* do Egito, da Malásia, do México, da Tailândia e de Cingapura contêm informações abrangentes nessa seção, além de uma seção com FAQs (perguntas freqüentes), muito útil como forma de responder às consultas.

Interatividade – planejadores de viagens interativos e folhetos virtuais

A Internet permite que os consumidores cumpram um papel ativo no processo de *marketing*, e é mais provável que os usuários tenham interesse na informação contida em um *site* se participarem na escolha dessa informação.

- *Mecanismo de busca em banco de dados interativo*
  As funções interativas, como pesquisas em bancos de dados, permitem que os visitantes controlem quais as informações que desejam ver, podendo pesquisar um tipo de produto turístico e estabelecer critérios específicos para deixar o resultado mais preciso, como localização, preços, disponibilidade e instalações.

  Nesse aspecto, os *sites* de Ontário e do Japão são bons exemplos, permitindo que os visitantes desenvolvam pesquisas detalhadas sobre hospedagem, eventos, atrações, pacotes, atividades e passeios. Em termos gerais, os *sites* que apresentam guias das OGDs tendem a oferecer mecanismos de busca detalhados para acomodações e eventos, utilizando listagens para outros tipos de produto.

- *Planejador de viagens interativo*
  O planejador de viagens interativo gera um itinerário a partir de uma série de critérios e especificações escolhidos pelo usuário. O *site* de Cingapura possui um bom mecanismo desse tipo, permitido que os visitantes criem um itinerário próprio baseado na duração de sua estada e em seus interesses pessoais. No *site* irlandês, há o planejador de rotas, mecanismo que permite aos visitantes marcar seus destinos num mapa e obter orientações detalhadas de como chegar lá.

- *Pasta pessoal/folheto virtual*
  O folheto virtual permite que os usuários armazenem o conteúdo escolhido em um arquivo, que depois pode ser gravado ou impresso. Em alguns casos, os visitantes terão que se registrar como membros para poder utilizar esse tipo de função, permitindo que a OGD capte informações extras do usuário que serão utilizadas para melhorar o banco de dados de clientes das OGDs. A Suíça é um bom exemplo.

- *Mecanismos de reserva on-line*
  Um número cada vez maior de *sites* de OGDs está oferecendo serviços de reserva para visitantes: seja estimulando-os a contatar os centros de atendimento, oferecendo a possibilidade de se fazer reservas *on-line* ou mesmo fazendo reservas em tempo real. A maioria dos *sites* que fornece funções de comércio eletrônico lida apenas com hospedagem. O *site* de Berlim é um bom exemplo de uma OGD que ampliou seu portfolio para incluir mecanismos de reserva *on-line* (formulário de solicitação) para musicais, teatro, museus, eventos esportivos e trens, além de hospedagem. O *site* de Londres também é um bom exemplo.

- *Bate-papo/fórum/quadro de mensagens*
  Alguns *sites*, especialmente os do Egito, da Nova Zelândia e da Suíça, oferecem a possibilidade de os visitantes comunicarem-se, discutindo e compartilhando suas experiências no destino.

  Apenas dois dos *sites* analisados, o da British Tourist Authority e o do Singapore Tourist Board, utilizam a mais recente tecnologia de bate-papo textual, que permite aos usuários manter uma conversa através de texto com o funcionário da organização. Esse serviço realmente acrescenta valor à experiência e dá um "toque mais humano" que muitas vezes perde-se quando as empresas passam a realizar muitos de seus processos *on-line*.

Recursos dos *sites*

Os seguintes recursos contribuem para a capacidade de uso geral de um *site*:

- Link *para a* homepage *em todas as páginas*

Isso é especialmente importante para os *sites* grandes, que contêm diversas páginas e *links* internos, dificultando a navegação. Um *link* desse tipo em todas as páginas garante que o usuário sempre tenha algum tipo de base à qual possa retornar se quiser verificar um tipo diferente de informação. Essa característica está se tornando padrão e já é adotada por quase todos os *sites*.

- *Uma lista dos principais conteúdos em cada página*
  Possibilita que os usuários se movimentem entre os principais tópicos sem necessariamente passar pela *homepage*. A inclusão desse recurso simplifica a navegação e a torna bastante intuitiva. Nesse aspecto, os *sites* de Edimburgo e Budapeste são bons exemplos.

- *Um mapa ou índice do site*
  Esse recurso pode ser muito útil para dar um panorama rápido do conteúdo do *site*, sendo especialmente útil quando existe uma série de sessões com submenus. O *site* da Alemanha utiliza cores diferentes para os principais títulos e subtítulos claros com listas de conteúdo, que oferecem *links* diretos. Os *sites* de Ontário e da Nova Zelândia também apresentam diretrizes sobre como utilizá-los nesse sentido. O de Copenhague contém um índice alfabético que cobre as principais áreas tratadas na página.

- *Submenus*
  Outra técnica eficiente é a utilização de barras de rolagem nos principais títulos do menu para expor os submenus. O *site* de Ontário utiliza essa técnica. No *site* do México, os submenus aparecem recuados em relação ao título principal, o que dá aos usuários um índice simples e mais elevado.

- *Resultados de pesquisas*
  Os usuários frustram-se rapidamente quando as pesquisas não saem como gostariam. Assim, é fundamental que o *site* seja simples e fácil de se navegar, oferecendo apenas a chance de refinar a pesquisa, quando houver conteúdo suficiente em cada sessão, para garantir que o usuário receba uma lista razoável a partir da qual possa fazer escolhas.

- *Pesquisa através de palavras-chave*
  Um mecanismo de busca pode economizar muito tempo para os usuários. Contudo, pode ser muito frustrante digitar uma palavra-chave e obter um resultado nulo. É bastante útil apresentar uma explicação curta sobre a configuração da ferramenta de busca, para que o usuário entenda suas limitações. Os resultados costumam ser apresentados na forma de uma porcentagem, de acordo com sua distância da palavra-chave inserida. O *site* do México é um bom exemplo, e os da Alemanha e de Budapeste oferecem explicações eficazes do mecanismo.

- *Idiomas*
  A Internet está sendo utilizada por um número cada vez maior de pessoas que não têm o inglês como primeira língua. Em dezembro de 2000, uma pesquisa realizada pela Global Reach Background (www.glreach.com) constatou que mais de 52% da população *on-line* no mundo não tem o inglês como língua nativa. Assim, torna-se cada vez mais importante apresentar *sites* em línguas diferentes para que possam ser acessados por um público mais amplo. O número de *sites* que fazem isso está aumentando: Cingapura, Suíça, Tailândia, Grã-Bretanha e Wallonie/Bruxelas são bons exemplos.

Algumas OGDs decidiram oferecer portas de entrada diferenciadas para seus principais mercados-alvo, claramente voltadas aos principais segmentos do país. A Singapore Tourist Board e a British Tourist Authority apresentam bons serviços nesse aspecto, permitindo que o gerente para aquela região crie uma aparência e um comportamento específicos para o *site* e gere conteúdo relevante e atraente ao mercado e aos diferentes segmentos.

A escolha do idioma geralmente é feita na *homepage*. Uma vez escolhida a língua, é importante que todas as páginas sejam refeitas.

Alguns recursos especiais também podem contribuir para melhorar e complementar o material-padrão contido em um *site*:

- *Mapas de contexto e localização*
  É bastante útil para os visitantes se o *site* incluir um mapa apresentando o destino no contexto do mundo e em uma área de fácil reconhecimento. A localização do mapa no *site* dependerá de quanto o destino é conhecida em seus mercados-alvo. Assim, um lugar relativamente desconhecido como as ilhas Seychelles precisa apresentar o mapa como parte da seqüência de abertura do *site*. Outros, mais conhecidos, como a Inglaterra, podem incluí-lo em uma seção específica que os usuários possam pular com facilidade.

- *Mapas direcionais*
  Os mapas que auxiliam os usuários a encontrar o caminho até locais específicos ou produtos turísticos são muito úteis. Há uma série de fornecedores de mapas comerciais, mas uma solução integrada pode sair cara. Os *sites* de Budapeste, Canberra e Pensilvânia são bons exemplos dessa característica.

- *Mecanismo de conversão cambial*
  Este recurso pode ser muito útil, já que geralmente os preços e as taxas são apresentados na moeda do destino. Os *sites* da Alemanha e Espanha possuem bons mecanismos de conversão de câmbio.

- *Cartões postais eletrônicos*
  Diversos *sites* fornecem o sistema de cartões postais eletrônicos que podem ser enviados do próprio *site*. O usuário escolhe uma imagem a partir de uma galeria e os tipos de mensagens que quer enviar ao destinatário, registrando ambos os endereços eletrônicos. Sujeitos a regulamentações de proteção de dados, esses endereços podem ser utilizados para campanhas de CRM. As ilhas Seychelles apresentam um excelente exemplo dessa função.

- *Clima*
  Os *sites* muitas vezes apresentam previsões de curto prazo e as atuais condições climáticas no destino; entre os exemplos estão os *sites* da Alemanha, da Suíça e de Trentino.

5
Redes para intermediários

A maioria das OGDs têm relacionamentos *on-line* bem-estabelecidos com intermediários, como o setor turístico, as operadoras, os organizadores de eventos e as viagens de incentivo, bem como a mídia do setor. Como esses grupos costumam ser menores em número e mais fáceis de se contatar do que os consumidores finais, não é difícil transferir esses relacionamentos para o sistema *on-line*, criando *sites* projetados especificamente para o seu uso, *marketing* de incentivo (correio eletrônico) e aplicando os princípios do gerenciamento de relacionamento com os clientes, discutidos na Seção 1.4.

Esta parte avalia como você pode trabalhar *on-line* com os três principais grupos-alvo.

5.1 INTERMEDIÁRIOS DO SETOR TURÍSTICO

Se uma quantidade significativa dos negócios de seu destino for realizada através de intermediários, como operadoras turísticas ou agências de viagens, pode ser útil ter um *site* (ou uma parte em seu *site* principal) dedicado às suas necessidades específicas.

O apoio mais eficaz que você pode dar aos intermediários é garantir que seu destino seja bem colocado no mercado em nível geral, para que as pessoas a conheçam e peçam informações a seu respeito ao contratar um agente de viagens ou uma operadora. Contudo, esse tipo de *marketing* geral é caro e será necessário utilizar toda a sua criatividade para garantir que os próprios intermediários possam cumprir seu papel na promoção do destino.

Os intermediários podem apoiá-lo de três formas:

- Incluindo seu destino e um grupo selecionado de produtos, na forma de pacotes, em seus próprios folhetos. Isso irá ajudar a elevar o perfil do destino.
- Especializando-se (ou pelo menos estando bem-informado) na promoção de seu destino, o que implica ter um conhecimento do produto e ser seu embaixador na área em que trabalha.
- Estabelecendo parcerias com você para realizar promoções especiais em seus pontos de venda, ou campanhas para seus bancos de dados de clientes, com ofertas especiais, talvez oferecidas por alguns de seus fornecedores.

Você deve estabelecer e manter um relacionamento com o maior número de intermediários com que possa lidar. O uso de técnicas de CRM tornará essa tarefa muito mais fácil, permitindo que você trabalhe com mais empresas de forma eficaz. Para isso, você precisará de:

- Um bom sistema de gerenciamento que lhe permita administrar todos os seus contatos com intermediários, coletar informações a seu respeito e registrar suas interações com eles.
- Ferramentas de CRM para selecionar os registros e ser capaz de escolher empresas específicas com mensagens determinadas.
- Pessoal de *marketing* criativo e um orçamento específico, de forma que as iniciativas possam ser desenvolvidas para envolver as empresas em novas promoções e campanhas.

Características de um *site* turístico

Se você quiser produzir um *site* específico, ou uma seção dentro de seu *site* principal, para promover o destino a intermediários do setor turístico, deverá pensar em incluir alguns dos seguintes recursos, ou todos eles:

- Material geral sobre o destino, para aumentar o conhecimento de gerentes e funcionários. Essa informação será muito semelhante à que irá aparecer em seu *site* para o consumidor.
- Informações práticas detalhadas, para ajudar os funcionários a responder consultas de seus clientes, como detalhes sobre vistos, câmbio, idioma, costumes e religião, horários de funcionamento de lojas e bancos, saúde, dicas para viagem de carro, etc.
- Informações sobre opções de viagem, por exemplo, as principais empresas, companhias aéreas, balsas, ligações ferroviárias e rodoviárias.
- Detalhes dos serviços prestados por centros oficiais de informações turísticas, incluindo uma lista destes.
- Acesso ao banco de dados completo sobre produtos, hospedagem, atrações, restaurantes, eventos, etc, possivelmente incluindo preços (pode ser necessário apresentar níveis diferenciados de preços no atacado e no varejo, o que deverá ser feito através de uma senha, para garantir que se mantenha o sigilo comercial).
- Reservas *on-line* para todos os produtos que puderem ser reservados, ou apenas para as acomodações, na base de taxas acordadas de redes ou comissões adicionais.
- Promoções especiais para que os intermediários ofereçam a seus clientes, por exemplo, o Berlin Welcome Card ou o London Pass.
- Formulários para solicitação de publicações, de forma que as empresas possam pedir manuais ou folhetos de treinamento.
- Uma lista de agentes de viagem que possa ser consultada por serviço oferecido, grupo ou nome da empresa, incluindo o registro opcional para ajudar a construir seu banco de contatos.
- Oportunidades para que as empresas turísticas façam anúncios promovendo seus serviços aos intermediários do setor turístico, os quais, por sua vez, irão promovê-los a seus clientes.
- Dados sobre a equipe da OGD e informações sobre serviços de apoio que se pode oferecer ao setor turístico – por exemplo, viagens de familiarização, informações/publicações sobre o produto do destino, ofertas especiais, passes especiais para grandes eventos.
- Informações sobre os planos da OGD para a participação nos próximos eventos do setor turístico e feiras comerciais.
- Detalhes sobre novos produtos ou iniciativas que possam ser relevantes para os intermediários, por exemplo, a inauguração de uma nova atração.
- Acesso a imagens de multimídia em formato digital – importante para as operadoras turísticas, empresas de gerenciamento de destino e jornalistas.

Como acontece nos *sites* voltados aos consumidores, talvez você precise oferecer o conteúdo da página em várias línguas, de acordo com seus mercados mais importantes e os idiomas nos quais eles fazem negócios.

Implementando um *site* para o setor turístico

Se você quiser desenvolver um *site* para o setor turístico, consulte o "guia passo a passo" referente ao *site* voltado ao consumidor, apresentado na Seção 4.1. Em termos gerais, serão necessários os mesmos passos aqui. Analise a lista na Seção 5.1.1 e decida quais são os recursos e as funções mais relevantes para você e seus contatos.

Certifique-se de envolver as equipes responsáveis pelo *marketing* turístico quando estiver elaborando seus requisitos de usuário e as especificações funcionais. Essas ferramentas serão cada vez mais importantes para eles e para seu trabalho, de forma que sua contribuição é fundamental.

Intermediários turísticos *on-line*

Cada vez mais, as OGDs lidam com uma nova espécie de agência de viagens e de reservas *on-line*, como a Travelocity ou a Expedia, além de intermediários tradicionais, como as principais companhias de viagem: Thomas Cook, TUI, Thompsons ou Kuoni. Essas empresas têm potencial para oferecer uma forma eficaz de ampliar o alcance de suas iniciativas de *marketing* e de vendas. Esses novos canais de distribuição precisam ser avaliados da mesma forma que as OGDs fizeram com os canais tradicionais.

Nem todos os fornecedores de produtos querem necessariamente destinar alocações para os intermediários *on-line*, já que isso representa um desafio para o gerenciamento de estoque, o qual pode ser difícil de enfrentar; e as margens de lucro costumam ser consideradas mais baixas em função das comissões cobradas. Para aqueles que estão bem estruturados para servir a esses canais, as oportunidades compensam uma experiência com *marketing*.

É necessário monitorar com muito cuidado a sincronização do conteúdo do banco de dados, garantindo que seja atual e preciso. É preciso ter termos e condições de reservas muito bem definidos para proteger todas as partes envolvidas na transação, por exemplo, o prestador de serviço, a OGD, o intermediário e o consumidor, todos eles tendo obrigações legais a cumprir.

Exemplos de boa prática

Existem diversos *sites* que apresentam exemplos de boa prática:

- www.berlin-tourism.de
- www.tourismvancouver.com
- www.ste.com.sg

ORGANIZADORES DE EVENTOS, INCENTIVO, CONFERÊNCIAS E EXPOSIÇÕES (MICE)

Se sua destinação tiver um produto MICE (*meetings, incentives, conferences and exibitions*) forte, você deve elaborar um *site* (ou uma parte do *site* principal) voltado às necessidades específicas desses organizadores MICE. Além disto, deve implementar um programa de comunicação por correio eletrônico, aplicando os princípios do *marketing* de relacionamento com clientes. O setor é extremamente adequado à utilização desses meios, já que tanto os compradores quanto os vendedores têm um alto nível de utilização da Internet para seus negócios.

Para aproveitar as oportunidades, será necessário:

- Um bom sistema de gerenciamento de contatos, que permita administrar todos os seus contatos MICE coletar uma quantidade razoável de informação a seu respeito e registrar as interações.
- Ferramentas de CRM para selecionar os registros e ser capaz de emitir mensagens específicas aos organizadores regulares.
- Pessoal de *marketing* criativo e um orçamento para promover o destino para os organizadores MICE.
- Mecanismo de busca eficaz para poder desenvolver propostas que possam vencer grandes eventos e responder adequadamente a consultas diárias.

Recursos

Os recursos de um *site* MICE são bastante semelhantes a um *site* do setor turístico. Examine a lista a seguir e decida quais lhe são apropriados:

- Material editorial geral para ajudar a aumentar o conhecimento sobre o destino. Pode ser bastante semelhante ao apresentado em seu *site* para o consumidor, mas com conteúdo extra, referente a seu apelo específico para o setor MICE.

- Informações práticas detalhadas, como vistos, câmbio, idiomas, costumes e religião, horário de funcionamento de lojas e bancos, saúde, informações para viagens de carro, etc.
- Informações sobre opções de viagem, por exemplo, as principais empresas, companhias aéreas, balsas, ligações ferroviárias e rodoviárias.
- Detalhes dos serviços prestados por centros oficiais de informações turísticas, incluindo uma lista.
- Detalhes completos de produtos MICE, preços, hospedagem, alimentação, passeios, compras, tradutores, transporte, equipamento técnico, entretenimento, etc.
- Acesso ao banco de dados completo sobre produtos – hospedagem, atrações, restaurantes, eventos, etc, incluindo preços para eventos ou grupos.
- Processo *on-line* para todos os produtos sujeitos a reservas e acesso ao banco de leitos específico de um evento.
- Promoções especiais para os organizadores MICE oferecerem a seus clientes, por exemplo, o Berlin Welcome Card ou o London Pass.
- Detalhes sobre a equipe da OGD de informação e sobre serviços de apoio que podem ser oferecidos ao organizador de MICE, como viagens de familiarização, informação/material impresso sobre o produto da destinação, ofertas especiais, etc.
- Registro opcional para receber informações e ofertas futuras sobre o destino, por exemplo, novos locais para conferências, locais para funções, etc. Este recurso ajuda a construir o banco de dados dos organizadores de MICE.

Implementando um *site* MICE

Para desenvolver um *site* MICE, consulte o guia passo a passo para poder implementar um *site* voltado ao consumidor, apresentado na Seção 4.1. Em termos gerais, serão necessários os mesmos passos. Examine os recursos já apresentados e decida quais seriam apropriados às suas circunstâncias.

Certifique-se de envolver os funcionários responsáveis pelo *marketing* do setor MICE quando estiver elaborando as exigências e as especificações funcionais do seu usuário. Essas ferramentas serão cada vez mais importantes para seu trabalho, de forma que sua contribuição é fundamental.

Exemplos de boa prática

Os *sites* a seguir oferecem bons exemplos:

- www.berlin-tourism.de
- www.newasia-singapore.com
- www.tourismvancouver.com

SITE PARA A MÍDIA

Para melhor divulgar seu destino, é importante trabalhar junto com jornalistas e com pessoas da mídia em geral. A maioria dos destinos tem algum tipo de atividade de relações públicas, papel que pode ser ampliado de forma eficaz pelo desenvolvimento de um *site* (ou uma seção no *site* principal) dedicado às necessidades específicas da mídia.

Seu público na mídia poderá incluir:

- Críticos de turismo.
- Editores temáticos.
- Representantes de vendas críticos.
- Fotógrafos.

- Cineastas.
- Organizadores de programações turísticas.
- Veículos de notícias, locais e nacionais.

É importante estabelecer e manter um relacionamento com seus contatos na mídia. Como antes, a utilização de técnicas de CRM facilita muito, já que você pode lidar com um volume maior de contatos, com muito mais eficácia. Para isso, será necessário:

- Um bom sistema de gerenciamento de contatos, o qual lhe permitirá administrar todos os contatos que você tem com intermediários, coletar informações a seu respeito e registrar suas interações.
- Ferramentas de CRM para selecionar os registros e escolher empresas específicas com mensagens determinadas.
- Um mecanismo eficiente para lidar com as consultas no dia-a-dia.
- Um serviço de notícias, ou arquivo de mídia, no qual se pode armazenar, catalogar e acessar todos os artigos, notícias e programas publicados.

Recursos

A seguir, apresentamos os recursos de um *site* para a mídia. Muitas deles são de natureza similar aos *sites* voltados ao setor turístico e ao segmento MICE, mas há uma série de características específicas que são importantes apenas para os representantes da mídia. Mais uma vez, reflita sobre quantas línguas serão necessárias.

- Material editorial geral para ajudar a aumentar o conhecimento sobre a destinação. Pode ser bastante semelhante ao apresentado em seu *site* para o consumidor, mas com conteúdo extra, referente a seu apelo específico para o segmento MICE.
- Informações práticas detalhadas, como vistos, câmbio, idiomas, costumes e religião, horário de funcionamento de lojas e bancos, saúde, informações para viagens de carro, etc.
- Acesso ao banco de dados completo sobre produtos, hospedagem, atrações, restaurantes, eventos, opções turísticas e serviços de informação ao turista.
- Reservas *on-line* para os produtos em que for possível.
- Detalhes sobre entrevistas coletivas, notas para a imprensa e oportunidades para fotografias.
- Idéias inspiradoras, itinerários, listagens de eventos, contatos para entrevistas, *links* de hotéis, para estimular os jornalistas a produzir artigos.
- Formulários *on-line* para solicitação de registros de imprensa, e licenças para filmagem ou liberação na alfândega.
- Bibliotecas multimídia para proporcionar acesso a um amplo leque de imagens digitais de filmes, com capacidade para fazer *download* ou solicitá-las *on-line*, ou através de correio eletrônico.
- Um arquivo de imprensa ou função "cesta de compras" para que os usuários possam armazenar diversos itens em um único local antes de baixá-los ou imprimi-los.
- Detalhes sobre a equipe da OGD e informações sobre serviços de apoio que ela pode oferecer aos representantes da mídia, por exemplo, viagens de familiarização e orientação extra sobre o produto.
- Registro opcional para receber informações futuras de interesse específico. Este recurso ajuda a construir um banco de dados de contatos com a mídia.

Implementando um *site* para mídia

Se você quiser desenvolver um *site* para a mídia, consulte o guia passo a passo referente ao *site* voltado ao consumidor, apresentado na Seção 4.1. Em termos gerais, serão necessários os mesmos passos. Analise os recursos já apresentados e decida quais são os mais relevantes para as suas circunstâncias.

Certifique-se de envolver as equipes responsáveis pela mídia de turismo quando estiver elaborando seus requisitos de usuário e suas especificações funcionais. Essas ferramentas serão cada vez mais importantes para eles e para o seu trabalho, de forma que sua contribuição é fundamental.

Exemplos de boa prática

Os *sites* a seguir oferecem exemplos de boa prática:

- www.media.australia.com
- www.aspureasitgets.com/media
- www.visitbritain.com/corporate/media_room.htm
- www.travelcanada.ca/travelcanada/eng/media
- www.berlin-tourism.de/english/presse/index.html

6
Redes para o setor turístico

CONECTANDO E QUALIFICANDO AS PMEs (PEQUENAS E MÉDIAS EMPRESAS)

Na condição de OGD, é do seu interesse ajudar os membros do setor turístico a se tornarem mais competitivos. Uma forma de fazê-lo é criar uma rede *on-line* (tecnicamente, uma *extranet*). Através desse mecanismo, os interessados podem acessar um amplo leque de funções, comunicando-se diariamente com você e entre si.

É importante saber quantos dos fornecedores do setor turístico que você dispõe já estão *on-line*. Com a crescente simplicidade dos computadores baratos e das ofertas especiais dos PSIs, cada vez mais empresas têm acesso a Internet para utilizar correio eletrônico e acessar a rede.

Em muitos destinos em que a penetração da Internet ainda é baixa, pode-se fornecer fundos ou incentivos para estimular as empresas a conectarem-se e a qualificarem-se. Algumas áreas e locais públicos fornecem acesso do baixo custo, entre eles bibliotecas, postos de correio, centros de serviços ou cibercafés. Outra possibilidade é o apoio para quem deseja obter ou atualizar suas habilidades em informática ou receber consultoria gratuita, ou de baixo custo, de um assessor empresarial sobre como explorar a Internet.

Se você chegar à conclusão, talvez através de uma pesquisa ou de uma oficina, de que uma quantidade razoável dos seus fornecedores está capacitada e disposta a participar de uma comunidade *on-line*, a rede do setor turístico poderá ser um campo interessante para suas atividades.

É importante que todos os interessados, funcionários e o setor turístico, vejam essa rede *on-line* como um recurso organizacional, que faça parte de suas atividades cotidianas e não como algo especial ou extra acrescentado à sua carga de trabalho atual. Ela deve ser o primeiro recurso para se obter informações sobre turismo e, em termos ideais, ser utilizada como navegador.

Para maximizar o uso da rede é necessário disponibilizar um amplo leque de informações e serviços interessantes e úteis, dando aos usuários uma razão para visitar muitas vezes seu *site*. Todos os atuantes precisam assumir responsabilidades na produção do conteúdo para o *site* e na sua manutenção *on-line*.

Ao assumir o conceito de rede do setor, você poderá fazer economias reduzindo os custos de material impresso e de distribuição dos serviços existentes, e muitas vezes poderá prestar serviços que antes não eram possíveis. Ao disponibilizar as informações e os recursos *on-line* de forma proativa, você poderá economizar muito em administração e no tempo de trabalho dos funcionários, bem como nos custos diretos, por exemplo, respondendo a consultas de estudantes ou fornecendo e rastreando imagens fotográficas.

RECURSOS E FUNÇÕES

Existem muitos recursos e funções que podem ser incluídos em sua rede. As redes *on-line* permitem que você seja ao mesmo tempo proativo e reativo, utilizando táticas de "incentivo" e de "atração". Assim, você pode enviar, por correio eletrônico, manchetes, notícias e *links* especiais para os usuários, incentivando-os a visitar certas áreas do *site* (incentivo), ao mesmo tempo em que podem buscar informações quando precisarem (atração).

Publicação de informações corporativas

OGDs de todos os tamanhos têm uma necessidade geral de comunicar sua informação corporativa. O tipo de conteúdo vai variar de acordo com o tamanho e a natureza de sua organização. A seguir, apresentamos alguns exemplos:

- Antecedentes históricos.
- Estrutura organizacional.
- Estratégias empresariais de alto nível ou planos operacionais.
- Detalhes dos principais interessados, financiadores e parceiros.
- Listagens de funcionários, incluindo responsabilidades de trabalho, informações para contato e, talvez, fotografias.
- Informações sobre produtos e serviços, como propaganda, inspeções, cursos de treinamento, sistemas de bolsas e novas iniciativas.
- Informações sobre custos e benefícios da participação (se for o caso).
- Informações sobre atividades departamentais, tais como *marketing*, desenvolvimento, pesquisa.
- Minutas e relatórios de reuniões.
- Estatísticas de desempenho.

Você pode até já ter grande parte do conteúdo disponível, já que talvez o produza para folhetos corporativos, relatórios anuais, gráficos com a evolução dos membros e das atividades, informativos regulares, etc. Boa parte das informações não muda com freqüência, de forma que o custo de sua manutenção costuma ser baixo.

Você pode produzir conteúdo (como seu programa de atividades de *marketing*) que vai necessitar de atualização constante, como parte de um ciclo de relatórios ou para constar no informativo regular, de forma que isso não deva acarretar qualquer carga de trabalho extra para os funcionários.

Fornecendo informações sobre os funcionários e detalhes para contatos *on-line*, você possibilitará o acesso rápido e fácil para quem quiser e ajudará a falar com a pessoa certa, o que aliviará a pressão sobre o pessoal da recepção e sobre os telefonistas.

A comunicação da informação sobre seus produtos e serviços é um requisito básico, especialmente quando você precisa gerar receita a partir da contribuição de participantes, cobranças e participação em atividades comerciais. Novas iniciativas, campanhas e oportunidades de treinamento também proporcionam conteúdo útil.

Você pode atuar de vez em quando como anfitrião para visitas importantes tais como políticos ou autoridades. A publicação de informações sobre essas visitas ajudará na divulgação e permitirá que os interessados apóiem ou façam *lobby* com os visitantes. Você pode publicar uma nota à imprensa ou o relatório posterior à visita para os próprios interessados.

A divulgação de minutas de reuniões e relatórios no *site*, no formato PDF, que pode ser baixado pelos usuários e interessados, ajuda a economizar em custos de impressão e distribuição e acelera consideravelmente sua divulgação.

Suas estatísticas de desempenho por departamento provavelmente serão incluídas nos relatórios de cada um deles, mas você pode publicar dados gerais em uma seção separada, para possibilitar o acesso rápido e fácil. Entre elas, podem estar o número de participantes, solicitações de folhetos, reservas, consultas, visitas a escritórios de informações turísticas e ao *site*.

Publicação de informações e acesso aos recursos

As OGDs costumam ser responsáveis pela produção ou pela coleta de diversas informações e recursos. Você poderá organizá-los em diferentes seções ou grupos, dependendo do volume. A lista a seguir oferece alguns exemplos:

- Notícias.
- Relatórios de pesquisa e informações de mercado.
- Estudos de referência/exemplos de boa prática.
- Informações de apoio para as empresas.
- Informações sobre eventos do setor.
- Oportunidades de treinamento.
- Materiais de treinamento.
- Oportunidades de emprego.
- Acesso a materiais de *marketing*.
- Acesso ao arquivo multimídia.
- Notas à imprensa.
- Detalhes da cobertura da imprensa.
- Acesso às informações para visitantes, por exemplo, listagem de eventos, disponibilidade de hospedagem.
- Alertas de segurança.
- Acesso a listas de contatos importantes.
- URLs ou *sites* úteis, com seus *hiperlinks*.

A amplitude e a profundidade do conteúdo dependerão do tamanho e da natureza da sua OGD. No caso de um órgão turístico regional ou nacional, será interessante fornecer um leque amplo de informações e, portanto, será preciso um recurso específico para fornecer e manter o conteúdo de forma permanente. Se você for uma OGD local, preferirá concentrar-se em informações que possam ser mantidas com facilidade, provavelmente conectando-se a terceiros e concentrar-se nos pontos em que ela pode agregar valor para os fornecedores do setor.

É importante dar aos usuários uma razão para voltar ao *site*. Assim, os recursos devem ser atualizados regularmente e é preciso inserir conteúdo novo. As notícias constituem uma forma excelente de deixar um *site* atraente, mas, por sua natureza, exigem muitos recursos para mantê-las atualizadas.

Os escritórios de informação turística, ou você mesmo na condição de OGD anfitriã, podem utilizar a rede do setor para lançar detalhes de eventos vindouros, ou problemas previstos no transporte, o que ajudará a divulgar rapidamente as informações e elevar o conhecimento sobre questões locais.

Existem vários recursos e serviços pelos quais os usuários estarão dispostos a pagar. Podem-se produzir informações na forma de relatórios ou *fact sheets* no formato PDF e disponibilizá-los para que os usuários façam *download*. A maior parte das informações pode ser oferecida de forma gratuita, mas a maioria dos recursos importantes, como imagens sujeitas a direitos autorais, relatórios de pesquisa ou relatórios escolares (*student's packs*), deve ser oferecida para compra *on-line* ou solicitação por correio eletrônico.

Se você tiver uma grande quantidade de recursos, pode ser interessante oferecer algum tipo de mecanismo de busca, seja ele um simples dispositivo de palavras-chave através das páginas do *site* ou um índice mais complexo do conjunto, além de outros possivelmente relacionados.

Uma rede estabelecida para o setor proporciona mecanismos rápidos e fáceis para divulgar alertas de segurança, como aviso sobre dinheiro falso em circulação ou uma onda de assaltos. Podem-se lançar fotografias de forma rápida e selecionar separadamente grupos específicos de usuários, para aumentar a eficácia da rede.

Serviços interativos

A rede do setor oferece um mecanismo de comunicação bidirecional entre você e seus usuários.

Manutenção de dados sobre produtos

Com acesso restrito, através de nome de usuário e palavra-chave, cada gerente de empresa pode conhecer determinados detalhes de seu negócio, que são guardados em seu banco de dados. O exemplo mais óbvio é o de dados sobre produtos, como instalações e informações sobre estoques e preços. Mas não há razão para parar aqui, os indivíduos também podem manter dados sobre ocupação e desempenho empresarial *on-line*, e verificar suas próprias estatísticas de desempenho, como reservas e páginas na Internet ou terminais eletrônicos.

Com a devida autorização, os usuários podem permitir que terceiros tenham acesso a seus dados de produtos e imagens guardados em seu banco de dados, como por exemplo produtores de guias, gráficas, *webmasters* ou autoridades de inspeção.

Escritórios de informações turísticas

Se você é responsável por um ou mais escritórios de informações turísticas, a rede do setor pode possibilitar que cada um deles mantenha suas informações fundamentais *on-line*. Isso pode incluir número de visitantes, vendas no varejo, consultas por telefone e por escrito, solicitações de folhetos e reservas.

Assim como as empresas, os escritórios de informações turísticas podem utilizar os formulários para a inserção de dados na rede, com o objetivo de lançar informações gerais sobre o destino. Isso pode incluir dados sobre cidades e vilas, passeios a pé, praias, bancos, hospitais, etc. Para os fornecedores de produtos que não estejam *on-line* ou não queiram manter seus próprios registros, o escritório de informações turísticas pode oferecer um serviço de agência e manter os registros em nome do fornecedor.

Quadro de avisos eletrônicos e grupos de discussão

Você pode estimular os usuários a participar de grupos de discussão ou lançar avisos em um quadro de avisos eletrônicos. Esses tipos de funções podem ir das muito simples às altamente complexas, mas qualquer que seja o nível escolhido, deve fornecer um fórum para a interatividade entre você e seus usuários, e para eles entre si.

Na mesma linha, você pode utilizar a resposta *on-line* para coletar opiniões, administrar uma votação formal ou apenas oferecer um pouco de diversão para os usuários.

Comércio eletrônico

Muitas OGDs estão envolvidas no comércio eletrônico, o *e-commerce*, mas algumas não estão bem-colocadas para funcionar como intermediários ou lidar com transações. Contudo, para aquelas que estão bem-colocados, há espaço para reduzir custos e aumentar a utilização através da oferta de uma ampla gama de produtos e serviços em uma função específica para o comércio eletrônico ou através da solicitação por *e-mail*. Entre os exemplos, estão:

- Entrada de participantes.
- Propaganda.
- Treinamento e materiais correlatos.
- Inscrição para exibições.
- Divulgação de produtos.
- Livros, mapas e guias.

Negociações *business-to-business*

Através da rede do setor, as empresas podem participar de um fórum de negócios. Seu nível de envolvimento dependerá dos recursos e da necessidade. Por exemplo:

- Você pode oferecer o *status* especial para determinadas empresas e permitir que elas forneçam informações sobre seus serviços para empresas turísticas em sua área, facilitando a

aquisição *on-line* de seus produtos, seja através de seus próprios mecanismos ou dos mecanismos destas. O *status* especial pode ser organizado por concorrência, com pagamentos de uma tarifa básica para a OGD, ou com base em comissão sobre vendas.
- Você pode fornecer oportunidades para propaganda através de *banners* ou de uma seção de classificados, na qual os fornecedores possam divulgar seus produtos e serviços aos membros.
- Você pode estimular seus usuários a utilizarem o quadro de avisos eletrônicos para negociar entre si ou formar um consórcio de compras.

Usuários e conteúdo

A natureza e o volume do conteúdo e a funcionalidade do *site* do setor dependerá dos requisitos dos usuários, e a combinação de conteúdo provavelmente será específica para cada OGD. A definição do conteúdo a ser incluído em uma rede desse tipo deve ser uma parte fundamental de sua pesquisa inicial e de sua especificação, pois deve atender às metas e aos objetivos do *site* em relação ao público-alvo. O conteúdo deve ser atual, preciso, relevante, conciso e interessante.

Existe uma série de fontes onde você pode obter conteúdo para sua rede. Você pode publicar as listagens de empresas turísticas de seu banco de dados central, fornecendo uma lista útil de informações atualizadas e organizadas por categoria, para estimular a comunicação entre as próprias empresas. Documentos de pesquisa e outros recursos de informação podem ser gravados no formato PDF e lançados *on-line*, ou gerenciados diretamente no sistema de gerenciamento de conteúdo.

A maioria das OGDs preocupa-se com a forma de gerenciar o conteúdo principal, o que pode ser feito utilizando-se um sistema de gerenciamento de conteúdo específico ou através de um editor WYS/WYG, como o Microsoft FrontPage ou o Dreamweaver.

Você e os fornecedores de conteúdos de terceiros devem chegar a um acordo claro sobre a qualidade da informação, já que quaisquer erros repercutirão de forma negativa. Não é difícil encontrar fornecedores adequados e negociar formas interessantes de funcionamento, mas é necessário alguém com habilidades empresariais adequadas para fazê-lo (provavelmente não será o gerente técnico do projeto).

A maioria das redes do setor tem um arquivo no qual itens como notícias, eventos, notas à imprensa, etc, permanecem por um período definido e, a seguir, são disponibilizados através de uma seção de arquivos.

A precisão é tão importante quanto a relevância. A Internet se presta a textos curtos e concisos, sendo interessante utilizar itens e parágrafos curtos, em vez de longas sessões de prosa.

Custos e benefícios

A construção de uma rede do setor não é uma tarefa insignificante. Você deve ter certeza de estar oferecendo recursos suficientes para que o empreendimento valha a pena e seja útil para sua organização e seus usuários.

A rede de setor provavelmente não vai gerar receitas, mas existe algum espaço para a compensação de custos através do uso de, por exemplo:

- Propaganda em *banners*.
- Anúncios classificados.
- Transações – venda *on-line* de produtos e serviços da OGD.
- Venda de produtos de terceiros para empresas turísticas, com a divisão de comissões.

Provavelmente, há mais espaço para a redução de custos líquidos, utilizando-se a rede do setor para oferecer uma série de funções e atividades aos usuários, os quais também podem economizar, pelo menos em termos de esforços, se não em custos diretos. Por exemplo:

- Coleta e manutenção de dados sobre produtos.
- Coleta e manutenção de dados sobre desempenho.
- Redução da necessidade de grande quantidade de material impresso, folhetos corporativos, informativos, tabelas de preços, *fact sheets*.
- Capacidade de oferecer serviços *on-line* que não seriam viáveis de outra forma.
- Tempo dos funcionários e da administração para atender a uma grande quantidade de consultas.

GUIA PASSO A PASSO

O guia a seguir vai ajudá-lo a entender como deve se desenvolver uma rede turística do setor para a sua organização.

Passo 1 – Especificação das exigências do usuário

Ao preparar a especificação das exigências do usuário (EEU), é importante começar reunindo um grupo de colegas para compartilhar idéias e fazer uma sessão de *brainstorming*. Identifique todos os públicos-alvo e, a seguir, prepare uma lista inicial de exigências prováveis de cada um deles. Você pode utilizar esta especificação das exigências como estrutura para discussões mais detalhadas com os usuários em potencial. Para isso, organize uma reunião com um grupo pequeno, mas representativo, de cada um dos públicos.

Consulte a Seção 3.2 para obter mais informações sobre a geração de uma EEU.

Passo 2 – Especificação funcional

Sua especificação das exigências do usuário (EEU) fornece a base para sua especificação funcional.

A especificação funcional é uma descrição do *site*. A abrangência do documento dependerá da natureza e da complexidade do *site* e de até onde você, como cliente, tem idéias firmes sobre como ele deveria ser e funcionar.

Consulte a Seção 3.2 para obter mais informações sobre como produzir uma especificação funcional.

A especificação funcional inclui muitas vezes um plano inicial de navegação. Trata-se de um mapa do *site* mostrando como todas as seções têm *links* entre si e dando uma visão panorâmica do conteúdo.

Dê início a um diálogo mais formal com os potenciais programadores de *softwares*, enviando-lhes sua especificação das exigências do usuário, sua especificação funcional e o plano de navegação. Solicite que eles dêem uma opinião concisa sobre a questão.

Passo 3 – Garantia de financiamento

Você pode não ter orçamento suficiente para cobrir os custos de desenvolvimento; nesse caso, apresentamos aqui algumas dicas de como angariar apoio, seja ele financeiro ou de qualquer outro tipo.

— Produza um relatório empresarial para ajudá-lo a persuadir sua organização a alocar fundos para essa iniciativa, especialmente identificando economias de custos em potencial nas atividades atuais em todos os departamentos. Considere o seguinte:
  - Economia na coleta e na manutenção de dados sobre os produtos, incluindo informações sobre estoques e preços.
  - Economia na coleta e na manutenção de dados de desempenho, como estatísticas dos escritórios de informações turísticas, dados de levantamentos sobre o desempenho empresarial, dados de ocupação.

- Redução da necessidade de grande quantidade de impressos, folhetos corporativos, informativos, tabelas de preços, *fact sheets*.
- Capacidade de oferecer serviços *on-line* que não seriam viáveis de outra forma, por exemplo, trabalhos estudantis (*student packs*).
- Economia de tempo dos funcionários e da administração no atendimento de uma grande quantidade de consultas.
- Economia de tempo dos funcionários e da administração na impressão e distribuição de uma grande quantidade de informações.
- Economias através da melhoria do controle de crédito, oferecendo pagamentos com cartão de crédito *on-line* para diversos serviços, desde inscrições até propaganda.

– Identifique seus recursos atuais no interior da organização e entre seus parceiros, por exemplo:
- Você tem as qualificações e a capacidade para desenvolver o *software* internamente?
- O *site* pode ser hospedado por um de seus parceiros, como uma agência local do governo, para reduzir as despesas?
- Você tem diretrizes para a identidade da marca corporativa que possam ser utilizadas como base para a aparência e o comportamento do *site*?
- Qual a porcentagem de seus recursos humanos atuais e de seus parceiros que estará disponível para o projeto?
- Que parte dos conteúdos necessários já existe?
- Existem dispositivos através dos quais você de promover o *site* e estimular os usuários, como fóruns turísticos, informativos impressos e malas-diretas permanentes?

– Avalie as possibilidades de geração de receita, como propaganda em *banners* e classificados, transações com seus próprios produtos (por exemplo, mercadorias e publicações) e com produtos de terceiros (por exemplo, seguros, serviços de consultoria). Eles provavelmente não serão suficientemente grandes para sustentar o serviço como um todo, mas poderão dar uma contribuição útil para seus custos.
– Investigue o potencial para criar parcerias com um desenvolvedor comercial ou *links* com um *site* comercial da comunidade. Em geral, eles pertencem a jornais locais ou regionais, e estão dispostos a desenvolver parcerias para o fornecimento de conteúdos.
– Investigue fontes de financiamento externo. Muitos governos ou suas agências têm recursos para dar apoio econômico ao desenvolvimento e/ou acesso conjunto a agências de apoio internacional que podem fornecer fundos. Essas organizações podem estar dispostas a contribuir em projetos como esse que ajudam a melhorar o desempenho das empresas de pequeno e médio porte.

Passo 4 – Escolha do desenvolvedor de *software*

Você pode muito bem já ter um relacionamento com um desenvolvedor de *softwares*, talvez seu fornecedor de SGD ou a empresa que construiu seu *site* para o consumidor. Nesse caso, você pode querer trabalhar com ele para desenvolver o *site* da rede do setor, pois, senão, você teria que se dirigir a várias empresas ou abrir uma concorrência. Tudo dependerá da complexidade do projeto que você tem em mente e do tamanho do orçamento envolvido.

Consulte a Seção 3.2 para obter mais detalhes sobre como escolher um programador de *software*.

Passo 5 – Gerenciamento de conteúdos

Você provavelmente já tem uma idéia razoável sobre o conteúdo que deseja publicar em seu *site*. Esse conteúdo dependerá das necessidades do seu público, não apenas em termos do conteúdo, mas da forma como será apresentado.

Crie um documento apresentando seu plano de gerenciamento de conteúdos, dê a ele uma data e numere a versão. Utilizando sua especificação das exigências do usuário (EEU) como documento de referência, elabore uma lista dos tipos de conteúdos que são necessários para cada público. Assim que tiver uma lista razoável, registre-a em seu plano de gerenciamento de conteúdos. Você irá descobrir que existem muitas seções sobrepostas, de forma que é necessário criar uma tabela que identifique o tipo de conteúdo nas linhas e o tipo de público nas colunas.

Utilizando essa tabela, trabalhe com seus colegas para identificar as fontes do conteúdo. Certifique-se de envolver todos os departamentos de sua organização. Peça a todos para identificar aquilo que podem fornecer a partir de fontes existentes bem como outros conteúdos a quantidade de trabalho envolvida na geração do material. Por fim, identifique quais são os terceiros que podem fornecer conteúdo.

A lista a seguir examina o conteúdo que pode estar disponível internamente:

- Folhetos corporativos, relatórios anuais, contabilidade organizacional.
- Planos empresariais, estratégias e planos de ação.
- Publicações sobre vendas, tabelas de preços e projetos.
- Guias de férias, panfletos informativos e folhetos.
- Relatórios de pesquisa, documentação com informações de mercado.
- Resultados de pesquisas.
- Estatísticas, consultas e reservas oriundas de usuários dos escritórios de informações turísticas e de centrais de atendimento por telefone.
- Estatísticas de tráfego para *sites* de consumidores, centrais de atendimento por telefone e terminais eletrônicos.
- Folhetos de orientação, manuais de treinamento, CDs ou vídeos.
- Banco de imagens.
- Banco de dados do produto.
- Banco de dados sobre os integrantes.
- Listas de referência.

Considere os recursos externos a seguir – alguns deles podem fornecer conteúdo diretamente ou através de um *link* para o *site*:

- Seus fornecedores, em termos de manutenção de seus próprios dados e estoque.
- Escritórios de informações turísticas, para a manutenção de detalhes de produtos públicos, como cidades e vilarejos.
- Organizações turísticas regionais e nacionais.
- Agências de desenvolvimento econômico e departamentos do governo.
- *Sites* de operadoras turísticas e de transporte.
- *Links* sobre o clima, por exemplo, o Yahoo.
- Guias locais, como as páginas amarelas.
- *Sites* da comunidade local.

Tendo identificado as fontes de conteúdo em potencial, você precisará definir uma política consensual de atualização. É claro que os tipos diferentes de conteúdo exigirão freqüências diferentes de atualização, mas ainda há espaço para decidir o quanto você pode fazer em cada parte. As notícias, por exemplo, podem ser atualizadas diariamente ou uma vez por mês, mas a natureza delas deve refletir essa freqüência.

Eis algumas dicas gerais:

Dados de produtos

As informações do banco de dados de produtos de seu destino podem ser de interesse das empresas turísticas, seja como fonte de informação para os hóspedes que elas possuem ou para negociações *business-to-business*. O conteúdo do banco de dados deve ser mantido por seus próprios funcionários, por um agente ou, em termos ideais, pelos próprios fornecedores – veja a Seção 4.1, Passo 5. Seja qual for a forma, você precisa deixar clara a precisão e a atualização, refletindo sua política de atualização.

Se estiver pensando na possibilidade de realizar transações *business-to-business* em seu *site*, para ajudar as empresas turísticas a negociar umas com as outras você pode fornecer *links* para os mecanismos de reservas de que dispõem ou querer que sua OGD lide com as transações do *site*, e talvez gerar renda para ajudar a financiar o serviço prestado.

Estoques e mudanças temporárias de preços

Esses tipos de dados realmente só interessam ao consumidor, se estiverem completamente atualizados. Se não puder oferecer isso, é melhor não publicá-los.

Informações gerais

Grande parte do conteúdo do *site* será de natureza estática. Nesse caso, os problemas surgirão da necessidade de mantê-los atraentes, e não por uma questão de atualização. É importante manter o interesse do usuário. A publicação de itens variados de uma seção da *homepage* pode contribuir para manter o *site* atraente.

Matérias

Caso deseje atrair os usuários regularmente, você deve atualizar o conteúdo de seu *site* a cada mês ou trimestre. Isso pode ser feito publicando-se novas matérias ou artigos e atualizando-se as atividades ou os relatórios de andamento.

Informações sobre eventos

Qualquer conteúdo que corra o risco de ficar desatualizado deve ser corrigido ou renovado regularmente. Eventos passados devem ser organizados de forma que não apareçam após a data. Se publicar um calendário anual, você deve programá-lo para ir direto ao mês em questão.

Informações sobre desempenho

Deve-se coletar, processar e divulgar todos os tipos de dados sobre desempenho, o mais rapidamente possível. Tente organizar os resultados dos levantamentos para que apareçam rapidamente após sua realização, como ocorre com as estatísticas mensais de ocupação, e publique-as assim que for possível, apresentando um gráfico de tendências comparado com o ano anterior ou para o mesmo período em vários anos.

Notícias

Ao refletir sobre como deseja publicar as notícias, você deve pensar sobre a periodicidade necessária de atualização, pois isso terá influência na sua escolha sobre o provedor de conteúdo. Se sua escolha for por algo bastante simples, pode ser mais fácil coletar o conteúdo e editá-lo internamente antes da publicação. Se, contudo, você desejar notícias nacionais diárias, deverá negociar com algum provedor para publicar um *link* vinculado diretamente a ele. Em vários casos, os *links* são gratuitos (sustentados por publicidade associada), mas, em outros, você precisará fazer alguma forma de pagamento.

Após organizar todas as fontes de que dispõe, você deve decidir sobre a data de lançamento e coletar todo o conteúdo inicial para passá-lo ao desenvolvedor. Será necessário esperar pelos itens mais atuais, como as notícias mais recentes da área, até a semana anterior ao lançamento, mas geralmente a maior parte do *site* pode ser construída antecipadamente. Vale a pena colocar o *site* no ar por algumas semanas antes de lançá-lo para seu público geral, garantindo, assim, um bom período de testes.

Passo 6 – O teste minucioso do *site*

Uma vez que o desenvolvedor de *software* tenha entregue o *site*, será necessário testá-lo em detalhes. Essa fase de testes envolverá todas as funções, garantindo que se tratem satisfatoriamente os erros dos usuários e conferindo todo o conteúdo, para ter certeza que está correto e atual.

Passo 7 – Treinamento

Você precisa garantir que todas as pessoas e organizações responsáveis pelo fornecimento de conteúdo estejam amplamente treinadas antes que o *site* seja lançado. Elas enquadram-se em duas categorias amplas: seus próprios funcionários; e os terceiros, especialmente os fornecedores do setor turístico.

O treinamento de seus funcionários costuma ser relativamente fácil de organizar, especialmente se já forem usuários competentes de computadores e conhecerem a Internet. O treinamento de terceiros, no entanto, pode ser uma tarefa maior.

Vale a pena dividir os fornecedores do setor em grupos, segundo sua experiência com computadores e com a rede e, a seguir, segundo o nível de impacto que têm sobre o destino. Por exemplo, você pode escolher estabelecimentos de hospedagem com serviços que sejam usuários da Internet com experiência, para treiná-los com antecedência. Tente estabelecer grupos por afinidade, de forma que os melhores serviços possam funcionar como referência para os outros em sua área.

Você pode precisar transmitir algumas diretrizes simples por correspondência, além de oferecer uma linha telefônica de ajuda. Em alguns casos, é importante manter uma boa equipe de aconselhamento.

Passo 8 – Promoção e animação

Não importa o quanto seu *site* esteja bom, ele fracassará se o público não o utilizar. É necessário desenvolver um programa de promoção e animação para garantir que todos conheçam os benefícios que ele oferece e saibam ocomo usá-lo.

Correspondências, *e-mails*, apresentações e artigos na imprensa são algumas formas de fazer a divulgação. Assim como acontece em qualquer empreendimento comercial, é necessário estimular a curiosidade das pessoas. Promova um concurso ou lance um assunto polêmico no quadro de avisos eletrônicos, pedindo que a estação de rádio ou jornal local dê o "pontapé inicial". Envolva políticos ou líderes do setor ou qualquer coisa que venha a acrescentar ao seu perfil.

Outra tática é os usuários enviarem informações sobre o *site* para um amigo ou colega. Essa propaganda "boca a boca", ou "*e-mail* a *e-mail*", pode ser bastante eficaz. Peça que enviem um *e-mail* especialmente preparado e que lhe mandem uma cópia para que você possa também enviá-lo de alguma forma.

Quando os usuários entrarem no *site*, você pode pedir que identifiquem suas preferências para que, no futuro, possam ser direcionados automaticamente às seções específicas. Como alternativa, você pode enviar *e-mails* aos usuários com *links* para determinadas seções da página. Ao acessarem o *site*, eles serão encaminhados a estas seções.

Você deve registrar o *site* nos principais mecanismos de busca e ter *metatags* e palavras-chave adequadas no código. Os mecanismos de busca provavelmente não proporcionarão um grande volume de negócios para uma rede do setor turístico, mas para aqueles que são novos na área e para públicos específicos (como os estudantes, por exemplo), essa pode ser uma conexão útil. É mais importante estabelecer *links* recíprocos com as organizações, como autoridades locais, áreas vizinhas, *sites* da comunidade local e universidades, no sentido de dirigir o movimento de forma mútua.

6.4 FATORES FUNDAMENTAIS PARA O SUCESSO

Os fatores a seguir são fundamentais para o sucesso do desenvolvimento e da implementação de uma rede do setor turístico:

- Envolva a todos os fornecedores e a outros interessados, obtendo seu apoio para a idéia de criar a rede.
- Envolva uma ampla série de representantes do setor no desenvolvimento da especificação, para garantir que todas as exigências dos usuários sejam levadas em conta.
- Garanta uma especificação realista. Não caia na tentação de incluir funções das quais você não pode dar conta ou para as quais não existe demanda real.
- Garanta o financiamento com antecedência e certifique-se de que não esteja dependendo de receitas antecipadas, que podem ser arriscadas, como propaganda ou transações eletrônicas.
- Escolha um programador com experiência, de preferência alguém com quem você já tenha trabalhado e que conheça bem sua organização.
- Mantenha controle sobre o gerenciamento do projeto. Indique uma pessoa específica para coordená-lo e criar um plano para gerenciar as tarefas.
- Estimule seus usuários, especialmente nos primeiros seis meses. Crie razões para eles utilizarem o *site*, razões essas que realmente lhes agreguem valor e os auxiliem em suas responsabilidades cotidianas.
- Teste rigorosamente as funções do *site* antes de lançá-lo para seu grupo mais amplo de usuários. Não haverá uma segunda chance para causar uma primeira impressão.
- Garanta que seu conteúdo esteja em dia, seja preciso e relevante, e que haja uma política para atualizar o conteúdo dinâmico regularmente.
- Tenha mecanismos de *back-up*, recuperação dos dados em caso de *bugs* e acompanhamento (geralmente estabelecidos como parte do contrato de hospedagem e manutenção do seu PSI).

ESTUDOS DE CASO

Canadian Tourism Exchange

Panorama do destino

O Canadá é um país grande, em sua maior parte com baixa densidade populacional. Possui uma constituição federal, 10 províncias e três territórios. A Canadian Tourism Commission (CTC), criada em 1996, é operada e financiada por uma parceria entre os setores público e privado. Cada província ou território tem seu próprio organismo turístico, sendo que a maioria opera alguma forma de SGD, sempre incluindo uma central de atendimento por telefone.

Histórico

O antecessor da CTC, a Tourism Canada, havia desenvolvido uma sessão turística dentro do Business Opportunities Sourcing System (BOSS), do governo federal. O BOSS, um banco de dados *on-line* hospedado num *mainframe*, foi desenvolvido no início da década de 80 para conter informações sobre empresas canadenses, especialmente do setor manufatureiro.

O BOSS-Tourism foi criado em 1991 na forma de um banco de dados de produtos turísticos para exportação. A entrada no banco de dados (integrantes) era gratuita e, em 1992, havia cerca de 3.200 empresas turísticas registradas; mas a necessidade de se utilizar um *modem* e a discagem *dial-up* para conectar-se diretamente ao sistema inibiu uma maior difusão.

Em 1996, a CTC tomou uma decisão em relação a suas políticas de concentrar-se no desenvolvimento de "melhores comunicações para o setor turístico do Canadá", e deu início ao piloto do CTX, em meados de 1997, para oferecer um recurso *on-line* para o setor e uma comunidade *on-line* que facilitasse o intercâmbio de informações e a colaboração entre os integrantes.

O trabalho preparatório começou no início de 1998, e o *site* foi lançado oficialmente em maio de 1999.

Situação atual

No final do primeiro mês de operação, já havia 4000 usuários registrados. Estabeleceu-se a meta de dobrar esse número no final de 2000, mas, na realidade, 11.000 membros acabaram se registrando.

O CTX é composto por quatro partes (ou intercâmbios):

- Intercâmbio de informações.
- Intercâmbio de promoções.
- Intercâmbio de emprego.
- Intercâmbio de eventos.

O intercâmbio de informações e promoções concentra-se na comunicação com o setor, tanto de parte da CTC para o setor turístico canadense quanto entre os próprios integrantes. Os usuários têm que se registrar, recebendo um nome de usuário e uma senha para acessar o *site*. Esse procedimento é gratuito, mas existe um longo questionário a ser preenchido, o que pode ser um pouco desestimulante.

Uma empresa de divulgação, contratada para gerenciar as notas à imprensa e o material de cobertura do CTX, proporciona um serviço diário de cobertura a partir de diferentes fontes da mídia em todo país, com cerca de 10 a 15 artigos por dia, além da verificação de notas à imprensa apresentada por integrantes, antes que sejam transmitidas *on-line*. A CTC também cria alguns artigos internamente, que são publicados. Utiliza-se a tecnologia de incentivo para notificar os membros sobre notícias que correspondem a suas preferências especificadas. Existe ainda uma função de busca que inclui material atual e arquivado.

Há 20 fóruns de discussão sobre tópicos como *marketing* de relacionamento e ecoturismo. A maioria é acessível a qualquer integrante, embora alguns sejam restritos a subgrupos específicos.

Entre outras oportunidades de participação dos integrantes, está a inserção de suas informações sobre produto/serviço, que serão publicadas no *site* direcionado aos consumidores, além do lançamento de notas à imprensa ou notícias. Em uma parte destinada à avaliação, os usuários são estimulados a sugerir melhorias para o *site*.

Os integrantes podem facilmente estabelecer grupos de contato específicos no interior do CTX, possibilitando-lhes, por exemplo, enviar ofertas promocionais para organizações parceiras. Além disso, quando solicitado, são incorporados *links* para os *sites* corporativos de integrantes, e existem poderosos mecanismos de busca permitindo que os usuários identifiquem parceiros e fornecedores em potencial.

O CTX está diretamente ligado ao programa especializado no Canadá, operado pela CTC. Esse grupo realiza treinamento e reúne agências de viagem e outras organizações especializadas na venda dos produtos turísticos ao país. Através do CTX, o *link* entre o *site* especializado no Canadá e os usuários podem ter acesso rápido e exclusivo a diversos produtos e informações de contato, que antes não estavam disponíveis.

Outros recursos do *site* são os dados de pesquisa, publicações e banco de dados de eventos, detalhes sobre desenvolvimentos de produtos e novos produtos de nicho da CTC. O conteúdo é relevante para seu público, fornecendo informações gerais e oportunidades de participação nos programas de desenvolvimento.

Desempenho

Existem 11.000 integrantes registrados e cerca de 7.000 recebem, diária ou semanalmente, notícias direcionadas a seus interesses através de correio eletrônico. Essa participação é passiva, mas implica uma quantidade razoável de entusiasmo por parte dos usuários do sistema. Não existem estatísticas de uso detalhadas.

Aspectos financeiros

A participação no CTX é gratuita e o desenvolvimento e a operação do *site* são totalmente financiados pela CTC. Nos dois anos do projeto, os custos mantiveram-se em cerca de dois milhões de dólares canadenses por ano. Os custos de hospedagem e manutenção são de cerca US$ 600.000 canadenses por ano, incluindo o *site* principal para consumidores, já que eles são hospedados juntos e compartilham um banco de dados.

Pontos específicos

Atualmente, algumas partes do *site* não são utilizadas regularmente (como os fóruns de discussão), e muitos integrantes têm reclamado que a navegação é difícil. Os esforços estão concentrando se na melhoria dessas deficiências e na consolidação da funcionalidade atual do *site*, em vez de sua expansão.

Recentemente, tem-se solicitado que os integrantes expressem suas visões e opiniões sobre o que funciona bem no *site* e quais os recursos e funções que eles gostariam de ter. A CTC não tem condições de treinar a grande quantidade de membros envolvida, de forma que a interface do *site* está sendo projetada para tentar melhorar a navegação e chamar mais atenção para as áreas que são subutilizadas.

O CTX é razoavelmente conhecido no setor turístico em geral, mas sabe-se que existe o desafio de persuadir uma quantidade maior de empresas a utilizá-lo regularmente. A equipe reconhece que muitos gerentes não têm a capacidade ou a dedicação necessárias para utilizar o *site* em todo o seu potencial, e que a prioridade é estimular os usuários.

A CTC coleta grande quantidade de dados sobre seus fornecedores do setor turístico como parte do processo de registro no *site*. Existem oportunidades claras para explorar o uso de técnicas de CRM e de garimpagem de dados para aproximar-se e atender mais diretamente as suas necessidades, mas a falta de recursos fez com que os progressos até agora sejam poucos.

O *marketing* de incentivo, através de correio eletrônico, continuará a ser utilizado para estimular os integrantes a atualizarem as informações sobre seus produtos com mais regularidade.

Conclusões

A CTC assumiu uma postura específica para tratar de questões de comunicação entre setores da indústria, através do desenvolvimento do CTX, que complementa os serviços atuais prestados pela OGD da região, em vez de apenas concorrer com ela.

A evolução permanente do CTX dependerá de uma combinação de fatores interdependentes, incluindo até que ponto poderá fornecer valor agregado a seus integrantes e o envolvimento ativo destes. A instituição é líder em sua área e muitas outras organizações consideram-na um modelo. Suas capacidades técnicas já foram demonstradas, mas o desafio atual é estimular uma utilização mais ampla.

Scot Exchange

Panorama do destino

A Escócia é um dos quatro países integrantes do Reino Unido. Em 1998, o turismo rendeu £ 2.480 milhões, dos quais £ 940 milhões foram gerados por visitantes estrangeiros. O setor emprega 177.000 pessoas, incluindo 17.000 que trabalham por conta própria.

Nos últimos 25 anos, houve um desaparecimento do principal mercado de férias para residentes do Reino Unido e o surgimento das folgas curtas. O crescimento do turismo na Escócia deu-se fundamentalmente a partir de mercados estrangeiros.

Estrutura da OGD

O Scottish Tourist Board (agora funcionando sob o nome "visitscotland") é a principal agência para a promoção do turismo no país. Emprega cerca de 225 funcionários em tempo integral, permanentes ou temporários, em seus escritórios de Edimburgo e Inverness, além do Scottish Travel Center e do Britain Visitor Center, em Londres.

O organismo é dirigido pelo presidente, indicado pelo Scottish Executive para um período de três anos, e pelo executivo-chefe, nomeado pela diretoria do STB, também para um mandato de três anos. Suas principais responsabilidades são:

- Colocar a Escócia no mercado, como destino para o turismo de lazer e negócios, dentro do Reino Unido e no exterior.
- Posicionar a Escócia no mercado exterior, em colaboração com a British Tourist Authority.
- Trabalhar com empresas locais para desenvolver produtos turísticos.
- Desenvolver e promover serviços aos visitantes e seus sistemas de garantia de qualidade.
- Dar apoio a organismos locais na organização de centros de informações turísticas, iniciativas de *marketing* e no desenvolvimento de TIC.
- Assessorar o setor com relação às tendências de mercado.

Histórico do desenvolvimento

Em 1998, o Scottish Executive desenvolveu a consulta mais ampla e mais abrangente já feita no setor turístico da Escócia. As principais necessidades que surgiram a partir das visões das pessoas que contribuíram foram:

- Compreender os clientes e os nichos para colocar a Escócia no mercado de forma eficaz.
- Aproveitar a nova tecnologia e os novos métodos de comunicação.
- Desenvolver e melhorar o *marketing* do país.
- Desenvolver trabalho conjunto e elevar o perfil do turismo.
- Melhorar a qualidade dos serviços.
- Melhorar a capacitação em todo setor.
- Enfrentar a regionalidade e a sazonalidade.
- Dar o devido apoio ao setor turístico.
- Tornar a Escócia um país acessível.
- Desenvolver um setor sustentável, que traga benefícios para todos no país.

Como resultado dessa consulta, a estratégia foi elaborada para tratar das questões baseadas na seguinte visão:

"Desenvolver um setor turístico moderno em sintonia com seus clientes, que assuma o aprendizado permanente e que forneça a qualidade de serviços que os clientes exigem."

Entre as ações a serem desenvolvidas para atingir essa visão estavam: "Utilizar o conhecimento com eficácia"; e "Conhecer nossos clientes". Para isso, foi proposto que:

"O Scottish Tourist Board, junto com a Scottish Enterprise e a Highlands and Islands Enterprise, irá criar um *site* totalmente operacional para o setor, até junho de 2000. O mecanismo apresentará informações importantes sobre pesquisa de mercado de forma acessível, permitirá que as empresas turísticas melhorem a natureza e a qualidade dos serviços que prestam e adaptem seus planos respectivos de *marketing* a nichos de mercado específicos."

O principal foco do *site* era fornecer "informações importantes sobre pesquisa de mercado de forma acessível, permitindo que as empresas turísticas aperfeiçoem a natureza e a qualidade dos serviços que prestam e adaptem seus planos respectivos de *marketing* para nichos de mercado específicos".

Situação atual

O *site* opera completo desde 3 de junho de 2000. Encontra-se em evolução permanente, estando de acordo com um plano empresarial de cinco anos. Suas principais partes são:

- Organizações turísticas – quem faz o quê e como podem contribuir para uma única empresa. Trata-se de um guia das organizações envolvidas no turismo escocês em níveis local, escocês, nacional e europeu.
- Conheça seu mercado – área protegida por senha exclusivamente para informações sobre membros do organismo turístico local publicadas predominantemente pela Scottish Tourist Board.
- Promova sua empresa – explorando oportunidades de *marketing* e orientações sobre como decidir o que é mais adequado.
- Desenvolvimento empresarial – novas formas de identificar, desenvolver e introduzir novos pensamentos, idéias e conceitos.
- Escritório de mídia – recurso específico para colaborar com a mídia na redação de material sobre a Escócia e o turismo do país.
- Eventos e conferências – panorama dos próximos eventos comerciais voltados ao consumidor, junto com conferências, seminários e oficinas.

Desempenho

Um programa de análise de tráfego "Web Trends" está em operação e indica uma média atual de 6.000 visitantes por mês. Não é possível identificar todas as suas origens ou seu comportamento, mas a maioria dos usuários regulares estão envolvidos na rede ATB/STB.

Gerenciamento de dados

Os dados são de propriedade das organizações principais, Scottish Tourism Board, Scottish Enterprise e Highlands and Islands Enterprise, sendo regularmente atualizados pelo coordenador interno da Web. A empresa que desenvolveu o *site* é responsável pelas atualizações e desenvolvimentos de grande porte na estrutura.

Aspectos financeiros

Utilizou-se um orçamento de 170.500 dólares para financiar o desenvolvimento do *site*, dividido entre as três organizações parceiras. O mesmo ocorreu com os custos anuais permanentes.

Questões específicas

O maior desafio para este *site*, assim como acontece com muitas redes de outros setores da economia, é torná-lo mais conhecido e aumentar seus níveis de utilização. Às vezes, é difícil convencer as pessoas a mudarem os hábitos, especialmente quando existe a idéia de que as evoluções na TIC criam problemas e que é necessário encontrar tempo para treinamento em agendas já muito ocupadas. Depois de um ano de operação, as estatísticas mostram que 30% do setor conhecia o *site* e, 15% o utilizava regularmente. Esses números iniciais podem ser um pouco decepcionantes, mas espera-se que aumentem a uma taxa consistente à medida que o *site* se desenvolva e se torne mais conhecido.

Desenvolvimento futuro

Segundo o plano empresarial de cinco anos, outros recursos deverão ser acionados em parceria com o setor turístico. Os primeiros serão uma rede de empresas organizada através de um fórum de discussão e malas-diretas (ambas atualmente sendo elaboradas). A parte de notícias também deve ser reestruturada para ampliar a abrangência do *site* incluir artigos de outros países, que possam afetar ou ser úteis ao turismo escocês.

No início de 2001, realizou-se uma concorrência para identificar um parceiro privado no sentido de criar um recurso de *business-to-business* no *site*. Para 2001 e 2002, planeja-se o desenvolvimento de *sites* locais e por área, que serão acessados através do endereço scotexchange.net, contribuindo para aprimorar ainda mais seu papel.

Conclusões

Conscientizar as empresas turísticas e incentivá-las a utilizar esse recurso é o próximo grande desafio. Apesar do *marketing* intenso e da ampla exposição do projeto, e tendo-se em mente o fato de que o desenvolvimento original foi resultado de uma consulta com as PMEs, as estatísticas de uso ainda são relativamente baixas depois do primeiro ano. Atingir plenamente o setor turístico da Escócia em termos de *e-business* turístico ainda é uma proposta de médio a longo prazo, exigindo investimentos permanentes.

Parte C

E-business para PMEs do setor turístico

"A tecnologia de informação criou uma nova ordem. Não é a primeira vez que os avanços científicos e tecnológicos mudam a cara do turismo. Historicamente, a redução dos custos do transporte aéreo, possibilitada pelo lançamento do avião a jato e, mais tarde, do Jumbo, a disseminação do uso do carro particular, a introdução da computação e da automação de serviços nas empresas, e o advento dos sistemas de distribuição global, cada um a seu tempo, contribuíram para a globalização do setor turístico, permitiram o acesso de novos consumidores ao setor e abriram caminho para novas alianças entre as operadoras."

"Mas a fase em que agora entramos será certamente mais decisiva do que as anteriores. As tecnologias de informação e comunicação, devido à riqueza incomparável dos dados que transmitem, e à liberdade impressionante que dão ao consumidor individual, ao proporcionar acesso direto aos serviços, estão criando uma nova ordem. Estão surgindo novos tipos de empresas, como as 'agências de viagens virtuais', cujo volume de negócios está crescendo de forma vertiginosa; outras empresas mais tradicionais estão tendo que se especializar ou formar alianças, e outras, ainda, estão tendo que se adaptar ou fechar, ao passo que as companhias aéreas, por sua vez, vendem uma fatia cada vez maior de sua oferta de passagens diretamente na Internet."

FRANCESCO FRANGIALLI
Secretário-geral
Organização Mundial do Turismo
[OMT] [1]

INTRODUÇÃO À PARTE C

Através de seu Conselho Empresarial, a OMT é a única organização intergovernamental aberta ao setor operacional. O conselho é aberto a organizações de todos os setores relacionados ao turismo, oferecendo uma oportunidade ideal para o intercâmbio de visões e o estabelecimento de redes, com a participação de representantes dos setores público e privado. O Conselho Empresarial da OMT inclui companhias aéreas e outras empresas de transportes, hotéis e restaurantes, agências de viagens, operadoras turísticas, atrações turísticas, instituições educacionais, associações do setor e outros interesses ligados ao setor em 70 países.

O presente texto sobre "*E-business para o turismo*", elaborado com base no sucesso "*Marketing Tourism Destinations Online*", publicado em 1999, reflete a grande diversidade no interior do conselho. A Parte C trata especificamente das necessidades e prioridades de seu grupo de membros mais promissor, as Pequenas e Médias Empresas (PMEs), em setores turísticos tão diversos quanto serviços de hospitalidade, agências de turismo, operadoras e atrações.

As oportunidades e os desafios sem precedentes inaugurados pelo comércio eletrônico, que vêm sendo tratados, em grande parte, do ponto de vista das grandes organizações, também são importantes para as PMEs que operam nos vários segmentos da cadeia de valor do turismo, representadas pelas várias etapas na produção e na prestação dos serviços turísticos. Na verdade, empresas de todos os tamanhos estão utilizando a Internet para atrair mais visitantes, agilizar seus processos, criar serviços de maior valor e ganhar competitividade.

Contudo, as PMEs estão enfrentando obstáculos mais rigorosos à adoção do *e-business* [2]. Parte do problema está relacionado ao porte e ao custo de algumas tecnologias de informação, bem como à facilidade de implementá-los no contexto de organizações que passam por processos rápidos de crescimento e mudança [3]. Além disso, algumas soluções novas, elaboradas para empresas grandes, estáveis e voltadas ao mercado global, têm pouca adequação estratégica a operações pequenas, dinâmicas e locais [4]. Por essas razões, as necessidades desse tipo de empresa devem ser tratadas de acordo com vários fatores, como seu posicionamento no segmento em que atua, seu crescimento potencial, suas prioridades de longo prazo, etc. Da mesma forma, esses fatores evoluem de acordo com o ciclo de vida de cada empresa.

Apesar desses desafios, as oportunidades trazidas pelo comércio eletrônico (negociar produtos e serviços pela Internet) e os benefícios oferecidos pelo *e-business* (engenharia de processos empresariais através da rede) são mais do que suficientes para estimular as PMEs a formular novas estratégias, adotar novas práticas de gerenciamento e investir em novas soluções de TI. Dessa forma, essa é razão pela qual a Parte C deste texto analisará as práticas mais adequadas para as PMEs, apresentando algumas diretrizes sobre como essas organizações deveriam direcionar suas iniciativas de comércio eletrônico.

Na Seção 7 apresentaremos, em primeiro lugar, um breve panorama ou "mapa" das aplicações de *e-business*, bem como indicaremos quais são mais importantes para as PMEs em cada segmento do setor turístico (Tabela 4). A seguir, nos Capítulos 8 a 11, analisaremos as estratégias, as boas práticas e as soluções que se aplicam especificamente a cada segmento amplo da cadeia de valor em turismo: serviços de hospitalidade, agências de viagens, operadoras turísticas e atrações.

7
Panorama do setor

O surgimento do *e-business* deixou perplexa a maioria das pequenas e médias empresas. Diversas perguntas permanecem sem resposta:

- As atuais PMEs do setor turístico serão capazes de atrair esses novos clientes do *e-business*?
- De que forma elas podem efetivamente enfrentar a concorrência das empresas maiores e das recém-chegadas?
- Existe um caminho definido para que as PMEs, em vários setores, evoluam para um *e-business* lucrativo?

Essas perguntas estão forçando os executivos desse tipo de empresa a redirecionar o foco no crescimento, repensar a forma na qual vêm utilizando as novas tecnologias e formular e implementar uma estratégia de *e-business*. Na verdade, a Internet está levando as pequenas empresas turísticas a se transformarem em um ritmo muito mais rápido do que estavam acostumadas, independentemente da prioridade ser sobreviver a essas mudanças ou, talvez, expandir-se através do crescimento, em uma forma totalmente nova de vender serviços e fazer negócios.

Contudo, forjar uma nova estratégia de *e-business* é um grande desafio, já que os impactos sobre as PMEs são complexos, dados os muitos elementos envolvidos e suas necessidades específicas. Obviamente, existem grandes diferenças na definição de uma estratégia de *e-business* para um pequeno hotel, uma agência de turismo pequena, uma operadora de pequeno porte ou uma atração turística menor. Na cadeia de valor do turismo, utiliza-se uma grande variedade de aplicações de TI, o que dificulta ainda mais o "mapeamento" dos impactos sobre as PMEs do que em outros setores. Além disso, a maior parte da infra-estrutura de TI em turismo ainda opera a partir de sistemas, *softwares* e *hardwares* legados, e poucas empresas estão investindo adequadamente para transformar essas aplicações para o uso em *e-business*.

Para que as PMEs cumpram um papel mais ativo nesta transformação, é importante que três questões seja tratadas. Em primeiro lugar, as pequenas empresas devem entender para onde o crescimento do *e-business* em turismo as está levando, já que as tendências apontam para transformações profundas em todo o setor turístico. Em segundo lugar, essas empresas pequenas, em todos os estágios da cadeia de valor do setor, devem compreender a importância estratégica de praticar *e-business* e comércio eletrônico, e aprender a valorizar e aproveitar as novas oportunidades oferecidas pelo turismo. Em terceiro lugar, devem parar de investir em soluções inferiores e voltar seus esforços para tecnologias mais estratégicas.

O crescimento do *e-business* em turismo e seu impacto sobre as PMEs em todo o setor

A venda de serviços turísticos *on-line* tornou-se o principal setor de negócios de empresa para consumidor (B2C – *business-to-consumer*) na Internet, representando mais de 25% de todas as compras, acima mesmo de serviços de vendas de ações, de livros e *softwares* e *hardwares* de informática.

Vários estudos revelam que as transformações são profundas e rápidas, influenciando não apenas os canais de distribuição em turismo, mas também quais prestadores de serviços podem efetivamente conquistar os clientes através deste canal e desenvolver relações eficazes com eles. Por exemplo:

- Cerca de 16 milhões de pessoas fizeram reservas de serviços turísticos *on-line* em 2000 (em um universo de 33 milhões que fizeram consultas). Entre elas, 47% compraram apenas a partir dos *sites* das companhias aéreas. Outros 35% compraram em *sites* turísticos independentes e das companhias aéreas, enquanto 18% desenvolveram fidelidade com agências turísticas *on-line* [5].
- Mais de 66% dos compradores de turismo na Internet utilizaram descontos *on-line* no biênio 2000-2001 para comprar, indicando a necessidade de os distribuidores e prestadores de serviço ajustarem-se aos mecanismos de preço muito rapidamente. Além disso, mais da metade dos turistas na Internet solicitaram a assessoria de serviços ao consumidor. Esse contato é uma das melhores oportunidades que os profissionais de *marketing* têm para construir fidelidade a marcas comerciais, entre clientes que não são fiéis [6].
- Atualmente, apenas 6% do turismo empresarial *on-line*, ou US$ 4,4 bilhões, são reservados através de sistemas turísticos na Internet, semelhantes a portais, os quais acompanham políticas preestabelecidas pelas empresas. Contudo, estudos prevêem que esse número crescerá para US$ 12 bilhões, ou 9% do total, em 2002 [2].
- Nos Estados Unidos, o volume de vendas turísticas *on-line* deve crescer até US$ 40 bilhões em 2003, o que representa 17% do total de vendas no setor, comparados com apenas 7% em 2000 [8,9].
- Em um período de apenas seis meses (entre novembro de 2000 e abril de 2001), o número de europeus em visita a *sites* turísticos aumentou em cerca de quatro milhões, com tendências claramente sazonais: na Grã-Bretanha e na Alemanha, os picos de utilização acontecem em julho, janeiro e fevereiro; na França, são observados em julho e março. Durante esses períodos, os "surfistas" da Internet desses países gastam mais tempo em *sites* turísticos do que outras categorias da população, incluindo vendas no varejo e notícias, e *sites* de informação [10].
- Em 2001, quase três milhões, ou 18%, de adultos canadenses disseram ter utilizado a Internet para reservar um elemento de seus planos de viagem, incluindo transporte aéreo, hotel ou aluguel de carros. Da mesma forma, 92% dos canadenses que reservaram parte de suas viagens *on-line* disseram que agora estão utilizando menos os agentes de viagens por isso [11].

Em função dessa demanda *on-line* tão acentuada, e das mudanças rápidas no comportamento do consumidor, a Internet está criando um ambiente competitivo totalmente novo. Na verdade, a fatia de mercado relativa dos vários produtos turísticos evoluirá rapidamente nos Estados Unidos, com as passagens aéreas em queda rápida, de 68% do mercado em 1999 para 60% em 2003, enquanto outros produtos ocupam mais espaço (Tabela 2) [8,9].

Da mesma forma, os *sites* turísticos especializados vão abocanhar cerca de 10 pontos percentuais da posição dominante mantida pelas agências de viagem *on-line* (por exemplo, Travelocity, Lastminute, etc.) e pelos portais das companhias aéreas (por exemplo, Orbitz, etc), dando alguma esperança para aqueles que estão dispostos a entrar em vários segmentos especializados em nichos, como a venda de pacotes de férias direcionados e personalizados (ver Tabela 3).

Conseqüentemente, fica claro que a dinâmica competitiva criada pela Internet provocará transformações profundas na posição estratégica de cada elemento em todo o setor turístico. As questões colocadas no começo da seção deverão ser respondidas levando-se em conta a mudança no papel de cada produto, no canal de distribuição e no mecanismo de apreçamento. Da mesma forma, os executivos de PMEs terão que prestar muito mais atenção à defesa de sua posição relativa contra as empresas grandes que dominam setores de distribuição ou alguns setores de serviços.

TABELA 2 Previsão de vendas *on-line*, por segmento, no setor turístico para os Estados Unidos

Em bilhões de US$	1999		2000		2001		2002		2003	
Passagens aéreas	4,7	68%	9,0	62%	14,2	62%	19,2	61%	24,0	60%
Hotéis	1,1	16%	2,6	18%	4,1	18%	5,3	17%	6,7	17%
Aluguel de carros	0,5	7%	1,3	9%	2,3	10%	3,1	10%	4,1	10%
Férias, cruzeiros	0,2	3%	0,4	3%	0,8	3%	1,4	4%	2,4	6%
Vendas internacionais	0,5	7%	1,2	8%	1,7	7%	2,4	8%	3,0	7%
Total	6,9	100%	14,5	100%	23,0	100%	31,4	100%	40,1	100%

Fonte: [8,9].

TABELA 3 Previsão de vendas turísticas *on-line*, por tipo de site, nos Estados Unidos

Em bilhões de US$	1999		2000		2001		2002		2003	
Agências de viagens	3,3	48%	7,1	49%	10,9	47%	14,8	47%	19,0	47%
Companhias aéreas	2,6	38%	5,0	34%	8,1	35%	11,0	35%	13,8	34%
Hotéis	0,6	9%	1,4	10%	2,2	10%	2,9	9%	3,6	9%
Aluguel de carros	0,3	4%	0,8	6%	1,3	6%	1,8	6%	2,3	6%
Férias e cruzeiros	0,1	1%	0,3	2%	0,6	3%	0,9	3%	1,5	4%
Total	6,9	100%	14,5	100%	23,0	100%	31,4	100%	40,1	100%

IMPORTÂNCIA ESTRATÉGICA DO COMÉRCIO ELETRÔNICO E DO *E-BUSINESS* PARA AS PMEs

Enquanto o crescimento rápido do turismo *on-line* está forçando a maioria das PMEs a reconsiderar a maneira como se beneficiam do comércio eletrônico, não está claro como cada setor responderá e como as estratégias de *e-business* serão diferentes entre as empresas. Na verdade, o setor turístico é, na prática, muito fragmentado e representado, por um lado, por uma grande quantidade de pequenas empresas e, por outro, por um pequeno mas poderoso número de operadoras globais e nacionais.

Por exemplo, as pequenas empresas são elementos fundamentais do desenvolvimento econômico e da geração de emprego nas economias européias e locais, e as políticas para apóia-las e estimulá-las estão claras em ambos os níveis [12]. Contudo, embora ocupem o maior número (93% de todas as empresas na União Européia), as PMEs representam uma proporção menor da movimentação total e têm um "valor agregado por funcionário" abaixo da média quando comparadas com empresas grandes e médias e, apesar de seu potencial de crescimento, os pequenos empreendedores raramente são considerados parceiros sérios no desenvolvimento das comunidades com base no turismo. As empresas pequenas em geral carecem de capital e pesquisa, além de recursos e capacidade de desenvolvimento e operações de tamanho suficiente para justificar investimentos em TI. Mais de 80% dos serviços de hospedagem da Europa não estão listados nos Sistemas Computadorizados de Reservas (SRCs) das companhias aéreas que servem às agências de viagem no mundo todo.

Tanto as empresas de grande porte quanto as pequenas estão trabalhando na Internet ao mesmo tempo, tentando transformar seu setor no mais avançado tecnologicamente dentro da indústria de serviços [13]. A meta é atrair e manter mais clientes, ao mesmo tempo em que se reduzem os custos operacionais e de transação, tornando suas cadeias de suprimento mais eficientes. Companhias aéreas, hotéis, agências de turismo, e outros, estão utilizando a Internet para oferecer serviços eficientes para os cliente, abrir novos canais de vendas e levar os fornecedores a oferecer custos mais baixos e maior velocidade de entrega do produto, com compras *on-line*.

As atividades vão desde permitir que os viajantes acessem as informações sobre vôos em dispositivos sem-fio, até a criação de mercados diretos entre as empresas nos setores de companhias aéreas, hospitalidade e cruzeiros.

Nesse contexto, a sobrevivência das atuais PMEs turísticas e o desenvolvimento de novas dependerá, em grande parte, da utilização adequada dos novos aplicativos de *e-business*. O uso efetivo dessas novas abordagens implicará a superação de barreiras à implementação do *e-business* [14]. Na verdade, enquanto as PMEs mais avançadas, conhecedoras das técnicas de TI, assumem sistemas de ponta, as mais tradicionais, concentradas na prestação de serviços, são mais reticentes na adoção de práticas empresariais revolucionárias baseadas nessas evoluções. Uma série de barreiras internas e externas está impedindo muitas empresas de acompanhar o ritmo do *e-business*. A chave para o sucesso na Nova Economia exige a identificação das barreiras organizacionais ao *e-business* e sua transformação em possibilidades.

Tudo isso exigirá que as pequenas empresas desenvolvam uma postura mais estratégica em relação aos investimentos em TI. Até agora, apenas as grandes corporações fizeram esforços significativos para ir além da utilização básica dos *sites* e desenvolver a reengenharia de seus processos no sentido do *e-business*. O maior desafio para as PMEs é superar a visão dessas novas capacidades como "luxos", e concentrar toda a sua atenção em soluções adequadas ao seu tamanho e à sua posição competitiva [15].

Nessa perspectiva, os Capítulos 8 a 11 deste texto examinarão as diversas estratégias, práticas e soluções disponíveis às PMEs do setor turístico para construir suas estruturas de comércio eletrônico. Para fazê-lo, e antes de avançar para cada segmento do setor, precisamos identificar uma série de oportunidades disponíveis para cada categoria de empresa, de acordo com suas prioridades funcionais.

MAPEANDO AS APLICAÇÕES DE COMÉRCIO ELETRÔNICO E DE *E-BUSINESS*

Vários segmentos da cadeia de valor em turismo utilizam o comércio eletrônico, de diferentes formas (Tabela 4). A "arquitetura" de cada aplicação, que inclui processo, informações e estruturas tecnológicas, não é a mesma, dada a diversidade das empresas, dos mercados e dos produtos. Contudo, podemos mapear essas aplicações segundo suas funções comuns ou os propósitos operacionais genéricos para as quais foram projetadas.

Para facilitar nossa discussão, identificamos duas categorias amplas, o *front-office* e o *back-office*. Cada uma delas inclui cerca de cinco aplicações principais. Embora todas sejam importantes e praticadas em cada segmento do setor turístico, este relatório discutirá apenas as funções mais estratégicas e atuais a cada tipo de PMEs.

Até o momento, o setor turístico desenvolveu várias iniciativas para integrar os aplicativos de *front-office* a seus processos empresariais. Contudo, a maioria destas soluções de TI utilizam plataformas legadas (ou seja, pré-Internet), as quais, em grande parte, ainda não foram conectadas na rede. A partir das lições aprendidas com grandes empresas que fizeram experiências com *e-business*, identificamos várias oportunidades que devem ser levadas em consideração pelas PMEs, ao planejar sua estratégia:

1. **Marketing e propaganda**: é aqui que os *sites* têm sido mais utilizados, esteja a empresa prestando serviços turísticos ou funcionando como intermediária. Contudo, pouquíssimas companhias exploraram a diversidade de soluções disponíveis para divulgar seus serviços e atrair novos clientes. Examinaremos aqui as soluções que complementam as iniciativas atuais das PMEs, como os serviços oferecidos pelos Sistemas de Gerenciamento de Destinações (SGD) e a grande variedade de soluções de propaganda oferecida pelos pequenos fornecedores de TI.
2. **Canais de distribuição**: a questão ainda não está resolvida para a maioria das empresas. Apenas as grandes companhias aéreas tentaram, recentemente, não utilizar as agências de viagens, mas, para a maioria, a cadeia de valor permanece intocada já que boa parte das empresas não quer colocar em risco seus canais atuais, mas garantir a colocação de suas ofertas. Analisaremos posteriormente esses eventos recentes e descreveremos algumas alternativas disponíveis para as PMEs.
3. **Reservas e pagamento**: esta é uma das áreas mais avançadas e bem-estabelecidas, na qual as principais empresas que oferecem soluções fizeram avanços significativos para

prestar novos serviços às PMEs. Examinaremos algumas das iniciativas e tentaremos mapear seu potencial para as pequenas empresas em turismo.

4. **Gerenciamento de relacionamento com os clientes (CRM)**: esta é a aplicação mais estratégica, mas menos compreendida. Para as PMEs do setor turístico, o problema permanece sendo a definição de uma estratégia para explorar a cadeia qualidade-valor-fidelidade na Internet. Analisaremos as estratégias, as práticas e as soluções mais recentes que podem ser adotadas pelas PMEs.
5. **Programas de fidelidade**: esse tipo de aplicação está bem-estabelecido, mas carece da integração estratégica com as novas soluções, como o CRM. Assim, examinaremos essa questão e discutiremos as possibilidades para as PMEs aprimorarem o uso dos programas fidelidade existentes.

Com relação às aplicações de *back-office*, apenas recentemente as empresas turísticas começaram a desenvolver algumas iniciativas para a reengenharia de seus processos e a implementar novas soluções na Internet. Na verdade, a maioria dos atuantes do setor (em todos os estágios da cadeia de valor) tem-se concentrado no gerenciamento de qualidade e produtividade. Contudo, o ritmo acelerado e a escala global da concorrência estão forçando todas as empresas a pensar em melhores práticas de "gerenciamento de informações" em suas operações de *back-office*. Embora apenas recentemente estejam surgindo lições nessa área, podemos encontrar algumas opções bastante interessantes, as quais as PMEs precisam explorar para obter vantagens competitivas sustentáveis:

6. **Gerenciamento da cadeia de suprimento (GCS)**: essa é uma das áreas mais importantes para ajudar a reduzir o custo unitário da oferta de serviços de uma empresa. Contudo, algumas soluções novas na cadeia de suprimento, como as compras eletrônicas, estão enfrentando obstáculos importantes devido à insegurança sentida pela maioria das empresas em todo o setor turístico. Discutiremos essas questões e tentaremos mapear as possibilidades para as PMEs obterem ganhos a partir da rápida transformação da cadeia de valor.
7. **Planejamento de recursos empresariais (PRE)**: esta é uma das áreas mais tradicionais, na qual as PMEs em turismo desenvolveram iniciativas importantes para investir em sistemas específicos de contabilidade e gerenciamento financeiro. Contudo, a importância da integração das transações *on-line* com os sistemas legados criou uma grande insegurança com relação a onde as empresas deveriam investir seus novos esforços, na área de TI. Analisaremos alguns casos nesse campo para descobrir quais tendências são mais importantes para as pequenas empresas.
8. **Recursos humanos**: esta área do *back-office* raramente é automatizada nas SMEs, mas o recrutamento, o gerenciamento e as soluções de desenvolvimento de recursos humanos em *e-business* são bastante diversificados. Examinaremos algumas delas e tentaremos identificar novas oportunidades estratégicas para as PMEs, em que as funções de RH são mais importantes para a qualidade e a produtividade.
9. **Controle operacional**: esse é um tipo de aplicação que muitas vezes carece de integração com os demais. À medida que um PRE novo e personalizado venha a incluir as tecnologias legadas, assistiremos à transformação dos sistemas de controle operacional em aplicações mais integradas, junto com o GCS e o PRE. Abordaremos esse desafio e discorreremos sobre o que ele teria a oferecer às PMEs.
10. **Desenvolvimento de produtos**: esta é a área menos explorada no turismo eletrônico, na qual são oferecidas enormes oportunidades para melhorar as operações existentes através de tecnologias de ponta, reposicionar os serviços tradicionais em novos mercados e mesmo conceber conceitos empresariais inovadores. Analisaremos as possibilidades que a Internet abriu para as PMEs, indicando quais os caminhos mais promissores no turismo eletrônico, especialmente através do uso de aplicativos de garimpagem de dados e informações empresariais.

Com tal diversidade de aplicações, é compreensível que nem todas as empresas venham a utilizar todas as soluções que surgem no comércio eletrônico. Dessa forma, cada

TABELA 4 Aplicações de comércio eletrônico por segmento do setor turístico

	Serviços de hospitalidade	Agências de viagens	Operadoras turísticas	Atrações
Front-office				
1. Marketing e propaganda	• *Sites* individuais • Sistemas de gerenciamento de destinos	• Catálogos • Programas filiados	• Listas de pacotes em *travelmarts* • Pacotes específicos	• Catálogos • Apresentações *on-line*
2. Canais de distribuição	• Inclusão em pacotes	• Portais em rede	• Acesso direto para agências	• Inclusão em pacotes
3. Reservas e pagamento	• Contabilidade *on-line*	• Sistemas de reserva	• Processamento de pagamentos	• Emissão de passagens
4. Gerenciamento de relacionamento com os clientes	• Automação da recepção	• Perfis de clientes	• Centrais de atendimento por telefone	• Orientação automática
5. Programas de fidelidade	• Pontos para clientes freqüentes	• Ofertas personalizadas	• Sobre-comissão	• Pontos para clientes freqüentes
Back-office				
6. Gerenciamento da cadeia de suprimentos	• Compras eletrônicas	• Sistemas de reservas	• Gerenciamento de estoques	• Compras eletrônicas
7. Planejamento de recursos empresariais	• Sistemas de contabilidade personalizados	• Sistemas de contabilidade personalizados	• Sistemas de contabilidade personalizados	• Sistemas de contabilidade personalizados
8. Recursos humanos	• Recrutamento *on-line* • Serviços de treinamento em TI	• Serviços de treinamento em TI	• Serviços de treinamento em TI	• Recrutamento *on-line* • Serviços de treinamento em TI
9. Controle operacional	• Sistemas de gerenciamento de propriedade	• Sistemas de gerenciamento de agências	• Sistemas para operadoras turísticas	• Sistemas de gerenciamento de atrações
10. Desenvolvimento de produtos	• Tecnologia de quartos	• Montagem de pacotes	• Montagem de pacotes	• Geração de conteúdos

segmento do setor turístico exige uma estratégia de *e-business* adequada, da qual trataremos nos Capítulos 8 a 11.

ANÁLISE DA ESTRUTURA E DO CONTEÚDO DE CADA SETOR

À medida que as PMEs do setor turístico vão descobrindo a diversidade das aplicações de TI que são transformadas pela Internet, e as imensas oportunidades empresariais disponibilizadas através delas, deparam-se também com uma grande dificuldade: a necessidade de uma estratégia de *e-business* direcionada e personalizada.

Na verdade, já foi demonstrado muitas vezes que esse tipo de empresa, em diversos setores, não é capaz de desenvolver-se simplesmente pela ausência de um plano claro para o crescimento. Infelizmente, as pequenas organizações têm a tendência de envolver-se no ritmo frenético das operações empresariais cotidianas, afundando, assim, seus gerentes em um sem-número de informações e decisões. Sobre tais circunstâncias, são raros os gerentes que encontram o tempo necessário para formular uma estratégia coerente de *e-business*, muitas vezes negligenciando completamente os impactos da Internet.

Por isso, a Parte C deste texto servirá como guia para iniciar seu processo de aprendizagem, assim como o de toda a sua equipe de gerenciamento e organização. Embora a maioria dos gerentes costume ler basicamente a informação pertinente a seu próprio setor, aconselhamos que você leia o relatório em seu conjunto, especialmente todas as análises setorizadas, seja a de serviços de hospitalidade, a das agências de viagens, operadoras turísticas ou atrações, pois deverão ser de grande benefício no entendimento dos desafios enfrentados por seus colegas em toda a cadeia de valor do turismo, e isso pode ter um efeito sobre seu setor. Para ajudá-lo a formular, implementar e controlar sua estratégia de *e-business*, cada análise setorizada oferece o seguinte:

- **Definição de sua estratégia de *e-business***: antes de mais nada, sem tirar conclusões precipitadas de qual tipo de nova tecnologia você precisa, examine cuidadosamente as diversas tendências que estão transformando o setor turístico em geral e, mais especificamente, aquelas relacionadas ao seu setor. Esperamos que a estratégia de *e-business* que você tem em mente responda adequadamente a essas tendências; caso contrário, você pode querer redirecioná-la para bem aproveitar essas tendências.
- **Aplicações e funcionalidade de *e-business***: ainda que o executivo perspicaz ache fácil vislumbrar uma estratégia coerente, muitos deles vão empacar na hora de avaliar as diversas tecnologias que devem adotar. Embora o número de aplicativos, de sistemas e de soluções seja grande demais para ser incluído neste texto, indicando quais as tecnologias que são estratégicas em seu setor, explicamos seu caráter inovador e apontamos caminhos para um aprendizado mais produtivo.
- **Guia passo a passo para a implementação de sua estratégia de *e-business***: uma vez tendo escolhido uma direção clara para sua estratégia e tendo começado a aprender sobre as aplicações de *e-business*, você pode elaborar com segurança um plano de implementação. Para cada setor, identificamos a seqüência típica das transformações vividas pelas PMEs relativamente novatas em relação ao comércio eletrônico e ao *e-business*. Esses passos vão ajudá-lo a direcionar sua aprendizagem e seu planejamento.
- **Fatores fundamentais para o sucesso de sua estratégia de *e-business***: mesmo tendo experiência no gerenciamento de tecnologias da Internet, não há garantias de que toda sua estratégia de *e-business* será bem-sucedida. Indicamos aqui as lições mais importantes dos projetos de gerenciamento de *e-business* e conversamos sobre questões com as quais você deve tomar cuidado, especialmente em PMEs de seu setor.
- **Estudos de caso sobre soluções inovadoras de *e-business***: como o guia irá muitas vezes abordar o que fazer e a importância de o fazer, você desejará identificar alguns pontos de partida, no sentido de avaliar as diversas tecnologias que podem revelar-se úteis à sua estratégia.
- **O futuro do comércio eletrônico e do *e-business***: ao ler a análise de seu setor, você pode achar a quantidade existente de questões demasiado ampla. Depois de examinar profundamente as particularidades de sua estratégia de *e-business*, sempre é bom retornar e refletir sobre o que o futuro pode lhe oferecer. Isso o ajudará a gerar alguns circuitos de avaliação para revisar as idéias que surgiram.

8
Serviços de hospitalidade

INTRODUÇÃO

Para os pequenos hotéis e serviços de alimentação, o turismo eletrônico soa como uma libertação dos muitos limites percebidos há vários anos, ameaçando suas taxas de ocupação e margens de lucro. Até o momento, o *"marketing* direto" esteve no topo de suas prioridades de comércio eletrônico (venda de serviços por esse tipo de meio) e *e-business* (processamento eletrônico de transações). Nele, os pequenos hotéis vêm tentando ir além da presença em catálogos regionais de serviços, alcançando novos mercados em potencial através de seus próprios *sites* e mecanismos de *marketing* eletrônico [16]. Além disso, muitos deles esperam diversificar seus canais de distribuição, fugindo das vendas em bloco de quartos para consolidadores, concluindo as transações diretamente e realizando, assim, a discriminação de preços da mesma forma que as operadoras turísticas fazem com seus vários pacotes. Por fim, muitos pequenos hotéis e estabelecimentos de alimentação esperam que a Internet sirva como plataforma para integrar os serviços legados que se vêm utilizando há anos.

Essas são apenas algumas das muitas oportunidades estratégicas abertas pelo turismo eletrônico, as quais simplesmente imitam os benefícios tradicionais das tecnologias de informação. Contudo, à medida que identificamos e analisamos as várias aplicações disponíveis para *e-business*, esses hotéis podem descobrir rapidamente novas formas de conceber seus negócios e obter objetivos de maior porte, explorando o verdadeiro poder da Rede.

DIRECIONANDO SUA ESTRATÉGIA DE *E-BUSINESS*

A Internet permite que os pequenos hotéis e seus serviços de alimentação almejem objetivos empresariais totalmente novos, que lhes permitam atingir capacidades mais altas, fortalecer-se em relação à concorrência local e cumprir um papel mais importante no futuro de seu destino, em termos internacionais. Ao fazê-lo, devem levar em consideração uma série de oportunidades e desafios que afetam da mesma forma empresas grandes e pequenas, e outros que afetam as PMEs com mais intensidade. No entanto, as empresas que conseguirem gerenciar essas tendências estarão mais preparadas do que as outras para criar vantagens diferenciais através do *e-business*, em vez de simplesmente "seguir a onda".

Entre muitas outras empresas, essas tendências afetam os pequenos hotéis com mais intensidade. Em primeiro lugar, a Internet oferece uma oportunidade nova para atrair visitantes internacionais e, em segundo, maior flexibilidade nos sistemas de reserva, permitindo que os visitantes organizem seus passeios a partir de hotéis específicos. Em terceiro lugar, as enormes vantagens oferecidas pela fidelidade do cliente estão agora disponíveis para pequenos serviços de hospitalidade que gerenciam seus relacionamentos individualizados de longa data, em vez de utilizar uma abordagem tradicional de *marketing* de massas.

Atraindo visitantes internacionais

A rápida globalização das empresas e dos estabelecimentos de entretenimento tem levado um grande número de visitantes internacionais a destinos novos e alternativos. Entretanto, dada a insegurança quanto à qualidade e confiabilidade dos serviços, esse tipo de viajante tende a preferir grandes redes hoteleiras, o que os deixa com pouca flexibilidade em termos de orçamento e planos mais limitados.

Mas, com a ajuda das novas tecnologias, esses consumidores de turismo devem representar um dos mercados mais promissores. Capturar sua atenção, ganhar sua confiança e fazê-los descobrir os encantos ocultos de um destino estão entre os desafios mais interessantes para os pequenos hotéis, pousadas e estabelecimentos *bead & breakfasts* (B&B).

A Internet pode ser uma ferramenta poderosa para atingir tais metas, dada a crescente importância do mercado de turismo eletrônico. Segundo a Travel Industry Association (TIA), dos 59 milhões de americanos que utilizaram a Internet para pesquisar informações turísticas no ano 2000, 25 milhões compraram seus serviços *on-line* [17]. Apenas no mês de abril de 2001, os consumidores gastaram 512 milhões de dólares em reservas de hotel na Internet, representando um crescimento mensal de 64% [18].

Os pequenos hotéis não devem ter receio de tentar capturar parte desses novos negócios. Em vez de apenas servir para vender "capacidade excedente", a Internet deve ser uma forma básica de transformar o serviço, atraindo um setor completamente novo de clientes, que deve ser mais fiel e lucrativo para os pequenos hotéis.

Na condição de administrador de um pequeno hotel, você deve refletir cuidadosamente sobre como sua iniciativa de *e-business* pode ajudar a atrair visitantes internacionais. Para fazê-lo, é necessário:

- Revisar suas abordagens tradicionais no que diz respeito à avaliação e à manutenção de relacionamentos internacionais.
- Identificar as áreas e os conceitos que permanecem sem cobertura dos concorrentes locais.
- Analisar os fatores fundamentais que determinam o relacionamento de confiança com seus clientes internacionais.
- Conceber um caráter internacional diferenciado e um *web design* que o demonstre.
- Anunciar em portais especializados, em períodos estratégicos para os mercados estrangeiros.
- Garantir que suas sessões de informações e reservas sejam úteis para os viajantes internacionais; e
- Construir um banco de dados estratégico de clientes internacionais, que possa servir de indicação.

Oferecendo pacotes personalizados

Outra tendência gerada pelo *e-business*, e que vem depois da anterior, é a facilidade que os viajantes têm de escolher as características de seus quartos e fazer disso o centro de um pacote de viagens completo, permitindo, assim, a personalização dos serviços turísticos.

Na verdade, a Internet deu maiores possibilidades de escolha aos turistas, especialmente a de conferir por conta própria quais os serviços que querem comprar. Além disso, como diversos portais de turismo eletrônico já descobriram, o portal de um hotel é o melhor lugar para planejar uma viagem, já que a maioria das atividades depende da localização e da distância dos hotéis.

As grandes redes hoteleiras há pouco tempo começaram a permitir a personalização completa dos serviços [19]. Quando o cliente visita o *site* de um hotel para avaliar as opções de hospedagem, ele tem a possibilidade de conferir também a disponibilidade e os preços das passagens aéreas e do aluguel de carros, e até mesmo de fazer reservas para toda a viagem. Essa oferta de planejamento completo para os visitantes fortalece o relacionamento com os clientes. Como tal, a assistência turística total dos *sites* dos fornecedores do setor aumenta a possibilidade de personalização para todos os parceiros, ao mesmo tempo em que dá uma impressão mais forte e duradoura de que o hotel é realmente o único responsável por esse serviço.

Conseqüentemente, a personalização completa do serviço deve tornar-se um dos diferenciais mais eficazes dos hotéis de pequeno porte, dando-lhe um posicionamento definido no destino. Para situar adequadamente sua estratégia de *e-business* em torno desta abordagem inovadora, você deve certificar-se de que os passos a seguir sejam respeitados em seu processo de formulação de estratégia:

- Fazer um levantamento daquilo que seus clientes presentes e futuros gostariam de ter em seu pacote personalizado.
- Analisar de que forma os clientes gostariam de utilizar essas informações e visualizá-las em suas contas.
- Buscar parceiros em determinadas destinações e em outras regiões, para incluir informações dos fornecedores do setor.
- Conectar-se a outros mecanismos de busca que possam oferecer preços comparativos para os serviços locais.
- Tornar a personalização uma tarefa fácil para os clientes, ajudando-os com exemplos de possíveis pacotes.
- Facilitar a obtenção de relatórios de cobrança e despesas para todas as transações em seu *site*; e
- Transformar o hotel em um centro de atrações, com uma rede em permanente expansão.

Mantendo relacionamentos de longo prazo

A chegada em massa dos viajantes internacionais e a importância de personalizar os serviços combinam com uma tendência mais drástica no setor de hospitalidade: a morte da "fidelidade à marca" e a mudança para "fidelidade ao preço" [20].

A mensagem implícita para o setor hoteleiro é de que as grandes propriedades não vão passar pelo sucesso desfrutado durante meados da década de 90, já que fatores como a Internet e os altos preços dos hotéis serão importantes para as taxas de ocupação no futuro.

A nova geração de viajantes afluentes está aproveitando a riqueza de informações da Internet para encontrar preços e valores melhores para suas viagens. Os clientes serão motivados por preço e vão começar a abrir mão das marcas atuais, à medida que a Internet tornar-se mais popular como ferramenta de pesquisa.

Conseqüentemente, isso irá levar a uma reestruturação e fragmentação radicais dos mercados turísticos, que poderiam ajudar a preencher as lacunas entre pequenos e grandes hotéis. Dada a inegável vantagem em termos de valor/custo dos primeiros e as facilidades de se personalizar as ofertas em nível local, eles estarão mais bem preparados para concorrer nos mercados eletrônicos e construir fidelidade baseada em preços.

O valor de uma viagem também será determinado pela conveniência para o viajante, o que significa um itinerário completo criado na Internet antes da partida. Por essa razão, os hotéis terão que trabalhar muito para convencer as pessoas de que os hotéis de nomes conhecidos ainda são convenientes e previsíveis. Ainda não se sabe se esse tipo de redução será uma estratégia lucrativa.

Além disso, os pequenos hotéis devem explorar essas tendências para conseguir estabelecer e manter relacionamentos de longo prazo com mais visitantes, para além das tradições de "manter-se em contato" com os poucos turistas bem informados que cada hotel tem o privilégio de atrair durante vários anos.

Construir esse tipo de relacionamento não será mais tão demorado, nem correrá o risco de ser abandonado por falta de comunicação, nem mesmo será limitado à possibilidade de oferecer recompensas especiais para os clientes fiéis. Ao estruturarem e planejarem melhor os intercâmbios de informações com seus hóspedes, e ao construirem hábitos através de ofertas especiais bem direcionadas, os gerentes perspicazes serão capazes de explorar o verdadeiro poder do comércio eletrônico, ou seja, o relacionamento individualizado, em nível de massas.

Esses são apenas alguns dos diversos benefícios oferecidos pelas aplicações de gerenciamento de relacionamento com os clientes (CRM [*customer relationship management*] – para obter uma breve introdução, veja a Seção 2.3, na Parte B deste livro). Com a chance de capturar grandes quantidades de informações sobre seus visitantes, os pequenos hotéis finalmente terão amplas oportunidades de demonstrar o caráter humano e o serviço diferenciado ao cliente, otimizando a experiência de seus hóspedes. Além disso, essas ferramentas contribuirão para que os administradores prevejam imediatamente as necessidades dos visitantes, detectando o momento exato para a discriminação de preço ou para a melhoria da qualidade do serviço.

Como tal, o CRM representa a aplicação mais poderosa para o pequeno hotel que você possui, aquela que demonstrará sua capacidade de igualar o gerenciamento sofisticado das grandes operações, ao mesmo tempo em que preserva e aprimora o caráter de sua marca. Para atingir adequadamente esse equilíbrio entre as diversas características estratégicas existentes, você deve:

- Reavaliar até que ponto você está explorando de forma eficaz sua vantagem em termos de valor/custo.
- Revisar todas as suas comunicações na Internet, de forma a adequar todas as mensagens.
- Descobrir o que é mais importante para cada cliente e garantir que a equipe esteja ciente disso.
- Manter as ofertas especiais futuras alinhadas com as necessidades específicas e o comportamento de cada cliente.
- Construir mecanismos automatizados de geração de ofertas para agradar clientes com surpresas.
- Garantir que o relacionamento seja mantido por muitos anos, solicitando atualizações regulares.
- Demonstrar seu padrão internacional, ao oferecer novidades de alta classe sobre seu destino.

APLICAÇÕES E FUNCIONALIDADES DO *E-BUSINESS*

Ao formularem suas estratégias de *e-business*, os pequenos hotéis e seus serviços de alimentação descobrem uma ampla gama de novas tecnologias de informação que funcionam com base na Internet. Na verdade, atingir os objetivos citados anteriormente exige um certo grau de investimento nesse tipo de tecnologia. A variedade das aplicações, suas funções e seu nível de custo acessível deixam o *e-business* mais acessível para as PMEs do que a geração anterior de tecnologias.

A maioria dos hotéis de pequeno porte considera um investimento em novas ferramentas e infra-estrutura bastante arriscado. Todavia, deve-se compreender o relacionamento de cada aplicação com as que existiam até agora no setor de hospitalidade. Da mesma forma, devemos distinguir como esses bens são adquiridos atualmente pelas PMEs, o que torna o investimento muito mais flexível do que era no passado. Entre as muitas ferramentas que devem ser levadas em consideração pelos administradores, encontramos:

Site da Web principal:
- Naturalmente, as tecnologias dos *sites* evoluem tão rapidamente que poucos hotéis são capazes de acompanhá-las. Contudo, é preciso compreender que o desafio verdadeiro reside em outro ponto: um *design* que construa confiança é mais benéfico do que uma meia dúzia de características *high-tech*. Felizmente, investir em um *site* é muito mais acessível do que há alguns anos, e os hotéis pequenos podem facilmente desenvolver esse instrumento voltado ao cliente, ao mesmo tempo em que o integram com suas aplicações de *back-office*.

- Mecanismos de Reservas pela Internet (MRI)
  Um dos aspectos mais importantes de qualquer *site* é a escolha de características para transações. As reservas *on-line* integradas diretamente a um estoque de quartos são um pré-requisito importante para a prática do comércio eletrônico. Esse tipo de *site* para transações está agora prontamente disponível através de diversos fornecedores, que muitas vezes configuram e pré-formatam um *site* incluído em pacotes bastante procurados, vendidos por importantes fabricantes de *software*. Conseqüentemente, os administradores podem concentrar-se no *design* adequado de seus processos de reservas e ajudar os fornecedores a gerar uma solução altamente funcional, a baixo custo. Além disso, e mais importante, vários desses vendedores (às vezes, o mesmo que vende soluções dos Servidores de Serviços de Aplicação ou Planejamento de Recursos Empresariais) têm integrado esses *sites* aos Sistemas Computadorizados de Reservas (SCR) do setor, tornando sua solução extremamente atrativa para pequenos hotéis que raramente podem beneficiar-se da presença em tais sistemas.

- Promoção de *sites* da Web
  Essa é uma das tarefas mais negligenciadas no comércio eletrônico. Muitas vezes, os administradores consideram seu *site* uma peça autônoma, desenvolvendo poucas iniciativas para fazer com que sua clientela o utilize. Felizmente, existe uma diversidade de opções abertas aos pequenos hotéis, desde a participação nos DMSs, que irão incluir o *site* em um catálogo totalmente integrado de sua destinação, até o planejamento de uma campanha de publicidade sistemática para tornar o hotel conhecido de segmentos específicos de mercado, em algum período do ano. A escolha da solução certa de *marketing* eletrônico depende muito dos recursos à disposição dos gerentes, e, como esses recursos geralmente são muito limitados, a opção preferida é a da participação nos DMSs.

- Gerenciamento de relacionamento com os clientes (CRM)
  Os gerentes perpicazes, que planejam bem seus investimentos em *e-business*, podem utilizar seus recursos para explorar o potencial total da Internet. Ao desenvolverem uma infra-estrutura integrada de TI, podem coletar grandes quantidades de dados sobre os clientes, que a seguir podem servir para detectar sistematicamente padrões de comportamento ou construir perfis que ajudem os funcionários a satisfazer melhor as necessidades de cada cliente, de forma individual. Como tal, as soluções de gerenciamento de relacionamento com os clientes (CRM – *customer relationship management*) podem ser implementadas (muitas vezes integradas como parte de outros sistemas descritos aqui), permitindo que os pequenos hotéis construam relacionamentos sólidos em longo prazo e desenvolvam uma abordagem de *marketing* de incentivo, semelhante à das grandes redes hoteleiras.

- Sistemas de gerenciamento de propriedade (PMS – *property management system*)
  Os fornecedores regionais estão vendendo diversos pacotes simples de *software* para gerenciamento de propriedade a pequenos hotéis. Poucos deles oferecem aos seus clientes um *upgrade* para utilização da Internet. Está surgindo uma tendência mais interessante, na qual os novos fornecedores oferecem sistemas inteiramente baseados na rede. Em vez de serem vendidos e instalados no estabelecimento do proprietário, isso é feito no servidor do fornecedor, e o serviço é prestado através de uma assinatura, ou cobrado por acesso. Como tal, os provedores de serviço de aplicação (PSA) estão entre as ferramentas mais poderosas na estratégia de *e-business* dos pequenos hotéis e estabelecimentos de alimentação.

- Gerenciamento de contabilidade e finanças
  A maioria dos pequenos hotéis e estabelecimentos de hospedagem gerencia seu dinheiro de formas muito tradicionais, criando processos às vezes complicados de conciliação de livros de controle de produtividade. Contudo, o surgimento de *softwares* ERP do estilo PSA permite que as PMEs modernizem suas práticas contábeis, beneficiando-se de uma integração entre seus PMSs e suas aplicações ERP, que agora estão igualmente acessíveis e podem vir do mesmo fornecedor.

- Compras eletrônicas
  Embora as pequenas propriedades sejam famosas por sua vantagem imbatível em termos de valor/custo, poucos são os administradores que se ocupam do controle de custos na

compra de seus suprimentos. Com o desenvolvimento rápido dos mercados eletrônicos, nos quais grandes e pequenos compradores podem facilmente adquirir bens e serviços, as compras eletrônicas (*e-procurement*) estão-se tornando uma ferramenta muito eficaz para as PMEs dispostas a controlar seus custos. A vantagem desses sistemas é o fato de poderem funcionar separadamente dos mecanismos mais amplos da empresa, ou ser integradas a baixo custo.

GUIA PASSO A PASSO PARA A IMPLEMENTAÇÃO DE SUA ESTRATÉGIA DE *E-BUSINESS*

Ao direcionarem claramente a estratégia e utilizarem as aplicações corretas, os pequenos hotéis e seus serviços de alimentação têm a oportunidade de se tornarem elementos ativos no campo do *e-business*. Eles devem responder adequadamente às tendências principais em seu segmento de mercado para criar vantagens diferenciais que fortalecerão sua posição em relação aos hotéis maiores.

Contudo, as grandes empresas já se envolveram em diversas ações e utilizaram uma diversidade maior de práticas adequadas, o que não foi o caso dos pequenos hotéis. Assim, uma prioridade para o gerente perspicaz é implementar as práticas de seus líderes de mercado, mas atingir resultados semelhantes com necessidades de capital muito menores, o que ajudará os pequenos hotéis a se igualar às possibilidades dos grandes, de competir melhor nos mercados eletrônicos.

Como acontece com qualquer outro investimento, o *e-business* deve ser visto como uma "trajetória" composta de diversos passos construídos um após o outro. Através dessas etapas, as quais descrevemos aqui, devemos estar sempre cientes de uma lição fundamental: os benefícios da TI não vêm imediatamente após a implementação, mas costumam surgir gradativamente à medida em que os tijolos vão sendo postos uns sobre os outros. Como veremos a seguir, a sinergia representa 80% da equação em *e-business*, e as PMEs dispostas a se beneficiar de tais investimentos devem ter certeza de ir até o fim.

Ao estudarem as experiências recentes dos grandes hotéis, os pequenos hotéis podem identificar facilmente uma série de passos importantes a ser seguidos para obter as mesmas vantagens. Embora o caminho varie, a maioria dos pequenos hotéis deve passar por cinco fases:

- **Fase 1 – Desenvolvendo o *site***: sem uma linha de frente, não existe comércio eletrônico (vendas) e são poucas as possibilidades de se tornar um *e-business* (diversos processos). Os dois passos incluídos nessa fase são: (1) construir um *site* totalmente capaz de realizar transações e (2) acrescentar recursos para facilitar a personalização.
- **Fase 2 – Posicionando o *site***: após desenvolver o *site*, vários passos importantes devem ser dados para que ele seja conhecido e atraia clientes: (3) divulgar a vantagem competitiva, (4) colocar os quartos à venda nos portais de turismo eletrônico e (5) participar de um sistema de gerenciamento de destinações (SGD).
- **Fase 3 – Fazendo reengenharia do processo de reservas**: à medida que a atividade de comércio eletrônico de que você dispõe cresce, seus processos evoluem e tornam-se mais articulados a ponto de: (6) agilizar o processo de reservas, (7) integrar as funções de *front-office* e *back-office*, (8) conectar-se ao sistema computadorizado de reservas (SCR) e (9) oferecer comércio móvel aos compradores de última hora e aos compradores ocupados.
- **Fase 4 – Construindo o *back-office***: embora as aplicações de *back-office* e *front-office* costumem ser desenvolvidas ao mesmo tempo, muitas empresas preferem investir nas soluções de linha de frente (*front end*) em primeiro lugar, já que são essas que irão movimentar o negócio do hotel. Mas, à medida que o volume de negócios a ser gerenciado aumenta substancialmente, surge a necessidade de um *back-office* sofisticado, que pode ser tratada com as seguintes ações: (10) terceirizar as soluções da Internet, (11) desenvolver compras eletrônicas, (12) integrar as compras eletrônicas e o PRE, e (13) obter inteligência empresarial.

- **Fase 5 – Reconfigurando a propriedade**: por fim, em estágios posteriores da evolução de sua empresa, será interessante investir mais fundo em novas infra-estruturas e mesmo em serviços mais diversificados. Para se fazer isso, é preciso, especialmente: (14) conectar os quartos à Internet, (15) construir uma propriedade de alta tecnologia, e (16) desenvolver serviços inovadores de comércio eletrônico.

Fase 1 – Desenvolvendo o *site*

Passo 1 – Construir um *site* totalmente capaz de realizar transações

Para complementar adequadamente os serviços que oferecem, e atrair e manter de forma eficaz os novos clientes do turismo eletrônico, o *site* deve ser altamente funcional e simplificar o planejamento de viagens, constituindo uma relação de confiança (para obter informações introdutórias sobre o *marketing* eletrônico e as estruturas dos *sites*, consulte a Seção 2.3, na Parte B). Infelizmente, a maioria das PMEs no setor de hospitalidade considera os *sites* uma simples reprodução de seus folhetos impressos, com a possibilidade de modificar preços e acrescentar informações gerais quando quiserem. Esse tipo de prática é muito limitado e não tem tido qualquer efeito visível nas taxas de ocupação [16].

Atualmente, a tendência é deixar os *sites* mais funcionais, acrescentando novas funções para desenvolver transações, como personalização, verificação de cartões de créditos e reservas de quartos, reservas de atividades e produtos das redondezas, etc. Para isso, os hotéis pequenos devem tentar seguir algumas das iniciativas das grandes redes, que foram capazes de capturar a atenção dos consumidores turísticos, até mesmo direcionando uma quantidade de tráfego igual à dos principais portais [21].

Para criar confiança, eles têm aplicado algumas ferramentas que chamam a atenção dos consumidores de turismo e servem como selo de qualidade, como a capacidade de visualizar virtualmente um quarto, tecnologia que está-se tornando cada vez mais acessível [22]. Essas soluções permitem aos administradores criar passeios dinâmicos em vídeos, através dos *resorts*, aliados à distribuição ampla de dados de *marketing* de alguns dos *sites* mais populares da Internet. Além disso, propiciam aplicações completas para a propaganda na rede, incluindo: digitalização, armazenagem e *streaming* de produções de vídeo, além do acompanhamento da eficácia obtida.

Passo 2 – Acrescentar recursos para facilitar a personalização

Embora a tecnologia tenha sido lenta no cumprimento de várias de suas promessas, algumas novidades na área da personalização devem estimular tendências importantes nos próximos anos e disponibilizarão essas ferramentas às PMEs [23].

Utilizando programas que permitam a reserva personalizada de serviços, os hotéis podem vender seus apartamentos, mas também oferecer informações e até mesmo vender uma grande variedade de serviços complementares, como ingressos para teatro. Na maior parte do tempo, os viajantes obtêm um itinerário, mas gostariam de receber algum tipo de conteúdo para saber o que está acontecendo no destino que estão indo visitar, por exemplo, como é o clima, onde comer.

Entretanto, deve-se tomar cuidado com os prestadores de serviços turísticos que vendem mais do que os seus produtos principais. Os hotéis deveriam limitar-se a vender quartos de hotel. As PMEs não precisam gastar seus orçamentos estabelecendo parcerias complicadas ou, na melhor das hipóteses, medíocres.

Os *sites* voltados à personalização são bastante eficientes para converter os visitantes *on-line* em compradores, oferecendo a opção de informações mais abrangentes para os possíveis viajantes. Os atuais aplicativos não foram projetados para que os prestadores de serviços turísticos *on-line* divulguem ou vendam produtos que não sejam os que eles mesmos fabricam. Os novos aplicativos que permitem a personalização podem realizar pesquisas automáticas por ofertas, baseadas no perfil do cliente, apresentando-as a seguir ao usuário.

O aplicativo permite que os usuários criem perfis dinâmicos dos clientes, importem dados de programas de fidelidade existentes e emitam avisos, informações e ofertas promocionais.

Os hotéis pequenos também serão atingidos por essa tendência, que deveria ser vista não como uma ameaça, mas, ao contrário, como uma grande oportunidade para se distinguirem ainda mais dos grandes. Enquanto os hotéis pertencentes a grandes marcas tenderão a concentrar-se no itinerário-padrão do visitante, as pequenas pousadas e hotéis podem facilmente alavancar seus contatos locais para construir uma maior diversidade de opções para os hóspedes. Como tal, essa tecnologia, que rapidamente estará disponível e difundida para os pequenos hotéis, virá a ser uma ferramenta poderosa para realmente explorar as potencialidades estratégias.

Fase 2 – Posicionando o *site*

Passo 3 – Divulgar a vantagem competitiva

Ao divulgarem *on-line* os serviços e os *sites* da Web, os pequenos hotéis devem aprender como utilizar seus pontos fortes. Um deles é sua inigualável vantagem em termos de valor/custo, especialmente para as destinações de difícil acesso. Na verdade, os pequenos hotéis (especialmente aqueles em destinos de férias) têm apresentado a tendência de vender em bloco seus apartamentos para os consolidadores. Embora esse tipo de segurança financeira seja tentador em um contexto de baixas taxas de ocupação, o gerente deve resistir a essa tradição, divulgando e vendendo seus apartamentos por conta própria.

Seu ativo mais importante, uma relação de valor/custo atrativa, é um mecanismo excelente para chamar a atenção do viajante internacional, para quem o orçamento é importante. Contudo, deve ser complementado com uma imagem de alto nível (construção de um relacionamento de confiança), e um *site* na Web que permita ao usuário navegar e reservar atividades que demonstrem claramente o toque humano dos pequenos hotéis. Por fim, deve ser divulgado estrategicamente, indo além das listagens de pequenos estabelecimentos e tentando associar-se a eventos especiais. Essencialmente, a propaganda deve ser vista não apenas como um custo fixo do negócio, mas como uma forma de ajudar os clientes a economizar tempo, o que, por sua vez, passa a fazer parte do valor dos serviços oferecidos pelas PMEs de hospitalidade [24].

Passo 4 – Colocar os quartos à venda nos portais de turismo eletrônico

Outras opções serão abertas para as PMEs, como posicionar seus quartos em diversos portais de turismo eletrônico, de forma que os hóspedes possam facilmente estabelecer suas próprias viagens personalizadas ou escolher a partir de diversos roteiros típicos, de acordo com seus vôos. O gerente perspicaz avaliará adequadamente os custos relativos, entre escolher uma solução própria ou juntar-se a um portal, ou ambos, dependendo do tipo de viajante que se deseja atrair e da amplitude da oferta que se pretende disponibilizar [25].

Particularmente, os portais de turismo eletrônico podem beneficiar os pequenos hotéis com vantagens diferenciais (seja uma localização conveniente, a proximidade das atrações, um ambiente tradicional, uma relação especial entre qualidade/custo, etc).

A maioria desses portais oferece recursos de busca personalizados a partir de critérios específicos que podem ajudar os pequenos hotéis a se destacarem no conjunto. Algumas características que costumam fazer sucesso, como um "índice de valor" ou mesmo "preferência da clientela" podem servir a este objetivo. Eles podem ajudar os viajantes a listar os hotéis com base no valor relativo, de forma a obter o máximo possível de seus orçamentos de viagem. Depois que o usuário determinar o critério de hospedagem, desde amenidades até a viagem com crianças ou animais de estimação, o índice de valor classificará as opções disponíveis. Por essas razões, os portais de turismo eletrônico permitem aos viajantes personalizar os pedidos feitos, ao mesmo tempo em que dão aos hotéis a oportunidade de melhor satisfazer seus clientes.

Passo 5 – Participar de um sistema de gerenciamento de destinos (SGD)

Entre as muitas práticas úteis à agilização do processo de reservas dos pequenos hotéis, as parcerias locais estão entre os melhores mecanismos para acessar a tecnologia [26]. Na verdade, os sistemas de gerenciamento de destinos (SGD) representam um ponto de entrada no comércio eletrônico, importante e flexível para as pequenas e médias empresas (para obter explicações introdutórias sobre este tópico, veja o Capítulo 3, na Parte B deste texto). Estas soluções costumam ser oferecidas gratuitamente a pequenos prestadores de serviços turísticos com apenas uma tarifa básica para conexão, treinamento e uma cobrança pequena por transação. Esse tipo de mercado de turismo eletrônico está rapidamente tornando-se uma referência excelente para o viajante experiente, disposto a otimizar qualquer viagem com base na destinação, bem como uma ferramenta essencial para as PMEs dispostas a complementar sua estratégia eletrônica.

Como podemos observar, os pequenos hotéis podem desenvolver soluções individuais, de forma a integrar seus sistemas um por um na Internet, aprimorando, assim, suas práticas [27]. Contudo, existem outras abordagens em nível de comunidade, como os SGDs, que podem levar, com o passar do tempo, aos mesmos resultados de um PSA, mas a custos muito mais baixos [28]. O resultado é uma plataforma muito mais funcional, mantida pela comunidade e para a comunidade, com mais probabilidade de construir soluções e funções inovadoras já que os envolvidos no setor estão ativamente envolvidos em seu desenvolvimento, principalmente porque ela poderá contribuir para que aqueles menos desenvolvidos posicionem seus destinos de forma mais eficaz nos mercados globais [29].

Fase 3 – Fazendo reengenharia do processo de reservas

Passo 6 – Agilizar o processo de reservas

Alguns elementos do setor de hospitalidade vêm construindo um processo de reservas *on-line* de alto nível, totalmente integrado às operações de apoio e sistemas contábeis. Entretanto, os mecanismos de reserva pela Internet (MPI) ainda são considerados um grande desafio pela maioria dos hotéis. Mesmo assim, é necessário acompanhar algumas histórias bem-sucedidas para descobrir o grande potencial do comércio eletrônico para os hotéis médios e pequenos, assim como a lucratividade de tal investimento em tecnologia.

O desafio é construir um *site* capaz de realizar transações que convertam observadores em compradores. Duas forças vêm estimulando o crescimento desse tipo de mecanismo para o setor hoteleiro. Uma delas é a dificuldade que uma rede hoteleira tem de transformar seus produtos em "mercadorias" e "digitalizar" suas ofertas. Diferentemente da venda de mercadorias comuns, como livros, um quarto de hotel traz consigo variáveis do tipo: fumante ou não-fumante; ocupação dupla ou simples; disponibilidade, amenidades do hotel. Um segundo elemento é o problema da intermediação: um quarto de hotel muitas vezes é comprado pelo escritório de viagem da empresa para a qual o viajante trabalha, ou em conjunto com outros serviços turísticos, como o aluguel de carros ou uma passagem aérea. Dessa forma, vender um quarto pela Internet não é algo tão rápido e simples para os hotéis de todos os tamanhos, mesmo para as grandes redes [30].

Ao contrário da idéia de que a tecnologia é cara para instalar e para ser operada, várias análises de custo/benefício demonstram que o custo das MRIs é competitivo e talvez menor do que os processos convencionais de reservas [31]. Mais importante, fica evidente que é fácil de controlar os gastos com a introdução e a operação do comércio eletrônico em pequenos hotéis, como parte da estrutura básica para o funcionamento da empresa. Como conseqüência, o gerente vai querer igualar as vantagens dos concorrentes, explorando as soluções mais modernas e flexíveis que permitam maior controle de custo [32].

Passo 7 – Integrar as funções de *front-office* e *back-office*

Ao garantir alta lucratividade e uma utilização desse importante patrimônio, os MRIs também devem tornar-se o centro da estratégia de gerenciamento das informações de um pequeno hotel, o que exige uma reorganização ou reengenharia sistemática de vários aplicativos do *front-office* e do *back-office*, de forma a garantir a utilização do potencial total do comércio eletrônico. Embora pouquíssimos hotéis tenham implementado tais iniciativas, diversos aplicativos integrados, com todas as funções em uma, foram desenvolvidos especificamente para o setor de hospitalidade.

A prioridade dos pequenos hotéis é garantir que esse tipo de reengenharia venha a um custo baixo, na maioria das vezes como parte de seu PSA terceirizado. Antes de escolher um MRI, os gerentes devem ter certeza de que podem conectar-se de forma eficaz ao *software* do *back-office*, ou pelo menos integrar-se com as funções de PRE fornecidas pelo PSA. Além disso, deve-se garantir que as funções transacionais sejam ampliadas adequadamente com os recursos certos, como: permitir aos clientes a obtenção de informações demográficas, analisar mapas e conferir a disponibilidade de hotéis no mundo e reservar quartos, com a possibilidade extra de modificar permanentemente suas escolhas através de contas personalizadas. Todos os recursos devem ser diretamente integrados às atividades do *back-office* de todos os prestadores de serviços terceirizados [33].

Passo 8 – Conectar-se ao sistema central/computadorizado de reservas (SCR)

Um aspecto interessante é o fato de que os MRIs constituem uma forma do setor da hospitalidade integrar, complementar e ir além das infra-estruturas tradicionais, como o sistema central de reserva (SCR), operado por várias empresas em todo mundo e utilizado pelas agências de viagens. Naturalmente, um pequeno hotel que já aparece em tais sistemas poderá questionar-se sobre as razões para participar de um novo MRI. A resposta é bastante simples: ambos são interdependentes e, assim, necessários. Na verdade, os SCRs são conectados através da Internet e estão acessíveis diretamente através dos MRIs de vários desenvolvedores de soluções, mas, por si sós, não serão capazes de direcionar todo o tráfego potencial para um hotel, já que capturam a maioria do turismo eletrônico na Internet.

Dessa forma, os hotéis com maiores chances de maximizar o poder das reservas incorporam a Internet em uma estratégia que também dá uma função importante aos sistemas de distribuição global, além daquele ainda cumprido pelos agentes de viagens [34]. Isso, por sua vez, justifica-se pelo tremendo crescimento dos SCRs e pela importância da Internet para seu desempenho permanente. Na verdade, as reservas em hotéis feitas através dos principais SGDs (Sistemas Globais de Distribuição) – Amadeus, Galileo, Sabre ou Worldspan – aumentaram 11,4%, chegando a quase 50 milhões no último ano. As reservas realizadas pelos SCRs totalizaram 48.787.000 em 2000, um aumento de mais de 5 milhões em comparação ao total de 1999, de 43.781.000 reservas líquidas. Com base na diária média de US$ 130 e em uma duração média de estada de 2,2 dias, 2000 reservas de hotel feitas em SCRs produziram mais de US$ 13,95 bilhões em receitas para os hotéis no mundo todo. Desde 1993, esse tipo de reserva cresceu em média 200% ao ano [35].

Algumas tecnologias avançadas estão sendo desenvolvidas para facilitar a implementação acessível de uma estratégia integrada MRI/SCR [36]. Em primeiro lugar, algumas soluções ajudam a conectar o SCR ao *front-office* e ao *back-office*, permitindo uma integração total dessas infra-estruturas legadas a qualquer iniciativa de comércio eletrônico [37]. Os benefícios são enormes e o acesso permite o gerenciamento instantâneo dos recursos e das reservas do hotel, possibilitando, assim, um melhor controle através dos sistemas de gerenciamento PRE. Em segundo lugar, o crescimento da importância do comércio móvel (*m-commerce*) trouxe novas soluções que ajudam as empresas a conectar suas operações às transações móveis [38]. Em terceiro lugar, têm surgido algumas soluções para integrar os sistemas de reservas existentes aos portais de reservas de última hora para quartos de hotel, permitindo capturar novas fatias de mercado e vender a capacidade excedente com mais facilidade [39]. Estas infra-estruturas permitem que as PMEs explorem a sinergia completa entre os MRIs e os SCRs, superando as limitações em termos de espaço e tempo que ambos compartilhavam até recentemente.

Passo 9 – Oferecer comércio móvel aos compradores de última hora e aos compradores ocupados

A personalização é, cada vez mais, uma oportunidade para os viajantes de última hora. Embora as diversas aplicações discutidas até aqui estejam tornando-se dominantes no caso de chegadas planejadas e para hóspedes dispostos a prestar sua fidelidade aos pequenos hotéis, o crescimento de viajantes ocupados e as oportunidades especiais que eles oferecem não devem ser negligenciados. Segundo estudo recente de Cap Gemini America Ernst & Young, o número de usuários da Internet nos Estados Unidos que utilizam telefones celulares para operar aplicativos de dados sem-fio deve aumentar de 3% em 2001 para 78% no final de 2002 [40].

As necessidades dos viajantes de última hora serão mais fáceis de atender do que no passado, dados os recursos de personalização. Contudo, deve-se levar em conta uma dimensão fundamental para atender às necessidades desse segmento: o comércio móvel ou *m-commerce*, um mecanismo que permite que os viajantes ocupados acessem os sistemas de reservas através de suas unidades móveis (por exemplo, celulares, PDAs, etc).

Trata-se de soluções amplas, "sem-fio", que funcionam sem a necessidade de infra-estrutura, voltadas para o setor hoteleiro. Utilizando teclados, os consumidores podem fazer reservas de forma segura, conveniente e à distância, independentemente de onde estiverem. Elas permitirão que os clientes visualizem a hospedagem disponível, confiram preços e façam reservas em tempo real. Ao oferecerem o comércio móvel, os hotéis podem beneficiar-se das reservas automáticas, reduzindo as despesas operacionais e aumentando os canais para realizar negócios.

Embora esse tipo de solução pareça inadequada para os pequenos hotéis, diversos canais de distribuição estão sendo construídos para tornar essas tecnologias acessíveis e viáveis para as PMEs.

Fase 4 – Construindo o *back-office*

Passo 10 – Terceirizar as soluções da Internet

A tendência no sentido da terceirização da TI é intensa no setor de serviços, bem como em alguns outros setores manufatureiros. Contudo, os serviços de hospitalidade têm se mostrado relativamente lentos na adoção dessa prática. A razão principal pode estar relacionada à natureza da TI nos hotéis: ela é basicamente de pequeno porte e local, relacionada apenas a uma parte da equipe que trabalha nos escritórios e concentrada na organização da informação, em vez de na automatização de tarefas simples, em grande parte dependente da evolução de sistemas de grande porte. Acontece que, como estes últimos não têm evoluído com muita rapidez, os gerentes de hotel não vêem razões para mudar suas infra-estruturas de TI.

O advento do comércio eletrônico está forçando o setor, especialmente os pequenos hotéis, a reconsiderar sua abordagem ao gerenciamento de TI [41-44]. A transferência de todos os aplicativos do *front-office* e do *back-office* para um PSA é uma opção atrativa para as PMEs ganharem acesso a sistemas que apresentam funções semelhantes às dos hotéis grandes, especialmente estabelecendo parcerias nos serviços em nível local [45]. Além de oferecer soluções mais versáteis do que os pacotes patenteados, o PSA permanece dono dos aplicativos e deve garantir seu desenvolvimento contínuo, proporcionando a tecnologia mais moderna à sua base de clientes. Por fim, alivia os pequenos hotéis de todas as típicas dores de cabeça associadas ao gerenciamento de TIs, já que desempenha todas as funções de manutenção e operação através da Internet permanentemente conectado e de forma segura, permitindo que os funcionários acessem os dados através de seu navegador.

Passo 11 – Realizando compras eletrônicas

Embora a agilização do processo de reservas seja um dos desafios mais importantes em relação ao conjunto do setor de hospitalidade, apenas recentemente os hotéis começaram a melhorar outro processo estratégico, aquele através do qual eles compram bens e serviços, normalmente denominado *compras eletrônicas* (*e-procurement*).

Esta aplicação é altamente estratégica, já que os hotéis e as empresas de alimentação estão entre os maiores compradores de manutenção, consertos e reformas. A maioria desses fornecedores é gerenciada através de contratos, e os hotéis raramente têm mais do que alguns canais ou distribuidores para cada categoria de produto ou serviço. Além disso, a necessidade de fornecedores nessas áreas costuma ser imprevisível, e pode se tornar um grande problema para os gerentes em termos de custo unitário, qualidade e serviço, movimentação de estoques e ciclos de compras.

São exatamente esses os problemas que devem ser resolvidos pelas aplicações de gerenciamento da cadeia de suprimento (GCS), com a esperança de melhorar radicalmente o desempenho dos hotéis. Contudo, eles exigem uma certa reengenharia de processos de compras e aquisições, além de novas estratégias na seleção de fornecedores.

Para facilitar essa transição em todos os níveis e para todos os atuantes na cadeia de valor, as grandes redes hoteleiras decidiram consolidar seu poder de compra, abrir mão de sua dependência das grandes distribuidoras e conectar-se diretamente aos prestadores de serviços para reduzir os custos unitários. Tais iniciativas levaram à criação de aplicativos mais robustos e versáteis, projetados especificamente para conectar os vários serviços a seus compradores e automatizar todo o processo de compras.

Dessa forma, o GCS traz muitas promessas que devem ser avaliadas de forma adequada pelos pequenos hotéis. Com certeza, o aumento na eficácia das parcerias para compras poderia economizar milhões de dólares a cada ano aos parceiros do setor, já que os gerentes teriam maior controle sobre seus suprimentos e diminuiriam as compras fora de contrato, um problema oneroso para o setor de hospitalidade [46]. Para os pequenos hotéis, os novos aplicativos de GCS baseados em alianças podem resolver muitos dos problemas tradicionais, já que oferecem:

- Um processo mais simples e previsível de se obter e responder a ofertas;
- Acessibilidade mais fácil a um número maior de serviços, já que os aplicativos de compras eletrônicas com base na Internet exigem apenas um navegador-padrão;
- A possibilidade de se evitar pesquisas em catálogos manuais, com mais facilidade de inserir informações que possam ser encontradas através de palavras-chave;
- Mecanismos precisos de limpeza de mercado, como leilões reversos, que podem reduzir os preços pagos por bens e serviços em até 20%;
- Melhor suporte ao produto, agora bastando-se um clique no *mouse*.

Passo 12 – Integrar as compras eletrônicas e o PRE

Entretanto, os pequenos hotéis enfrentam uma limitação mais severa que lhes pode impedir de participar mais adequadamente em tais mercados. Como são poucos os que têm acesso a um PRE, será difícil integrar as funções de compras eletrônicas à contabilidade e aos estoques *back-end*. Conseqüentemente, a funcionalidade e o modelo empresarial de várias soluções de GCS devem ser comparados para identificar aqueles mais adequadas às necessidades dos pequenos hotéis.

Cada solução é diferente e pode atender a diversas necessidades. Os *hubs* eletrônicos (*e-hub*) fazem os mercados digitais avançarem, integrando o PRE de seus clientes ao das empresas-âncora e aos sistemas contábeis, para produzir soluções completas, e, ao fazê-lo, agregarem valor ao modelo empresarial. Para as empresas que ainda têm dificuldades com as instalações de PRE e com os sistemas legados, a integração em uma solução de *hub* eletrônico pode ser difícil a curto prazo. Para o setor como um todo, seria mais útil ter uma plataforma-padrão para as soluções de compras eletrônicas, embora isso seja esperar demais, dadas a história da relação com a TI e a concorrência já estabelecida neste campo.

Assistimos ao surgimento de soluções de gerenciamento de empreendimentos e propriedades totalmente compatíveis com a Internet, fornecidas pelos PSAs que hospedam e gerenciam *softwares* complementares de GCS a partir de uma instalação central. O Hoteltools.com é um exemplo desse modelo, no qual a integração do gerenciamento de propriedade, das reservas e da cadeia de suprimento são agregados em um único Portal Empresarial de Informações (PEI *on-line*) [47].

Para as empresas menores e as propriedades independentes, o modelo PSA representa uma oportunidade para acessar a tecnologia em sistemas que, caso contrário, seriam caros ou complicados demais. Obviamente, não está longe o dia em que teremos o mundo da hospitalidade funcionando completamente em rede. Estão sendo formados portais do setor para oferecer conteúdo e recursos específicos, compras eletrônicas em alguns casos, leilões, listagens de vagas para empregos e *links* para terceiros. Entre as fontes de receitas, essas empresas estão trabalhando com comissões, assinaturas, propaganda e coisas semelhantes.

Para concretizar totalmente os benefícios das compras eletrônicas, os pequenos hotéis terão de responder a diversas questões específicas ao seu caso [48]. Entre outras coisas, devemos perguntar:

- Quais são os sistemas que ainda são necessários, e como deveríamos continuar a utilizar as plataformas legadas?
- Qual é o conjunto de habilidades que precisaremos adquirir e qual será o nível de dificuldade da operação dos novos sistemas?
- Como será afetado o nosso processo tradicional de "requisição para pagar" (*requisition-to-pay*)?
- Existem custos iniciais para participar de um PSA com o objetivo de fazer compras em pequena escala?
- O parceiro do PSA assumirá a responsabilidade pelo gerenciamento dos aplicativos?
- Os recursos gratuitos dos serviços do PSA estarão concentrados em outras áreas consideradas mais fundamentais para sua atividade principal?

Sabendo-se que os gerentes perspicazes encontrarão respostas e estratégias adequadas, é bastante provável que os pequenos hotéis cada vez mais considerem importante a utilização da Internet para as compras e venham a desenvolver capacidades que lhes permitam crescer mais rápido e ampliar sua base de fornecedores, à medida que for necessário. Conforme forem adquirindo habilidades para realizar as compras eletrônicas, seus funcionários se acostumarão com a utilização de aplicativos de GCS, transformando os pequenos hotéis em membros ativos dessas comunidades no setor de hospitalidade. Alguns exemplos são o e-hospitality.com, da VerticalNet, o hglobe.com e o hospitalitynet.org, que apresentam conteúdo dirigido, serviços relacionados à carreira e fóruns de discussão juntamente com os serviços de compras. Conseqüentemente, os funcionários dos pequenos hotéis que utilizam esse tipo de comunidade eletrônica podem causar um efeito "contagioso" sobre o resto da organização, demonstrando que os aplicativos de compras eletrônicas, combinados com conteúdos mais ricos e função PSA, podem se revelar importantes para gerenciar o relacionamento com os fornecedores, além de completar as necessidades de gerenciamento de informações dos pequenos hotéis [49].

Passo 13 – Obter inteligência empresarial

Regularmente encontramos períodos de concorrência local intensa e, às vezes, hostil entre pequenos e grandes hotéis. O mesmo ocorre entre destinos dominantes e alternativos, em nível regional. Alguns viajantes podem beneficiar-se da instabilidade de mercado com diárias mais baixas e destinos mais acessíveis. Contudo, está claro que essa não é a estratégia adequada para atrair o conjunto da demanda turística.

É interessante observar que o surgimento do comércio eletrônico e a implantação de tecnologia mais integrada de *front-office* e *back-office* podem levar as PMEs do setor de hospitalidade a utilizar as informações de forma mais eficiente para adaptar sua estratégia competitiva às necessidades do mercado. No lugar de "reagir" constantemente aos ataques dos concorrentes para roubar sua clientela, os pequenos hotéis podem passar a ser mais proativos, estudando clientes existentes e potenciais, determinando padrões de comportamento e dirigindo-lhes ofertas específicas que superem a concorrência antes mesmo que ela possa tomar qualquer atitude.

A obtenção dessa agilidade exige algumas ferramentas para a inteligência empresarial, um dos aplicativos mais avançados no comércio eletrônico. Novas tecnologias podem ajudar na descoberta de padrões de comportamento dos clientes, fazendo pesquisas e analisando dados de transações, visitas ao *site*, propagandas nas quais se pode clicar, informações sobre o destino, consultas e *downloads* nos bancos de dados. O acúmulo e a análise *on-line* dessas grandes quantidades de dados está-se tornando mais viável graças à utilização de melhores soluções de gerenciamento do fluxo de trabalho, que permitem que os administradores de hotel controlem suas operações em tempo real, coletem e analisem os dados adequados na hora e no local certos, seja pela Internet ou internamente [50]. Conseqüentemente, a inteligência empresarial tornou-se viável para as PMEs capazes de explorar suas fontes de dados, aprender com elas e tomar as decisões adequadas.

Se os administradores conhecerem os desejos dos clientes, poderão oferecer o que eles querem, ao preço que estão dispostos a pagar e no momento em que desejam receber. Eles podem atingir um nível superior de "discriminação de preços" ou oferecer aquele que o cliente está realmente preparado para pagar. O resultado da coleta de informações pode ser transferido para um aplicativo de CRM, o qual, por sua vez, monitora as transações *on-line* de forma a executar as regras de tomada de decisão que se aplicam a cada hóspede. Elas podem ser: a concessão de recursos gratuitos no quarto, a modificação de preços para uma tarifa especial, a oferta de um dia extra, um desconto ou serviço de cortesia, etc. Além disso, as ofertas podem ser adaptadas se a transação for feita através de SRCs, portais de turismo eletrônico, *sites* dos hotéis ou mesmo portais móveis [51]. Com efeito, os programas de inteligência empresarial são elaborados para explorar todas as fontes de dados, desde simples transações até perfis complexos e cartões de fidelidade, seja *on-line* ou de forma tradicional.

A inteligência baseada na Internet não serve apenas para realizar funções de CRM, mas também para avaliar o desempenho empresarial em tempo real. Por exemplo, podem-se coletar dados sobre a eficácia da propaganda *on-line* através de funções integradas de MRIs [52]. Ao descobrir algumas reações por parte dos clientes, a propaganda poderá ser redirecionada às páginas nas quais os resultados possam ser a concretização de reservas. Da mesma forma, os gerentes também podem avaliar a eficácia de várias iniciativas medindo as "taxas de conversão" dos visitantes em novos clientes e, a seguir, detectando quais as estratégias de personalização que funcionam melhor.

Embora se tenham acrescentado mecanismos de informações à maioria dos aplicativos de *front-office*, a onda agora atinge também outras funções da empresa, como os sistemas de gerenciamento de propriedade, que podem ser aprimorados com esse tipo de aplicativo visando desempenhar funções de gerenciamento de rendimentos [53, 54]. Através do monitoramento minucioso das transações *on-line*, o *software* de rendimentos eletrônicos (*e-yield*) pode dar assessoria em tempo real acerca do valor relativo de diversas transações, de cada visitante e otimizar os preços dos quartos até seu valor real. A informação permanece atualizada através da consulta direta aos estoques e das transações de serviços complementares, prestando-se um *mix* excelente de serviços a cada cliente, adequado às suas necessidades e condições de pagamento. A seguir, a informação pode ser repassada ao SGP, o qual irá garantir que as decisões sobre os apartamentos e os hóspedes sejam transferidas aos gerentes, para que estes certifiquem-se de que as operações sejam executadas segundo as ordens. Em essência, como as funções de informações podem ser totalmente integradas aos aplicativos de *e-business* existentes, servirão para automatizar diversas tarefas relacionadas à tomada de decisões que, caso contrário, dificilmente seriam perfeitas.

Dessa forma, ao aprenderem como explorar o poder das informações, os gerentes descobrem uma nova forma de administrar, com mais eficiência, não apenas o *front-office*, como também seu *back-office*. Em geral, a questão é identificar, através do trabalho digital e do fluxo de dados de uma empresa, os padrões ótimos de gerenciamento desde o controle do tempo dos funcionários até técnicas de gerenciamento de estoques altamente detalhadas. Conseqüentemente, o *software* pode tornar os aplicativos de *back-office* mais úteis para a tomada de decisões, indo além da simples função de "pôr a informação em ordem". O objetivo é, obviamente, tornar as operações do setor de hospitalidade menos caóticas e atingir um nível de desempenho inimaginável fora dos sistemas integrados de *e-business*.

Para concluir, existe uma certa evolução na forma como os pequenos hotéis poderão adotar os sistemas de informações. Automatizadas as decisões de *front-office* e a seguir as de *back-office*, os gerentes serão cada vez mais capazes de automatizar as decisões relacionadas ao escaneamento do ambiente e ao posicionamento estratégico. Devido ao surgimento de soluções para integrar esses aplicativos à Internet e aos sistemas internos, as decisões recorrentes cada vez mais serão tomadas por *softwares*, deixando aquelas mais sutis e subjetivas para a gerência. Com o *e-business*, os pequenos hotéis serão chamados a concentrar-se em seus pontos fortes, ou seja, as pessoas.

Fase 5 – Reconfigurando a propriedade

Passo 14 – Conectar os quartos à Internet

O compromisso dos pequenos hotéis com a implementação da boa prática do comércio eletrônico deve ser visto no contexto mais amplo do desenvolvimento de infra-estrutura das propriedades. No momento em que os novos sistemas e as novas soluções tornam-se mais acessíveis, os bens e serviços complementares, como conectividade nos quartos, devem ser considerados ferramentas necessárias para acelerar o impacto do comércio eletrônico no empreendimento. Conseqüentemente, qualquer estratégia para fazer um pequeno hotel tornar-se de maior porte e adquirir um nível mais elevado poderá exigir investimentos básicos para fazer maior uso da alta tecnologia na propriedade.

Como um indicador claro de sua importância, as informações sobre o acesso à Internet nos hotéis estão incluídas no 2001 Corporate Rate Hotel Directory, o primeiro documento do tipo a fazê-lo. A decisão de incluir hotéis com acesso à Internet decorreu de um levantamento que concluiu que 44% dos viajantes de negócios consideram muito ou extremamente necessário ter conexões nos hotéis [55].

Vários grupos estão acelerando o passo para atender a essas necessidades, oferecendo Internet de alta velocidade em todos os quartos e mesmo em outras partes dos hotéis. Esse tipo de serviço dá aos hóspedes acesso a *e-mail*, serviços de fax por solicitação, impressão de alta qualidade e conectividade com grupos de trabalho. Todos os serviços são acessados no quarto do hóspede ou na sala de reuniões, simplesmente ligando-se o computador portátil na conexão do quarto [56].

O futuro da conectividade nos quartos pode não determinar o avanço do *e-business* para os pequenos hotéis, mas poderá cumprir um papel interessante a longo prazo, à medida que os gerentes de hotel tentam desenvolver novos serviços que explorem esse tipo de infra-estrutura. Na verdade, o investimento em tecnologia é apenas um passo em direção a transformações mais profundas no funcionamento dos hotéis.

Passo 15 – Construir uma propriedade de alta tecnologia

Com certeza, transformar pequenos hotéis em propriedades *high-tech* exige que os gerentes compreendam que a tecnologia e a presença na Internet não devem ser iniciativas isoladas;

antes, eles devem passar a defender a reestruturação de todo o seu patrimônio, seja ele tangível (como os ativos fixos) ou intangível (sistemas, equipe, cultura, etc).

Assim, a reengenharia dos processos estratégicos e operacionais deve ser complementada por um desenvolvimento mais sistemático de habilidades gerenciais e profissionalismo da equipe. O treinamento em *marketing* e gerenciamento, bem como o uso de TI, possibilitará às PMEs apreciar as novas evoluções e aproveitar integralmente as ferramentas de comércio eletrônico que estão surgindo. Por isso, o *marketing* e o gerenciamento devem impulsionar o desenvolvimento tecnológico, e não o contrário, o que é essencial para transformar os pequenos hotéis em propriedades mais tecnológicas [31].

Podemos, portanto, visualizar o surgimento de pequenos hotéis com investimentos adequadamente concentrados em TI, não tanto para fazê-los "parecer" hotéis *high-tech*, mas sim para que "funcionem" dessa forma. Essa tarefa deverá ser cumprida com custos operacionais mais baixos e afluxos menores de capital do que os hotéis-membro de redes internacionais.

Naturalmente, a viabilidade relativa dessas iniciativas para os pequenos hotéis dependerá de seus objetivos com as novas infra-estruturas. Como observamos até agora, as boas práticas concentram-se na integração dos sistemas de *front-office* e *back-office* para tornar a informação mais gerenciável. Contudo, essas iniciativas podem ser conectadas diretamente a novos sistemas e redes, que permitirão que os funcionários desempenhem processos como *check-in* e *check-out* com mais eficiência [57]. Da mesma forma, as novas infra-estruturas de TI e sua integração completa devem levar a comunicações mais fluidas, com a possibilidade de desenvolver o hotel "sem papéis", permitindo até mesmo que os hóspedes acessem os dados das suas contas depois de terem deixado o hotel para que possam processar suas cobranças de despesas de viagem junto a seus empregadores com mais facilidade [58]. Os objetivos nesse tipo de situação são construir um hábito de *e-business* nos funcionários e nos clientes para acostumá-los a funcionar virtualmente, ao mesmo tempo em que se preservam a confiança na qualidade e a confiabilidade dos serviços.

A fusão das propriedades de alta tecnologia com o comércio eletrônico levará inevitavelmente a um setor de hospitalidade mais transparente e mais eficiente. Os pequenos hotéis podem se beneficiar muito desse tipo de investimento, já que propicia a formação de um grupo de hóspedes mais fiéis, os quais identificam valor maior nesse tipo de propriedade por combinar o toque humano diferenciado com a eficiência das operações *high-tech*. Integrando o melhor de ambas as situações, os pequenos hotéis serão capazes de se posicionar *on-line*, ao mesmo tempo em que operam da forma tradicional. O que dará maior coerência em sua imagem é a possibilidade de criar uma marca de alto valor associada à tecnologia. Em essência, os pequenos hotéis devem ver o comércio eletrônico e a TI como uma oportunidade única de se transformar, crescer mais rapidamente e atingir uma etapa mais lucrativa em seu ciclo de vida organizacional.

Passo 16 – Desenvolver serviços inovadores de comércio eletrônico

A decisão de terceirizar todos os aplicativos de comércio eletrônico, *front-office* e *back-office* poderá oferecer melhorias importantes a curto prazo, mas também poderá revelar-se uma excelente oportunidade para que os pequenos hotéis diversifiquem suas atividades a longo prazo. Esse pode ser o caso de alguns hotéis que aceitam desenvolver novas vantagens tecnológicas e ocuparem uma posição mais ativa no comércio eletrônico, estabelecendo parcerias com especialistas e desenvolvedores locais de TI.

Os pequenos hotéis podem participar na condição de "usuários de ponta" no desenvolvimento de novos serviços e de novas funções específicas que os *sites* oferecem para atender às necessidades, como orientações sobre a destinação, escolha de serviços complementares, construção de perfis de visitantes, sistemas de pontos por fidelidade, etc. Tais soluções inovadoras, uma vez desenvolvidas em parceria com uma empresa de TI, podem transformar-se em oportunidades para diversificar atividades, gerando receitas através da difusão da solução, investindo em *joint-ventures* com os prestadores de serviços de comércio eletrônico, contribuindo para elaboração e venda em massa das soluções inovadoras do turismo eletrônico.

Embora essa visão possa parecer ainda remota para a maioria dos empreendedores do setor de hospitalidade, ela assume um significado mais real e imediato ao examinarmos alguns casos interessantes, nos quais pequenos hotéis de várias destinações tiveram sucesso ao tornarem-se pioneiros na parceria com os desenvolvedores de tecnologia, especialmente fornecendo conhecimento relativo ao setor para ajudar na construção de novos serviços eletrônicos.

Um caso interessante de inovação de produto em comércio eletrônico pode ser encontrado no relacionamento dos hotéis com os SCRs, especialmente aqueles que investem permanentemente em novas funções e na Internet [59]. Os novos *sites* desenvolvidos pelos hotéis representam um "campo de testes" ideal para que as empresas de tecnologia desenvolvam funções que permitam às empresas de hospitalidade competir através de suas vantagens diferenciais, seja sua relação valor/custo superior, uma localização especial no destino, características únicas dos programas de fidelidade ou simplesmente atividades complementares insuperáveis [60]. Adotando precocemente a tecnologia, o gerente poderá posicionar bem sua empresa não apenas como usuário de tecnologia, mas também como um dos principais beneficiários de sua difusão progressiva. Como tal, essas funções inovadoras podem ajudar os hotéis a desenvolverem novas práticas de qualidade no comércio eletrônico e especialmente tornar-se referências mundiais para o seu segmento.

Os pequenos hotéis também podem se tornar inovadores através de seu relacionamento com os prestadores de serviços de comércio eletrônico. Essas PMEs de tecnologia estão constantemente buscando parceiros para ocupar posições de liderança no desenvolvimento, na testagem e no *marketing* de soluções inovadoras. Muitas vezes, trata-se de novos serviços na Internet que vão além das necessidades de um único hotel e exigem acesso à base de conhecimento de todo o setor de hospitalidade. Por exemplo, consideremos a criação de uma função de "levantamento de preços", ou novas funções que ajudem a reservar outros serviços complementares [25]. Esses casos também podem ser excelentes oportunidades para os empreendedores do setor de hospitalidade exercerem um papel de liderança em sua comunidade, envolvendo atuantes locais em torno da nova solução e ajudando-os a aprender como explorar seu poder. Essa posição pode compensar muito a longo prazo, já que os gerentes perspicazes podem estar à frente das transformações no segmento e vir a ser especialistas no uso de comércio eletrônico.

Uma vez que um hotel pequeno comece a cumprir um papel de ponta em sua comunidade, ele poderá ver o profundo impacto na transformação do destino. A empresa poderá estar no centro de diversos pacotes turísticos, os quais podem ser montados e apresentados a viajantes através de portais de destinos, ajudando mesmo a construir clubes turísticos especiais para seu destino [61]. Uma vez que essas ofertas personalizadas se tornam populares, o pequeno hotel responsável por sua iniciação poderá ganhar reputação de inovador e gerador criativo de produtos turísticos.

A propriedade que estiver no centro dessas iniciativas poderá ganhar mais valor e reconhecimento para sua marca, a um custo relativamente baixo.

Contudo, as PMEs do setor de hospitalidade podem ir além do seu segmento e tornarem-se parceiros externos ou mesmo integrais em novos empreendimentos de comércio eletrônico. Existem várias oportunidades para diversificar e investir no *marketing* de novas soluções na Internet que venham a ser atividades complementares para o empreendedor [62]. Esse tipo de envolvimento exige muito mais do que apenas prover informações sobre como esses novos serviços eletrônicos deveriam ser estruturados, implementados e operados. O pequeno hotel tornar-se-ia parceiro e promotor de um novo aplicativo com potencial de crescimento como negócio, muitas vezes maior do que sua atividade principal de hospitalidade.

Certamente, os pequenos hotéis podem cumprir um papel cada vez mais ativo e diversificado no comércio eletrônico. Começando como simples usuários de ponta de novas soluções na Internet, os gerentes podem decidir cumprir um papel de liderança no aperfeiçoamento e na difusão da solução inovadora. Eles também podem assumir a frente da comunidade na construção de produtos turísticos inovadores, a partir de soluções da Internet, lucrando mais diretamente a partir dos produtos que contribuíram para desenvolver. Por fim, os empreendedores do setor de hospitalidade podem diversificar suas atividades tomando parte dos empreendimentos em comércio eletrônico e até mesmo sendo fornecedores para as empresas de Internet que exigem participantes oriundos do setor que proporcionem a base de conhecimentos para a prestação de serviços.

Naturalmente, tornar-se um pequeno hotel inovador constitui um longo processo de evolução. Deve-se esperar que esse tipo de atividade altamente avançada venha a crescer em importância à medida que diversos empreendedores do setor, em vários destinos, serão pioneiros no comércio eletrônico em sua comunidade. Com certeza, antes de inovar, uma empresa deve ter realizado a reengenharia de sua organização e aprendido como utilizar os mais recentes aplicativos. Uma vez que os administradores aceitem transformar suas empresas, construir novas vantagens competitivas e utilizá-las estrategicamente, os benefícios da Internet para os pequenos hotéis e para os serviços de alimentação a eles associados serão certamente maiores do que as expectativas mais otimistas.

FATORES FUNDAMENTAIS PARA O SUCESSO DE SUA ESTRATÉGIA DE *E-BUSINESS*

A resposta às tendências estratégicas de comércio eletrônico e à implementação de boas práticas exige uma iniciativa simultânea para fortalecer as capacidades tecnológicas através da adoção de soluções inovadoras. Como observamos até agora, os aplicativos de *front-office* e *back-office* devem passar pela reengenharia, serem reconfigurados e reintegrados para garantir uma operação eletrônica total, antes, durante e depois da prestação dos serviços de hospitalidade. Também observamos várias razões pelas quais tais tecnologias estão tornando-se cada vez mais acessíveis e fáceis de serem implementadas por parte das PMEs.

No entanto, há várias formas de chegar a tais infra-estruturas e sistemas, bem como há diversas alternativas para o gerenciamento e a geração dos aplicativos. À medida que a trajetória do *e-business* avança e surgem novas dificuldades, muitos hotéis pequenos e serviços de alimentação podem ficar tentados a abandonar ou simplesmente diminuir as iniciativas.

Para evitar tais situações, devemos prestar muita atenção aos fatores fundamentais para o sucesso da implantação de uma estratégia de *e-business* no setor de hospitalidade.

- Dirigir sua estratégia para os objetivos corretos é, de longe, o fator mais importante. Muitos pequenos hotéis e serviços de alimentação construíram *sites* simplesmente para estabelecer a presença, refletindo pouco sobre o potencial oferecido pela Internet. Os objetivos delineados anteriormente podem servir para nortear os gerentes perspicazes na busca de idéias convincentes para construir seus estudos de caso, dando à sua iniciativa de *e-business* a direção que considerarem mais adequada.
- Assumir riscos calculados também é um fator importante para evitar o esgotamento durante uma trajetória tão longa de *e-business*. Obviamente, é impossível prever se seu *site* será eficaz em atrair a clientela que você deseja. Tampouco qualquer tecnologia pode lhe garantir uma vantagem definitiva sobre seus concorrentes locais ou regionais. No entanto, os gerentes que conhecem seu destino e as tendências de mercado podem calcular esses riscos num cronograma relativamente preciso. São exatamente essas as lições que devem direcionar os investimentos em tecnologia, resistindo à tendência dos outros interessados de distorcer o pensamento estratégico das iniciativas de *e-business*.
- A escolha de um fornecedor para todos os produtos pode ser uma decisão fundamental para a sobrevivência, já que muitas soluções baseadas na Internet estão surgindo. Totavia, poucas foram testadas adequadamente e integradas aos sistemas existentes. Por isso, os gerentes perspicazes vão querer cumprir um papel mais ativo, sendo os primeiros a estabelecer parcerias com os vendedores locais para dividir os riscos das novas tecnologias. Para que uma iniciativa de *e-business* funcione, eles devem estar preparados para liderar seus parceiros em TI e inspirá-los em relação às grandes oportunidades empresariais oferecidas pelas funções que se quer desenvolver. Na verdade, os hotéis e os serviços de alimentação mais bem-sucedidos serão aqueles que tomarem a iniciativa de pedir aos

fornecedores que estudem seu caso em detalhes, especificando novas soluções que atendam a essas necessidades, testando esses sistemas em relação aos que já existem e, a seguir, colocando os aplicativos resultantes nos mercados de outras regiões. Esse tipo de postura pode fornecer aos pequenos hotéis uma vantagem definitiva sobre os concorrentes, em nível local.
- Por fim, não se pode perder de vista a concepção do *e-business* como caminho para o crescimento. Em vez de considerar tais investimentos uma continuação das estratégias anteriores, a Internet deve ser uma oportunidade para libertar-se das barreiras que impedem os pequenos hotéis de se tornarem empresas de porte médio ou grande e independentes. A prática do *e-business*, bem como os mercados em potencial que podem ser conquistados, pode efetivamente acelerar a transformação de um hotel pequeno em grande.

ESTUDOS DE CASOS DE SOLUÇÕES INOVADORAS DE *E-BUSINESS*

Entre as diversas tecnologias utilizadas com base na Internet, encontramos alguns estudos de caso interessantes que podem levar os pequenos hotéis e serviços de alimentação a formular e implementar uma estratégia de *e-business* de alto impacto. Analisaremos aqui alguns casos de tecnologia de ponta em quatro áreas de grande potencial para o setor de hospitalidade:

- Provedores de serviços de aplicação.
- Parcerias em compras eletrônicas.
- Sistemas de gerenciamento de informação.
- Inteligência competitiva.

Provedores de serviços de aplicação

Está claro que o custo e o acesso às tecnologias de comércio eletrônico são muito mais viáveis do que pode parecer à primeira vista. Os pequenos hotéis podem construir seu estudo de caso com segurança e começar a adotar tais soluções no ritmo que desejam, proporcional à sua capacidade de mudança. Assim, a construção de vantagens tecnológicas levará as PMEs de hospitalidade a proteger melhor sua base de mercado, capturar os consumidores de turismo e prestar serviços com maior agilidade e confiabilidade, tudo isso com um investimento razoável em TI.

HotelTools

A HotelTools Inc. começou com sucesso a implementação de sua plataforma de gerenciamento de empreendimentos de última geração. A apresentação pública marca o lançamento da solução de PSA da HotelTools, líder no setor, fornecendo aos proprietários e operadores de hotéis as ferramentas para gerenciar diversas propriedades, preços e relacionamentos, em tempo real. A HotelTools elaborou acordos com diversas redes e instalou sua tecnologia de última geração para os clientes novos e os existentes no ano de 2001 [42].

Newtrade

A Newtrade Technologies Inc. fornece soluções avançadas de *e-business* que permitem às empresas de hospitalidade melhorar as operações *on-line* e o desempenho de vendas. Sua plataforma inovadora, a TravelSpaces, possibilita a automação, a conectividade de ponta a ponta e as soluções para o gerenciamento de canais eletrônicos através das várias vias de distribuição, incluindo os sistemas globais de distribuição (SGLD), reduzindo custos e maximizando a visibilidade e as receitas [44].

SynXis

A SynXis Corporation, fornecedora de serviços de distribuição e gerenciamento de reservas para o setor de hospitalidade, anunciou que os hotéis Headquarters Plaza, de Morrison, New Jersey, mudaram para o sistema de gerenciamento de reservas SynXis Agent. O hotel, com 256 apartamentos, é uma empresa de boa reputação que serve à comunidade corporativa e social há 18 anos.

A SynXis foi escolhido como o fornecedor exclusivo de tecnologia de reservas e distribuição eletrônica para o hotel. O SynXis Agent, uma solução baseada em Java, oferece conectividade total com os mais de 500.000 agentes de viagem que utilizam os quatro principais SGLDs para fazer reservas em hotéis no mundo todo. O mecanismo também possibilita que a propriedade seja reservada através dos principais portais turísticos na Internet, como o Travelocity, o Expedia, o Yahoo e o PlacesToStay.com. Com a utilização do mecanismo de reservas *on-line* do SynXis, o *site* do hotel, Book-A-Rez, (www.hqplazahotel.com) oferece agora reservas com confirmação instantânea para hóspedes que utilizam a Internet.

"Escolhemos o SynXis não apenas pelas importantes economias de custos que teremos com o sistema, mas também pelo nível de controle que será possível em relação ao nosso estoque de quartos", diz Bob McIntosh, diretor de vendas e *marketing* do hotel. "O SynXis permite que se façam atualizações automáticas nos preços e disponibilidade a partir de meu computador, em todos os canais ou em cada um deles individualmente. Assim, obtenho resultados imediatos a partir dos ajustes feitos em nossa estratégia de *marketing*, e isso se traduz em um resultado melhor".

"O Headquarters Plaza Hotel é um hotel independente e forte, bastante conhecido, comprometido com o crescimento de seu negócio nas áreas corporativas e de lazer, de forma viável em termos de custos", diz Elmer Capoolse, vice-presidente da SynXis. "A tecnologia SynXis é perfeitamente adequada ao Headquarters Plaza, proporcionando ampla distribuição em SGLDs e na Internet, além de um controle em tempo real que ajuda a maximizar a ocupação e os preços".

O SynXis é o fornecedor exclusivo de tecnologia baseado em JAVA, que permite que os hotéis gerenciem de forma centralizada o estoque de apartamentos em todas as fontes de reservas, para uma ou para várias propriedades. Utilizando o centro de controle SynXis Agent (TM), um painel com o estoque do hotel, são consolidadas as reservas de todas as fontes. Podem-se controlar facilmente os preços e a disponibilidade em todos os canais a partir de uma interface de fácil utilização. Essa flexibilidade e esse mecanismo de controle podem ser acessados a qualquer momento, de qualquer local com acesso à Internet [43].

Zoho

A Zoho Corporation, o principal mercado *on-line* para o segmento de hospitalidade, anunciou seus novos aplicativos para acompanhamento de orçamentos e gerenciamento de inventário. Essas funções possibilitarão aos membros desse mercado um gerenciamento mais completo do ciclo de compras *on-line* como um todo, desde acompanhar e gerenciar os orçamentos operacionais até o monitoramento e a manutenção dos níveis de estoques, incluindo a compra instantânea de bens e serviços operacionais.

Projetado para os requisitos únicos do setor de hospitalidade, o novo recurso de orçamento da Zoho permitirá que os membros gerem orçamentos operacionais mensais e anuais, monitorem e controlem contas para despesas, e informem variações em orçamentos departamentais. Os membros também terão acesso à contabilidade em tempo real, aos níveis mensais de despesa, tanto reais quanto comprometidos, e a análises de compras detalhadas e atualizadas e padrões de despesas relacionados. Ao utilizar a ferramenta de orçamento, os membros da Zoho podem tomar conhecimento do impacto das aquisições planejadas sobre a despesa prevista mensalmente, possibilitando-lhes controlar e alocar fundos de forma eficaz. Além disso, utilizando a previsão de ocupação e outras medidas-padrão, o acompanhamento de orçamento propiciará que os gerentes financeiros ajustem com facilidade ou recalculem os orçamentos a qualquer momento, ganhando flexibilidade e melhorando as decisões de compra.

Os novos recursos de gerenciamento de estoques da Zoho oferecem aos membros um almoxarifado virtual, possibilitando ao gerente de departamento analisar e avaliar a utilização de produtos e monitorar o inventário e a disponibilidade, sem sair de sua sala. A função possibilitará que os administradores e os proprietários tomem decisões informadas de compra, com base em níveis de estoque atualizados e precisos, eliminando os custos e os problemas de se fazer pedidos pequenos de suprimentos de última hora, cortando a despesa com estoques em excesso e administrando as necessidades onerosas de armazenagem em função de compras excessivas [41].

Parcerias em compras eletrônicas

Diversos GCSs integrados a soluções de PSA estão sendo propostos para o setor de hospitalidade. Entre os vários nomes que estão surgindo, podem-se mencionar o GoCo-op.com (trabalhando em P-Co com os hotéis Marriot e Hyatt), o Zoho.com (tendo o Starwood como acionista), o PurchasePro.com (com o Hilton), e outros, como o ifao.net ou o hsupply.com, que trabalha com uma série de empresas de hospitalidade e propriedades independentes [63, 64].

As alianças para criar mercados digitais que ofereçam diversos produtos e serviços estão rompendo com barreiras comerciais e permitindo o acesso de empresas de hospitalidade de todos os portes. O Deutsche Bank estima atualmente o mercado doméstico em 60 bilhões de dólares e o internacional em 100 milhões para compras eletrônicas em hospitalidade, incluindo mobília, instalações e equipamentos, reforma e construção, contratos de serviço, suprimentos operacionais, e comida e bebida. As economias decorrentes de transações mais eficientes na cadeia de oferta são estimadas atualmente em US$ 3,5 a US$ 4 bilhões nos Estados Unidos, e US$ 7 bilhões em termos globais. A atividade de compras em hospitalidade, de mais de US$ 20 bilhões em termos domésticos e US$ 10 bilhões fora dos EUA, deve estar funcionando *on-line* nos próximos 12 a 18 meses [48].

Conseqüentemente, hotéis grandes e pequenos podem se beneficiar desse tipo de parceria para as compras eletrônicas, de forma a reduzir o custo unitário de seus suprimentos e construir vantagem competitiva.

Avendra

Cinco grandes redes hoteleiras (Marriott, Hyatt, Bass, ClubCorp e Fairmont) formaram o Avendra, um empreendimento que alavancará US$ 80 bilhões por ano em oferta de hospitalidade e agilizar a compra através da formação conjunta de uma rede de compras *on-line*.

Segundo o presidente do Hyatt, Scott Miller, o empreendimento tem potencial para proporcionar um excelente negócio aos hotéis, a seus proprietários e a outras operações no setor. O presidente do Marriott, J. W. Marriot Jr., diz que a parceria é um exemplo da forma que sua empresa e outras estão encontrando para adequar-se à nova economia, produzindo formas mais rápidas e mais eficientes de servir a seus clientes. O GoCo-op fornecerá a principal tecnologia de comércio eletrônico, trabalhando com os hotéis e outros fornecedores de tecnologia e serviços, para integrar os sistemas de *front-office* e *back-office* necessários e fazer com que a estratégia de compras funcione.

O Avendra gerencia atualmente as compras centralizadas para todos os cinco fundadores. Por meio das propriedades que pertencem a essas empresas, e que são gerenciadas ou franqueadas por elas, o sistema tem acesso imediato a mais de 4.000 hotéis (650.000 quartos) e 250 clubes na América do Norte, os quais, juntos, compram mais de US$ 10 bilhões anualmente em bens e serviços. Além disso, o Avendra serve hoje a mais de 500 propriedades franqueadas, não filiadas às marcas dos fundadores, e planeja ampliar em muito seu negócio. Por fim os programas são patrocinados por cerca de 500 fornecedores e representam mais de 700.000 itens [63, 64].

Sistemas de gerenciamento de propriedade

Os sistemas de gerenciamento de propriedade (SGP) podem ser aprimorados com os aplicativos de informações para desempenhar funções de gerenciamento de rendimento [53, 54].

Através do monitoramento minucioso das transações *on-line*, o *software* de rendimentos eletrônicos (*e-yield*) pode dar assessoria em tempo real com relação ao valor relativo de diversas transações, um visitante de cada vez, e otimizar os preços dos quartos até seu valor real. A informação permanece constantemente atualizada através da consulta direta aos estoques e das transações de serviços complementares, prestando-se um *mix* excelente de serviços a cada cliente, adequado às suas necessidades e à sua disposição de pagamento. A seguir, a informação pode ser repassada ao SGP, o qual garantirá que as decisões sobre os quartos e os hóspedes sejam transferidas aos gerentes para que estes certifiquem-se de que as operações estejam sendo executadas segundo as solicitações. Essencialmente, como as informações podem ser totalmente integradas aos aplicativos de *e-business* existentes, poderá servir para automatizar diversas tarefas relacionadas à tomada de decisões que, caso contrário, dificilmente seriam perfeitas.

E-Yield, da IDeaS

A IDeaS desenvolveu uma solução de gerenciamento de rendimentos que permite aos hotéis, às redes e aos *resorts* maximizar a receita total e aumentar a receita por quarto disponível (RevPar – *revenue per available room*), automatizando as decisões que aceitam o *mix* de negócios mais lucrativo.

O conjunto de aplicativos do rendimento eletrônico foi projetado para a integração total com os principais sistemas de tecnologia do hotel, incluindo gerenciamento de propriedade, de centrais de reservas e vendas, e serviços de *catering*. A solução de rendimento eletrônico está disponível em configurações instaladas nas propriedades, centralizadas ou baseadas em PSA. Uma interface do usuário, operando na Internet, possibilita que os clientes acessem o sistema de rendimentos eletrônicos à distância, de qualquer navegador. Único mecanismo para decisões totalmente automatizado no setor, o sistema de rendimentos eletrônicos também é a única solução para prever a demanda de grupo e em trânsito, e a única para calcular o valor de cada tipo de demanda [65].

Fidelio Exchange, da MICROS

A MICROS Systems criou o MICROS-Fidelio Exchange, uma nova interface bidirecional que integra o SCR e o sistema de informações aos clientes da MICROS a qualquer SGP. A nova interface facilita a sincronização completa de reservas, incluindo ações, quartos múltiplos, lista de espera, *no-shows*, cancelamentos, lotes, definições de preços, definições de pacotes, perfis de hóspedes, bem como um *lookup* central para perfis de clientes. O MICRO-Fidelio Exchange proporciona suporte completo para o gerenciamento de rendimentos centralizado, e permite o emprego econômico e rápido do sistema de gerenciamento de empreendimentos Topline PROPHET, da OPUS 2, um aplicativo de gerenciamento de rendimentos desenvolvido por essa subsidiária da MICROS.

Bevinco, da The Consortium

Um grupo de seis empresas de hospitalidade em Dallas, Orlando e Nashville anunciou a formação de um modelo empresarial único, chamado de "The Consortium". "Como um grupo aliado de operadores *business-to-business* com ampla experiência em hospitalidade, podemos oferecer conhecimento de dentro do setor e sistemas já testados para auxiliar os proprietários e operadores com os desafios operacionais".

Esse sistema inovador de inventário computadorizado é baseado em peso, e não em volume, e trabalha com uma precisão incrível para eliminar o furto e a depreciação. O Bevinco determina os potenciais de custos com bebidas para as empresas, desempenhando uma análise de vendas do bar e, a seguir, instituindo seu sistema de controle de inventário único, caso a auditoria inicial identifique espaço para aumento nos lucros [67].

8.6.4 Inteligência competitiva

Por fim, os pequenos hotéis estão entre os primeiros a beneficiar-se dos aplicativos de inteligência dedicados ao monitoramento competitivo. Na verdade, os gerentes costumam estar atentos ao que os outros hotéis estão fazendo e a como reagem a certas iniciativas estratégicas ou outras ações [68, 69]. Infelizmente, a resposta a essas preocupações exige um poder de coleta de informações de mercado que apenas as grandes redes podem adquirir. Contudo, com a implantação cada vez maior de interfaces entre os vários aplicativos de *e-business* nos diversos hotéis, e a compilação de tais dados através de analistas de informação de terceiros, os aplicativos de inteligência competitiva podem ser operados em escalas muito menores e muito mais acessíveis do que no passado.

HotelNet

Atualmente, acompanhar as flutuações e as ofertas especiais *on-line* dos hotéis é uma tarefa difícil e demorada. Com diversos *sites* turísticos disponíveis, um gerente pode perder horas conferindo listagens. Agora, a empresa Hotel Net Marketing, de Newport, apresenta o Check-Rate, o primeiro produto baseado na Internet que foi projetado para economizar tempo e fornecer listagens de preços competitivos em um relatório *on-line*, de fácil leitura. O produto faz pesquisas rápidas em até 10 *sites* turísticos e cinco listagens de hotéis concorrentes para simplificar o gerenciamento de rendimentos *on-line*. O gerente de um hotel participante tem acesso permanente a esse relatório, que lança informações sobre preços em tempo real, referentes ao conjunto de *sites* por ele escolhido [68].

IntelligentView

O IntelligentView.com lançou a primeira fonte especializada no setor turístico para dados agregados de comparação e avaliação de elementos fundamentais sobre desempenho de *sites*. O IntelligentView WebData Series fornece relatórios direcionados que possibilitam aos administradores de hotéis avaliar e melhorar o desempenho do *site*, em tempo real, e em relação aos concorrentes locais e do setor. Essa capacidade única de comparar e monitorar o desempenho dos *sites* em relação ao conjunto de concorrentes é especialmente importante já que o meio está em constante mudança. O produto foi lançado oficialmente na ITB, em Berlim, e vem sendo testado em versão beta há vários meses, resultando em muitos pedidos de assinatura [69].

O FUTURO DO COMÉRCIO ELETRÔNICO E DO *E-BUSINESS*

E o que se pode dizer do futuro do comércio eletrônico e do *e-business* para os serviços de hospitalidade? Em primeiro lugar, está claro que esse setor vem se mantendo relativamente estável nas últimas décadas, com uma dualidade razoavelmente constante entre hotéis grandes e pequenos, bem como um enfrentamento permanente entre as operadoras de hotel e seus canais de distribuição, especialmente as operadoras turísticas. Mas, com o tipo de concorrência que surge, o futuro provavelmente será diferente.

Na verdade, dada a necessidade de evoluir rumo a uma abordagem mais dinâmica do *marketing* de seu pequeno hotel ou da parte operacional de seus processos *on-line*, deve-se ter em mente uma série de conclusões, as quais apontam para algumas direções futuras fundamentais:

- Com a mudança rápida nos estilos de vida, nas preferências e nos hábitos de consumo dos turistas, a estrutura do setor inevitavelmente mudará em favor das empresas mais capazes de satisfazer os novos clientes, em toda a diversidade de suas necessidades.

- Por enquanto, o comércio eletrônico ainda não teve o impacto que prevíamos. Entretanto, diferentemente de outros setores de serviços influenciados pela Internet, as estatísticas atuais sobre o turismo eletrônico (que representa 25% das vendas *on-line* para os consumidores) estão entre as mais sólidas e sérias previsões com as quais podemos contar. Na verdade, o tamanho e a lucratividade das oportunidades oferecidas pelo comércio eletrônico nos serviços turísticos não podem ser menosprezados.
- Da mesma forma, pode ser desastroso desconsiderar a ameaça do efeito de deslocamento ou de substituição de volume, no qual uma empresa pode facilmente perder uma fatia importante de seus mercados, simplesmente por não se adaptar às práticas adequadas de comércio eletrônico.

Dessa forma, os pequenos hotéis e os serviços de alimentação a eles associados encontram-se em uma encruzilhada e devem fazer uma escolha adequada antes de embarcar na Internet:

- Por um lado, podem não alterar substancialmente sua abordagem e desenvolver suas atividades como sempre fizeram, com a expectativa de que o crescimento venha a ser lento, mas com a satisfação de manter as operações funcionando com pouco capital.
- Por outro lado, podem dedicar-se a buscar o crescimento, especialmente investindo em tecnologias e infra-estruturas de comércio eletrônico e de *e-business*, proporcionalmente aos tipos, aos volumes e às fatias de mercado que quiserem conquistar através das transações *on-line*.

A julgar pelo despertar súbito e frenético dos grandes hotéis para os imperativos do *e-business*, parece claro que o segundo caminho oferece as oportunidades maiores e mais lucrativas. Com isso, os pequenos hotéis devem avaliar adequadamente o que o comércio eletrônico lhes tem a oferecer e o lugar que podem ocupar nesse meio.

Como discutimos no decorrer desta seção, três dimensões devem ser abordadas para garantir-se que as iniciativas tomadas sejam coerentes.

- Em primeiro lugar, os pequenos hotéis precisarão escolher muito cuidadosamente a forma como responderão às tendências estratégicas de ponta, especialmente ao tomar decisões sobre como diferenciar-se *on-line*.
- Em segundo, terão que implementar novas práticas apropriadas, especialmente relacionadas ao processo de reserva, para que possam estar à altura dos líderes do setor.
- Em terceiro lugar, essas iniciativas terão de ser sustentadas por um investimento ativo em soluções inovadoras, explorando, assim, uma série de aplicativos novos, mais flexíveis e mais acessíveis, através de parcerias com fornecedores de soluções de comércio eletrônico de pequeno porte.

Conseqüentemente, o futuro do comércio eletrônico e do *e-business* reserva mais oportunidades do que ameaças para o setor de hospitalidade e para os pequenos hotéis em especial. Como tal, a formulação de uma estratégia de *e-business* totalmente nova pode ser feita tendo-se em mente os seguintes pontos:

- Os gerentes perspicazes podem estar seguros de que seus objetivos, ao entrarem nos novos mercados da Internet, podem ser atingidos. Desde que alguns fatores fundamentais para o sucesso sejam respeitados e a escala das iniciativas seja razoável, as chances estão a favor dos pequenos hotéis que tentarem entrar neles cedo e rapidamente.
- O crescimento do mercado, a entrada fácil nos canais de distribuição e o acesso a tecnologias mais baratas que se integrem diretamente às plataformas legadas são apenas algumas das condições excelentes para justificar um estudo de caso empresarial de comércio eletrônico nos pequenos hotéis.
- A tarefa que se apresenta agora é a do planejamento estratégico, especialmente através da visualização de uma nova empresa comprometida com o crescimento e que evoluirá em outro estágio de seu ciclo de vida, no ritmo da Internet e de seus consumidores de turismo eletrônico [70].

9
Agências de viagem

INTRODUÇÃO

O surgimento do comércio eletrônico e do *e-business* deixou a maioria dos agentes de viagens preocupados com o futuro. Alguns acreditam em cenários apocalípticos, nos quais a Internet reduziria seus negócios a um pequeno (até mesmo micro) nicho de clientes tradicionais que resistem às compras *on-line*. Outros estão em uma posição mais passiva, já que consideram a Internet uma ferramenta maravilhosa para fazer pesquisas de informações para seus clientes, mas acham que o comércio eletrônico permanecerá sendo uma atividade pequena, não superando o volume de negócios feitos de forma tradicional. Por fim, existe uma opinião geral compartilhada por um número cada vez maior de agentes de viagens, segundo a qual o *e-business* é simplesmente uma extensão dos sistemas e mecanismos que vinham sendo utilizados até agora, que terá muita penetração, mas que ainda exigirá um alto grau de interação com os agentes de viagens.

Apesar da diversidade de opiniões, todos concordam que adaptar-se a uma nova tecnologia de informação é uma prioridade básica na agenda do setor de agências de viagem. A importância da Internet no setor turístico não pode mais ser ignorada, os consumidores buscam cada vez mais a rede para obter informações turísticas e para comprar produtos. Segundo a Travel Industry Association (TIA), mais de 59 milhões de americanos utilizaram a Internet em 2000 para obter informações sobre destinos ou para verificar preços e horários, o que significa um crescimento de quase 400% em relação aos três anos anteriores. Desse grupo, a TIA diz que 25 milhões realmente fizeram compras de produtos e serviços turísticos em 2000, representando um salto de 382% sobre os números de 1997 [17].

À medida que o setor de agências de viagem assume um caráter mais *on-line*, cada uma delas deverá decidir se quer fazer parte desse movimento e quanto irá investir em novas tecnologias que lhe permitam competir na Internet. Contudo, antes que uma agência decida comprometer-se com o *e-business*, deverá garantir que sua estratégia esteja bem orientada em relação às tendências fundamentais que movimentam o setor.

DIRECIONANDO SUA ESTRATÉGIA DE *E-BUSINESS*

Para quem dirige uma pequena agência de viagens, há pelo menos três decisões estratégicas importantes que determinarão, em grande medida, o tipo, o alcance e o desempenho de qualquer iniciativa de *e-business*. Em primeiro lugar, você deve desmistificar as reservas feitas pela Internet e seu impacto sobre as agências de viagens, o que o levará a decidir se quer envolver-se em comércio eletrônico e, caso afirmativo, qual a direção que deve tomar. Em segundo lugar, você deve proteger seu negócio das transformações inevitáveis que estão acontecendo no setor, principalmente adotando uma estrutura de receitas alternativas e cobrando pelos serviços para vir a ser menos dependente das comissões pagas pelas companhias aéreas, ou ainda, por meio da venda de produtos turísticos alternativos. Em terceiro lugar, você deve ir além da venda de passagens, um negócio que está rapidamente se tornando um "serviço de mercadorias" prontamente disponível na Internet, envolvendo-se em serviços de maior valor que garantirão sua diferenciação e seu crescimento a longo prazo.

Sendo realista sobre o comércio eletrônico e o *e-business*

Um número grande de agentes de viagens considera o comércio eletrônico uma atividade muito complexa, exigindo tecnologias que não estão disponíveis para a agência comum. Da mesma forma, muitos vêem a oferta geral de agências eletrônicas e portais como serviços que se tornarão, com o passar do tempo, imbatíveis em diversidade, preço, qualidade, flexibilidade, etc. Mas essas percepções não dão conta de duas realidades.

- As tecnologias de comércio eletrônico e *e-business* estão se tornando mais acessíveis e, portanto, mais viáveis para todas as PMEs no setor turístico, incluindo as agências de viagens.
- As reservas pela Internet não são uma panacéia para todo o setor turístico, sendo necessário que se façam diversas melhorias, as quais podem ser realizadas pelas agências de viagens tradicionais (veja a Tabela 5).

TABELA 5 Mitos e realidades sobre as reservas de viagens feitas pela Internet

Mito	Realidade
As tarifas aéreas mais baratas podem ser encontradas na Internet.	Nenhum serviço na Internet, sozinho, oferece as tarifas mais baratas. Além disso, há uma mudança constante nos preços, sendo necessário fazer pesquisa. Os agentes de viagens, por terem um quadro completo de preços, podem encontrar as melhores tarifas e sugerir opções econômicas, como aeroportos alternativos ou a permanência aos sábados.
Pesquisar produtos turísticos na Internet proporciona informações instantâneas.	Sim, mas a informação poderá estar incompleta. Além disso, muitos *sites* – especialmente aqueles de alguns consolidadores de passagens aéreas – não passam de anúncios: uma mensagem dizendo "ligue para obter os preços atuais" é o melhor que você irá obter. Leve em consideração também o tempo necessário para encontrar e acessar os *sites* de seu interesse. É fácil começar uma pequena pesquisa e, de uma hora para outra, dar-se conta de ter ficado conectado durante duas horas ou mais.
A Internet permite que você faça consultas sem fornecer nenhuma informação pessoal.	Muitas vezes é possível, mas alguns *sites* exigem que você forneça seu nome, endereço físico e eletrônico antes de poder acessar qualquer informação. Tome cuidado com os *sites* que exigem seu número do cartão de crédito antes de fazer a reserva de suas passagens.
A Internet pode fazer qualquer coisa que uma agência tradicional faz.	É certo que a Internet pode vender praticamente qualquer coisa hoje em dia, inclusive turismo. Mas a venda é apenas uma parte do trabalho de um agente de viagens. O resto são serviços pessoais. Se comprar uma passagem na Internet, para quem você liga se precisar fazer mudanças de última hora nos planos, adiar ou alterar uma reserva no hotel?
A Internet está levando os agentes de viagens à falência.	Na verdade, várias agências de viagens operam na Internet. É apenas mais uma ferramenta que as agências de serviço completo utilizam para atender seus clientes nessa era do comércio eletrônico.

Fonte: [71].

À medida que uma agência de viagens vai descobrindo a viabilidade do comércio eletrônico, ela também deve aprender os passos importantes que devem ser dados para tornar-se um *e-business* eficiente e confiável. Na verdade, seja o seu objetivo construir um *back-office* mais ágil, com pouco ou nenhum relacionamento eletrônico com clientes, ou complementar uma agência tradicional com uma oferta *on-line*, ou mesmo desenvolver um portal totalmente novo para turismo eletrônico, será necessário criar uma arquitetura de *e-business* consistente. Como discutiremos mais tarde, a infra-estrutura de TI das agências de viagens está evoluindo rapidamente, afetando tanto as agências *on-line* quanto as tradicionais.

Entretanto, a oportunidade para a construção de uma estratégia de *e-business* pode ser passageira. Uma agência de viagens pequena deve ser muito cuidadosa ao planejar a longo prazo, evitando surpresas no meio do caminho com mudanças nas tendências. Para construir uma estratégia coerente e realista, você deve ter certeza de:

- Questionar as idéias erradas a respeito da Internet e gerar um debate verdadeiro.
- Comprometer-se com uma iniciativa de *e-business* e fazer com que a empresa, como um todo, a assuma.
- Analisar de que forma a Internet pode oferecer funções inovadoras para suas atuais operações.
- Repensar seus serviços, complementando os serviços tradicionais com atividades *on-line*.
- Transformar as reservas *on-line* em um estímulo a outros serviços, de forma a diversificar suas ofertas na Internet.
- Aprender a partir das interações *on-line* e coletar os dados corretos para compreender o comportamento dos clientes.
- Garantir que o toque humano de seus serviços possa ser reproduzido *on-line*.
- Criar indicadores de sua postura inovadora e renovar seus aplicativos de reservas regularmente.

Indo além da emissão de passagens

Como já foi dito, com o surgimento do comércio eletrônico e do *e-business*, o papel da agência de viagens está se transformando. Antigamente, costumava ser de linha de frente, os agentes eram responsáveis pela maioria das vendas no setor. Agora, mais do que nunca, o trabalho do agente de viagens está centrado em "compras", uma vez que os agentes estão permanentemente buscando o interesse dos consumidores para ajudá-los a encontrar o preço mais baixo possível. Na verdade, o negócio das agências de viagem está aos poucos tornando-se uma função de "corretagem" e "consultoria", em vez de uma mera "emissão de passagens".

Essas tendências surgem em um momento em que a cadeia de valor do turismo (ou os inter-relacionamentos que ligam os consumidores aos prestadores de serviços) passa por transformações profundas, que já vinham sendo previstas há alguns anos. Por exemplo, várias companhias aéreas acreditam não precisar mais de intermediários para vender seu produto. Suas vendas na Internet estão tirando uma fatia do negócio dos agentes de viagens. As companhias aéreas e outros fornecedores do setor turístico pressionam as agências ao cortar comissões e vender diretamente aos clientes. Nos primeiros seis meses de 1999, cerca de 1.800 agências de viagem faliram nos Estados Unidos, segundo a Airline Reporting Corp [72].

Apesar dessas tendências, a emissão de passagens aéreas continua sendo um segmento de ponta do comércio eletrônico, por várias razões. A facilidade de substituir um canal remoto por outro e a falta da satisfação física tornaram obsoleta a visita tradicional a uma agência de viagens ou ao escritório de passagens de uma companhia aérea para a compra de passagens. Hoje em dia, o telefonema deu lugar à Internet, transformando-a no próximo passo nesse processo de evolução. Muitas companhias aéreas estão lutando com as agências de viagens não-filiadas a elas, como a Travelocity e a Expedia, as duas maiores agências *on-line*, pelo domínio total desse tipo de distribuição.

Portanto, fica claro que a adoção da Internet para a reserva de passagens aéreas continuará, independentemente do desfecho dessa guerra entre canais de distribuição. A possível falta de concorrência não será positiva para os clientes. Para que a sua agência de viagens se posicione em meio a essa turbulência de mercado, você deve preparar cuidadosamente sua estratégia de *e-business*, certificando-se de:

- Considerar as passagens um mero fator de atração, uma oportunidade para obter clientes em busca de melhor preço.
- Desenvolver novos serviços que irão diferenciá-lo e apresentá-lo como uma agência de funcionamento simples.
- Construir uma presença na Internet que reflita de forma consistente essas características, potencializando-as.
- Criar uma rede virtual de consultores turísticos especializados, operando com você na Internet.
- Explorar oportunidades específicas, como a obtenção de assessoria pessoal de acordo com demandas específicas, etc.
- Fazer propaganda agressiva sobre os preços e vender pacotes para obter margens complementares; e
- Ensinar seus clientes a mudar de pacotes básicos para aqueles com maior valor.

Adotando uma estrutura básica de receitas alternativas

Assim como ingressam no *e-business*, as agências de viagem *on-line* e as tradicionais devem estar preparadas para um futuro sem comissões, se ainda não o fizeram. Além disso, devem continuar a aumentar as vendas de passagens aéreas ou correrão o risco de perder as vendas complementares de quartos de hotel, aluguéis de carros, pacotes turísticos e cruzeiros mais lucrativos [73].

Por exemplo, a Rosenbluth International é reconhecida, embora muitas vezes com grande ressentimento, por ter previsto várias das tendências econômicas que sacudiram o setor recentemente. No início da década de 90, anos antes que as companhias aéreas enfurecessem os agentes de viagens e mesmo levassem alguns à falência com o corte de comissões sobre as passagens vendidas, a Rosenbluth começou a cortar profundamente sua dependência das comissões e, no lugar, passou a cobrar tarifas dos clientes corporativos através da prestação de serviços de gerenciamento de viagens [74].

Seis anos após os primeiros cortes de comissões por parte das companhias aéreas, o que mudaria para sempre o setor de agências de viagem, a American Society of Travel Agents (ASTA) concluiu que, atualmente, a grande maioria das agências está cobrando por seus serviços, sem efeitos negativos. Os resultados dessa pesquisa trazem uma mensagem clara, a de que os viajantes valorizam os serviços de sua agência e estão dispostos a pagar pela especialização e pela experiência por elas proporcionada.

Os resultados do estudo *2001 Service Fees* demonstrou que 80% de todos os membros da instituição cobram tarifas de serviço por alguns ou por todos os seus serviços e, apesar de um ceticismo inicial, as agências tiveram pouca ou nenhuma resistência por parte dos clientes. Alguns funcionários tiveram dificuldades de fazer as cobranças, especialmente de amigos e clientes de longa data. Mas, quando se evoca a lógica de que são profissionais e merecem ser tratados como tais, a vacilação desaparece. Em vez de perder clientes, os agentes descobriram que a implementação das cobranças fez pouquíssima diferença no tamanho de sua base.

Em média, a pesquisa concluiu que as agências de viagem da ASTA mantiveram 91% de seus clientes. Antes de 1995, apenas 20% das agências estavam cobrando pelos serviços. Atualmente, daquelas que passaram a fazê-lo, 84% começaram após os cortes nas comissões, em 1997. Essas empresas concluíram que os clientes estão mais dispostos a pagar por alguns serviços do que por outros. E entre esses, estão as reservas exclusivas de hotéis (18%) e o aluguel de carros (15%).

Embora a maioria das agências de viagens esteja cobrando tarifas atualmente, os serviços e as quantias variam. O preço para a emissão de passagens aéreas – o serviço mais comum cobrado – vai de 5 a 25 dólares por passagem, ficando em uma média de 13,21 dólares. A grande maioria das agências que cobra tarifas tem um preço padronizado para todas as passagens emitidas. Comparado com 1998, o preço médio da emissão de passagens aéreas subiu cerca de três dólares [75].

Os agentes de viagens, enfrentando a diminuição nas comissões e nas vendas de passagens e a redução no uso de seus serviços, passaram a vender pacotes, cruzeiros e seguros de viagem para gerar lucros [76]. Outro nicho potencialmente lucrativo é o de eventos. As empresas que sobreviverem ao terremoto que se aproxima oferecerão refinamento, e não apenas tecnologia. Os organizadores de eventos precisam de serviços, não sendo suficiente apenas a automação do processo de reservas [77].

Em termos gerais, essa tendência deve levar os agentes de viagens a estabelecer algumas estratégias defensivas para não ser pegos de surpresa, pois vão querer se concentrar na implementação de sua estratégia de *e-business*. Na verdade, a escolha do nicho deve ser feita de acordo com o tipo de *e-business* turístico em que a agência deseja entrar, especialmente em função da lucratividade como suporte aos investimentos necessários. Dessa forma, a análise deve obedecer aos seguintes passos:

- Analisar o que, quando e quanto seus clientes estão dispostos a pagar, seja por mecanismos tradicionais ou *on-line*.
- Escolher para cobrar pelos produtos e serviços nos quais a "elasticidade de preços" ou a sensibilidade seja mais baixa.
- Ensinar aos clientes as regras básicas da relação entre valor e dinheiro, tornando mais fácil o seu processo de compra *on-line*.
- Construir demonstrativos integrados de contas, mostrados na Internet, que apresentem de forma transparente as tarifas ou as taxas.
- Utilizar o Custeio Baseado em Atividade (CBA) para identificar com clareza as vantagens de preço/custo.
- Mudar as políticas de apreçamento e certificar-se de que os clientes entendem o benefício.
- Fornecer preços na Internet que reflitam os baixos custos operacionais e proporcionem referências da qualidade dos serviços.

APLICAÇÕES E FUNCIONALIDADE DO *E-BUSINESS*

Tendo direcionado adequadamente sua estratégia de *e-business* e estabelecido os mecanismos protetores adequados para garantir seu financiamento permanente durante as vendas por meios tradicionais, uma pequena agência de viagens deve escolher o tipo de aplicações de *e-business* nos quais irá investir.

Felizmente, a aplicação diversificada da Tecnologia de Informação (TI) levou os desenvolvedores a oferecer muitas soluções na Internet às agências de turismo, soluções essas que devem ser analisadas de acordo com o tipo e a abrangência da estratégia de *e-business* escolhida pela agência, seja a de renovar sua estrutura de *front-office* ou *back-office* (ou ambas) ou desenvolver um novo portal de turismo eletrônico que potencializará a especialidade e a marca da agência tradicional, ou ainda simplesmente estabelecer sua presença na Internet para desempenhar o seu papel mais tradicional de emissão de passagens.

As aplicações de *e-business* apresentadas a seguir devem ser levadas em consideração, já que oferecem funções novas e, às vezes, complementares em comparação aos sistemas e às soluções existentes:

- **Conectividade com a Internet**: a Internet é uma tecnologia penetrante, que as agências de viagens podem e devem explorar. Utilize-a como uma linha alternativa para se conectar com os clientes em suas casas. Para quem trabalha com computadores pessoais ou para geradores de pequenos volumes de negócios, a Internet pode ser utilizada para se conectar ao SCR e desenvolver o processo. Dependendo da proximidade da agência com o provedor e das políticas de cobranças das chamadas locais da companhia telefônica, os custos da rede podem ser reduzidos. Por exemplo, as agências que utilizam o Galileo FocalpointNet para conectar-se diretamente ao sistema de hospedagem Apollo pela Internet economizam de 25 a 40%, se comparados com uma linha alugada [78]. As agências de viagens devem utilizar a rede para obter informações e talvez preços que não estejam disponíveis em outras partes, e para disponibilizar seus serviços aos clientes. Há diversas informações disponíveis e os SCRs estão permitindo o acesso a elas diretamente pelos portais, a partir de computadores pessoais. A concorrência bem-sucedida dependerá, em grande parte, da capacidade dos agentes de agregar valor à transação turística para o cliente. Esse valor pode ser obtido por meio de conteúdo turístico sobre o destino encontrado na Web. Nela também se podem encontrar informações sobre o clima, exigências para a concessão de vistos, atrações locais, mapas, guias turísticos e muitos outros dados.

- **Site da Web**: poucas agências de viagem reservaram tempo para desenvolver sua presença *on-line*, ao contrário de muitas outras empresas do setor turístico. Mesmo assim, as agências se beneficiam do fato de que o principal propósito do *site* não é realizar a transação, e sim fornecer informações. Na verdade, ao contrário de outros fornecedores do setor (por exemplo, hotéis, atrações, etc.) que têm mais preocupações com a contabilidade da empresa, as agências de viagens devem encontrar uma forma de auxiliar os clientes a tomar decisões informadas. Felizmente, com o desenvolvimento dos novos sistemas de gerenciamento de destino (SGD) e outras soluções integradas, como os PSAs, os *sites* passaram a ser bastante acessíveis às agências e o principal desafio estará na elaboração de seu conteúdo e na sua promoção.

- **Sistemas centrais ou computadorizados de reservas (SCR)**: embora essas sejam as ferramentas tradicionais das agências de viagens, elas também devem ser mais integradas ao *site*, já que representam a primeira função de *e-business* em contato direto com os clientes. Felizmente, a maioria dos sistemas foi conectado à Internet e costuma fazer parte de pacotes completos de PSAs que operam seus próprios mecanismos de reservas pela Internet (MRI) para vários fornecedores do setor turístico, incluindo especialistas em destinações e agências de viagens. Os SCRs oferecem atualmente diversas soluções, permitindo que a Internet seja realmente utilizada para desenvolver negócios com os clientes e ter um *site* por meio do qual os serviços sejam vendidos. Existem produtos prontos que podem receber a marca da agência e é possível construir *sites* flexíveis e ampliáveis que acabem na linha de frente do centro do SCR que utiliza dados estruturados.

- **Gerenciamento de relacionamento com os clientes (CRM)**: de todos os envolvidos na cadeia de valor do turismo, as agências de viagens são os que desenvolvem as relações mais freqüentes e repetidas com cada cliente. Além disso, têm também o maior impacto sobre suas escolhas, podendo, portanto, aprender mais com delas. À medida que uma agência de viagens cresce e torna-se virtual, resultado de suas atividades de comércio eletrônico, ela deve encontrar formas de gerenciar o alto volume de dados sobre os clientes, suas necessidades, suas preferências e seus padrões de comportamento, de forma a otimizar as ofertas de compra feitas a cada um deles. Soluções como o CRM, integradas às centrais de atendimento por telefone de alta tecnologia, são ferramentas essenciais nesse caso. É necessário ter vários canais de distribuição e pontos de contato com o cliente. As agências de viagens também devem se posicionar para vender o turismo da forma que os clientes o quiserem, seja no local da agência, na Internet ou por telefone.

- **Gerenciamento da cadeia de suprimento (GCS)**: entre todos os sistemas, o relacionamento com os fornecedores, como os consolidadores e as operadoras turísticas é o que permanece menos integrado às aplicações de *front-office* e *back-office*. Esses sistemas, mesmo quando conectados à Internet, não são integrados adequadamente aos mecanismos internos das agências. Ainda assim, costumam ser fonte de grandes dores de cabeça para os gerentes, já que são os dispositivos que diferenciam a agência de viagens dos *sites* comuns em que se podem fazer reservas, e são também a principal ferramenta para prever as expectativas dos clientes em relação a valor/custo. Por conseqüência, qualquer iniciativa de *e-business* deve levar em conta a possibilidade de se estabelecer parcerias com vários fornecedores e de desenvolver conexões personalizadas entre os sistemas internos da agência e dos fornecedores, a fim de construir um sistema de GCS totalmente integrado e um alto grau de agilidade no sentido de responder às demandas dos clientes com rapidez e precisão.

- **Sistemas de Gerenciamento de Agências (SGA)**: as pequenas agências de viagem raramente informatizam suas operações internas e sua contabilidade. Mesmo assim, a operação conjunta de uma agência em sistemas *off-line* e *on-line*, a canalização dos clientes para o serviço turístico adequado, a capacitação dos funcionários para a tomada de decisões importantes em relação aos vários canais e, especialmente, o aprendizado sobre como operar de forma virtual exigem um exame detalhado do gerenciamento do fluxo de trabalho. Além disso, com a multiplicação e a descentralização da tomada de decisões, os sistemas de gerenciamento de agências devem estar intimamente integrados às soluções de planejamento de recursos empresariais (PRE), estejam elas sendo usadas para controle básico (como para relatórios gerenciais) ou mais difundidas nas organizações parceiras (por exemplo, utilizadas por várias agências em uma aliança entre as organizações especializadas).

GUIA PASSO A PASSO PARA A IMPLEMENTAÇÃO DA ESTRATÉGIA DE *E-BUSINESS*

Decididas a adotar o comércio eletrônico e o *e-business*, as pequenas agências devem desenvolver um processo cuidadoso de implementação da estratégia, de forma a impedir qualquer problema nas atuais operações. Cada agência terá sua própria evolução, dependendo das pressões sentidas em seu segmento de mercado (como generalistas *versus* especialistas; férias *versus* empresas; franqueado de uma marca *versus* agente independente, etc). Mesmo assim, aquelas que têm pouca experiência com a Internet (que é o caso da maioria dos agentes) provavelmente evoluirão de acordo com três fases:

- **Fase 1 – Ampliando a estratégia e os recursos**: as pequenas agências devem primeiramente solidificar as iniciativas de *e-business* ao: (1) integrar as atividades *on-line* e *off-line*, (2) compartilhar a TI por meio de alianças.
- **Fase 2 – Construindo a infra-estrutura e as competências**: a seguir, elas devem construir seus principais bens: (3) criar aplicativos integrados de *front-office* e *back-office* e (4) criar recursos humanos competentes.
- **Fase 3 – Concentrando os aplicativos na excelência de serviços**: por fim, os sistemas devem ser explorados para: (5) construir fidelidade junto aos clientes, (6) obter inteligência de mercado, (7) oferecer produtos personalizados, com base nessas informações e (8) identificar nichos com alto potencial de crescimento, nos quais seja possível se especializar.

Fase 1 – Ampliando a estratégia e os recursos

Passo 1 – Integrar as atividades *on-line* e *off-line*

Hoje em dia, uma grande quantidade de agências de viagens tradicionais (chamadas de empresas "*brick and mortar*", ou seja, feitas de tijolo e cimento) busca uma estratégia *on-line* e acaba transformando-se em agências "*click and mortar*" ou agências virtuais (que conjugam os recursos *on-line* com as instalações físicas), através da combinação de dois tipos de negócios: o tradicional (*off-line*) e o *on-line*.

Como diz Charles Schwab, executivo-chefe de uma empresa de corretagem, "o sucesso dos negócios do futuro não dependerá de opor as empresas tradicionais "*brick and mortar*" às iniciativas *on-line*, mas de integrar de forma eficaz as duas". [78]

O modelo que combina o "clique" do padrão *on-line* com os tijolos (*brick*, em inglês) do padrão tradicional, o chamado "*brick and click*", permite agora que os consumidores escolham como acessar os produtos e serviços turísticos com base em suas preferências individuais (como o Uniglobe, que desenvolveu grandes esforços para integrar os dois níveis) [79]. Pela Internet, os clientes têm acesso a um conjunto abrangente de planos e ferramentas, tecnologia e serviços turísticos inovadores. Existem no mercado alguns mecanismos de busca que procuram simultaneamente as menores tarifas aéreas e as datas disponíveis, ao mesmo tempo em que apresentam datas alternativas em uma tela única. Os novos *sites* lançados oferecem diversos recursos inovadores, incluindo um canal para pacotes e um para passeios [80].

Dessa forma, para tornar-se uma agência virtual, são necessárias pelo menos duas iniciativas importantes [81]:

- **Conectar-se à Internet**: há uma série de opções que permitem a uma agência conectar-se à Internet. Entre elas estão os *modems*, mini-roteadores e um servidor conectado a um roteador. Os primeiros constituem a forma através da qual muitas organizações de pequeno porte começam, já que o custo é baixo. O lado negativo é que não há *e-mail* "profissional", segurança na rede ou dispositivos para editoração da Web. Os mini-roteadores oferecem conectividade na Internet para toda a empresa, mas novamente sem as opções mencionadas anteriormente. A terceira opção é um servidor conectado a um roteador, mas pode ser caro e ficar fora do alcance de muitas agências pequenas, pois exige um especialista técnico para conectá-lo. Para preencher a lacuna, alguns PSAs desenvolveram soluções integradas, projetadas para pequenas empresas, tendo de cinco a 50 usuários. É uma solução em *hardware* que oferece o *e-mail* profissional, segurança, editoração na Web e acesso à Internet.

- **Ser encontrado na Internet**: embora muitas agências de viagens simplesmente estabeleçam seus *sites* e esperem que o melhor aconteça, isso não é suficiente, já que ser encontrado na rede pode ser um jogo "complexo". A seguir, apresentamos quatro questões importantes que as agências devem examinar ao estabelecer um *site*: certificar-se de que ele serve a viajantes "reais"; certificar-se de que você será encontrado; fazer com que apareça rapidamente na tela; e fazê-lo funcionar bem tecnicamente e em todos os navegadores. Para que as pessoas cheguem a seu *site*, é importante tornar-se um especialista. Para as agências, existem especialidades como mergulho, cruzeiros, golfe, tênis, etc, que podem ser utilizadas para atrair mais visitantes ao *site*. Sobre esse assunto, as agências não devem partir do pressuposto, como muitas fazem, de que os *sites* deve ter imagens sofisticadas e efeitos especiais; em muitos casos, esse pode ser um fator negativo. As agências devem otimizar o conteúdo e o *layout* do *site* para todos os mecanismos de busca, e é aí que as coisas ficam um pouco mais complicadas. Os *sites* têm de ser registrados nos mecanismos de busca e, a seguir, atualizados regularmente. O objetivo é estar entre os 10 primeiros e aparecer em uma pesquisa feita em sua área específica. Hoje em dia, as pessoas são muito ocupadas e seu *site* deve aparecer rapidamente na tela, sendo importante que as agências de viagens cortem o *clutter*. As agências devem se certificar de que o *site* funciona tecnicamente em todos os navegadores. Deve-se enfatizar que é importante não usar tecnologia que esteja à frente do que o mercado está realmente utilizando.

Passo 2 – Compartilhar a TI por meio de alianças

A preocupação que parte dos agentes de viagens é apenas um sinal de que, embora o turismo *on-line* ainda tenha um longo caminho a percorrer em muitos países, já está começando a sacudir os relacionamentos estabelecidos no setor.

No novo mundo das vendas turísticas, agências que historicamente utilizaram pouca tecnologia estão compreendendo que a mudança é fundamental para a sobrevivência. Empresas de Internet, como companhias aéreas e outros fornecedores do setor que oferecem possibilidade de reservas *on-line*, estão tirando-as do mercado. Apenas em 1999, os viajantes corporativos gastaram mais de US$ 7 bilhões em despesas turísticas *on-line*. Esse mercado deve atingir US$ 20 bilhões em 2001.

A dupla ameaça, da diminuição das comissões por parte das companhias aéreas e da proliferação da concorrência na Internet, forçou as agências de viagens a refletir sobre sua utilidade no atual contexto. Elas estão respondendo à ameaça da "desintermediação" com soluções de TI ou a prestação de serviços especiais [82].

As companhias aéreas, os hotéis e as empresas de cruzeiro estão buscando lidar diretamente com seus clientes por meio do comércio eletrônico, enquanto as novas empresas que prestam serviços de Internet tentam captar uma parte do orçamento turístico. Para os muitos agentes de viagens tradicionais que vendem a ampla maioria das passagens, passeios e pacotes, adaptar-se hoje é essencial para proteger os negócios de amanhã.

Os agentes não são os únicos a mudar. O setor como um todo está tentando dar conta dessa nova forma de distribuir seus produtos. Qualquer pessoa que conheça os atuais sistemas de reservas, os procedimentos de emissão de passagens e as formas de cálculo utilizadas pelo setor turístico diria que a transformação é bem-vinda. Os primeiros a sentir as mudanças são os intermediários tradicionais [83].

O setor de agências de viagem, conhecido por seu alto grau de fragmentação, tem agora a oportunidade de consolidar-se em torno das iniciativas de comércio eletrônico. Entre as alternativas estão as alianças, a franquia, ou mesmo as redes independentes. Mas todas as opções de estratégias têm boas chances de sucesso, especialmente em face das crescentes pressões de clientes e fornecedores. As agências pequenas e independentes não podem pagar sozinhas os altos custos do desenvolvimento de soluções de TI. A participação em um grupo grande ou em uma rede de agências de viagens para ter acesso às tecnologias mais modernas parece ser uma solução interessante.

No mundo todo, são muitos os grupos de agências de viagens em operação, o que dá uma ênfase especial ao uso de TI. Alguns são redes nacionais de algumas centenas, e mesmo milhares, de agências de turismo dedicadas a proporcionar aos consumidores os melhores pacotes de férias, cruzeiros, passeios e todos os tipos de serviços turísticos de lazer. Eles utilizam o *site* do grupo para promover sua bandeira e seus serviços. Os recursos que costumam ser apresentados no *site* da Web da empresa são os seguintes (consideramos por exemplo, o grupo XYZ-Travel.com)

- Aproveitar a conveniência da Internet: encontrar todas as necessidades para sua viagem em casa, no escritório ou mesmo em trânsito, praticamente em qualquer lugar.
- Desfrutar da atenção pessoal de um agente qualificado: tudo começa na Internet. O serviço pessoal é importante para o XYZ-Travel.com. Você será contatado por um agente registrado, membro do XYZ-Travel.com, que oferecerá um tratamento pessoal, com segurança e sigilo.
- Deliciar-se com as férias de maior valor: as agências-membros do XYZ-Travel.com oferecem algumas das melhores relações de valor em turismo que você pode encontrar. Escolha uma destinação e deixe seu agente XYZ-Travel.com encontrar as férias perfeitas para você.
- Encontrar uma agência XYZ-Travel.com: simplesmente insira seu endereço em nosso localizador de agências para encontrar os membros mais próximos de sua posição geográfica [84].

Uma marca forte é fundamental para qualquer grupo turístico ter sucesso *on-line*, e a concorrência nesse campo é forte entre os grandes grupos. A Forrester Research prevê que as reservas *on-line* cresçam seis vezes nos próximos dois anos. Como os atuais participantes do mercado vão competir? As estratégias gerais são dotar as marcas atuais de capacidade de atuar na rede, lançar novas surpresas *on-line* e capitalizar a partir do controle de produto. A estratégia de *e-business* para as alianças entre as agências de viagens deve incluir os dois elementos a seguir: em primeiro lugar, ter certeza de que todas as marcas existentes têm capacidade de venda *on-line*. Em segundo, lançar uma supermarca, uma entidade única de distribuição, na qual se possam colocar grandes quantidades de orçamento de *marketing* para criar uma empresa turística *on-line*, para obter alto reconhecimento dos consumidores.

Há uma necessidade de fazê-lo, já que, se os esforços de *marketing* forem direcionados a muitas marcas diferentes, nenhuma delas obterá o reconhecimento e todas permaneceriam sendo empresas de menor porte.

Fase 2 – Construindo a infra-estrutura e as competências

Passo 3 – Criar aplicativos integrados de *front-office* e *back-office*

No atual contexto das empresas turísticas, é necessário automatizar tanto o *front-office* quanto o *back-office* para ganhar eficiência e lucratividade, sempre atendendo às expectativas dos clientes.

Existem aplicativos que permitem aos agentes levar produtos e serviços aos clientes certos, enviando *e-mails* direcionados a partir dessa nova tecnologia. O agente está deixando de ser um simples ponto de venda. Com novas funções, os agentes independentes podem concorrer com a Internet através da tevê. Por uma tarifa mensal e uma simples confirmação do cliente, os agentes podem consultar seu banco de dados *on-line* e enviar promoções e novidades sobre produtos para os que estiverem dispostos a recebê-las. O serviço pode ser utilizado pelos clientes que vão à agência verificar o que está disponível ou pode ser estabelecido o envio de *e-mails* diários, detalhando as diversas ofertas, até uma determinada data. Os agentes podem anexar páginas dos folhetos aos *e-mails*.

Outros recursos podem oferecer o serviço Expert Finder. Este serviço conecta até cinco áreas de especialização pessoal para cada agência, fazendo com que, ao telefonar com consultas específicas sobre um determinado país ou atividade, os clientes sejam rapidamente direcionados a um agente qualificado para assessorá-los. Tudo isso foi desenvolvido a partir das avaliações dos próprios agentes, contribuindo para melhorar a experiência de serviços aos clientes: promover o produto certo para o cliente certo, na hora certa. Os agentes não são mais um ponto de venda; eles representam o sistema comercial completo [86].

Uma importante distribuidora de produtos turísticos *business-to-business* desenvolveu uma tecnologia que ajuda os agentes de viagens a completar o processo de emissão de passagens mais rápida e precisamente. O sistema confere os dados da solicitação gerados pelo agente e, a seguir, emite automaticamente as passagens – tudo em questão de segundos. Esse provedor de tecnologia oferece uma grande vantagem para as agências de viagens e para os departamentos de viagem de empresas, pois agrega os estoques completos dos quatro principais SGDs do mundo – Amadeus, Apollo, Sabre, WorldSpan – em uma plataforma fácil de utilizar, na Internet. Seus clientes também têm acesso aos provedores de estoques de hotéis Pegasus e Hotel Quest [63].

Os consórcios de agências de viagem têm agora acesso a um aplicativo que permite conectar-se a clientes de agências patrocinadas e agilizar os processos relacionados às funções de planejamento e organização de viagem, podendo desenvolver o processamento *on-line* de pedidos, gerenciamento de catálogos, reservas de passagem e reservas em hotéis, e desenvolver o CRM [87].

Os clientes de uma grande agência de turismo na Europa receberão mais opções e terão maior controle ao fazerem suas reservas a partir da introdução de uma nova plataforma tecnológica, a Expert Searching and Pricing (ESP). As melhorias no *site* oferecerão o seguinte: uma lista mais ampla e imediata de opções de vôos e tarifas, incluindo a nova Flexfare, não sendo necessário percorrer páginas e páginas de tarifas; uma interface do usuário aprimorada, com maior controle dos critérios de pesquisa, mostrando instantaneamente ao cliente aquilo que ele busca; e novas instruções sobre como dirigir em estradas européias, eliminando a necessidade de comprar mapas quando em viagem de automóvel [88].

Passo 4 – Criar recursos humanos competentes

No setor de serviços, como é o caso do turismo, a qualidade dos recursos humanos de uma empresa costuma ser o fator que faz a diferença entre os concorrentes. Atualmente, para ter sucesso são necessários funcionários treinados regularmente para utilizar as novas tecnologias.

O fator mais importante que afeta o treinamento hoje em dia é a tecnologia e, especialmente, a Internet. Avanços e profundas transformações no âmbito da comunidade do comércio varejista de turismo criaram um ambiente no qual as pessoas, em todos os níveis, devem conhecer os aplicativos e o seu próprio trabalho. Existem alguns fatores essenciais em cada nível, que devem ser levados em conta quando se reflete sobre nosso futuro tecnológico [89].

Proprietários: embora nem sempre trabalhem diretamente na agência os proprietários precisam ter certeza de que sua agência está avançando de acordo com as transformações tecnológicas e não apenas mantendo o ritmo. Os proprietários devem:

- Utilizar a Internet como canal de distribuição para sua agência, refletindo sobre o desenvolvimento de seu próprio *site*, oferecendo as ferramentas necessárias para facilitar as reservas e coletando informações.
- Aumentar a alavancagem dos fornecedores e a presença global, ao fazerem parte de grupos de compra mais amplos (como consórcios, redes de franquia). Os proprietários de agências devem ter maior margem de manobra em seu poder de negociação. Como um todo, o setor varejista deve ser capaz de negociar pagamentos pelos serviços prestados sendo necessário participar de grupos mais amplos para atingir essa meta. Uma fatia de mercado de 25% ou mais ganhará respeito dos fornecedores do setor e garantirá que as agências de viagens sejam uma força a ser reconhecida.

Administradores e gerentes: são eles que têm uma das áreas mais difíceis de cobrir. Não apenas precisam estabelecer exemplos e liderar a partir deles, como também devem oferecer o ambiente de treinamento para garantir que a equipe seja mantida atualizada. Devem concentrar-se nas seguintes áreas:

- Atualizar sua equipe de assessores para garantir que sejam competentes o suficiente na utilização dos mecanismos de busca e do material das fontes, da forma mais eficaz e ágil.
- Investir em programas de recursos humanos para manter a atual força de trabalho.
- Contratar pessoas que assumam a tecnologia e estejam dispostas e capacitadas a compartilhar informações.
- Obter a qualificação necessária em termos de gerenciamento para dirigir uma empresa lucrativa.
- Desenvolver o *marketing* por meio da Internet e do *e-mail*.
- Apoiar o gerenciamento das transformações em seus escritórios e fazer com que os assessores avancem da etapa do "*brick and mortar*" para a do "*click and mortar*".
- Direcionar os esforços para os segmentos de mercado. Não é mais suficiente ser um generalista. No mercado de hoje em dia, mesmo para uma pequena agência, é possível atrair uma base de clientes muito mais ampla. Se uma agência tiver a especialidade ou souber como servir um nicho de mercado, não importa onde sua loja está localizada. Não se esqueça de que os clientes em potencial podem chegar a ela por meio da Internet.

Assessores: esses atuantes devem ser qualificados para a pesquisa de informações na Internet e para prestar um serviço mais aprimorado aos clientes, ao:

- Utilizar a Internet como um canal extra de informações. Materiais impressos constituem a forma tradicional de pesquisa de informações pelos clientes, mas podem custar muito caro e geralmente é necessário atualizar anualmente os textos. O exame do conteúdo dos *sites* existentes é uma forma excelente de garantir que as informações transmitidas para os clientes nunca estejam desatualizadas.
- Utilizar a Internet como um canal secundário de processamento de transações (reservas e emissão de passagens). Com proliferação dos consolidadores, nos quais se podem fazer reservas *on-line*, o sistema computadorizado de reservas (SCR) não é mais a única fonte para as companhias aéreas e as operadoras turísticas.

- Utilizar mecanismos de busca da Internet para agilizar as reservas de clientes corporativos, os quais costumam utilizar a tecnologia disponível.
- Ler as novidades diárias e as páginas com as atualizações de seu CRS, para conhecer novas formas de oferecer serviços e produtos aos clientes.

Educadores: os meios tradicionais de treinamento dos programas do setor turístico precisam ser atualizados para produzir pessoas com um bom desempenho no mundo tecnológico das reservas *on-line* e da pesquisa na Internet. Os programas de formação em turismo devem:

- Possibilitar o aprendizado à distância e os testes pela Internet.
- Oferecer ferramentas "em tempo real" (o SCR ao vivo, a Internet) para o aprendizado sobre sistemas administrativos baseados em tecnologia.
- Incluir pessoas experientes do setor em seus comitês de assessores para dar suporte a programas escolares importantes.
- Criar mecanismos de avaliação de desempenho baseados no emprego de estudantes do setor, e não no número de estudantes que se formam pelo programa.
- Ouvir e responder comentários de proprietários/administradores em relação à capacidade dos estagiários de trabalharem nos sistemas que funcionam ao vivo, sem ter sido treinados nos simulados. Os livros-textos e os sistemas simulados não são suficientes para fornecer assessores de nível inicial que conheçam a tecnologia do mercado.

A maioria das associações de agentes de viagens do mundo reconhece a importância do treinamento dos funcionários no uso de novas tecnologias, enfatizando a educação com diversas ofertas novas. Os agentes costumam escutar que o fator fundamental para o sucesso no mercado é a especialização. Por isto, e as habilidades e a especialidade têm sempre uma alta demanda [90].

São vários os exemplos de temas e tópicos geralmente incluídos nos seminários de TI para os agentes de viagem. Por exemplo, consideremos o chamado "Já não é tempo de participar da revolução do comércio eletrônico e 'ser mais lucrativo'?", que inclui os seguintes tópicos [91]:

- Otimização de seu computador pessoal.
- Dicas e truques sobre *e-mail*.
- Ciberespecialista em turismo.
- *Design* de páginas da Web. Como construir um local de trabalho mais significativo. Aprender como criar e aprimorar o *site* para aumentar o lucro e as vendas, acompanhar o número de acessos para estudos demográficos ou eliminar despesas com postagem, apenas com a utilização da Internet.
- *E-business*/comércio eletrônico: aprender como negociar preços líquidos e ainda assim ganhar dinheiro.
- Surfando na Internet. Construindo parceiros internacionais para as oportunidades de turismo receptivo e emissivo. O lançamento de um grupo de negócios para sua agência pode parecer difícil e demorado, mas, com um pouco de orientação e treinamento, a tarefa será mais fácil e a recompensa, incalculável.
- A construção de uma rede de parceiros internacionais oferece oportunidades ilimitadas para ampliar sua base de clientes e aumentar em muito seus lucros.
- O que os agentes podem fazer para continuar crescendo em uma era eletrônica. Um exame de algumas novas oportunidades criadas pela tecnologia e pela Internet.

Existem muitos outros tipos de programas de treinamentos oferecidos aos agentes de viagens. Outro exemplo interessante é a Cruise Lines International Association (CLIA). Através dela, os agentes que não têm tempo para desenvolver programas de treinamento por conta própria podem conectar-se a esse *site* e fazê-los em casa, no escritório, nos momentos em que lhes forem convenientes. Diversas agências filiadas à CLIA inscreveram-se para participar do programa de cibertreinamento, formado por três cadeiras principais para o curso Cruise Counsellor: "Cruise vacations: an introduction" (Cruzeiro de férias: uma introdução), "Principles of professional selling" (Princípios da venda profissional) e "Power selling techniques" (Técnicas poderosas de vendas) – tudo isso desenvolvido *on-line* e em seu próprio ritmo. As agências pode entrar no *site* www.theacademy.com ou no www.cruising.org, do Travel Agency Resource Centre. Depois de entrar no programa, elas clicam no botão "continue", fazem os demos interativos e estudam os materiais [92].

Fase 3 – Concentrando os aplicativos na excelência de serviços

Passo 5 – Construir fidelidade junto aos clientes

A compra de turismo na Internet tem suas limitações, e não há nada que possa substituir o bom e atencioso serviço de um agente de viagens, de forma que aqueles que prestarem um bom serviço irão sobreviver. O uso da tecnologia, contudo, pode contribuir para o desenvolvimento de um programa de fidelidade, ajudando a manter a lucratividade da agência.

A construção da fidelidade dos clientes, o desenvolvimento de *marketing* proativo ou o *marketing* individualizado são todos conceitos empresariais que devem ser implementados para o sucesso em um setor altamente competitivo como o turismo. Por exemplo, a American Express tem uma longa tradição de desenvolvimento de programas ou iniciativas de fidelidade inovadoras, oferecendo recentemente um serviço de Internet gratuito para os titulares de seus cartões. O serviço, chamado de American Express *on-line*, proporciona acesso ilimitado, 24 horas por dia, 7 dias por semana, a uma conta de *e-mail* com o nome de domínio AmexOL.net e acesso, a um simples clique, às informações sobre ações e ofertas promocionais do cartão American Express [93].

As agências independentes ou os grupos de consórcios podem se beneficiar da otimização das ferramentas e das soluções de *marketing* de gerenciamento do relacionamento com os clientes (CRM) que estão disponíveis no mercado, projetadas para ajudar as agências a construir a fidelidade e a passar de uma postura de simples recebimento de pedidos para o *marketing* proativo. Elas possibilitam que os agentes prestem um serviço melhor e vendam esses produtos pela Internet, pelo auto-serviço ou pelo serviço com auxílio de agentes, e pelo *marketing* por *e-mail*, através de permissões.

A tecnologia também pode ajudar a aumentar o número de pessoas que compra e a fidelidade em relação àquelas que somente fazem consultas. Elimina-se a complexidade oferecendo experiência profissional de forma pessoal e confiável, em tempo real, constantemente. Com a especialização integrada dando suporte a essas ferramentas de assessoramento, a tecnologia pode proporcionar recomendações de qualidade bem-direcionadas que nenhum especialista por si só, independentemente de sua experiência, pode superar.

Outro fornecedor de tecnologia criou ferramentas de assessoramento que adaptam os recursos de lazer e reservas ao estilo de vida individual de cada viajante, reconstruído a partir da idéia de que cada pessoa tem preferências únicas, como uma impressão digital. Ao contrário dos formulários primitivos para a elaboração de perfis, nos quais se marcavam as opções com um X e que tratavam cada interesse de lazer com um mesmo valor, essa tecnologia capta não apenas o que cada pessoa gosta ou deixa de gostar, mas também o grau relativo das suas preferências. A tecnologia de perfis é capaz de armazenar bilhões de perfis únicos, representando verdadeiramente cada pessoa no planeta [94].

Passo 6 – Obter inteligência de mercado

Uma regra fundamental para o sucesso das grandes agências de viagem *on-line*, como a Travelocity e a Expedia, é a utilização em grande escala do gerenciamento de bancos de dados e da garimpagem de dados. A Travelocity usa um armazém de dados NCR, que contêm informações sobre os consumidores obtidas por meio de transações na Internet. Esses dados são utilizados para personalizar a comunicação com os visitantes que voltam ao *site*, os quais devem registrarse para utilizar os serviços. A equipe de *marketing* da empresa utiliza o *software* para gerar os relatórios Cognos Online, a fim de atingir os visitantes com ofertas adequadas, possibilitando uma boa taxa de pessoas que compram em relação às que consultam: quase 9%. A distribuidora de turismo e a companhia Sabre Holdings são proprietárias da empresa, que trabalha a partir de seu computador central de reservas, o qual considera já ter se mostrado confiável e passível de expansão. A Travelocity acrescentou ferramentas de busca e outros aplicativos próprios para desenvolver tarefas não-adequadas a um computador central.

A subsidiária da Microsoft, a Expedia, por sua vez, construiu um mecanismo para transações denominado Expert Searching and Pricing (ESP), que importa tarifas aéreas e diárias de hotel de parceiros com base na linguagem XML, para um banco de dados central. A arquitetura do servidor do PC do ESP permite resultados mais rápidos e em maior quantidade do que aconteceria com um computador central. A Expedia optou por vários servidores, de forma a poder ampliar não apenas sua base de usuários mas os tipos de produtos que vende, os quais agora incluem pacotes combinando tarifas aéreas e de hotéis, cruzeiros e preços negociados especificamente. A empresa armazena as informações sobre clientes em um repositório do servidor do banco de dados para possibilitar a expansão.

Outro *site* turístico é o da Priceline, que implantou sua própria tecnologia especializada com uma estratégia única, em que o cliente é quem faz o preço. A empresa fez parcerias com companhias aéreas, autolocadoras e hotéis, visando a tarifas mais baixas através da utilização de uma interface para inserir tarifas especiais em um servidor seguro de "partição" operado pela Priceline. A empresa recebe as solicitações de preços dos consumidores para determinar as rotas aéreas, por exemplo, e esmiúça os dados de partição para encontrar uma resposta adequada. A Priceline usa 100% de tecnologia própria. Ainda não se sabe se seu modelo empresarial vai funcionar, e os desafios enfrentados pelas outras duas empresas, a Travelocity e a Expedia, ainda são muito grandes. Entre eles, está a crescente presença *on-line* das próprias companhias aéreas que estão desenvolvendo aplicativos para gerenciar os programas de milhagem e para o *check-in* em aeroportos, que talvez os *sites* turísticos não sejam capazes de reproduzir [95].

As pequenas agências de viagem não podem ter as mesmas soluções de bancos de dados que essas grandes companhias *on-line*. Contudo, elas têm a opção de comprar de um provedor de soluções tecnológicas especializado no ramo turístico uma solução adequada às suas necessidades e financeiramente acessível.

Passo 7 – Oferecer produtos personalizados

Seja fazendo reservas em restaurantes para um importante encontro de negócios, reservando um vôo a partir do telefone celular ou utilizando mercados eletrônicos para ampliar os canais de vendas e cortar custos, as empresas do setor de hospitalidade e turismo certamente estão sendo transformadas pela Internet.

Os agentes de viagens que planejam utilizar a rede para montar listas de atrações para seus clientes terão seu trabalho facilitado pelas novas ferramentas da web, como uma que chegou recentemente ao mercado e automatiza o processo de coleta de dados e os imprime em uma agenda turística integrada.

O aplicativo permite que o usuário incorpore qualquer um dos milhares de lugares apresentados na Travel Encyclopedia. A informação pode ser transferida e registrada em dias específicos e em qualquer ordem, num cronograma pessoal de viagens. Da mesma forma, o programa permite acrescentar compromissos pessoais, reuniões, vôos, hotéis ou visitas à família. Se uma atração estiver fechada em um determinado dia, o programa avisará aos usuários, levando em conta feriados nacionais e temporadas diferentes, além dos dias da semana. O documento pode ser impresso como um guia pessoal do destino que oferece um roteiro diário para o viajante [96].

Um novo aplicativo oferece aos viajantes uma forma fácil e conveniente de ter acesso a informações turísticas específicas, a qualquer momento e em qualquer lugar, ao mesmo tempo em que permite aos profissionais do setor turístico oferecer um serviço mais eficaz aos clientes e um planejamento mais eficientes. Além de conter todos os componentes de um itinerário de viagem (avião, carro, hotel, cruzeiro, trem, passeios), esse aplicativo apresenta na tela informações completas do destino, permitindo, assim, que os viajantes verifiquem tudo: mapas de assentos das companhias aéreas, previsão do tempo atualizada, mapas de hotéis e instruções para dirigir, câmbio, informações sobre pousadas, informações em tempo real sobre vôos, incluindo as últimas chegadas e partidas, *links* para os *sites* de mais de 500 aeroportos em todo o mundo, conversão de medidas e um relógio mundial interativo.

Esse tipo de ferramenta *on-line* para itinerários também pode ser disponibilizado a clientes no mundo todo, por meio de *sites* localizados e projetados para responder às suas necessidades específicas. O aplicativo também permite que os usuários imprimam os planos de viagem; oferece uma opção personalizada de correio eletrônico que avisa os amigos e a família, ou os colegas de trabalho, das últimas mudanças no itinerário. Após reservar uma viagem através de um dos milhares de profissionais do setor ou dos *sites* de reservas *on-line* conectados ao sistema, o agente envia automaticamente um *e-mail* contendo as informações e o endereço eletrônico do *site*. O viajante revisa suas informações ou simplesmente clica no *link* para inserir seu itinerário de viagem personalizado. Se não tiver acesso ao correio eletrônico, é possível obter as informações a qualquer momento, acessando a página do *site* [97].

Um provedor de serviços de tecnologia oferece aos agentes de viagens um aplicativo que dá aos varejistas a capacidade de lançar regularmente os pacotes de produtos turísticos no *site* do provedor. Esse serviço oferece às agências de viagens um novo veículo por meio do qual poderão promover e vender seus produtos para os consumidores que utilizam a Internet. Os clientes poderão, com o uso do *site* dos fornecedores, fazer pesquisas sobre produtos utilizando uma série de categorias – destino, viagem, família, hotel, companhia aérea, autolocadoras, etc – e, ao clicar em um botão para obter mais informações, irão para o *site* da própria agência de viagens. Os varejistas independentes, pressionados pela diminuição nas receitas, geralmente não podem gastar milhares de dólares desenvolvendo um sistema de comércio eletrônico para sua agência. Assim, o fornecedor dá a oportunidade para o agente direcionar melhor suas atividades promocionais e de vendas na Internet [98].

Um outro provedor desenvolveu diversos programas que permitiram a união do agente de viagem e do fornecedor do setor turístico em um modelo de baixo custo, possibilitando elevar sua distribuição e sua lucratividade. A empresa indexou e catalogou milhares de *sites* e os funcionários estão verificando aqueles que são verdadeiros fornecedores do setor. Junto com este inventário, a empresa também estará entrando em contato com os serviços para convencê-los a armazenar sua informação do produto em seu banco de dados XML. Ao fazê-lo, as agências terão acesso a essas informações de uma forma que lhes permitirá publicar eletronicamente e enviá-las a seus clientes. Entre os principais aplicativos do pacote de programas está um componente de gerenciamento de relacionamento com os clientes, o qual permite às agências divulgar o produto para segmentos específicos. Trata-se de um recurso importante para as agências, já que permite crescer por meio de uma melhor engrenagem de *marketing* do que a concorrência.

O sistema também tem um mecanismo de busca que reduz a quantidade de tempo do varejista procurando pelo produto de que precisa. Uma vez encontrada a informação, os agentes utilizarão o componente de planejador da viagem do sistema para montar e oferecer um documento que explique o que foi solicitado, com uma ou mais opções. Ele será enviado ao cliente que poderá responder – utilizando o mecanismo conjunto que também faz parte do pacote – aceitando, fazendo sugestões extras ou solicitações e adaptando os elementos até que estes atendam às suas necessidades. Há também um módulo de mídia que oferece artigos sobre o destino, hotéis, informações meteorológicas e outros recursos padronizados aos agentes [99].

Passo 8 – Identificar nichos com alto potencial de crescimento

Os agentes de viagem possuem um conhecimento profundo das alternativas de viagem e sabem como adaptá-las para satisfazer as necessidades e os desejos de seus clientes. Independentemente de sua especialidade, os agentes conhecem as perguntas certas para chegar ao centro da questão, como: você tem interesse em planejar férias para praticar golfe? O que é mais importante para você, que o campo ou o hotel seja de alto nível? Talvez você jogue e seu cônjuge não. E os passeios? Qual o valor dos *greens fees*? Existem aulas? Deixe que o seu agente encontre a resposta para você. Gostaria de férias em um *spa*? Ou você quer um *resort*? Um retiro, quem sabe? Prefere apenas um tipo de tratamento ou gostaria de misturar sua estada em um *spa* com uma experiência de uma pequena aventura? Você prefere um *resort* cujo preço inclui tudo? Seu agente de viagens especializado em *spas* encontrará a combinação que melhor se adapta a você.

Para garantir que o consumidor seja bem servido, a American Society of Travel Agents (ASTA) desenvolveu um programa de qualificação de interesses especiais, no qual os membros aprendem os diferentes aspectos desse tipo de turismo, incluindo viagens e famílias, turismo de aventuras radicais ou leve, ecoturismo e viagens para a clientela madura. Os resultados têm sido satisfatórios, tanto para os agentes de viagens quanto para seus clientes. Entre as especialidades mais comuns para os agentes de viagem e para os membros da ASTA estão os cruzeiros, passeios, as viagens de luxo, viagens em família, o turismo de aventura, as férias na praia, o turismo personalizado, os viajantes portadores de deficiência e as férias para a prática de golfe. Apesar de serem menos comuns, também encontramos entre as 90 especialidades diferentes e catalogadas pela ASTA: turismo genealógico, mergulho, turismo educacional, viagens esportivas ou turismo para mulheres ou solteiros [100-103].

FATORES FUNDAMENTAIS PARA O SUCESSO DE SUA ESTRATÉGIA DE *E-BUSINESS*

A transformação de uma agência de viagens tradicional (que não funciona *on-line*) em uma agência moderna, híbrida e de alta tecnologia é um processo demorado e arriscado. Vários fatores podem influenciar no sucesso relativo de qualquer iniciativa de *e-business*. No caso de uma agência de viagens de pequeno porte, os seguintes elementos devem ser cuidadosamente considerados:

- Acima de tudo, a tomada de decisões é fundamental. Entre todos os atuantes do setor turístico, as agências de viagens estão entre os mais lentos (e, às vezes, entre os mais resistentes) para reagir ao surgimento do comércio eletrônico e do *e-business*. Pode ter alguma coisa a ver com o fato de que a maioria das pequenas agências é administrada de forma coletiva, o que pode tornar o processo de tomada de decisões difuso e vagaroso, e também impedir qualquer iniciativa para delegar com eficácia e controlar precisamente a tarefa de construção e a coordenação da iniciativa. Dar início a um processo desse tipo exige um comprometimento permanente, e as agências pequenas devem estar cientes de que seu perfil organizacional implica riscos para o gerenciamento de tais tecnologias;

- Não ter medo de compartilhar recursos e conhecimento com outras agências. É provável que sua iniciativa de *e-business* nunca se concretize se você depender estritamente de seu próprio capital. É fundamental estabelecer alianças, mas, infelizmente, essa não é uma tendência natural no caso de agências pequenas, já que a concorrência entre elas é feroz, principalmente na mesma área. Ainda assim, deve-se entender que o ambiente e o espaço competitivos com certeza não são os mesmos no comércio eletrônico. Os clientes não são atraídos simplesmente pela proximidade local (embora esse fator tenha alguma importância), mas principalmente pela amplitude de serviços, pela especialização e pelas garantias à relação valor/custo. Esses elementos só podem ser obtidos por meio de parcerias que, na maioria das vezes, desenvolverão uma especialização diferenciada da sua. Como conseqüência, o receio de alianças e redes deve ser facilmente superado pela adoção de uma visão realista do comércio eletrônico;

- Especialização adequada e concentração nos próprios recursos. Infelizmente, uma agência de viagem eletrônica pode ser inundada rapidamente por uma grande quantidade de demandas oriundas de canais *on-line*, diferentemente de suas demandas tradicionais, geradas no ponto de venda. Essa situação pode desarticular facilmente as operações em andamento, e fazer com que uma iniciativa de *e-business* seja muito menos lucrativa do que as atividades *off-line*. A melhor saída para esse tipo de situação é especializar-se naqueles segmentos em que a agência tem mais probabilidades de atingir num nível razoável de lucratividade, minimizando o tempo necessário para personalizar os pedidos e estabelecer relações com uma base limitada de fornecedores, mas de fácil acesso;

- Por fim, é provável que a lição mais importante de todas seja nunca perder o toque humano. As pequenas agências são famosas pela qualidade de seus serviços. No entanto, como pode-se observar no caso das agências maiores, a rápida mudança para as centrais de atendimento por telefone e os relacionamentos intensos pela Internet podem destruir o vínculo que os agentes costumam desenvolver com seus clientes. Conseqüentemente, as iniciativas de *e-business* devem ser agressivamente disciplinadas em torno do princípio de proximidade ao cliente, mesmo que isso possa significar uma atividade um pouco menos lucrativa. A otimização em excesso, nesse caso, pode levar a conseqüências graves (e imprevisíveis) a longo prazo. A melhor solução é certificar-se de que suas iniciativas de comércio eletrônico e *e-business* são, no mínimo, tão lucrativas quanto suas atividades tradicionais *off-line*, e começar a aprimorar a partir daí.

ESTUDOS DE CASO SOBRE SOLUÇÕES INOVADORAS EM *E-BUSINESS*

Infelizmente, são pouquíssimos os estudos de caso sobre a forma como as agências de viagens conseguiram avançar no mundo *on-line*, já que grande parte do setor prestou mais atenção aos recém-chegados, como a Travelocity, a Expedia e a Lastminute.

Entretanto, existem alguns exemplos dignos de nota, os quais devem servir de inspiração na formulação da estratégia de *e-business* das agências pequenas. Gostaríamos de tratar aqui das seguintes questões:

- Identificar oportunidades para a segmentação e a especialização.
- Desenvolver uma pequena agência de viagens *on-line* de forma paralela.
- Participar de um serviço de referência *on-line*.
- Tornar-se uma agência *click and mortar* (virtual).
- Aplicar as tecnologias de *e-business* para desenvolver a excelência em serviços.

Identificar oportunidades para a segmentação e a especialização

Segundo uma pesquisa desenvolvida por empresas especializadas, 16,9 milhões de viagens, representando 6,4% daquelas realizadas por europeus ao exterior, têm início na Internet, e quase um quarto essas viagens é reservado e pago *on-line* [104]. Com esses números em ascensão, já ficou claro que a Internet criou imensas oportunidades para as agências de viagem. Além disso, dada a segmentação tradicional nos mercados europeus, fica ainda mais interessante os agentes servirem adequadamente o segmento com suas competências.

O mercado turístico *on-line* se divide, em termos gerais, em dois setores: empresas iniciantes e empresas *bricks and mortar*. Para algumas das empresas iniciantes, o mercado-alvo aproxima-se do perfil do usuário típico da Internet. A Youngtravelers.com, por exemplo, lançada em setembro de 2000, oferece aos anunciantes e aos profissionais de *marketing* aquilo que a empresa descreve como um público claramente fragmentado, que são os viajantes que ainda não saíram de seu país. O *site* oferece recrutamento, hospedagem, seguros e turismo, e também tem uma presença forte em mecanismos tradicionais por meio de uma parceria estratégica com o 1st Contact Group, o qual tem uma equipe de 180 funcionários distribuídos em Londres que prestam assistência aos visitantes sobre todos os assuntos, desde vistos e serviços postais, até os *pubs* locais.

Empresa turística especializada no mercado *on-line*, a IfYouTravel visa a quatro setores de mercado através de *sites* específicos: IfYouSki.com, IfYouGolf.com, IfYouDive.com,

IfYouExplore.com. A companhia foi criada em maio de 2000 pela fusão de três importantes *sites* de esportes de inverno que, no pico da temporada 1999-2000, serviam até cinco milhões de páginas por mês para mais de 750.000 usuários, gerando vendas brutas de mais de 1,2 milhão de libras (6 milhões de euros). A gerência sênior menciona diversas razões que podem explicar esse desempenho: os consumidores são aventureiros e confiantes, não têm receio de fazer reservas *on-line* e estão ávidos por conteúdo sobre a própria atividade, disponível durante todo o ano, e sobre a viagem que está sendo comprada.

Desenvolver uma pequena agência de viagens *on-line* de forma paralela

Com a crescente concorrência dos grandes portais turísticos, que oferecem tudo que uma agência tradicional dispõe, as pequenas agências turísticas devem encontrar novos nichos, na esperança de obter margens de lucros melhores do que nas atividades passadas. Apresentamos dois casos interessantes que devem inspirar os candidatos a empreendedores no setor turístico na construção da sua própria agência de viagens *on-line* de pequeno porte [105].

Castaway

A Castaway começou como um negócio secundário, um albergue destinado a mochileiros. Quatro anos depois, já era uma empresa *on-line*, envolvendo duas pessoas em tempo integral, gerando cerca de US$ 500.000 por ano e com expectativas de dobrar o faturamento em 2001. Com o passar do tempo, a base de clientes se transformou, para incluir empresários norte-americanos e britânicos morando no sudeste da Ásia. A empresa tem atualmente quatro *sites*-espelho em todo planeta para acelerar o acesso. Um desafio importante é conscientizar os fornecedores de que se trata de uma empresa que funciona através do *e-mail* e estimulá-los a operar *on-line*.

Algumas conclusões podem ser tiradas da experiência da Castaway:

- Comece a trabalhar *on-line* rapidamente. A Castaway estima que o prazo de estabilização atualmente seja de 12 a 18 meses, devendo aumentar devido ao grande número de empresas que começam a trabalhar *on-line*.
- Caso não se disponha da qualificação técnica para criar o *site*, estabeleça um relacionamento com alguém que possa projetá-lo e atualizá-lo permanentemente.
- As pessoas costumam superestimar o negócio e esperar que muita coisa aconteça rapidamente. Do ponto de vista empresarial, é preferível o crescimento lento e estável, com o qual se possa trabalhar e se ajustar continuamente.
- As empresas muitas vezes caem na armadilha de não divulgar ou promover os *sites* que possuem. Não há razão para ter o melhor sistema de produto e serviço ao consumidor se ninguém conhecer seu endereço eletrônico.
- Uma das perguntas que se fazem com mais freqüência é: "Você é de verdade?". Os clientes são afastados por *links* de computador e mensagens gravadas – é melhor manter o *site* mais "humano" e utilizá-lo para promover as credenciais da empresa (como a participação em organismos com boa reputação, etc.).

Resumindo, a Castaway descobriu que estar *on-line* é muito mais barato para fazer negócios do que ter um escritório. É algo rápido e eficiente, bem aceito no mercado e dá aos dirigentes uma certa flexibilidade pessoal para fazer negócios quando lhes for mais conveniente.

Boyz-Brick-Road

A Boyz-Brick-Road desenvolveu uma empresa especializada na organização de viagens para membros da comunidade *gay* através da Internet. A empresa está em operação há dois anos e cresceu constantemente durante esse período. O movimento atual é de cerca de US$ 200.000 por ano, com expectativa de dobrar em 2001. O lucro está sendo aplicado na própria empresa.

A organização atende a um nicho de mercado que funciona bem, já que os *gays* tendem a ser grandes usuários da Internet: 50% da movimentação anual está vinculada ao carnaval de Sidney. Atualmente, a empresa não pode fazer reservas aéreas *on-line*, mas está em busca do estabelecimento de linhas diretas com os sistemas de reserva das companhias.

Embora o *site* seja relativamente jovem, há algumas lições que podem ser aprendidas com a Boyz-Brick-Road, as quais uma agência de viagens *on-line* deveria levar em consideração:

- O setor turístico como um todo precisa transformar sua forma de pensar. Às vezes, as empresas na Internet não são reconhecidas como compradoras de produtos turísticos, já que não têm escritórios físicos, mesmo que vendam mais produtos do que as empresas que operam a partir de locais específicos.
- Os clientes supõem que, se uma empresa tem *e-mail*, ela também tem um *site*, mas muitas não o têm. As empresas devem manter seus *sites*, transformando-os e melhorando-os continuamente, se quiserem que eles continuem atualizados e em dia para atrair novas visitas dos mesmos visitantes. Essa manutenção pode ser cara e parecer algo fora das tarefas do dia-a-dia, mas é importante para o valor do *site* a longo prazo.
- Como porta de entrada para a empresa, o *site* precisa ser promovido para um público-alvo específico. Ao projetá-lo, é muito importante refletir seriamente sobre como os clientes vão navegar, o que deve acontecer de forma simples, clara e fácil para os usuários, ao mesmo tempo em que promove outros aspectos do *site*.

Participar de um serviço de referência *on-line*

No mundo incerto do comércio eletrônico, uma coisa fica clara: há mais pessoas pesquisando sobre viagens na Internet do que comprando. A mais recente pesquisa da TIA mostra que 25 milhões de viajantes fizeram reservas *on-line* em 2000, mas outros 34 milhões apenas verificaram as informações. Analistas de tendências dizem que a maioria das pessoas prefere falar com uma pessoa real para organizar planos complexos, e muitos ainda têm receios em relação à segurança dos cartões de crédito. Essas condições abrem caminho para um novo tipo de parceria, entre as agências de viagem e um novo tipo de empresas da Internet que oferecem indicações para esses agentes.

As empresas de última geração afirmam ter o que os agentes querem: os clientes que já foram selecionados e que estão prontos para comprar um produto turístico. E os agentes têm o que o viajante quer e o que as empresas da Internet gostariam de vender: serviço personalizado e especialização. A corrida para que os agentes-especialistas passem a participar de planos de referência ainda não-testados começou há pouco tempo, e os resultados devem aparecer rapidamente.

Entre os principais envolvidos estão o eGulliver, o Ez2plan.com e o Webeenthere.com. – todos buscando atrair um conjunto de agentes varejistas tradicionais, promovendo-os como especialistas em turismo e oferecendo seus serviços aos consumidores que buscam os produtos na Internet.

O raciocínio por trás disso é que, ao dar aos consumidores a opção de enviar um *e-mail* a um agente especializado na atividade ou na destinação que eles estão buscando, pode-se transformar os usuários da Internet em compradores em um ambiente tradicional, mais pessoal e, assim, mais confortável. Na condição de conselheiras, as empresas da Web que fazem as indicações receberiam uma comissão das agências.

Outro grupo de *sites* de referência, entre eles o Respond.com e o Netgenshopper.com (o qual tem um acordo com o Institute of Certified Travel Agents), oferece indicação para diversos profissionais e não apenas no campo do turismo.

Além disso, as agências e os consórcios tradicionais, como o American Express, o Carlson Wagonlit, o Travelbyus, o Vacation.com e a Virtuoso, têm recursos em seus *sites* da Web (com base no código postal, na especialidade ou em ambos) destinados a dirigir os consumidores a seus membros ou filiados. Embora seja cedo demais para dizer quem será a vencedora, algumas tentativas iniciais de estratégias virtuais ficaram aquém das expectativas.

Em 2000, a Travelocity e a Virtuoso, a rede de agências de luxo, assinaram um acordo no qual a mega-agência *on-line* oferecia aos seus usuários a opção de conectar-se a um especialista turístico no mercado superior.

A Travelocity cobra 25 dólares dos consumidores para contatar um agente da Virtuoso, o que garante que os clientes tenham a séria intenção de comprar produtos turísticos (o preço é descontado da viagem, caso seja confirmada). Mas os funcionários da Virtuoso reconhecem que o sistema não funcionou e o programa foi suspenso. A administração reconhece que a cobrança não é o obstáculo, uma vez que o consumidor tenha um relacionamento estabelecido com o agente de viagens, mas o pagamento sem que se conheça a pessoa. A Virtuoso está agora desenvolvendo conversações com a Travelocity sobre um novo sistema de indicações sem a cobrança [106].

Tornar-se uma agência virtual

Várias agências de viagem de pequeno porte precisam participar de alianças mais amplas no sentido de ter acesso às tecnologias necessárias para operar na Internet. Diversos líderes de mercado desenvolveram essa iniciativa, um exemplo que as PMEs também podem seguir (em proporções menores) ou talvez apropriar-se, participando em tais grupos.

Uniglobe

Enquanto a maioria das grandes agências de viagem da era anterior à Internet hesita, a Uniglobe Travel International, de Vancouver – maior agência de viagens de marca única no mundo, com 1.100 escritórios em 20 países – está desenvolvendo uma estratégia *on-line* muito promissora. A empresa busca explorar um nicho *on-line* lucrativo, combinando um *site* de alta tecnologia com um dos pontos fortes das agências de viagem tradicionais: o toque humano.

A subsidiária *on-line* da Uniglobe, a Uniglobe.com, está se concentrando em um dos pontos fortes da antiga empresa. Além das reservas normais de avião, hotel, carro e outros itens, ela pode fornecer diversos produtos especializados, com receitas mais vantajosas, como cruzeiros, que costumam gerar 15 a 20% de comissões, comparados com os 5 a 6% das reservas comuns de avião, carro e hotel. Além disso, a escolha de um cruzeiro envolve mais considerações do que, digamos, um vôo, o qual as pessoas costumam escolher com base apenas no preço. Isso faz dos cruzeiros um campo natural para as agências de viagens tradicionais.

Mais importante, a Uniglobe dispõe da qualificação técnica que poucos concorrentes têm, o que contribui para sua força: uma função de bate-papo *on-line*. Por exemplo, se o cliente não conseguir encontrar a resposta para uma pergunta sobre cruzeiros, poderá abrir rapidamente uma janela pelo teclado, possibilitando uma conversa em tempo real com um dos 75 especialistas no assunto. Em poucos segundos, eles respondem a perguntas que normalmente o fariam passar pelas FAQs infrutíferas da maioria dos *sites*. Também é possível enviar *e-mails* com perguntas para a Uniglobe, com a promessa de resposta em 20 minutos. Se você for do tipo mais tradicional e achar que esse tipo de bate-papo *on-line* é inútil, a empresa também oferece uma linha telefônica que funciona 24 horas por dia.

A Uniglobe vem tentando estabelecer ativamente parcerias para construir sua visibilidade nos Estados Unidos. A Visa, por exemplo, promove a empresa em seu *site* e, por sua vez, é promovida por ela. E a How2.com cedeu seu setor de turismo para a Uniglobe. Mais importante, a empresa convenceu a líder de mercado Expedia a conceder uma sessão especial sobre cruzeiros em seu *site*. Assim, os clientes são dirigidos à Uniglobe.com, que paga à Expedia um valor desconhecido a cada reserva que passa pelo canal [79].

Da mesma forma, a Uniglobe.com lançou um novo "escritório de turismo" e anunciou 10 parceiros filiados para proporcionar produtos e serviços turísticos a viajantes de lazer e de negócios. O serviço inclui reservas para jantar e teatro, transporte em terra e informações locais. A Uniglobe recebe uma comissão de cada um dos parceiros que dão suporte ao escritório, à medida em que se compram produtos e serviços [107].

Por fim, os viajantes que procuram bons preços de passagens aéreas também podem encontrá-las diretamente no Uniglobe.com. E, através de uma aliança com a Hotwire, a agência oferece tarifas extraordinárias se o cliente tiver flexibilidade em suas escolhas de itinerário. A possibilidade de acessar esses preços através de seu *site* garante um fluxo de receitas maior para o Uniglobe.com [108].

Thomas Cook

Para as agências já estabelecidas, bem como para as iniciantes, a Web apresenta oportunidades, mas também uma ameaça. Um dos primeiros grupos tradicionais a começar a trabalhar *on-line* foi a Thomas Cook. Na época, com o crescimento da Internet e o fato de que o turismo estava entre os três principais setores em termos de comércio eletrônico, o grupo entendeu que, a menos que se interessasse pelo sistema e se tornasse um elemento importante, poderia ter problemas num prazo de 10 anos.

Atualmente, o *site* oferece 2,5 milhões de viagens e vôos de 400 companhias aéreas. Segundo números da companhia de pesquisa na Internet NetValue, o *site* só perdeu para o Lastminute.com em números de visitantes e alcance, em agosto de 2000.

Mas a operação *on-line* está atraindo novos clientes, em vez de canibalizar o atual negócio varejista da empresa. Entre 50 e 100 visitantes do *site* não haviam feito reservas com a Thomas Cook antes disso. É um mercado totalmente novo já que permite comunicar-se com o grupo de pessoas que nunca fora atingido por seu sistema de distribuição varejista.

A gerência sênior admite que a Internet está influenciando a empresa em sua postura com relação aos pontos de venda no varejo. Espera-se oferecer acesso à Internet para os clientes pelo menos em algumas das lojas, visando reduzir o tempo de espera ao dar lhes a opção de fazer sua pesquisa *on-line*, em vez de falar com um agente. A forma pela qual o mercado está se transformando e o fato de que o turismo é algo bastante intuitivo para se comprar de forma interativa vão transformar o setor varejista [104].

Aplicar as tecnologias de *e-business* para desenvolver excelência em serviços

Sejam grandes ou pequenas, as agências de viagens podem encontrar uma ampla diversidade de aplicações para o *e-business* que vão ajudá-las a ter um melhor desempenho. A seguir, eis alguns exemplos dos líderes de mercado [109].

McCord Travel Management

Até pouco tempo atrás, a McCord Travel Management gerenciava as políticas de viagens para seus 2.000 clientes corporativos, a partir de uma rede de centrais de atendimento por telefone. Os viajantes de negócios que precisavam saber se seus planos estavam de acordo com a política da empresa tinham que enviar as solicitações por fax, e os agentes levavam de 24 a 48 horas para responder. Os clientes consideravam esse período de espera um problema e pediram melhorias.

Hoje em dia, para a satisfação dos clientes, o processo de análise de políticas da McCord leva alguns minutos. Combinando a tecnologia de terceiros com as suas próprias tecnologias, a empresa lançou um aplicativo na Internet que confere a política de viagens de um cliente enquanto o viajante faz a reserva. Se o itinerário proposto estiver de acordo com a política, o viajante pode prosseguir com a reserva da passagem; caso contrário, o aplicativo sugerirá alternativas e esperará uma resposta. Com a ajuda de uma ferramenta de garimpagem de dados, os gerentes de viagens corporativos também podem utilizar o aplicativo para gerar relatórios sobre despesas de viagem de empregados individuais, departamentos, ou para a companhia como um todo.

American Express Travel Related Services

No final de 1997, a American Express Trave Related Services, de Nova York, substituiu seu sistema de reservas por telefone para clientes corporativos pelo Corporate Travel Online, programa de garimpagem personalizado que faz pesquisas em diferentes bancos de dados, encontra os preços mais baratos e os lista na Internet. Agentes localizados em qualquer um dos 1.700 escritórios da empresa no mundo todo podem acessar o sistema, além de viajantes corporativos e individuais. Desde então, o sistema quadruplicou o número de reservas que os agentes conseguem fazer por dia. E, como o *site* apresenta aos clientes uma lista das opções mais baratas, eles podem economizar, em média, 20%.

As viagens corporativas perfazem cerca de metade dos negócios turísticos da American Express. Em 1998, a empresa reformulou a tecnologia que estrutura a outra metade: o turismo de lazer. Esse novo sistema, chamado de American Express Travel and Entertainment Hub, oferece reservas *on-line* para um público mais geral. Os viajantes podem utilizá-lo para fazer reservas de vôos, quartos de hotel, conferir pacotes de férias e comprar passagens para eventos esportivos ou culturais. Por outro lado, os serviços que se encontram nos escritórios da empresa parecem... digamos, antiquados.

Rosenbluth International

A empresa Rosenbluth International, de Filadélfia, EUA, está assumindo uma postura semelhante. Na questão de lazer, comprou recentemente a Bitztravel, uma agência baseada na Web voltada para as pequenas empresas, empresários independentes e viajantes freqüentes. Entre outros recursos, o *site* acompanha as milhas de seus clientes e entra em contato com eles quando os seus vôos estão atrasados.

O processo costumava incluir reuniões e telefonemas, e geralmente levava semanas ou meses. Atualmente, os gerentes de viagens podem estabelecer uma conta corporativa e ter certeza de que receberão a melhor opção em algumas horas. Esta tecnologia revolucionou a forma como seus clientes fazem negócios. As estatísticas da empresa dão suporte a essa formação, já que as vendas como um todo triplicaram nos últimos dois anos.

Carlson Wagonlit Travel

Na Carlson Wagonlit Travel, de Minneapolis, o novo *slogan* para o turismo de lazer é "*click, walk and talk*" ("clicar, andar e falar"), indicando que os clientes receberão o mesmo nível de serviço, seja *on-line*, na agência ou por telefone. Para demonstrar aos funcionários que eles devem passar essa mensagem aos clientes, a empresa investiu em uma extranet protegida por senha que oferece informações de *marketing* aos agentes, treinamento pela Internet, folhetos turísticos e as últimas novidades da companhia, as quais são utilizadas para dar aos clientes as melhores e mais baratas opções. A Carlson estimula suas 1.200 agências a conectar-se todos os dias e dá incentivos financeiros àquelas que o fazem com mais regularidade. A extranet também eliminou a necessidade de comunicação através de papéis entre os escritórios.

A empresa também pretende lançar um sistema novo e próprio de gerenciamento de relacionamento com os clientes (CRM), para tornar a experiência de reservas mais pessoal. Baseado em escolhas turísticas anteriores coletadas e armazenadas em um banco de dados Oracle, o sistema oferece descontos, ofertas especiais e outros serviços para os clientes que retornam. Ao conectar, as ofertas surgem na tela do computador. Ao telefonar ou entrar em um escritório, uma mensagem piscando avisa os agentes sobre alguma promoção especial.

O FUTURO DO COMÉRCIO ELETRÔNICO E DO *E-BUSINESS*

O que podemos dizer sobre o futuro do comércio eletrônico e do *e-business* no setor de agências de viagens? A seguir, apresentamos alguns comentários e opiniões de especialistas e analistas do setor turístico, que resumem as principais tendências e questões nos próximos anos [110-113]:

Reservas *on-line*:
- As reservas *on-line* serão ampliadas à medida que mais agências entrarem na Internet. À medida que as agências forem desenvolvendo uma presença maior, o número de reservas feitas na Internet crescerá.
- Os viajantes de negócios atualmente estão prestando mais atenção às reservas na Internet, já que as empresas de pequeno e grande porte cada vez mais conectam seus departamentos de viagem para proporcionar mecanismos internos de reservas *on-line*, filiados às agências de viagem já existentes.
- Os negócios *on-line* devem atingir 17% do total de vendas nos próximos quatro anos.

Utilizações estratégicas da Internet:
- As empresas de turismo e hospitalidade estão trabalhando, ao mesmo tempo, para ambos os lados da Internet. A meta é atrair e manter mais clientes, enquanto diminuem-se os custos de operação e do processo de compras, aumentando a eficiência das cadeias de suprimento.
- Os *sites* que oferecem tanto a alta tecnologia da Internet quanto a alta qualidade da assistência *on-line*, ou seja, em tempo real, atrairão a maioria dos novos clientes.
- Companhias aéreas, hotéis, agências de viagens e outros estão utilizando a Internet para construir serviços eficientes para os clientes, ou seja, que os façam sentir-se bem, com custos baixos e entrega rápida, por meio de compras *on-line*. As atividades vão desde o *download* das informações de vôo para um dispositivo sem-fio até a criação de mercados *business-to-business* para as companhias aéreas, os estabelecimentos de hospitalidade e as empresas de cruzeiro. Embora a utilização da Internet pelo setor de turismo e hospitalidade já seja ampla, a do comércio eletrônico está apenas começando a crescer.

Agências *bricks and mortar*
- O ritmo da decadência das agências tradicionais *bricks and mortar* diminuirá, já que os provedores de tecnologia estão desenvolvendo sistemas para capturar o conhecimento e a base de qualificações de centenas delas e combiná-los em uma usina virtual de conhecimentos turísticos.
- Em breve, poderemos testemunhar aquisições das empresas tradicionais por parte dos sistemas de distribuição global para garantir a fidelidade a longo prazo de segmentos e capitalizar no verdadeiro ponto forte do setor: o agente de viagens individual com suporte de uma tecnologia fenomenal.

Agentes de viagens que trabalham em casa:
- O número de agentes de viagens de trabalham em casa, seja de forma independente ou como funcionários de uma agência mais ampla, crescerá muito.
- Grande parte da base de conhecimentos das agências de viagens deixou o setor. O conceito de agente que trabalha em casa permitirá que esses profissionais sejam recuperados.

Comportamento dos consumidores:
- As estatísticas do setor demonstram que existem aqueles que buscam informações para viagens e utilizam a Internet para coletá-las, mas a maioria ainda telefona diretamente para os fornecedores do setor ou utiliza um agente de viagens.
- No futuro, os consumidores utilizarão com menos freqüência os *sites* de leilões exclusivos para vôos, exceto quando o preço mais baixo for o fator principal de compra. As diversas restrições, as dificuldades nas conexões e o mau serviço fizeram com que esse *sites* perdessem o seu atrativo.

Poder dos consumidores:
- Haverá uma consolidação permanente dos *sites* turísticos de lazer, com o consumidor sendo o grande vencedor: surgirão verdadeiros portais turísticos para complementar os serviços de lazer.

- Antigamente, parte do trabalho do agente de viagens era direcionar os clientes ao serviço que oferecia as maiores vantagens. Agora, a Internet ajudou a redirecionar o equilíbrio de poder para o consumidor. Praticamente todos os fornecedores do setor – companhias aéreas, hotéis, autolocadoras, trens, linhas de cruzeiro e mesmo os serviços de limusines – têm seus próprios *sites*, e muitos oferecem pontos para os clientes freqüentes que fazem compras diretas.

Fidelidade:
- Os *sites* turísticos que puderem construir fidelidade à marca e se concentrar no serviço ao cliente da forma tradicional surgirão como vencedores neste campo superlotado.

Criação de marcas:
- O futuro pertence a uma quantidade relativamente pequena de empresas na Internet, que se possam estabelecer como grandes marcas, com tecnologia de fácil utilização para prestar melhores serviços, em nichos turísticos bem-definidos.
- "Os grandes ficam ainda maiores, os pequenos tornam-se mais direcionados, e os intermediários morrem."

10
Operadoras turísticas

INTRODUÇÃO

O setor de operadoras turísticas permanece como o mais incompreendido e menos transparente aos olhos do público em geral. Infelizmente, essa situação não tem melhorado, especialmente considerando-se que o setor está muito sub-representado na Internet. Na verdade, apenas alguns consolidadores de grande porte, elaboradores de pacotes e operadoras turísticas estão oferecendo informações básicas em suas páginas da rede, e um número ainda menor oferece funções integradas para transações aos agentes de viagens (e, muito menos, diretamente aos consumidores).

Com o surgimento do turismo eletrônico, as Operadoras Turísticas (OT) devem repensar a forma como concebem seu papel de desenvolvedores de produtos e intermediários. O setor ainda não refletiu sobre todas as questões relevantes, mas com a rápida reconfiguração de demanda *off-line versus on-line* e com o desenvolvimento de novos produtos turísticos por meio de parcerias entre os dois tipos de empresas, as operadoras turísticas devem se preparar para cumprir um papel nessa transformação.

DIRECIONANDO SUA ESTRATÉGIA DE *E-BUSINESS*

Ingressar no *e-business* e no comércio eletrônico pode implicar uma série de transformações imprevistas para a pequena operadora turística. Com a entrada de grandes empresas na rede e com a reengenharia de seus aplicativos, as PMEs do setor estão cada vez mais espremidas em ambos os lados do mercado.

De um lado (do suprimento), as vantagens competitivas tradicionais das OTs de pequeno porte (isto é, produtos únicos e personalizados) estão sendo superadas pelo poder dos mecanismos de reserva pela Internet (MRI), e pela maior amplitude das empresas que operam *on-line*. Do outro lado (da demanda), os clientes do turismo eletrônico são cada vez mais educados e são fiéis apenas às operadoras que oferecem alta qualidade, transparência confiável e preços mais baixos, tudo em um pacote único.

Com certeza, as PMEs no negócio de OT devem levar a sério essas tendências e se preparar para utilizá-las como oportunidades de crescimento. Dessa forma, terão que ser extremamente cuidadosas na definição de sua estratégia de *e-business*, mais do que em outros segmentos do setor turístico, já que são as últimas a chegar na Internet. Por essa razão, devem estar cientes e alinhadas com as principais tendências provocadas por ela, que estão transformando o setor.

Há pelo menos três tendências principais sendo aceleradas pelo comércio eletrônico e pelo *e-business*. Em primeiro lugar, o setor está consolidando-se rapidamente, atingindo níveis de concentração maiores do que nunca, ao mesmo tempo em que assistimos a uma grande fragmentação da demanda de mercado em diversos nichos. Em segundo lugar, o relacionamento com as agências de viagens está mudando rapidamente, com a possibilidade exacerbada de pressões sobre esse canal de distribuição tão importante. Em terceiro, as empresas que passam a funcionar *on-line* estão apresentando uma concorrência cada vez mais difícil de enfrentar.

Concentração e estrutura dos nichos de mercado

Estima-se que, em média, 20% das operadoras turísticas sejam responsáveis por 80% das receitas do setor. A tendência rumo a um pequeno número de grandes operadoras e um grande número de pequenas operadoras, estas trabalhando com nichos de mercado, revela-se forte em muitos países do mundo. Espera-se que no futuro haja um número menor, mas com um nível mais alto de integração, o que provavelmente trará uma estabilidade maior ao setor. Espera-se também que as operadoras de nicho venham a substituir as operadoras pequenas que não estão alinhadas [27].

Da mesma forma, em um futuro próximo, as viagens podem vir a ser produzidas em pacotes e vendidas de forma diferente. Possivelmente (embora dependa das tendências) poderá haver um número menor de opções de empresas, mas as linhas de produto podem crescer. As operadoras independentes precisarão ser criativas e se diferenciar para conseguir competir. As pequenas sobreviverão, mas terão que evoluir. Os serviços personalizados serão sempre importantes no setor turístico. Operadoras turísticas menores e independentes devem se concentrar em seu nicho – com algum produto no qual tenham desempenho melhor do que as outras – e capitalizar para manter a força da empresa. As OTs menores também são mais adaptáveis à mudança, pois têm custos operacionais mais baixos, podendo mudar rapidamente para se adequar às necessidades dos consumidores [114].

Essas tendências aparentemente contraditórias (ou seja, a consolidação dos fornecedores e a fragmentação da demanda) devem ser tratadas de forma coerente. A pequena operadora turística deve certificar-se de que está seguindo passos claros para construir sua nova estratégia de *e-business*:

- Avaliar o impacto dessas tendências sobre a especialidade na qual é especialista e quais opções permanecem abertas.
- Definir quais as competências fundamentais da empresa (por exemplo, desenvolvimento de produto? *marketing*?).
- Decidir se é melhor fundir-se horizontalmente com outras OTs ou verticalmente em serviço/distribuição.
- Analisar a possibilidade de conquistar uma nova posição competitiva com a Internet.
- Direcionar as iniciativas para algumas áreas nas quais a organização deveria inovar para sobreviver no mundo *on-line*.
- Identificar os diversos aplicativos que serão necessários para esse tipo de inovação; e
- Construir um caso comercial para investir em novas soluções de TI e *e-business* que serão necessárias.

Transformando o relacionamento com as agências de viagens

Há uma tendência subjacente de aumentar a distribuição direta, que só faz crescer com o comércio eletrônico. As operadoras que já lidam diretamente com o cliente estão planejando redirecionar uma parcela importante de seus negócios para os canais eletrônicos. As empresas com distribuição mista estão avançando na mesma direção, apenas mais lentamente. As operadoras turísticas que têm sua própria rede de agências também estão entusiasmadas em relação aos benefícios em potencial do sistema, tanto quanto as que dependem de terceiros.

Uma pesquisa recente aponta para uma redução de cerca de 15% em três anos nos volumes de negócios por meio de agentes de todos os tipos. O estudo demonstra que, enquanto a maioria das operadoras está ávida para utilizar o comércio eletrônico, estimulando o modelo de distribuição direta, receia que a tarefa não seja fácil. A predominância dos canais de distribuição atuais parece ser um obstáculo mais sério [115].

O principal desafio das operadoras turísticas é assumir a tecnologia e colocá-la em funcionamento. Os outros desafios relacionam-se às condições que as operadoras têm para gerenciar a transição de terceiros rumo à distribuição direta. A maior ameaça é representada pelas recém-chegadas no mercado – empresas que dispõem das qualificações que as operadoras turísticas não têm, e são capazes de avançar mais rapidamente já que não precisam carregar o peso das redes de agentes ou dos modelos empresariais ultrapassados [115].

Ao transferir os sistemas de reservas das instalações dos agentes para sistemas *on-line* próprios, as operadoras turísticas buscam reduzir suas despesas gerais, eliminar comissões, cortar custos de *marketing* e garantir a satisfação do cliente. Conclusões de estudos recentes sugerem que essas economias podem chegar a aumentar três ou quatro vezes as margens brutas de lucro e também demonstram que, para a maioria das operadoras turísticas, esses benefícios permanecem na teoria. Grande parte está enfrentando uma série de questões relacionadas à escolha e à implantação da tecnologia adequada, além do investimento inicial necessário. Entre as questões mais espinhosas está a de como integrar os sistemas de venda baseados na Internet aos sistemas de *back-office* que lidam com tudo, desde reservas de companhias aéreas até o processamento dos pedidos.

Certamente, abrir mão das agências de viagem é uma grande oportunidade, mas também um grande desafio, que pode acabar inviabilizando as pequenas operadoras turísticas que avançam muito rapidamente, desprovidas de uma estratégia. Conseqüentemente, a decisão de dar este passo deve ser cuidadosamente analisada:

- Identificar prioridades, seja o baixo custo, a inovação, a capacidade de resposta, a captura de clientes, etc.
- Focar seus produtos em suas prioridades-chave, tendo em mente suas margens de lucro.
- Definir como o comércio eletrônico e o *e-business* desempenharão um papel essencial nos produtos que você fabrica.
- Estudar algumas funções inovadoras da Internet, como a discriminação de preço baseada em tempo.
- Decidir até que ponto você quer se aproximar dos clientes, e se a fidelidade irá compensar.
- Direcionar suas iniciativas proporcionalmente à escala de seus recursos e de suas competências.
- Encontrar parceiros externos, se necessário, por exemplo, um grupo pequeno de agências de viagens que passem a operar *on-line*.
- Avaliar cuidadosamente a possibilidade de obter volumes maiores *on-line* do que com mecanismos tradicionais *off-line*.
- Avaliar as perdas temporárias devidas à transição do trabalho com as agências para a distribuição direta.
- Marcar o lançamento de seu produto de distribuição eletrônica em um período de crescimento para seu nicho.
- Desenvolver uma campanha publicitária agressiva, diferenciada das tradicionais; e
- Manter o controle dos custos de fornecedor, já que as pressões de preços na Internet são mais fortes do que nas empresas tradicionais.

Concorrendo com as empresas recém-chegadas

As operadoras turísticas não sabem onde buscar soluções tecnológicas, carecem de especialização para implementar sistemas de comércio eletrônico e não sabem quando precisarão investir em tecnologia para entrar no jogo. Embora vôos e viagens estejam sendo amplamente divulgados na Internet, são poucos os *sites* que podem fazer reservas em tempo real ou processar transações, e não há nada disponível que equivalha à amplitude e à profundidade dos serviços prestados pelas agências de viagens. Esta situação deverá mudar, se as pequenas operadoras quiserem sobreviver. Não se discute mais se o comércio eletrônico chegará ao setor turístico, mas quem chegará lá em primeiro lugar com os produtos e serviços adequados.

O que mais assusta as operadoras já estabelecidas são as recém-chegadas: pode ser mais fácil para os provedores de tecnologia entrar no turismo do que para as empresas turísticas avançar no uso da tecnologia. Os primeiros sinais dizem que esses receios têm fundamento: chama atenção o fato de que os elementos mais importantes no negócio turístico *on-line* emergente não sejam empresas estabelecidas, mas operadoras *on-line* iniciantes (ou seja, operadoras que vendem produtos mais baratos). Essas empresas chegaram ao mercado sem qualquer sistema legado com o qual se preocupar e sem bagagem intelectual sobre a forma como o setor funciona.

Logo atrás da primeira onda de recém-chegadas ao mercado está uma segunda força, potencialmente muito mais ameaçadora: empresas com tecnologia de porte industrial, muitos recursos financeiros e considerável especialização no projeto e na implantação de sistemas de comércio eletrônico. Quando se pediu que identificassem a empresa líder no comércio eletrônico do setor turístico, a metade respondeu Expedia, empresa pertencente à Microsoft que opera exclusivamente na Internet. Operadoras turísticas estabelecidas sabem que empresas como essas serão os concorrentes no futuro, e também que, se não conseguirem tratar de forma adequada a questão do comércio eletrônico, suas próprias empresas receberão uma passagem sem volta para lugar nenhum [116].

Embora a entrada no comércio eletrônico possa representar um grande desafio tecnológico para algumas operadoras, fica claro que, na maioria das vezes, elas têm mais condições do que os líderes do setor de tecnologia de desenvolver produtos e serviços *on-line* mais inovadores. Dessa forma, as empresas recém-chegadas não devem ser consideradas inimigos, ao contrário, devem ser consideradas possíveis aliadas, aquelas que podem proporcionar os bens fundamentais que estão faltando para a maioria das PMEs lançar suas iniciativas de *e-business*.

Conseqüentemente, todos os gerentes que estão percebendo a atual concorrência em seu nicho devem fazê-lo por meio de uma avaliação realista dessas ameaças, além de desenvolver estratégias claras para mitigar a falta de tecnologias e qualificações *on-line*. Assim, sua organização deve estar preparada para:

- Analisar os ambientes *on-line* e *off-line* com muito cuidado antes de tirar conclusões apressadas.
- Conhecer os fatores importantes para o sucesso em seu nicho *on-line*, e quais deles você controla.
- Analisar os principais erros das recém-chegadas em seu nicho, como se fossem aulas gratuitas.
- Redefinir suas necessidades tecnológicas e as possibilidades de enfrentá-las por conta própria, ou em parceria com outras empresas.
- Identificar suas competências fundamentais ou "fragmentos de negociação" que possam ser úteis para desenvolver novas alianças.
- Garantir que sua organização dê ouvidos aos parceiros tecnológicos, de forma a estimular a inovação.
- Gerenciar projetos de forma multifuncional em vez dos tradicionais silos de desenvolvimento; e
- Concentrar-se na exploração integral das funções de *e-business* mais disponíveis e comprovadas.

APLICAÇÕES E FUNCIONALIDADE DO *E-BUSINESS*

Estabelecer uma estratégia de *e-business* para uma pequena operadora turística pode levá-lo a acreditar que a Internet é uma terra de oportunidades. Contudo, a necessidade de utilizar os recursos tecnológicos adequados é inevitável, e você deve analisar cuidadosamente quais são os aplicativos necessários, quais as funções que eles oferecem à sua organização, e até onde serviriam aos propósitos de sua estratégia.

Felizmente, como a TI já é usada irregularmente por muitas operadoras turísticas de pequeno porte, o estudo de novos mecanismos da Internet não parecerá tão difícil ou estranho para maioria dos administradores. O desafio pode ser basicamente entender o que é inovador em cada solução que surge, e como ela se integra aos sistemas legados ou aos existentes. As seguintes aplicações devem ser cuidadosamente consideradas para a sua estratégia de *e-business*:

- **Presença *on-line***: como já foi dito, essa é a carência da maioria das OTs. O tipo de informação apresentada nos *sites* corporativos são muito semelhantes aos folhetos impressos. Mas os clientes *on-line* esperam muito mais do que conteúdos estáticos, e mesmo os audiovisuais dinâmicos podem não ser suficientes. O elemento mais estratégico nessa aplicação voltada ao cliente é atingir um alto nível de flexibilidade ao fornecer informações solicitadas por esses próprios clientes, e criar um alto nível de interatividade com os bancos de dados e com os processos e a equipe do *back-office*.

- **Gerenciamento do relacionamento com os clientes (CRM)**: essa aplicação apresenta oportunidades totalmente novas, nas quais as operadoras turísticas podem nunca ter pensado em grande escala. Embora todas as OTs tenham uma central de atendimento por telefone para auxiliar os agentes de viagens que precisam de informações, e embora o CRM costume estar conectado a esses serviços, sua utilização com uma ampla base de clientes *on-line* é um desafio totalmente diferente em termos qualitativos e quantitativos. Dessa forma, as OTs pequenas devem ser cuidadosas ao estabelecer sua estratégia, principalmente identificando quais partes do CRM são mais importantes para a sua iniciativa como um todo e o grau de inovação presente em sua utilização nos processos de *e-business*. A prioridade, na maioria dos casos, será garantir que o CRM não represente um estrangulamento de suas operações, ao contrário, melhore o fluxo de trabalho e faça da personalização uma tarefa mais integrada e fácil.

- **Gerenciamento da cadeia de suprimento (GCS):** embora a maioria das OTs tenha suas formas de relacionar-se com os prestadores de serviços turísticos, é importante reavaliar a forma como esses processos podem ser integrados *on-line*. Grande parte dos sistemas nessa área costuma ser isolada, às vezes com vários departamentos da mesma OT trabalhando de forma desarticulada. Além disso, o GCS pode revelar-se um fator fundamental para o crescimento rápido, já que, uma vez que os aplicativos de *front-office* consigam atrair e capturar a demanda, as aplicações de GCS representarão a solução para a pequena OT que quer satisfazer toda a sua demanda, e ela deve ter acesso aos prestadores de serviços de forma rápida e eficaz.

GUIA PASSO A PASSO PARA A IMPLEMENTAÇÃO DE SUA ESTRATÉGIA DE *E-BUSINESS*

Como uma pequena operadora de turismo que foi capaz de formular uma estratégia de *e-business* clara e concisa, você deve agora planejar a implementação, de forma a maximizar seu sucesso.

Infelizmente, como as OTs estão entre as últimas empresas a entrar no *e-business* em turismo, é provável que você tenha que passar por todo o processo, do início ao fim. Com certeza, a evolução de PMEs como a sua exigirá uma boa dose de coragem, já que a passagem de uma operadora tradicional para um modelo híbrido *on-line/off-line*, ou mesmo para uma puramente *on-line*, exige muito apoio e paciência.

Conseqüentemente, para estar preparado para botar o pé na estrada, e com a esperança de prever e controlar melhor os fatores envolvidos na evolução de sua empresa, você deve ter certeza de que toda a equipe entende o valor de cada fase, da seguinte forma:

- **Fase 1 – Avançando rumo ao *marketing* eletrônico**: como as operadoras turísticas são basicamente desenvolvedoras e profissionais de *marketing* do setor turístico, elas devem aprender primeiramente como relacionar-se melhor com sua cadeia de distribuição. Para isso ser feito, é necessário: (1) equilibrar prioridades de *marketing* e tecnologia, (2) sair dos folhetos e ir para o *marketing* interativo e (3) gerenciar conteúdos digitais.

- **Fase 2 – Adaptando a base tecnológica**: uma vez que as funções de *marketing* tenham sido adaptadas, deve-se fazer um grande ajuste nos aplicativos de *front-office* e *back-office*. Para tanto, é preciso principalmente: (4) superar as barreiras tecnológicas, (5) terceirizar as soluções de tecnologia, (6) conectar-se aos principais sistemas de reserva e (7) agilizar o gerenciamento da cadeia de suprimento.

- **Fase 3 – Tornando o desenvolvimento do produto mais flexível**: à medida que as operadoras turísticas aprendem a "domesticar" suas soluções de *e-business*, elas devem construir gradualmente práticas aprimoradas em relação ao desenvolvimento inovador de novos produtos. Para tanto, é necessário, principalmente: (8) personalizar as ofertas em tempo real, (9) adotar um modelo B2B2C e (10) implementar soluções de serviço ao cliente.

Fase 1 – Avançando rumo ao *marketing* eletrônico

Passo 1 – Equilibrar prioridades de *marketing* e tecnologia

Quase todas as operadoras turísticas concordam que o comércio eletrônico é fundamental para sua sobrevivência, mas estão lutando contra obstáculos que ameaçam impedir os planos existentes para essa área de decolar. Por exemplo, uma recente pesquisa concluiu que as maiores operadoras da Grã-Bretanha estão se preparando para utilizar o comércio eletrônico no sentido de avançar de uma distribuição com base nos agentes para a distribuição direta, via Internet. A necessidade de se cortar custos e as comissões pagas às agências tornam o grupo um alvo evidente. A pesquisa indica uma expectativa de redução dos negócios feitos por meio dos agentes em, pelo menos, 15% nos próximos três anos.

Ao mesmo tempo, as operadoras planejam ampliar os serviços oferecidos diretamente aos clientes pela Internet, incluindo informações turísticas, reservas e pagamento *on-line* e venda de serviços com valor agregado como seguros e aluguel de carros. Atualmente, com uma ou duas exceções, elas não oferecem mais do que informações de mercado, dados sobre vôos e informações turísticas gerais em seus *sites*. Três quartos das 36 empresas pesquisadas, responsáveis pela mesma proporção dos £ 8 bilhões (13,18 bilhões de euros) do mercado turístico do Reino Unido, identificaram "barreiras técnicas" como o maior obstáculo enfrentado [117].

Passo 2 – Sair dos folhetos e ir para o *marketing* interativo

Como os agentes de viagens reagiriam se as operadoras parassem de imprimir folhetos? Alguns especialistas já falam sobre o "apreçamento fluido" e a possibilidade de que os preços em breve não estejam mais impressos nos folhetos, mas apenas disponíveis *on-line*. Isso poderia ter um efeito profundo sobre os agentes de viagens, mas será que os problemas seriam ainda maiores se as operadoras parassem totalmente com a produção de material impresso?

Algumas delas já pararam essa produção, concentrando-se exclusivamente na produção de um bom *site*. Obviamente, elas ainda recebem com prazer as reservas dos agentes, mas não estão mais preocupadas em ter seus folhetos nas prateleiras. E se os outros seguirem o mesmo caminho? Pode haver boas razões para fazê-lo, já que os custos dos folhetos são uma carga financeira imensa sobre as operadoras, carga que elas estão sempre buscando reduzir. O folheto não vai acabar, as pessoas gostam de folhear as informações no papel. Contudo, se as economias podem ser tão grandes, como a tecnologia pode ajudar?

E o folheto virtual? O cliente que entra em uma agência para encontrar uma viagem de férias em um hotel quatro estrelas, no exterior, poderia sair com um folheto de 20 páginas, específico para sua demanda, em vez de folhetos de 100 páginas com toda uma série de viagens que absolutamente não lhe interessam. Isso exigiria que os agentes pudessem baixar as informações do folheto (a armazenagem local dessa quantidade de informações eletrônicas não seria viável). Seria necessário ter acesso à rede em banda larga (os *modems dial-up* não seriam suficientes) e impressoras coloridas de alta velocidade para produzir um folheto enquanto o cliente espera. Mas tudo isso está começando a parecer caro. Quem vai pagar pelo custo total dos computadores, das impressoras e das conexões ADSL? Afinal de contas, esse serviço deverá atrair os clientes, e eles irão operar o equipamento em suas instalações, mas é simplesmente impossível imaginar que os agentes venham a pagar por tudo isso.

E as operadoras turísticas? Elas fariam economias imensas em relação aos custos de impressão, mas, obviamente, essa é a intenção, economizar em vez de gastar dinheiro novamente. Além disso, se as operadoras subsidiassem o equipamento, o que achariam do material de seus concorrentes ser impresso nas máquinas pelas quais pagaram? A não ser que você pense diferente, essa situação não deve acontecer.

Alguns especialistas prevêem que, à medida que os consumidores se acostumarem a pesquisar o turismo na Internet e na tevê digital, as operadoras vão desviar fundos da produção de folhetos para esses canais [118]. Prevêem também que, dentro de cinco anos, os folhetos turísticos já ocuparão um lugar secundário em relação ao passeio virtual. Uma operadora turística desenvolveu uma solução na qual, em vez de ler o folheto de um *resort*, o consumidor acessa o *site*, clica no botão do passeio virtual e, em segundos, passeia pelos quartos do hotel, pelos restaurantes, pelo saguão, pelas piscinas e assim por diante. Essa operadora oferece uma tela grande, imagem de alta qualidade, ajuda para navegar e um tempo de *download* de alguns segundos, em vez de vários minutos. As imagens cobrem 360°, para dar uma impressão clara do local [117].

Passo 3 – Gerenciar conteúdos digitais

À medida que as operadoras se comprometem com o *e-business*, terão que mudar a forma como administram os conteúdos de informação relacionados a suas ofertas.

Por enquanto, o setor está preparado para produzir folhetos impressos. Em geral, o conteúdo vem de diversas fontes, as imagens podem ser eslaides ou gravuras vendidos por uma empresa e a descrição de hotéis e *resorts* pode ser redigida em um processador de texto, provavelmente pelo departamento de *marketing*. Os preços serão mantidos em folhas de análise pela equipe de planejamento de produto.

Tudo isso faz parte da produção de um folheto, mas, infelizmente, é inadequado para qualquer outra coisa. Algumas companhias turísticas iluminadas compreenderam que essa é uma questão importante e estão mudando a forma de trabalhar. As operadoras e as empresas maiores estão investindo nos sistemas de gerenciamento de conteúdo. São dispositivos de armazenagem de informação contidos em um banco de dados (o qual deve conter distribuições, preços, comissões, disponibilidade, etc) de forma que possa ser enviado a qualquer canal, seja um *site*, a fábrica de folhetos, um Wireless Access Protocol (WAP) ou um CD-ROM. Essa descrição representa a complexidade técnica e organizacional da instalação adequada do sistema de gerenciamento de conteúdo. Entretanto, vale a pena, pois a recompensa vem na forma de economia permanente em tempo e esforço em todo o processo de edição e publicação, e melhoria do controle de dados.

Aquilo que as operadoras dizem em seu *site* deve estar de acordo com que vem impresso no folheto. Reduzem-se os tempos de avanço e aumenta-se a precisão. Seria possível pensar que o gerenciamento de conteúdos só se aplica às operadoras grandes, mas isso não é verdade. Embora possa não valer a pena para as companhias menores investir em sistemas caros, muito se pode fazer com um PC e um pouco de bom senso [119].

Apesar de algumas das atuais limitações nos meios *on-line* levarem a melhorias na qualidade dos folhetos, a médio prazo, os folhetos eletrônicos poderão incluir imagens de alta qualidade e mecanismos sofisticados de pesquisa para reduzir o tempo de atendimento da solicitação do consumidor. A melhoria mais importante, contudo, será provavelmente a capacidade de alterar imediatamente o conteúdo dos folhetos para refletir as mudanças de preço ou as ofertas especiais. O meio *on-line* ideal para os folhetos eletrônicos pode muito bem não ser a Internet, mas sim a tevê digital. Esse mecanismo tem largura de banda para imagens de alta qualidade e multimídia. Igualmente importante, a tevê é uma atividade de grupo, ao passo que a Internet é solitária. É mais fácil imaginar a família escolhendo as férias anuais reunida em torno da televisão do que na frente do computador [116].

O setor turístico está utilizando novos canais para fazer negócios, como a Internet e a tevê digital interativa. Contudo, aproveitar integralmente essas oportunidades exige uma solução única integrada, dando suporte aos meios impressos tradicionais e às novas tecnologias. Dessa forma, as operadoras turísticas devem recorrer a esse tipo de empresa para obter as inovações necessárias, e ter condições de atingir suas metas com investimento e tempo menores. Existem muitas opções disponíveis, por exemplo:

- Um provedor de tecnologia utilizou sua experiência no desenvolvimento de aplicativos de comércio eletrônico personalizados para produzir uma solução de editoração independente de mídia para o setor turístico. O problema que agora surge para muitas empresas turísticas é o fato de que elas utilizam sistemas diferentes para os canais tradicionais e para os novos: um para tratar do folheto impresso e outro para criar uma versão para Internet. Esse problema pode ser exacerbado ainda mais no futuro com aplicativos destinados à tevê digital interativa (idTV) e dispositivos sem-fio. A manutenção dos dois sistemas exige muitos recursos e é ineficiente, especialmente porque os folhetos contêm uma ampla mescla de conteúdo, incluindo texto, imagens e dados de preços [120].

- Outro provedor de tecnologia desenvolveu um sistema que permite à operadora criar um único banco de dados na forma de folheto, que pode ser publicado em qualquer tipo de *e-mail*. O sistema armazena todos os tipos de conteúdo em um banco de dados relacional, que pode ser modificado e emitido quando necessário, seja em um formato pronto para impressão ou em outros, como HTML, XML, WML, para a apresentação em páginas da Internet, na tevê digital ou num telefone móvel. Esse tipo de sistema oferece uma solução flexível, integrando todos os aspectos das operações de editoração de uma empresa em canais diferentes. As companhias que puderem aproveitar as oportunidades oferecidas por essas novas rotas para o mercado, e que puderem rapidamente personalizar suas propostas para os clientes individuais, terão uma vantagem importante sobre seus concorrentes. Vários dispositivos são oferecidos atualmente pela Internet aos consumidores, e serão necessárias soluções de gerenciamento de conteúdo para permitir que as organizações publiquem em todos os mecanismos a partir de uma fonte única [120].

Fase 2 – Adaptando a base tecnológica

Passo 4 – Superar as barreiras tecnológicas

Uma pesquisa revelou uma grande distância entre o potencial e a realidade do comércio eletrônico no setor turístico. A maioria das empresas tem atualmente um *site*, mas grande parte oferece pouco mais do que um perfil empresarial, com alguma informação de *marketing* e folhetos *on-line*. Esses *sites* são tecnicamente fáceis de desenvolver e baseiam-se em habilidades que costumam estar disponíveis na administração de HTML e de servidores da Web. Sistemas completos, capazes de processar reservas e de realizar transações completas estão em fase de planejamento. Uma das razões é o fato de que as habilidades necessárias são superiores àquelas exigidas por *sites* simples, voltados ao *marketing*, entre elas, TCP/IP e outras, como a ligação inter-redes, a administração de bancos de dados, o processamento de transações, a segurança, o *design* de interface do usuário e a integração de sistemas.

A capacidade de fazer com que os sistemas legados funcionem com o protocolo da Internet é muito importante, já que os únicos sistemas de comércio eletrônico viáveis são aqueles nos quais o *front-end* é completamente integrado ao *back-end*, e todas as funções deste último são interconectadas. As operadoras turísticas utilizam sistemas diversos e incompatíveis, os quais nunca foram projetados para se comunicarem. As oportunidades para racionalizar esses sistemas são limitadas, e, para complicar ainda mais as coisas, muitos dos envolvidos em uma simples reserva não pertencem à operadora, mas sim a um terceiro – uma seguradora ou uma companhia aérea, por exemplo. Atualmente, estão sendo desenvolvidas novas interfaces para atender às demandas específicas das operadoras turísticas (como em Sabre) [115].

Passo 5 – Terceirizar as soluções de tecnologia

Algumas operadoras turísticas escolhem terceirizar suas soluções em tecnologia, por diversas razões. Um provedor especializado pode ser o parceiro adequado para o próximo estágio de sua evolução, permitindo-lhe concentrar-se no que faz melhor, a venda de viagens, confiante de que seu conhecimento e sua tecnologia estarão garantidos para o futuro.

Ao terceirizar, garante-se uma infra-estrutura ampliável para dar apoio a seus planos de expansão. Os benefícios podem vir na forma de *hardware*, atualização de *softwares*, manutenção permanente e suporte técnico, sem necessidade de grandes investimentos prévios de capital. As soluções proporcionadas pelo parceiro em tecnologia possibilitam dar conta de questões como a redução nas margens de lucro e as mudanças rápidas na tecnologia, além de oportunidades de distribuição. Resumindo, a terceirização é uma estratégia através da qual as operadoras turísticas podem garantir a melhor tecnologia nos termos mais convenientes.

Várias opções estão disponíveis às PMEs OTs, devendo ser comparadas e avaliadas cuidadosamente. A seguir, alguns exemplos:

- Uma empresa de tecnologia avançada desenvolveu um produto projetado para atender às necessidades de um programa prático, confiável, coerente, acessível, de fácil utilização e baseado em PC, que automatiza completamente a operação atacadista em turismo. É uma linha de produto central, apoiada em módulos específicos, que permitem que a operadora modifique o programa para adaptá-lo às suas empresas, quaisquer que sejam as necessidades [121].

- Um provedor de serviços de aplicação, especializado em programas para as operadoras turísticas de porte médio em língua alemã, desenvolveu um produto que conecta as operadoras às agências de viagem geradoras da maioria dos pedidos. Essas operadoras podem oferecer atualmente, a 30.000 agentes em toda a Europa, uma forma rápida e fácil de avaliar e reservar pacotes turísticos na Internet. O tempo médio necessário para uma reserva foi reduzido em 92%, de 25 minutos para apenas dois. Trata-se de um sistema de reservas abrangente, que permite que as operadoras turísticas gerenciem tudo, desde o processamento de pedidos até os registros de clientes para contabilidade [122].

- Outro PSA desenvolveu um mecanismo de reservas *on-line,* gerando economias em toda a cadeia de distribuição turística no mercado havaiano, indo dos fornecedores do setor ao consumidor final. A alavancagem da Internet como mecanismo de prestação de serviços para *software* possibilitará aos clientes da companhia, como aos revendedores de produtos turísticos, um acesso nunca visto, em tempo real, ao estoque de quartos de hotel, vôos, carros de aluguel e atrações, além do acesso a recursos de serviço automático ao cliente. Para os fornecedores turísticos, esse aplicativo proporcionará um canal de distribuição há muito necessário, de baixo custo, combinado com o acesso ao mercado-alvo mais amplo [123].

Passo 6 – Conectar-se aos principais sistemas de reserva

Certamente, operar de forma terceirizada também pode abrir caminho para a integração com os sistemas tradicionais de distribuição global. Na verdade, são poucas as OTs que aproveitam essa oportunidade de forma séria. A maioria prefere ter sua própria estrutura de reservas.

A tendência da terceirização abriu várias opções, especialmente de forma integrada. Por exemplo:

- Um SGLD e um provedor de serviço de aplicação (PSA) desenvolveram conjuntamente uma solução em que o segundo proverá os serviços de conexão direta entre serviços turísticos ao seu novo aplicativo de distribuição, a partir de um navegador. Pelo acordo, o SGLD integrará a tecnologia de conectividade do PSA, que possibilitará uma conexão única e de baixo custo, além de uma interface entre as operadoras turísticas e o SGLD. O resultado é que os usuários deste terão acesso em tempo real às reservas, disponibilidade e preços, além do acesso a um mercado eletrônico em rápida expansão, relativo a produtos turísticos conectados pela tecnologia do PSA [124].

- Um provedor global de conteúdos sobre destinos, tecnologia e serviços de distribuição para o setor turístico desenvolveu uma solução que possibilita uma alimentação ao vivo de dados do inventário a um sistema de distribuição a partir da Internet, o qual, por sua vez, conecta diretamente aos distribuidores globais de turismo. Esse sistema de distribuição contém informações relevantes sobre reservas de passeios, atrações, eventos e produtos relacionados ao destino. A lista de empresas parceiras de distribuição *on-line* em turismo inclui a Expedia.com, a OneTravel, a Biztravel.com, a Travelution, a Sabre e a Worldspan. Isso faz com que as empresas que prestam todo tipo de serviço, desde passeios para observar os ursos no Canadá até excursões para mergulhar nas Ilhas Fiji, passando por ingressos para o teatro na Broadway, possam trazer seus produtos em tempo real para as telas de computadores de distribuidores em todo mundo. Os serviços qualificados que quiserem aproveitar essa capacidade única devem simplesmente fornecer seus produtos e preços atualizados para serem incluídos no banco de dados [125].

- Outro provedor está utilizando as novas tecnologias da Internet e de trabalho em rede para possibilitar que os vendedores do setor turístico distribuam seus serviços eletronicamente aos agentes de viagens, de forma mais avançada do que os atuais sistemas, e a um custo mais baixo por reserva. Hoje em dia, esse serviços pagam de 2 a 3 dólares para cada reserva feita pelas agências de viagens por meio dos sistemas globais de distribuição (SGLD) ou dos sistemas computadorizada de reservas (SCR). As reservas por telefone custam mais de 10 dólares cada para serem processadas. Esse provedor utiliza a tecnologia da Internet por meio de redes privadas de comunicação (*intranets*) para reduzir em, no mínimo, 75% os preços das reservas cobrados pelos serviços. Essa solução converte a informação atual dos sistemas internos das empresas em páginas na Internet e em telas de reserva dinâmicas, possibilitando que as agências façam reservas em tempo real por meio de um *site* em *intranet*, protegido por senha, destinado apenas ao setor turístico. Várias redes de agências turísticas de grande porte da Europa estão aprimorando suas redes para o padrão IP (Internet Protocol), que lhes fornece acesso aos *sites*. Diversos sistemas de reservas por computador também estão planejando capacitar os clientes da agência para acessar os *sites*, e muitas agências já estabeleceram suas próprias conexões padrão ou *dial-up*. Essas novas opções de comunicação dão às empresas (operadoras turísticas, empresas de transporte naval, ferrovias, empresas de seguros de viagem, etc), pelo menos, a oportunidade de reduzir sua dependência dos sistemas atuais de distribuição, bastante caros, ou das reservas por telefone [126].

- No caso dos *sites* de *intranet*, a Pickup lista uma série de benefícios diretos e indiretos para as empresas, que surgem a partir da implementação dessas redes. Entre os benefícios diretos, estão: economia de papel; economia na impressão de material de distribuição como informativos, documentos e listas telefônicas; aumento na eficiência dos funcionários; aumento na reviravolta nas cotações de venda; economias na substituição dos sistemas legados. Entre os indiretos, encontram-se: gestão de conhecimento; melhoria na motivação; visão compartilhada; comunicação e transformações; manter-se atualizado com a nova tecnologia; concorrência com os meios externos; contribuição com a comunicação de outras organizações; práticas modernas; sinergia entre a força de trabalho; liberdade para a pesquisa de mercado; inovações oriundas de todas as partes; fim da sobrecarga de informações; fim da mentalidade "silo" [127].

- Por fim, um PSA, em conjunto com a U.S. Tour Operators Association, produziu um novo programa, em CD, que funciona em conjunto com um *site* e permite uma atualização contínua das informações. Um dos componentes do programa faz pesquisas em milhares de opções, por destinação e por tipo de viagem, comparando os produtos de diversas operadoras turísticas ao mesmo tempo. O folheto eletrônico dá aos usuários acesso às diversas opções, eliminando a necessidade de se telefonar ao departamento de reservas.

Apresentam-se as informações sobre disponibilidade de datas para a partida, preço da viagem escolhida com base na cidade de entrada, datas e opções anteriores e posteriores, além de permitir reservas eletrônicas [128].

Passo 7 – Agilizando o gerenciamento da cadeia de suprimento (GCS)

Embora os aplicativos do *front-office* possam ter sido bem integrados e operados de forma adequada, eles podem fazer com que uma operadora turística de pequeno porte sucumba em um oceano de demandas que não conseguirá atender. Esta situação pode fazer com que a empresa se arrependa de ter entrado na Internet e investido em tecnologias de comércio eletrônico e *e-business* que só lhe trazem problemas.

Infelizmente, esse setor exige um aplicativo de gerenciamento da cadeia de suprimento (GCS) extremamente complexo, pois uma grande quantidade de fornecedores do setor (hospitalidade, alimentação, transportes, acompanhantes, atrações, entretenimento, etc.) deve estar prontamente disponível quando os turistas fazem a reserva com a agência de viagem ou com a operadora. Conseqüentemente, harmonizar e, especialmente, sincronizar o fluxo de demandas para os serviços é algo fundamental para o sucesso do *e-business* no setor de OT.

Felizmente, muitas opções foram abertas para que as PMEs atinjam tais níveis de sincronização. Por exemplo, a maioria dos provedores de soluções tecnológicas desenvolveu sistemas altamente adequados a uma ampla variedade de operadoras turísticas e organizadores de viagens, incluindo uma série de recursos únicos que ajudam a agilizar o aplicativo de gerenciamento da cadeia de suprimento e o tornam fácil de ser operado por parte da equipe. Os recursos mais comuns costumam ser os seguintes [129]:

- Tela de pesquisa de serviços de hospedagem que fornece disponibilidade para as datas solicitadas, com mecanismos potentes funcionando por meio de recursos, *resort* e país.
- Um recurso *quote*, que permite diversas modificações nas informações ao cliente até que a reserva seja confirmada.
- Um recurso que distribui aos passageiros vôos, acomodações e tarifas extras para acessar atrações especiais aos visitantes (por exemplo, cursos de golfe, passes para a prática de esqui, etc.).
- Um dispositivo automático de correio eletrônico que permite que os relatórios dos *resorts* cheguem aos representantes com rapidez e a baixo custo.

Da mesma forma, outras soluções podem estar disponíveis em pacotes separados, respondendo às necessidades das várias operadoras, que podem ter demandas diferenciadas e, às vezes, mais especializadas, segundo a especificidade do produto (por exemplo, aquelas que fazem reservas de hotéis para o verão). Muitas soluções existentes podem ser encontradas em vários segmentos, por exemplo:

- Uma empresa voltada a soluções relacionadas às reservas para o mercado de operadoras turísticas e um importante provedor de serviços de comércio eletrônico e processamento de transações do setor hoteleiro desenvolveram uma solução que automatiza o processo de reservas para hotéis nos pacotes das operadoras turísticas. Essa solução fornece às operadoras um método eletrônico para fazer reservas de quartos diretamente no sistema central dos hotéis com os quais elas negociaram a distribuição dos apartamentos. Como resultado disso, o método tradicional das operadoras, que transmitem as reservas para um hotel por correio eletrônico ou fax, irá transformar-se em transmissão eletrônica de dados em tempo real, diretamente para o sistema central de reservas (SCR) dos hotéis. Esse processo automatizado resultará em uma redução dos custos operacionais para o hotel e para a operadora, bem como num aumento potencial nos rendimentos. Outro benefício desse produto é uma maior eficiência na contratação de gerenciamento das diárias e da distribuição dos pacotes turísticos negociados [130].

- Um importante provedor de soluções para gerenciamento de informações e distribuição eletrônica para o setor turístico projetou um sistema de gerenciamento de inventário e reservas de última geração para as operadoras turísticas. Estabeleceu-se uma parceria com o principal desenvolvedor e distribuidor de tecnologia de banco de dados do mundo, a Oracle. A Oracle constitui uma solução que está sendo utilizada por mais de 80% das 500 maiores empresas da revista Fortune. Esse relacionamento faz com que o sistema funcione em qualquer plataforma, permitindo que as empresas continuem a utilizar programas como os da Microsoft e Adobe. Como o sistema utiliza o Windows, da Microsoft, a curva de aprendizagem dos funcionários é uniforme. Todos irão conhecer o formato, aprendendo rapidamente a desempenhar tarefas como inserção do produto, empacotamento, gerenciamento de inventário e reservas. Projetado para o processo de distribuição de grandes volumes, o sistema é ideal para produtos e reservas para operadoras de turismo emissivo (ou que combinam emissivo/receptivo) que lidam basicamente com agências de viagens. Entre os principais recursos estão a sincronização de diversos bancos de dados (contas a pagar, contas a receber, documentação de clientes, etc), controle de reservas e inventário (ônibus, diversos pacotes para *resorts* em ilhas, cruzeiros, automóvel, trem, etc.) [131].

Fase 3 – Tornando o desenvolvimento do produto mais flexível

Passo 8 – Personalizar as ofertas em tempo real

Esse é um fator fundamental quando se trata de prestar serviços aos clientes e obter as informações necessárias para fornecer a mais completa experiência de planejamento turístico. As operadoras devem reconhecer essa tendência, especialmente quando a Internet lhes permite fazer a personalização em tempo real, utilizando tecnologias de ponta de *e-business* para utilizar a informação da maneira mais eficaz.

Para personalizar as ofertas e atingir níveis mais altos de satisfação e fidelidade dos clientes, é importante equipar as pessoas com as quais você trabalha com as ferramentas mais eficazes no gerenciamento do relacionamento com os clientes (CRM). Além disso, algumas tecnologias avançadas podem ser necessárias para explorar adequadamente as grandes quantidades de dados geradas por meio dos aplicativos, as quais, a seguir, devem ser analisadas para identificar as melhores oportunidades de negócios. Por exemplo:

- Atualmente, os administradores podem utilizar soluções de armazenamento de dados sofisticadas para criar pacotes turísticos competitivos e ilustrar suas apresentações. Tanto os profissionais de *marketing* quanto os clientes têm acesso instantâneo ao sistema de reservas por meio da Internet, com a introdução de terminais eletrônicos de auto-serviço. Com acesso durante 24 horas por dia, é possível estabelecer um contato total entre empresa e clientes. As soluções de armazenamento de dados são produzidas para gerar respostas rápidas às consultas, elaborar perfis detalhados dos clientes, *marketing* em profundidade e análise de propagandas. A solução também permite a análise competitiva do apreçamento e a personalização de pacotes. A tecnologia permitirá a agentes e clientes obter, manipular e armazenar com facilidade arquivos complexos de som, texto e imagem, além de descrições detalhadas das acomodações oferecidas. A tecnologia também poderá ser utilizada para *webdesign*, ferramentas de apresentação e impressão [132].

- Um provedor de tecnologia desenvolveu uma solução de armazenamento de dados para as operadoras turísticas que permite se obter acesso quase instantâneo às melhores ofertas adequadas às suas necessidades. Como não há problemas de acesso, os gerentes podem avaliar com rapidez os pacotes e as promoções, adequando-os para que atendam melhor aos mercados ou às tendências localizadas. Os agentes e os clientes recebem respostas em menos de um segundo, o tempo de inatividade do sistema é praticamente eliminado e o acesso aumenta.

- Um importante provedor de plataformas para reservas e serviços turísticos *on-line* adquiriu outra empresa importante do setor de programas para centrais de atendimento por telefone do setor de hospitalidade, o que aprimora suas atuais soluções de tecnologia de reservas. A oferta de produto racionalizada vai concentrar-se em uma solução total para as centrais dos intermediários turísticos e das operadoras, bem como uma solução direta *on-line* para os destinos e para os fornecedores. Essa nova tecnologia integra totalmente e automatiza muitos aspectos dos processos centrais de reservas, permitindo que os funcionários elaborem pacotes turísticos complexos, em tempo real. A solução *on-line* oferecerá as mesmas capacidades para os provedores de serviços turísticos, criando, na verdade, um agente *on-line* 24 horas por dia para atender às suas necessidades de reservas [133].

Passo 9 – Adotar um modelo B2B2C

Como as pequenas operadoras turísticas precisam negociar com ambos os lados da equação (de empresa para empresa [B2B] e de empresa para consumidor [B2C]), é necessário repensar a forma como estruturam suas funções de "desenvolvimento" e "corretagem". Na verdade, algumas empresas podem ficar tentadas a abandonar a inovação dos produtos e o desenvolvimento de pacotes, concentrando-se quase totalmente na alavancagem de suas possibilidades de consolidação para desempenhar funções estritamente de "corretagem", semelhante aos "fabricantes de mercado", para a oferta e o suprimento em grande quantidade.

Esse processo pode assumir diversas formas, e as operadoras têm muitas opções à sua frente. Por exemplo, um PSA lançou uma solução que possibilita às operadoras construir um intercâmbio dinâmico para a compra e a venda de produtos e serviços. Essa solução oferece um valor único, tanto aos compradores quanto aos vendedores. Nesse aplicativo, uma única solicitação permite que os compradores interajam com diversos vendedores, e assim recebam ofertas de todos, de forma totalmente privada. Os vendedores fazem propostas para o comprador, que cria um relacionamento muito mais íntimo do que aquele do modelo de leilão inverso, no qual os compradores visualizam apenas a melhor oferta e não têm oportunidade de interagir com todos os vendedores.

Para facilitar, o aplicativo dá aos vendedores a possibilidade de especificar os tipos de solicitação em que estão interessados e os quais têm possibilidades de fornecer, podendo solicitar mais informações e decidir quais as que irão ignorar e quais irão explorar. Poderão ainda agregar valor por meio da criação de pacotes melhores para o comprador: além de oferecer os produtos do vendedor, o aplicativo tem a possibilidade de facilitar a quem quiser comprar produtos e serviços entre vendedores, permitindo construir pacotes mais convenientes, que atendam à solicitação do comprador, o qual receberá um negócio melhor. Os vendedores, por sua vez, acabam conseguindo fazer ofertas que, caso contrário, não teriam recebido. Através desse recurso, o aplicativo consegue ampliar as noções existentes de relação B2C e B2B, tornando-se um modelo B2B2C [134].

Passo 10 – Implementar soluções de serviço ao cliente

As operadoras turísticas conseguiram obter vantagens competitivas adotando tecnologias que proporcionam respostas melhores para as solicitações *on-line*. O serviço eficiente aos clientes é fundamental para qualquer empresa bem-sucedida, e mais importante ainda na Internet, onde os clientes têm pouca paciência e baixos incentivos à fidelidade. Assim sendo, é fundamental que as empresas tenham soluções de gerenciamento e respostas prontas e precisas que sejam não apenas eficientes e gerenciáveis, mas também fáceis de implementar.

Para agilizar seu serviço de apoio ao cliente, uma operadora turística deve começar buscando um sistema que ofereça sensibilidade, facilidade de uso, apoio em vários idiomas e uma arquitetura aberta, que suporte os protocolos-padrão da Internet. No setor, poucas são as soluções que podem atender a todas essas condições.

Por exemplo, um importante mercado turístico *on-line* da Ásia adotou uma solução de serviço ao cliente PSA para a Internet. Depois de instalado o dispositivo, a empresa tem condições de dar respostas em tempo real, mais personalizadas e precisas para solicitações *on-line*. O

PSA oferece programas de serviço ao cliente para as empresas *on-line*, incluindo auto-serviço, assistência *on-line* e comunicações por correio eletrônico.

Essas soluções são elementos fundamentais em qualquer modelo de serviço eletrônico e oferecem o gerenciamento da interação em diversos canais durante o ciclo do cliente. As soluções PSA dão conta de uma ampla área dos pontos de contato e podem ser integradas aos aplicativos de gerenciamento do relacionamento com os clientes (CRM), permitido que a empresa ofereça uma experiência interativa de turismo eletrônico, aspecto fundamental para sua manutenção, além da conversão de solicitações *on-line* em reservas concretas [135].

FATORES FUNDAMENTAIS PARA O SUCESSO DE SUA ESTRATÉGIA DE *E-BUSINESS*

Devido à sua chegada tardia, as pequenas operadoras turísticas têm mais probabilidade de enfrentar uma grande quantidade de desafios do que qualquer outro atuante da cadeia de valor do turismo. Conseqüentemente, vários fatores devem ser controlados pelos gerentes responsáveis pela implementação da estratégia de *e-business*. Entre outros, os mais importantes devem ser:

- Avaliar com cuidado as oportunidades de comércio eletrônico e evitar sair em busca de muitas iniciativas ao mesmo tempo. Ir além de sua especialização em um tempo muito curto pode desviar seus esforços e diminuir a eficiência de sua estratégia, ou até mesmo causar seu fracasso.

- Não hesitar em estabelecer parcerias, especialmente quando não tiver a tecnologia necessária à mão. Uma das razões pelas quais as operadoras turísticas têm demorado para se adaptar à Internet é sua tradicional dependência dos recursos internos de TI para estabelecer e operar seus aplicativos. Assim, há uma tendência a negligenciar o comércio eletrônico, já que ele raramente faz parte dos orçamentos internos de TI, e não costuma ser viável a curto prazo.

- Ir além dos sistemas já existentes ao reprojetar os processos. É comum as operadoras turísticas de pequeno porte não terem lucro nos processos tradicionais em função de métodos empresariais ineficazes, especialmente em seu relacionamento com os fornecedores do setor e na ajuda aos agentes de viagens com as reservas. A transferência dessas práticas para suas iniciativas na Internet iria literalmente destruir todos os benefícios em potencial oferecidos pelo *e-business*.

- Estimular a inovação em produtos e serviços. Ao contrário de suas funções tradicionais, sua organização terá que se diferenciar, não apenas através dos pacotes, mas também da forma que os vende, bem como da maneira pela qual conseguem contribuir para que seus clientes *on-line* realmente confiem na empresa e dependam dela para todos os tipos de serviços turísticos.

- Testar os aplicativos e as soluções em níveis variados de volumes operacionais. Partindo do princípio de que a operadora turística pode ser uma empresa muito variável e sazonal, é fundamental ter certeza de que a estratégia, as práticas e as soluções para o *e-business* estejam todas alinhadas e tenham um desempenho coerente, seja qual for a época do ano ou o volume.

- Preparar-se para lançar linhas de produtos novas e diferenciadas depois de seu primeiro sucesso, com a possibilidade de marcas *on-line* separadas. Na verdade, as pequenas operadoras, quando vendem de formas tradicionais, costumam integrar todos os seus processos sob uma marca em nome do reconhecimento de qualidade e da especificidade. Todavia, como os consumidores *on-line* tornam-se cada vez mais fragmentados e prestam atenção quase que exclusivamente nas informações e na propaganda relacionada apenas às suas necessidades específicas, dentro de um limite de tempo bastante estreito, costuma ser melhor evitar a vinculação de todas as suas inovações de *e-business*. É provável que, após ter lançado com sucesso uma iniciativa em sua linha tradicional de produtos, sua empresa de TO prefira lançar diversos outros portais na Internet, nos quais os nichos serão explorados a partir de diferentes marcas *on-line*, mas todas dentro da empresa. As outras iniciativas podem se tornar, mais tarde, oportunidades para os negócios secundários, passando a ser possibilidades de barganha para estabelecer parceria com outros atuantes nos projetos posteriores.

ESTUDOS DE CASO SOBRE SOLUÇÕES INOVADORAS DE *E-BUSINESS*

As novas oportunidades de *e-business* para as operadoras turísticas podem ser aproveitadas por empresas de todos os tamanhos. Todavia, estudos de caso sobre líderes de mercado apontam para uma série de práticas adequadas e soluções inovadoras, que podem exigir algum tipo de dedicação para construir a infra-estrutura adequada. No entanto, grande parte do sucesso depende da criatividade de seus líderes empresariais.

Estes argumentos são demonstrados ao tratarmos de três questões que devem ser levadas em consideração pelas operadoras turísticas (especialmente as pequenas) na formulação de sua estratégia de *e-business*:

- Desenvolver novos conceitos para as operadoras turísticas *on-line*.
- Integrar os aplicativos de *e-business* para as operadoras turísticas em crescimento.
- Transformar-se num consolidador virtual.

Desenvolver novos conceitos para as operadoras turísticas *on-line*

O surgimento de operadoras turísticas que oferecem produtos destinados a nichos de mercado deve se tornar uma das tendências mais importantes do setor. O movimento dependerá, em grande parte, do comportamento empreendedor das PMEs turísticas, o qual exigirá uma transformação radical rumo a uma ação rápida para se integrar à onda do *e-business*. Apresentamos aqui alguns exemplos de novas operadoras turísticas *on-line* que assumiram a liderança em seus respectivos nichos.

Reservations Africa

A Reservations Africa *on-line* é uma pequena operadora turística especializada na região sul do continente africano, criada por um agente de viagens canadense que tinha muita experiência e buscava uma mudança em sua carreira. Em julho de 1996, essa empresa estava entre as primeiras de seu tipo a desenvolver um *site* completo. Desde então, obteve um volume de vendas de US$ 1,5 milhão, em 1999, e de US$ 2 milhões, em 2000. O proprietário e a equipe raramente encontram pouco mais de alguns clientes pessoalmente. Cerca de 10% dos negócios da empresa são gerados no varejo, o restante são reservas diretas da Internet.

Os clientes vizualisam as viagens no *site*, que apresenta listas completas de informações turísticas e preços. A seguir enviam, por fax ou *e-mail*, as reservas diretamente para o gerente. A grande vantagem da Internet é o fato de ser uma forma barata e muito eficaz de distribuição e *marketing* do produto. Até mesmo uma conexão a cabo, em alta velocidade, é mais barata do que um anúncio nas páginas amarelas.

O *site* também ajuda a selecionar e eliminar as consultas vazias, que podem ocupar o tempo da agência, sem levar a venda alguma. Ao receber uma consulta por *e-mail*, fica claro quando os clientes já conhecem o produto e o preço, e têm mais probabilidade de comprar do que apenas fazer consultas.

Com o uso do correio eletrônico, de uma linha telefônica, de um fax e de um serviço de encomendas, essa pequena empresa poderá dar aos clientes um nível de serviço igual ou melhor do que as vendas tradicionais feitas "no balcão". Através de serviços e vendas pela rede, pouco importa o fato da empresa ter sua sede em Victoria, na Columbia Britânica, ou na ilha de Vancouver.

Os gerentes reconhecem que uma página na Web não irá gerar lucros por si só. Assim como acontece com todos os agentes de viagens bem-sucedidos, é necessário um conhecimento minucioso sobre o produto e um serviço excelente prestado aos clientes. O gerente em questão viaja com freqüência à África, mantendo-se atualizado sobre as novas propriedades, serviços e outras evoluções no destino.

Além de aumentar as consultas dos clientes, a Web também amplia a carga de trabalho, pois a presença global na rede faz com que clientes possam ligar ou enviar um *e-mail* às seis horas da manhã ou às 10 da noite. Os funcionários estarão trabalhando sete dias por semana, já que é sempre horário comercial em alguma parte do mundo [136].

Amethyst Travel

A Amethyst Travel oferece um serviço na Web indicado para os entusiastas do turismo que buscam explorar as delícias panorâmicas da Escócia e da Irlanda, e também para golfistas que desejam jogar em alguns dos mais famosos e históricos campos do mundo. Oferecendo viagens personalizadas, cuidadosamente planejadas, os *sites* vêm atraindo visitantes da América do Norte e de toda a Europa.

A empresa foi fundada por um ex-funcionário de uma companhia aérea, com 15 anos de experiência. Depois de ter experimentado o trabalho com algumas das principais empresas do setor de turismo corporativo, este empregado transformado em empresário compreendeu que havia espaço para um *site* especializado em viagens na Escócia. Em 2001, os *sites* da Amethyst haviam sido ampliados para a Irlanda e atualmente estão atraindo turistas de todo o mundo para o litoral céltico.

Os diversos *sites* da Web desenvolvidos desde então voltam-se para a venda dos atrativos de algumas das paisagens mais majestosas do mundo, e não para a promoção de hotéis e pousadas em um consórcio de anunciantes. Seu tom e estilo estão bastante de acordo com a natureza preservada dos países com os quais trabalham. Em vez de reservas e pagamento *on-line* automatizados, funcionam como um primeiro ponto de contato para a organização dos elementos mais específicos de sua viagem, por *e-mail* e por telefone, com seu operador turístico pessoal.

Os *sites* foram ampliados recentemente para dar conta do turismo para a Irlanda, devido à grande demanda do público, e apresentam testemunhos de diversos clientes anteriores da Amethyst, os quais tiveram experiências muito positivas.

Com uma fotografia espetacular, os *sites* descrevem algumas das atrações turísticas mais bonitas da Escócia e da Irlanda. Um *site* separado, específico para o golfe, atende a esse nicho de mercado, composto por clientes com uma agenda mais esportiva.

A Amethyst escolheu cuidadosamente faixas de acomodação que vão desde hotéis cinco estrelas até pousadas familiares, sendo que todos foram visitados pessoalmente pelos gerentes durante períodos intensos de pesquisa que ocorreram antes da entrada do funcionamento *on-line*.

A pesquisa envolvida no funcionamento do *site* é fundamental para o seu sucesso. Ele oferece uma plataforma na qual a Amethyst pode anunciar os resultados positivos de seu método "*taste and try*" ("deguste e experimente") para o resto do mundo.

O impacto do *site* no turismo foi importante, assim como em qualquer outro segmento, e o fato do conteúdo da Amethyst ser apresentado em alemão, francês e suíço faz com que seu público potencial seja ainda maior do que o da maioria dos *sites*.

Embora estejam apenas em seu segundo ano de operação, os *sites* da Amethyst Travel estão apresentando um grande crescimento potencial. O número de reservas para o verão europeu de 2001 dobrou em relação ao ano anterior e, com o lançamento do serviço dedicado à Irlanda, a perspectiva é excelente [137].

Integrar os aplicativos de *e-business* para as operadoras turísticas em crescimento

A integração dos sistemas legados com a Internet costuma ser o principal obstáculo enfrentado pelas operadoras turísticas quando entram no mundo do *e-business*. A importância de se manter o funcionamento dos atuais sistemas e a existência de bancos de dados ricos devem ser enfatizadas em tais estratégias. Apresentamos aqui alguns casos que explicam claramente como as parcerias com fornecedores importantes do setor de tecnologia da informação podem oferecer as melhores opções às operadoras de todos os tamanhos.

Alpitour com IBM

Todos os anos, o grupo Alpitour, maior operadora turística da Itália, com um volume anual de vendas de mais de US$ 1 bilhão, organiza viagens para 1,2 milhão de clientes. O grupo opera através de 4.000 agentes independentes localizados em todo o país, e utiliza a tecnologia da informação há mais de uma década para gerenciar as transações com suas agências associadas.

Desde meados dos anos 80, os agentes do grupo vêm conseguindo verificar a disponibilidade e fazer reservas por meio do sistema EASYBOOK. Embora esse aplicativo, que funciona a partir de um computador central, seja acessado por 3.300 agentes do grupo, em 1997, entendeu-se que haveria vantagens significativas em disponibilizar o sistema pela Internet, principalmente com relação ao corte de custos.

Havia oportunidades importantes para economizar (o uso de redes próprias conectando as agências custa muitas centenas de milhares de dólares por ano, um valor que era pago totalmente pela Alpitour). Uma solução na Internet poderia reduzir consideravelmente os custos, já que as agências acessam o sistema através de sua própria conexão.

Ao mesmo tempo, o grupo queria encontrar uma solução que exigisse apenas um navegador, sem necessidades extras de programas ou equipamentos. Já haviam sido feitas experiências com uma versão do EASYBOOK voltada ao cliente, utilizando programas específicos, e descobriu-se que a instalação e a manutenção de aplicativos nas plataformas de milhares de clientes independentes em todo país seria impraticável em termos logísticos.

A Alpitour solicitou à IBM que criasse uma interface na Internet para atender as suas necessidades. Mantendo o sistema anterior, baseado em um computador central, e processando seus dados através da Internet, foi possível o funcionamento dos processos da operadora turística como um todo. A solução representou uma proteção do investimento original do grupo. O aplicativo existente envolvia muitos anos de esforço e investimento, e, ao aperfeiçoá-lo para um ambiente da Internet, a empresa ampliou seu valor e lhe deu uma nova vida. A nova solução combinava os pontos fortes do sistema existente com a flexibilidade da Internet.

A empresa planeja aproveitar integralmente as novas possibilidades oferecidas em relação às imagens e às informações disponibilizadas sobre as destinações. Os folhetos *on-line* ainda precisam evoluir muito, e os exemplos encontrados no setor até o momento não são muito surpreendentes. A editoração *on-line* exige uma abordagem especial, e a empresa precisa encontrar uma forma de informar os visitantes sobre o que tem a oferecer, de forma agradável e prática. A Internet transformará radicalmente o setor turístico e a Alpitour pretende estar pronta para as enormes oportunidades que ela representa [138].

Travel Planners, Inc. com a Proxicom/Microsoft

A Travel Planners, Inc. vende pacotes personalizados (incluindo local e transporte) para eventos, feiras comerciais, convenções e encontros em todo o país. O crescimento da Internet foi um fator fundamental na decisão da Travel Planners de desenvolver um novo sistema de reservas.

A empresa construiu um novo aplicativo de reservas para os centros de atendimento por telefone, o qual viria a substituir o sistema existente, incorporando todas as suas funções e ampliando uma versão em tempo real, com auto-serviço, do sistema que serve aos clientes *on-line*. O novo sistema de reservas da Travel Planners pode lidar com todas as necessidades de acomodação e o local dos clientes da empresa na Internet, e os funcionários da central de atendimento nunca estiveram tão preparados para prestar serviços melhores.

Anteriormente, a empresa tinha um *site* simples que permitia aos usuários preencher solicitações de reserva através de correio eletrônico, mas isto não era integrado ao sistema de reservas que existia na central telefônica. Embora os telefones gratuitos da Travel Planners e as tecnologias mais modernas no gerenciamento de chamadas garantissem o processamento mais rápido possível das reservas feitas por esse meio, e seu sistema integrado de fax proporcionasse confirmações de hotéis em 24 horas, não era possível prestar o serviço de reservas *on-line* em tempo real.

A empresa precisava de um serviço de atendimento por telefone, uma central de contatos de última geração, que permitiria prestar serviços por telefone e pela Internet. A nova central daria aos clientes uma melhor satisfação e aumentaria a eficiência operacional, bem como as oportunidades para redução do custo e aumento das receitas. A Proxicom, parceira da Microsoft, foi convocada para desenvolver a solução.

O novo sistema de reservas do hotel tem uma grande capacidade de processar as transações dos clientes pela Internet, contendo um banco de dados de empresas utilizado para processar reservas, fazer a contabilidade, gerenciar contatos e informar o acompanhamento. Foi projetado e construído para ser ampliado à medida que a empresa crescer, operando em conjunto e integrando-se a outros sistemas de reservas, além de ser de fácil manutenção.

Atualmente, os clientes *on-line* têm acesso em tempo real a detalhes que costumavam estar disponíveis apenas na central de atendimento por telefone, como informações sobre eventos e sobre cidade anfitriã. Entre os principais recursos estão um aplicativo de gerenciamento de inventário de hotéis desenvolvido especificamente para o acompanhamento e o gerenciamento de eventos; um aplicativo de atendimento por telefone utilizado pelos funcionários da empresa para gerenciar reservas; e um *site* de *extranet*, a ser utilizado pelos clientes que preferem gerenciar suas reservas sem ajuda [139].

Transformar-se num consolidador virtual

Os consolidadores tradicionais *brick-and-mortar* vêm fazendo esforços importantes para oferecer um serviço melhor a seus clientes.

Hotel Reservations Network (HRN)

A Hotel Reservations Network (HRN) é um consolidador de hotéis, vendendo quartos com descontos a partir de centrais de atendimento por telefone. A HRN tem como principal proprietário a USA Networks, empresa lucrativa com 10 anos de atuação voltada com sucesso para um mercado com deficiências de serviço e altamente fragmentado.

A Internet também proporcionou um novo fluxo de receitas para a HRN – a venda através de *sites* filiados. Atualmente são 1.600, incluindo o Preview Travel, o Cheap Tickets, o Orlando.com, o Vegas.com, e muitos outros. Esses filiados geram 15 dólares por reserva a partir da solução da HRN.

Nesse ínterim, a HRN ainda ganha dinheiro a partir de seu modelo original como varejista. A empresa tem relações antigas com alguns hotéis, comprando grandes blocos de apartamentos a preço de custo e os vendendo aos clientes por preços de mercado, além de auxiliar os hotéis a vender o inventário em liquidação durante os ciclos de baixa.

Embora as vendas da empresa tenham aumentado em mais de 100%, e ela tenha tido que dobrar a equipe de sua central de atendimento por telefone, a venda na Internet (atualmente representando 80% de suas revendas) é um processo mais eficiente, que custa cerca de 40% menos do que fazê-lo exclusivamente através de uma central, segundo a empresa [140].

TRX

A TRX, uma divisão da World Travel Partners que se tornou independente em 1997, dedica-se a prestar serviços aos clientes, por meio de centrais de atendimento por telefone e assemelhados, além realizar um trabalho geral de *back-office,* com controle de qualidade, emissão de passagens, distribuição de documentos, contabilidade e relatórios gerenciais.

A estratégia para a Internet é do tipo B2B, apostando na necessidade dos varejistas do turismo *on-line* e dos fornecedores do setor de construir fidelidade por parte dos clientes por meio de um serviço personalizado. A TRX está ampliando seus serviços originais – serviço ao cliente, controle de qualidade e distribuição de documentos – para possibilitar que os varejistas e fornecedores *on-line* ofereçam o melhor desses recursos de forma coerente, utilizando-se de vários meios [140].

Skylink

A Skylink é um consolidador que gerencia a concorrência de cerca de 60 empresas de transporte para agências de turismo. Ao fazê-lo, consegue oferecer aos clientes as melhores ofertas disponíveis no mercado. O serviço é bastante apreciado pelas agências, mas exige uma grande capacidade de gerenciamento de informações. A empresa cresceu rapidamente, assim como o setor como um todo, e as ofertas das companhias de transporte não escaparam dessa tendência. O sucesso baseia-se, em primeiro lugar, numa capacidade excepcional de gerenciar informações. Funcionando com um mapa que oferece vôos para todas os destinos do mundo, apresenta de 175.000 a 200.000 preços diferentes. A informatização do processo de pesquisa e reserva simplificou muito a tarefa.

A empresa reconhece que o investimento tecnológico foi fundamental para o seu progresso, e está ciente de que essas ferramentas são fatores decisivos na manutenção de uma vantagem competitiva sobre a concorrência. Contudo, por detrás da máquina, estão consultores que devem ter profundo conhecimento de todos esses dados. A gerência queria fortalecer as vantagens que haviam contribuído para criar a reputação do consolidador, e deu atenção especial ao estabelecimento de um relacionamento mais próximo entre consultores e clientes. Para isso, não poupou em treinamento, de forma que a empresa pudesse vir a ser a melhor em seu setor [141].

O FUTURO DO COMÉRCIO ELETRÔNICO E DO *E-BUSINESS*

Qual será o futuro do comércio eletrônico e do *e-business* no setor das operadoras turísticas? Apresentamos aqui alguns comentários e opiniões de especialistas e analistas do setor, resumindo as principais tendências e questões apresentadas para os próximos anos [115, 120]:

Os custos do *e-business*

- Espera-se que o *e-business* reduza os custos na maioria das áreas. Em uma delas, todavia, eles devem aumentar, ou seja, a necessidade de investimento na implantação de redes e infra-estrutura de TI;
- Atualmente, os agentes de viagem dividem os custos da operação das redes que processam informações e confirmações de reservas. Com sua exclusão, as operadoras turísticas precisarão bancar esses custos por conta própria;
- As redes que estão na base dos sistemas de comércio eletrônico serão provavelmente mais compensadoras em termos de custos que as atuais redes do setor turístico, bastante caras. Mas isso ainda deve ser confirmado;
- A maioria das operadoras turísticas espera que o custo da instalação das redes seja mais alto em curto prazo, no caso do uso do comércio eletrônico. As certezas sobre a construção desses sistemas são muito menores e alguns dos pressupostos das operadoras turísticas sobre os benefícios a longo prazo do sistema acabarão não se confirmando.

Os sistemas de *e-business* como ferramentas de vantagem competitiva

- À medida que a concorrência passa a operar *on-line* e se intensifica, as economias terão que ser transferidas para o consumidor, na forma de viagens com descontos e serviços com preços mais competitivos. Ou terão que ser investidas em sistemas mais aperfeiçoados de *e-business* para obter uma diferenciação competitiva. Além disso, os aplicativos de auto-serviço acabarão tornando-se mais baratos para a operadora turística e também tornarão o cliente mais independente;

- A Internet torna mais fácil fazer pesquisas de preço para obter o melhor negócio em cada componente de um pacote de viagens. Essa pesquisa é algo que costuma ser impedido pelos agentes de viagem tradicionais. Apesar da crença firme de que o comércio eletrônico diminuirá o custo em algumas áreas, não se tem certeza de que todas as operadoras turísticas possam transformar essas economias em maiores margens de lucro;

- Como acontece com outros segmentos do setor, surge a questão: o que vai acontecer quando todos estiverem fazendo a mesma coisa? À medida que os sistemas de comércio eletrônico amadurecem, não apenas o campo será nivelado como provavelmente também haverá uma superpopulação. O consumidor é quem tem a ganhar. Numa pesquisa recente, desenvolvida com as operadoras turísticas, perguntou-se quem iria se beneficiar mais do comércio eletrônico no setor: 63% disseram que seriam os clientes e apenas 21% apontaram as operadoras. Somente 6% dos entrevistados identificaram os agentes como os principais beneficiários;

- As operadoras turísticas estão embarcando em uma jornada arriscada, com pouca noção de qual tipo de setor encontrarão ao chegar. Apesar da incerteza do caminho e do destino, a pressão interna ou a pressão dos investidores no sentido de melhorar as margens de lucros, além da pressão externa dos novos atores, forçarão o avanço de todos.

Folhetos turísticos

- Os folhetos turísticos são um grande negócio e as operadoras consideram a Internet não apenas uma extensão natural dos meios impressos, mas também uma oportunidade para vender viagens diretamente a seus clientes, oferecendo maiores margens de lucro, fidelidade à marca e *marketing* personalizado.

Usos estratégicos da nova tecnologia

- A difusão da Internet para uma faixa mais ampla de dispositivos e o advento dos novos serviços digitais também estão criando novas oportunidades para o setor turístico;
- O rápido desenvolvimento do mercado da tevê digital interativa (idTV) é considerado uma rota natural para as operadoras turísticas venderem seu peixe, especialmente quando se sabe que a penetração desses serviços aumentará nos domicílios que atualmente não dispõem de computador;
- Os dispositivos sem-fio e de mão apresentam uma nova possibilidade interessante, com o potencial de oferecer viagens de última hora diretamente ao cliente e avançar na integração de serviços específicos da destinação. Ao combinar informações de um folheto eletrônico com um banco de dados de clientes, esse tipo de *marketing* pode ser direcionado de forma muito mais precisa.

11
Atrações turísticas

INTRODUÇÃO

As atrações oferecidas aos visitantes são numerosas e muito diversificadas, e o surgimento do comércio eletrônico e do *e-business* tem implicações diferentes para cada segmento desse setor. Entretanto, até o momento, é surpreendente ver que as reações são bastante uniformes. Em sua grande maioria, os gerentes de atrações consideram a Internet simplesmente uma ferramenta interessante para divulgar seus serviços para os turistas de vários lugares, superando as limitações inerentes às atrações localizadas. Infelizmente, essa visão do *marketing* eletrônico carece de dinamismo, já que assume uma perspectiva baseada principalmente nas comunicações de massa e esvazia a maioria dos benefícios oferecidos pelo comércio eletrônico.

Contudo, cada vez mais se considera o *e-business* uma oportunidade singular para construir um relacionamento íntimo com os visitantes, e mesmo uma forma de tornar as atrações mais flexíveis, integrando a TI totalmente às suas operações antes, durante e depois da visita de cada cliente.

Com certeza, os gerentes de pequenas atrações devem aprender a apreciar a oportunidade de crescimento e a lucratividade oferecida pelo *e-business*. Devem-se superar as falsas aparências de que a Internet é uma ferramenta adequada apenas às grandes empresas, identificando-se as várias transformações que podem ser feitas em suas organizações para aproveitar os benefícios do comércio eletrônico. Especificamente, deve-se formular uma estratégia de *e-business* que atenda às exigências do segmento de mercado, apresentar um estudo de caso comercial para que as empresas invistam nesse sistema e fazer com que elas assumam a liderança através da utilização inovadora da TI.

DIRECIONANDO SUA ESTRATÉGIA DE *E-BUSINESS*

As empresas de atrações, entretenimento e recreação constituem um segmento importante do setor turístico. A maioria dos viajantes de lazer está interessada em participar, em algum grau, das atividades de entretenimento e educação oferecidas por essas companhias. Esse setor tão variado inclui, por exemplo, parques temáticos, parques nacionais, museus e exposições, zoológicos, aquários, teatros e eventos culturais, acontecimentos esportivos como a prática do esqui. Com uma classificação mais sistemática em sua publicação "Tourism 2000 – Market Segments", a Organização Mundial do Turismo (OMT) escolheu os 10 produtos a seguir como os mais importantes e/ou dinâmicos atualmente:

1. *Turismo em praias.*
2. *Turismo esportivo.*
3. *Turismo de aventuras.*
4. *Ecoturismo.*
5. *Turismo cultural.*
6. *Turismo urbano.*

7. Turismo rural.
8. Turismo em cruzeiros.
9. Turismo em parques temáticos; e
10. Turismo de eventos e conferências.

Algumas das empresas que dirigem essas atrações são grandes, como os parques temáticos e os *resorts* para esqui, com muita necessidade de TI para controlar suas operações. As de menor porte, incluindo pequenos museus, zoológicos e eventos culturais, também podem utilizar novas tecnologias, mas em nível menos elevado.

A chegada da Internet como um dos canais dominantes (se não o dominante) para atingir os turistas implica diversas mudanças para as operadoras de atrações turísticas. Na verdade, em algum momento no futuro – e provavelmente muito em breve – as PMEs de atrações terão que revisar suas necessidades tecnológicas e reposicionar seus empreendimentos com base no comércio eletrônico e no *e-business*.

Embora cada empresa venha a fazer uso da Internet em níveis diferenciados, todas elas terão que dar conta de uma série de realidades estratégicas, tentando [142]:

- Enviar uma quantidade quase ilimitada de informações diretamente às residências dos clientes.
- Satisfazer suas necessidades de pesquisar sobre viagens e entretenimento de forma flexível.
- Oferecer um "passeio virtual" na atração em que as pessoas têm interesse.
- Permitir transações em relação aos vários serviços.
- Manter-se em contato com todos os clientes, sejam aqueles no você teve no passado, tem no presente ou venha a ter no futuro; e
- Permanecer abertas para que os clientes aprovem ou critiquem, mesmo sem sair de casa.

As PMEs de atrações com funcionamento tradicional que não conseguirem se adaptar e aproveitar as novas oportunidades enfrentarão desvantagens competitivas importantes que podem colocar suas perspectivas futuras em risco. São necessárias ações para melhorar sua competitividade, no sentido de sobreviver à concorrência intensa que surge no mercado global [143].

Entre as diversas áreas possíveis para direcionar ações relacionadas a uma estratégia coerente de *e-business*, selecionamos três: em primeiro lugar, as atrações devem aprender a gerenciar suas informações de forma estratégica, especialmente no caso de processos voltados aos clientes. Em segundo, os administradores dessas atrações devem utilizar a TI para criar operações mais flexíveis, que sejam capazes de satisfazer um conjunto mais diversificado de necessidades e levar suas empresas a atrair os visitantes mais lucrativos. Em terceiro lugar, as pequenas empresas devem ir além da "auto-suficiência" tradicional e aprender a trabalhar em conjunto com outras organizações em todos os níveis, de forma a compartilhar recursos para o desenvolvimento de suas capacidades de comércio eletrônico e *e-business*.

Gerenciando as informações sobre as atrações de forma estratégica

O produto turístico é singular. Algumas das características que o diferenciam dos demais, tornando a informação tão importante, são sua heterogeneidade, sua intangibilidade e sua perecibilidade. O escopo internacional do setor e o fato de o turismo ser um setor de serviços também contribuem para a "intensidade da informação" [144].

A informação turística, além de ser muito volumosa, é muito diversa em sua natureza. Vários são os exemplos de informação turística de que geralmente todos os clientes necessitam:

- Destinos.
- Instalações.
- Disponibilidade.

- Preços.
- Sistemas de controle de fronteiras.
- Geografia/clima, etc.

Os viajantes, em diferentes épocas e locais, precisavam de informações anteriores, simultâneas e posteriores à viagem. As informações anteriores, na fase de planejamento, são necessárias na casa do viajante ou no destino anterior. Elas tendem a ser mais estáticas e necessárias nos primeiros estágios do processo de tomada de decisões sobre a viagem. Os estágios seguintes do processo, a partir do momento em que a viagem se inicia, tendem a demandar informações mais dinâmicas. Os tipos de dados (prévio *versus* posterior) necessários em diferentes momentos dependem do tipo de turista. Por exemplo, viajantes aventureiros ou impulsivos precisarão de pouca ou nenhuma informação prévia, ao passo que aqueles mais avessos aos riscos e os que têm muito tempo para planejar exigirão todas as informações prévias de que puderem dispor, tanto estáticas quanto dinâmicas. Essa necessidade de mais informações durante a viagem está estimulando novas aplicações para a TI. Por fim, as informações posteriores à viagem podem vir a ser uma dimensão importante da experiência de um visitante, já que o turismo é um negócio que depende bastante da comunicação boca a boca, na qual a avaliação transparente da qualidade e as indicações são uma prioridade.

Os destinos estão desenvolvendo sistemas criativos de informação para tornar os dados fornecidos aos visitantes mais facilmente acessíveis. Os terminais eletrônicos e os sistemas com base em tevê estão se tornando cada vez mais comuns, em suas diferentes formas. Essa tendência, contudo, não está diminuindo a necessidade de se obter informações anteriores à viagem.

A informação estática e prévia costuma ser distribuída em folhetos, guias e CD-ROMs, ao passo que a de caráter estático, durante a viagem, geralmente é transmitida através de terminais eletrônicos, guias e folhetos.

As informações dinâmicas anteriores, simultâneas e posteriores à viagem exigem conectividade *on-line* através de vários meios, seja fax, *e-mail*, sistemas de reservas por computador, tevê interativa, Internet e Sistemas de Informações dos Destinos (SID). Embora haja progressos significativos na organização das informações e em sua digitalização, ainda há muito por fazer para que ela seja utilizada de forma estratégica.

Dessa forma, na condição de pequena atração, você deve concentrar sua atenção nesta prioridade e tentar:

- Avaliar as várias quantidades e os diversos tipos de informações sobre sua atração.
- Identificar o uso que tem sido feito delas e através de quais canais.
- Elaborar algum tipo de segmentação de mercado com base no uso da informação e nos padrões comportamentais.
- Apontar para os tipos de informações com maior impacto sobre a satisfação dos clientes.
- Harmonizar meio e mensagem, de forma a otimizar o impacto sobre os mercados.
- Integrar os diversos canais através dos quais essa informação está sendo comunicada.
- Formular uma estratégia de comércio eletrônico para avançar da informação para as transações; e
- Complementar essa estratégia de informação com iniciativas coerentes de *e-business*.

Criando operações mais flexíveis

A maioria dos problemas enfrentados atualmente pelas atrações ao projetar e implementar estratégias *on-line* surge do fato de que elas tentam adequar tudo às estruturas e aos modelos já existentes. Na Internet, contudo, é necessário transformar a forma como se pensa o negócio. As iniciativas em direção à mudança exigem um esforço considerável de gerenciamento, especialmente para adotar uma postura visionária em face de um setor turístico que se transforma rapidamente [4].

Dessa forma, os gerentes de atrações precisam redefinir a natureza de suas empresas e os modelos e processos a ela subjacentes, que exigem transformações organizacionais fundamentais, as quais têm de ser administradas com muito cuidado.

Como a Web está sempre em evolução e os novos desafios se apresentam na velocidade do pensamento, essas transformações devem ser direcionadas ao aumento da flexibilidade organizacional e a uma abertura à mudança. Para estabelecer vantagens competitivas na nova economia, é fundamental tornar-se uma organização de aprendizagem. Essa aprendizagem está restrita aos limites organizacionais; portanto, as mudanças profundas envolvem também um repensar de quem são os parceiros e concorrentes e de que formas as redes construídas com outras organizações poderiam aumentar a capacidade organizacional de aprender.

As metas organizacionais adequadas no passado tornam-se cada vez mais desatualizadas. A mudança implica questionar velhas metas e funções, bem como estabelecer novas estruturas organizacionais. Seja qual for o tipo de setor, todas as atrações enfrentam basicamente os mesmos obstáculos organizacionais, de forma que as primeiras a superá-los serão as vencedoras na Internet. Conseqüentemente, com vistas a preparar o terreno para a implementação do comércio eletrônico e do *e-business*, você deve certificar-se de que sua equipe de gerenciamento está pronta para:

- Visualizar sua atração como um sistema de experiências humanas e processamento de informações.
- Identificar os componentes desse sistema que sejam mais essenciais para a criação e a oferta de valor para os visitantes.
- Criar indicadores da atração para que seja possível avaliar o quanto ela tem sido inovadora, e por que/por que não.
- Definir os novos componentes e funções que possam distinguir essa atração das outras.
- Concentrar as iniciativas de mudança em deixar a atração mais flexível, tanto nos processos tradicionais quanto nos processos *on-line*.
- Estabelecer uma equipe para analisar as operações no sentido de encontrar formas de acomodar as inovações.
- Criar consenso em torno da necessidade de mudança e do valor desse estudo de caso comercial; e
- Garantir que a mudança possa avançar o mais rápido possível, dada a velocidade da concorrência.

Explorando o poder das alianças

A concorrência se confunde na Internet. Como todas as coisas mudam com muita rapidez, e praticamente não há impedimentos à entrada, as vantagens competitivas podem se tornar irrelevantes imediatamente após sua concretização. Apenas as organizações que não impõem limites à sua ação e são capazes de estabelecer redes com outras organizações rapidamente, a fim de compartilhar os recursos e alavancar as competências, conseguirão aproveitar essa natureza dinâmica da Internet. Contudo, a maioria das atrações está enfrentando a questão da cooperação e do conhecimento compartilhado [144].

A colaboração é bastante importante no setor turístico, no qual os produtos/serviços e a informação a seu respeito são muito dispersos. A integração horizontal e vertical, mas de uma maneira menos formal do que acontece tradicionalmente, torna mais fácil superar a falta de especialização e de recursos enfrentada pela maioria das PMEs. Os gerentes devem considerar os mercados internos e externos, ou seja, os departamentos da própria organização, os fornecedores, os clientes, os concorrentes atuais e as organizações de pesquisa como parceiros em potencial. A colaboração é difícil hoje em dia porque todos ainda estão presos a uma visão moldada pelas estruturas de concorrência e poder. Para o sucesso desses esforços conjuntos, é fundamental abrir mão do conhecimento próprio e compreender que seu valor aumenta no momento em que é compartilhado.

Dessa forma, uma vez que uma pequena atração tenha aceitado esse pressuposto, sua equipe será capaz de formular uma estratégia de *e-business* altamente eficaz e lucrativa, desde que você tenha condições de:

- Localizar as várias competências necessárias para implementar sua estratégia.
- Examinar suas atuais parcerias e avaliar de que forma elas constituem estímulos ou obstáculos às transformações.
- Avaliar o valor da colaboração e os fatores que agruparão os novos parceiros em alianças.
- Adaptar a escala das iniciativas de *e-business* aos recursos; e
- Estruturar os relacionamentos bilaterais e coletivos para tornar fluidos a aprendizagem e o conhecimento compartilhado.

APLICAÇÕES E FUNCIONALIDADE DO *E-BUSINESS*

Embora seja possível enfrentar o desafio da formulação de estratégias, a maioria das pequenas atrações tende a desistir no momento em que avalia suas necessidades tecnológicas. Ao se darem conta do quanto sua organização ficou obsoleta, os gerentes ficam tentados a abrir mão do comércio eletrônico e do *e-business* como um todo, apostando que a maioria das empresas no seu segmento fará o mesmo.

A reação é compreensível, considerando que pouquíssimas operadoras estão utilizando a TI para acompanhar com eficácia os mercados de suas operações, além de controlar o acesso e a qualidade em todas as suas estruturas [144]. Naturalmente, devemos reconhecer que muitas atrações assumiram rapidamente a Internet e elaboraram suas próprias páginas, de forma a posicionar-se eletronicamente no mercado de diversas formas, complementando os escritórios locais na destinação e os sistemas globais de distribuição (SGLD). Contudo, pouquíssimas deram passos rumo a posturas mais integradas e coerentes, pensando que elas não trariam mais visitantes nem possibilitariam a obtenção de maior lucratividade.

No entanto, o gerente visionário, uma vez tendo formulado uma estratégia clara de *e-business*, poderá avaliar adequadamente o valor da Internet para o seu negócio. Na verdade, deve ter cuidado para não ser atropelado pelas novas necessidades tecnológicas, e tentar refletir sobre o tema como uma evolução, e não como uma revolução. Como tal, precisa pensar em algumas aplicações básicas que oferecem a maior parte das funções necessárias para implementar uma estratégia típica de *e-business*, principalmente no caso de pequenas atrações com poucos antecedentes em TI:

- **Sites da Web**: a evolução das tecnologias da Internet fez com que ficasse mais fácil para as pequenas empresas elaborar um conteúdo mais dinâmico, que pode ser atualizado com mais freqüência, a um custo mais baixo. Além disso, os efeitos audiovisuais tornaram-se bastante difundidos, e, como a largura de banda de seus clientes está agora mais barata, não deve haver vacilação no aperfeiçoamento do meio que leva sua mensagem até eles.

- **Sistemas de reservas**: é interessante notar uma importante tendência nesse campo nos últimos anos, segunda a qual os sistemas tradicionalmente fechados foram conectados uns aos outros pela Internet e disponibilizados diretamente aos clientes. Além disso, o fato de que as atrações podem ser reservadas prontamente em conjunto com hospedagem e transporte é um avanço importante dos mecanismos de reservas. Na condição de atração pequena, você deve prestar atenção às novas soluções integradas que são fornecidas pelos provedores de serviços de aplicação (PSAs), que integram sistemas de reservas em pacotes completos, permitindo aos aplicativos de *front-office* e *back-office* e sua atração serem articulados e gerenciados *on-line*.

- **Gerenciamento de relacionamento com os clientes (CRM)**: a utilização da informação e as transações na Web geram montanhas de dados sobre cada um dos clientes que você teve no passado, tem no presente e poderá ter no futuro. É essencial garantir que sua equipe possa fazer um uso eficaz desses dados, de forma a tratar cada cliente individualmente, do início ao fim do processo. Entretanto, este aplicativo desafia a maioria das pequenas atrações por oferecer um nível de funcionalidade que elas não estão em condições de absorver e explorar como devem. Dessa forma, todos os benefícios do CRM devem ser adequadamente avaliados, com vistas a identificar os usos inovadores da TI que ainda não foram reconhecidos pela sua equipe de gerenciamento.

- **Infra-estrutura de TI da atração**: você deve ter certeza de que não está investindo exclusivamente em aplicativos de *front-office* e encontrar uma abordagem equilibrada em relação ao *back-office* e aos sistemas operacionais. A TI pode ser utilizada de forma eficaz para monitorar e complementar o uso e a atividade da atração. Essa tarefa acontece na forma de emissão eletrônica de ingressos e sistemas de controle de entrada utilizados em parques, teatros, eventos esportivos e outros. As novas tecnologias também poderão auxiliar na criação ou na melhoria da experiência da atração. À medida que cada vez mais gerações passam a ter expectativa de entretenimento dinâmico com o uso de multimídia, o setor de atrações responde com um nível semelhante de sofisticação tecnológica, especialmente na área de entretenimento.

GUIA PASSO A PASSO PARA A IMPLEMENTAÇÃO DE SUA ESTRATÉGIA DE *E-BUSINESS*

Uma vez estabelecidas as suas prioridades estratégias para o contexto de seu segmento empresarial, e enquanto sua equipe conhece os novos aplicativos de *e-business* e descobre funções inovadoras que eles podem desempenhar, você pode entrar gradualmente no processo de adequar tais soluções às necessidades específicas de sua empresa.

A implementação da estratégia de *e-business* dependerá, naturalmente, da experiência de utilização que sua empresa tenha da TI e da Internet. Contudo, a maioria das pequenas atrações ainda está configurada com base em um modelo empresarial tradicional, o qual as impede de explorar de fato as oportunidades oferecidas pelo comércio eletrônico. Dessa forma, seja qual for a importância da TI em seu segmento empresarial, ou mesmo que você não tenha experiência com a Internet, é provável que, assim como todas as PMEs, a sua passe por um processo típico de implementação:

- **Fase 1 – Criando e difundindo conteúdos de informação mais atrativos**: junto com as prioridades estratégicas identificadas anteriormente, você deve construir novos aplicativos que atenderão de forma eficaz à necessidade urgente de utilizar a informação de forma mais estratégica. Para isso é necessário, basicamente: (1) estabelecer presença na Internet, (2) divulgar a atração *on-line*, e (3) harmonizar os vários canais de *marketing* eletrônico.
- **Fase 2 – Criando processos totalmente integrados de *e-business***: a seguir, você deverá construir aplicativos baseados nos processos estratégicos com maior capacidade de geração de valor em sua atração e certificar-se de que eles estejam integrados ou exijam pouco esforço por parte de sua equipe para proporcionar valor. Para obter isso, é preciso: (4) agilizar o processo de reservas e (5) modernizar as instalações da atração.
- **Fase 3 – Tornando-se uma atração ágil e inovadora**: por fim, o conjunto de sua organização deve se preparar para explorar o *e-business* e a TI, de forma a intensificar a satisfação do cliente, respondendo principalmente a algumas importantes tendências tecnológicas. Para tanto, você deve: (6) aprimorar a experiência dos visitantes e (7) implementar a realidade virtual.

Fase 1 – Criando e difundindo conteúdos de informação mais atrativos

Passo 1 – Estabelecer presença na Internet

Os pesquisadores já demonstraram que o investimento na presença e na distribuição eletrônicas pela Internet representa uma boa relação custo-benefício, uma vez que as consultas estão se transformando, cada vez mais, em reservas, e o comércio eletrônico começa a se tornar uma realidade para as operadoras inovadoras [143].

Nos últimos 10 anos, as preferências e o comportamento dos turistas mudaram, passando dos pacotes padronizados elaborados pelas operadoras para produtos individualizados, escolhidos e organizados especificamente para atender às exigências e aos interesses dos clientes. Essa transformação gera um maior envolvimento das pessoas no planejamento da viagem [145], o que dá às empresas que administram as atrações a oportunidade de desenvolver seu próprio espaço e um mercado eletrônico para oferecer seus produtos diretamente aos clientes em potencial.

O estabelecimento de uma presença *on-line* exige habilidades diferenciadas e posturas novas em função das características específicas de seu meio, a Internet. Esta não apenas combina as características dos meios tradicionais como, além disso, oferece uma riqueza e um alcance sem precedentes, uma plataforma para novas formas de comunicação e um potencial de crescimento enorme, a um custo que não pode ser igualado por outros meios de publicidade.

As estratégias de publicidade tradicionais, por si sós, não conseguem aproveitar as oportunidades oferecidas pela Internet, mas ainda são necessárias para divulgar um determinado *site* da Web e trazê-lo ao usuário. Dessa forma, na condição de pequena atração, você deve ter em mente as regras básicas para se fazer negócios na Internet [146]:

- **O foco no consumidor é fundamental**: compreender o consumidor *on-line* e a essência de um bom *site* é determinante para uma propaganda bem-sucedida. Os usuários da Internet estão longe de ser uma audiência cativa, perdendo-se facilmente se o *site* não atender às suas necessidades e expectativas. Eles desenvolveram sua própria cultura com relação ao que é aceitável em termos de propaganda. Suas atitudes diferem daquelas dos consumidores tradicionais, já que esperam que as empresas que estão anunciando conheçam suas preferências. Os provedores de informação turística são muitos, e a lógica por trás de seus *sites* costuma basear-se em estruturas organizacionais reais, em vez de se concentrar no consumidor. Isso faz com que seja extremamente difícil atrair a sua atenção.

- **A interatividade e a experiência são importantes**: em relação às atitudes dos usuários e à escolha e intangibilidade dos produtos e serviços turísticos, é fundamental chamar a atenção para a importância da interatividade e da experiência para a propaganda *on-line*. Esse tipo de cliente não apenas quer a informação, como busca o entretenimento quando recorre à Internet. Eles são mais ativos do que o seriam no caso da propaganda televisiva ou dos anúncios na mídia impressa. Se não se puder manter sua atenção, oferecendo uma experiência agradável no *site*, eles rapidamente mudarão para um que seja mais envolvente. Já existem diversas tecnologias inovadoras disponíveis para incorporar a interatividade e a experiência ao *design* do *site*.

- **A personalização se desenvolve a partir da pesquisa *on-line***: compreender a Internet e as características e necessidades de cada cliente é um pré-requisito para o *marketing* individual bem-sucedido. A Internet oferece diversas oportunidades para a coleta de dados de consumidores *on-line*, os quais podem ser utilizados para as mensagens de propaganda personalizadas. O preço da personalização na Internet é desprezível, mas existe. Os usuários estão ficando cada vez mais relutantes em fornecer informações pessoais, mas o farão se junto vier um benefício claro.

- **A avaliação é um desafio**: pode ser difícil justificar a mudança de sentido da propaganda na Internet. Em geral, os recursos são apenas alocados para as iniciativas que tenham o potencial de ser bem-sucedidas, mas a avaliação da eficácia do impacto dessas estratégias constitui um desafio, já que os métodos tradicionais não conseguem capturar as várias dimensões da propaganda *on-line*. Eles baseiam-se em conceitos tradicionais (como estatísticas sobre circulação) e provavelmente subestimarão a eficácia de um *site*. Particularmente no caso do turismo, em que, na maior parte, o sucesso da propaganda não pode ser diretamente traduzido em volume de vendas ou em outros indicadores financeiros, é muito difícil avaliar as campanhas e os *sites* em geral.

O *design* de uma página da Web precisa refletir as estratégias escolhidas, como a personalização e o *marketing* interativo. Para definir qual o conteúdo e o *design* que devem ser usados, é importante enxergar o *site* através dos olhos do consumidor. Ainda há muito que aprender sobre o processamento das informações dos clientes e a tomada de decisões na Internet para que sejamos capazes de obter o foco necessário no cliente. O diálogo contínuo entre *webdesigner* e especialistas em propaganda é fundamental para se obter *sites* voltados ao cliente, e não páginas cheias de tecnologia. Os *sites* têm que oferecer escolha e personalização. A Internet é um meio de atração, o que significa que os consumidores não querem receber uma grande quantidade de *e-mails* sem interesse, com os quais não têm nada a fazer. A propaganda *on-line* interativa torna possível adequar o conteúdo e o desenho do *site* ao consumidor individual, dando suporte à identificação pessoal com a informação apresentada no *site*. Salas de bate-papo, opiniões dos usuários, etc, ajudam a criar comunidades na Internet, que são formas necessárias para a transmissão de experiências.

A coleta de dados através de arquivos *log*, de perfis ou questionários *on-line* não é suficiente. Os dados devem ser cuidadosamente analisados, cruzados com estudos feitos de forma tradicional (incluindo dados do censo) e comparados com tipologias existentes de consumidores. O próximo passo na seqüência é gerar bancos de dados e disponibilizá-los para futuras consultas ou para outras organizações, facilitando a comparação de conjuntos diferentes de informações que transformem os dados em conhecimento. Esses bancos de dados devem ser compatíveis, de forma que possam ser integrados aos sistemas existentes e as informações possam ser facilmente intercambiadas. Os consumidores querem incentivos para fornecer seus dados pessoais, o que pode ser feito na forma de perfis do usuário que permitam a personalização do *site*, oportunidades para participar de concursos, ofertas de descontos especiais, etc.

As PMEs não podem depender de avaliações tradicionais de publicidade para entender a eficácia de um *site*. Avaliar a facilidade de navegação pode servir como indicador das chances de sucesso que o *site* tem na transmissão das informações que contém. Oferecer dispositivos de avaliação no *site* é outra forma de verificar sua eficácia. Os dados das pessoas que telefonam e os levantamentos feitos com os visitantes também podem ser uma fonte rica de informações para analisar o impacto gerado através da propaganda *on-line*. É fundamental obter o apoio daqueles que controlam importantes recursos, e seria muito difícil justificar o avanço no sentido de estratégias na Internet a partir de argumentos monetários. Como ainda deverão ser desenvolvidas medidas para avaliar a eficácia da propaganda *on-line*, provavelmente é melhor enfatizar sua importância estratégica em vez de estabelecer metas que não possam ser atingidas, por serem impossíveis de operacionalizar ou medir.

Passo 2 – Divulgar a atração *on-line*

Além do simples estabelecimento de uma presença *on-line*, através de um *site* para uma única atração, o *marketing* eletrônico está evoluindo rapidamente e oferecendo oportunidades incríveis para o próprio setor turístico. As PMEs do setor devem estar cientes de uma série de questões, as quais oferecem uma base sólida para o desenvolvimento de estratégias e para a exploração eficaz dos pontos fortes da tecnologia que agora surge. Várias são as implicações que devem ser levadas em consideração[1] [146].

Uma combinação de estratégias de propaganda *on-line* e *off-line* parece ser a melhor forma de utilizar integralmente as possibilidades da Internet. O *site* não é uma ferramenta de publicidade isolada. São necessários *banners* e anúncios cruzados para controlar o tráfego. Os portais são o ponto de entrada mais importante para os usuários em busca de informações turísticas, de forma que incluir o *site* em suas listagens é fundamental. Uma mensagem de propaganda coerente, distribuída através de diferentes meios, leva ao estabelecimento de sinergia entre as estratégias *on-line* e *off-line*. Como a Internet é diferente de outros meios, o foco tem que estar na diferença na maneira de fazer as coisas – e não apenas fazer as coisas velhas

---

[1] O conteúdo a seguir baseia-se nos resumos do *White Paper* sobre estratégia de propaganda e tecnologia da informação em turismo, editado pelo National Laboratory for Tourism and eCommerce, da University of Illinois, em Urbana-Champaign, em março de 2000.

de forma mais barata e mais viável. As estratégias de *marketing* que respondem à natureza da Internet são aquelas baseadas na personalização, na experiência, no envolvimento e na permissão – ao contrário do *marketing* tradicional, que é construído a partir da comunicação de massa, dos produtos tangíveis, da venda isolada (em vez da construção de relacionamentos) e da interrupção não-solicitada.

A variedade de tecnologias existentes baseada na Web é grande e sua possibilidade de aplicativos, numerosa. A tecnologia em si, contudo, não leva ao sucesso da publicidade, sendo necessária sua integração à Internet e às estratégias publicitárias. Uma integração eficaz exige um ambiente organizacional favorável e abordagens inovadoras [146]:

- **As barreiras organizacionais impedem a implementação da tecnologia**: os recursos limitados, a falta de gerenciamento adequado, a insuficiência de conhecimento, a ausência de comunicação, as regulamentações e as restrições legais, e algumas questões de propriedade são as barreiras mais freqüentemente mencionadas à implementação e à adoção da tecnologia. Especificamente, as atrações de menor porte costumam ser soterradas pela quantidade e pela complexidade de barreiras que encontram em sua tentativa de estabelecer estratégias de publicidade *on-line*.

- **A publicidade *on-line* exige abordagens inovadoras e a reconfiguração organizacional**: são necessárias novas posturas para sermos capazes de captar os benefícios da Internet e dar conta dos riscos representados por ela. Os elementos mais bem-sucedidos são aqueles que ou aplicaram antigas estratégias de publicidade de uma forma inovadora, ou introduziram conceitos totalmente novos. A postura inovadora permanente, contudo, não pode ser adquirida com estruturas e conceitos organizacionais do século XVIII. As organizações têm que repensar a estrutura, a cultura, as estratégias e os processos empresariais que adotam. Como já mencionamos, a publicidade *on-line* é uma estratégia baseada em conhecimento. Não obstante, as estruturas burocráticas tradicionais restringem a transferência desse conhecimento e o aprendizado em todos os níveis organizacionais.

As estratégias para a Web que utilizam tecnologias inovadoras são importantes, mas ainda assim precisam se adequar à estratégia publicitária geral. As características do público-alvo e do produto ou serviço oferecidos determinam, em grande parte, a tecnologia que pode (ou deve) ser utilizada. Turistas e profissionais do turismo, por exemplo, diferem consideravelmente em termos de necessidades e processamento de informações.

Além disso, não se deve perder de vista o nível tecnológico do grupo-alvo quando se integram recursos, como os vídeos, ao *design* do *site*. A integração também faz com que as estratégias de publicidade tenham que ser adaptadas à Internet. A leitura do conteúdo da rede, por exemplo, pode ser muito cansativa para os olhos humanos, de forma que a simples cópia de conteúdo dos folhetos existentes para a Internet não criará o impacto publicitário *on-line* que se deseja. Esse novo tipo de publicidade exige uma abordagem integral que inclua consumidores, tecnologias, estratégias e processos empresariais. Fazer propaganda na Internet é uma atividade baseada na construção de relacionamentos, e não na simples venda de produtos ou serviços.

A comunicação eficaz entre todos os indivíduos e todas as unidades organizacionais envolvidos na definição e na implementação de estratégias *on-line* pode facilitar em muito o processo e melhorar o resultado. Se possível, a especialização deve ser adquirida internamente, com vistas a se ter mais controle sobre o resultado e se ser capaz de aumentar o capital intelectual de uma organização, aspecto necessário para o desenvolvimento de posturas inovadoras. Se uma agência externa for encarregada do projeto e/ou da implementação, devem-se comunicar claramente as metas e as expectativas.

A publicidade *on-line* não constitui apenas mais um esforço de vendas. Ela envolve a criação de um negócio próprio, exigindo gerenciamento adequado e recursos suficientes. A criatividade é indispensável, mas ser criativo e experimentar coisas novas tem um risco. As PMEs precisam de uma cultura organizacional que estimule as inovações e os riscos e veja os fracassos como oportunidades de aprendizagem. As estruturas organizacionais devem ser o mais simples possível, de forma que a informação possa ser passada adiante com facilidade e as idéias compartilhadas. O aprendizado deve ocorrer no nível individual e organizacional. A geração de conhecimento é inútil se não for processado e transferido, de forma que o aprendizado ativo possa ocorrer e ser incorporado ao conceito de publicidade *on-line*.

Passo 3 – Harmonizar os vários canais de *marketing* eletrônico

Muitas opções podem ser combinadas com uma estratégia de *marketing* eletrônico, além do *site* da atração e dos *banners*.

- **Compras feitas em casa**: a chegada da tecnologia que permite enviar vídeo, som e imagens através de linhas telefônicas diretamente para a tela da televisão faz com que, no futuro, os espectadores possam entrar em lojas virtuais, examinar as mercadorias ou, no caso de viagens, caminhar por hotéis, *resorts* e atrações.

- **Terminais eletrônicos de reservas**: para testar a provável resposta das pessoas às reservas feitas em casa e determinar quais são os serviços que elas provavelmente vão comprar sentadas em suas poltronas, seja na Internet ou em um canal interativo de televisão, as empresas começaram a vender diversos produtos nos terminais eletrônicos localizados em *shopping centers*, bancos, saguões de hotéis e mesmo nas esquinas da cidade. As lojas Consumer's Catalog Showroom, nos Estados Unidos, foram pioneiras na idéia de instalar computadores que permitem aos clientes visualizar fotos das mercadorias à venda, assistir às propagandas dos produtos e, se quiserem, examinar os produtos dos concorrentes. No Reino Unido, a Thomas Cook começou a vender um número limitado de produtos, incluindo passeios curtos na cidade e viagens pelo litoral em terminais *touch-screen*, já em 1994.

- **Outras tecnologias**: atualmente, nem todas as linhas de telecomunicação têm uma largura de banda suficiente para permitir a transferência de vídeos. Tentar enviá-los através dos cabos atuais seria como passar toda a água de uma represa por um canudinho de refrigerante, mas, com a substituição desses cabos por fibras óticas, isso será possível. A tecnologia está avançando em ritmo acelerado, mas não consegue atender à demanda total. Mesmo assim, não serão os consumidores de hoje em dia, mas aqueles que aprenderam a utilizar a Internet, as enciclopédias eletrônicas e até os jovens conhecedores dos computadores da próxima geração, que viajarão pelo ciberespaço.

Ainda que essas soluções exijam alta tecnologia, as atrações menores podem se beneficiar das opções disponíveis na Internet, embora um tanto diferentes do *marketing* eletrônico tradicional. Há alguns exemplos interessantes, e atração que você possui deve examinar cada alternativa com cuidado:

- **Revistas *on-line***: você pode estar procurando um hotel sofisticado, uma ilha deserta ou um espaço de luxo. Em qualquer um desses casos, os *sites* turísticos como Conde Nast Travel constituem um bom lugar para dar início à sua pesquisa. Dos 50 principais *resorts* para esqui no mundo até os melhores locais para golfe, o *site* recomendará como, onde e quando viajar com estilo. Conseqüentemente, as atrações que estiverem em busca da atenção do viajante internacional devem participar das principais revistas [147].

- **Software de recomendação**: a editora Rand McNally lançou duas novas coleções Attraction Pack para seu programa Tripmaker. Essas melhorias fornecem informações especializadas, de atividades recreacionais, como *camping* e trilhas, a viagens para *resorts* para esqui e golfe. A primeira coleção traz um banco de dados com uma lista dos *sites* escolhidos para *camping*, pesca, esportes aquáticos, trilhas e outras atividades recreacionais ao ar livre. Outra lista apresenta parques estaduais e nacionais, florestas e áreas de recreação, ao passo que a terceira contém centenas de praias em toda a América do Norte, em que o usuário pode planejar uma viagem rápida em um dia ensolarado ou mesmo passar férias no litoral, além de diversos locais onde você pode fazer canoagem em corredeiras, montanhismo e outras formas de relaxamento mais vigorosas. A segunda coleção é formada por bancos de dados com listas de centenas de áreas para esqui, incluindo a prática de montanhismo para iniciantes e encantadores *resorts* nos alpes. Você também vai descobrir onde jogar golfe e tênis em quadras e campos públicos ou semiprivados. Se diversão para você é uma vida sedentária misturada com um pouco de acaso, você pode folhear uma lista que contém as principais corridas de cavalos e cachorros, cassinos selecionados e destinos para o jogo nos Estados Unidos [148].

- **Vídeos *on-line***: o *site* Travelago oferece mais de 1.800 vídeos sobre mais de 850 destinos. As atrações podem oferecer vídeos aos usuários do *site* que falam sobre seu funcionamento, colocar *links* para *sites* e para os sistemas de reserva, informações adequadas, apresentar uma propaganda em *banner* na rede Travelago e fazer com que sua indicação apareça entre as propriedades "de destaque" em um destino. A indicação também pode ser oferecida no *site* no portal Yahoo! Travel, através do programa de parceiros de distribuição do Travelago. Os visitantes podem assistir a vídeos, obter informações amplas sobre hotéis, restaurantes e atrações em cada destino e fazer reservas *on-line* que utilizam um dos diversos mecanismos de busca que criaram parcerias com o Travelago. O *site* faz com que as pessoas tenham segurança sobre as reservas de seus produtos turísticos na Internet ao lhes permitir "ver onde estão indo, antes de chegar". "O Travelago é o maior provedor de vídeos de turismo do mundo". O *site* fornece o arquivo mais amplo sobre o assunto na Internet, com a qualidade mais alta, utilizando tecnologia de última geração. Como 10% de todas as vezes que se olha uma página na Internet é dedicada à pesquisa sobre turismo e destinos, o Travelago tem um posicionamento único como empresa de ferramentas para o planejamento de qualidade no turismo de lazer e negócios. Após assistir aos vídeos sobre o destino nesse *site*, sobre um determinado hotel, restaurante, atração ou atividade, o viajante tem 70% mais chance de fazer reservas em uma atividade relacionada ao vídeo, em relação àquela que vem apenas em texto. Os vídeos transformam as consultas em reservas [149].

Infelizmente, as soluções de publicidade eletrônica que apresentamos até agora são extremamente rígidas, ou seja, são apresentadas em uma dimensão espaço-temporal que requer muito planejamento e não consegue atrair com facilidade os visitantes de última hora. Contudo, existem outras opções para as pequenas atrações que operam em zonas de difícil acesso, ou em segmentos em que o tempo é muito importante (isto é, os consumidores que compram por impulso). É interessante observar que essas soluções podem ser integradas às opções anteriores, tornando-as mais flexíveis através do uso de comércio eletrônico móvel ou simplesmente comércio móvel (*m-commerce*):

- **Mapas e fotografias interativos**: o amplo arquivo do GlobeXplorers, contendo fotografias aéreas e de satélite, está disponível em vários *sites*. O MapQuest é a primeira rede a apresentar essa nova tecnologia. Através dos mecanismos do GlobeXplorer, os consumidores têm acesso a fotografias aéreas interativas de muitas áreas metropolitanas e suburbanas, destinações turísticas importantes e alguns dos locais mais conhecidos do mundo. A integração da fotografia aérea com os mapas digitais proporciona aos viajantes uma forma fácil e conveniente de se orientar em novos locais. Por exemplo, os usuários do AOL e do MapQuest que estejam planejando uma viagem podem elaborar um roteiro, visualizar um mapa e ver áreas correspondentes à viagem em uma imagem aérea. Utilizando os dispositivos de navegação oferecidos pelo MapQuest e GlobeXplorer, o viajante pode aproximar ou afastar as imagens e movimentar a câmera para a direita ou para a esquerda, para encontrar estradas, rios e outros pontos de interesse [150].

- **Serviços de localização remota**: A Libertel, empresa telefônica da Europa, está lançando um serviço móvel para localização utilizando o Wireless Application Protocol (WAP). Este serviço está disponível para mais de três milhões de assinantes na Holanda. Essas soluções podem auxiliar as pessoas a descobrir informações sobre recursos locais como comércio, entretenimento e serviços, ao mesmo tempo em que dão outras possibilidades para as empresas chegarem ao mercado. Um serviço semelhante, que passou a funcionar no *resort* para esqui Sass Fee, no primeiro trimestre deste ano, permite aos usuários da Swiss GSM acessar informações específicas sobre previsão do tempo, rampas e disponibilidade de teleféricos para esqui, além de informações sobre ameaças de avalanche e condições das estradas. Outros serviços disponíveis são informações sobre táxis e ônibus, restaurantes, lojas, atividades esportivas e números telefônicos para emergências. O serviço de informação está disponível em inglês, francês, alemão e italiano [151-153].

Fase 2 – Criando processos totalmente coordenados de *e-business*

Passo 4 – Agilizar o processo de reservas

O processo de reservas de pequenas atrações costuma ser apontado como uma das principais causas da insatisfação dos clientes, o que é natural, dado que esse processo mais importante de uma atração. A organização deve tornar-se, como um todo, mais ciente da prioridade em desenvolver a reengenharia e agilizar esse processo de forma a tornar as transações mais coordenadas e simples possíveis, aumentando, assim, a eficácia, a velocidade, a qualidade e a capacidade de resposta.

Várias soluções devem ser exploradas para reorganizar seu processo de reservas [144]:

- A maioria das atrações e atividades de entretenimento pagas podem se beneficiar da emissão de ingressos e do controle de entrada automáticos, e até mesmo de sistemas que monitoram a utilização. Os sistemas computadorizados de emissão de ingressos armazenam informações sobre a atração ou o evento, emitem ingressos e processam os pagamentos. O banco de dados contém informações sobre eventos, horários e preços (que podem ser muito numerosos), e reservas, incluindo as de grupo, além de ser capaz de emitir ingressos na hora para clientes que chegam no evento, e calcular comissões.

- Os sistemas de ingressos para teatro, salas de concerto e outras atrações com lugares numerados e específicos precisam de dispositivos de reserva mais detalhados. Os mapas de lugares que apresentem os assentos ocupados e livres precisam ser vistos na tela e os ingressos devem, é claro, conter os números dos assentos. As atrações e os eventos costumam utilizar agências centralizadas de ingressos, que gerenciam diversos acontecimentos, têm enormes bancos de dados.

- Existem outros exemplos, até mesmo de "guichê virtual". Novas soluções surgem permanentemente, como o Ticketingsolution.com, um sistema de emissão de ingressos *on-line* desenvolvido pelo Community Internet PLC, um especialista em comércio eletrônico que trabalha com emissão de ingressos em grande escala para organizações, desde empresas globais de entretenimento até treinamento de cavalos. Ao se registrar nesse *site*, toda empresa turística pode vender ingressos através do seu próprio *site*. As organizações podem utilizar o "módulo de comércio eletrônico" opcional, uma ferramenta de venda cruzada destinada a visitantes, que lida especificamente com o serviço que eles estão comprando. Por exemplo, uma companhia aérea poderia vender mercadorias com a sua marca junto com as passagens. Um "módulo de correspondência" opcional possibilita que as empresas turísticas informem aos visitantes sobre ofertas especiais que lhes possam ser interessantes. Isso ajuda a organização a construir um banco de dados sobre os visitantes. Os clientes visitam o guichê virtual através do *site* dos organizadores e compram os ingressos *on-line*. No momento em que o pedido é feito, o cliente recebe automaticamente um *e-mail* com detalhes completos sobre a reserva. Os sistemas podem processar mais de 10 bilhões de vendas de ingressos por ano, e os clientes podem pagar através de um sistema seguro de cartão de crédito [117].

Passo 5 – Modernizar as instalações da atração

Algumas atrações, como é o caso dos parques nacionais, museus, eventos esportivos, teatros e alguns parques temáticos, exigem apenas um ingresso geral, pago na chegada. Outros, especialmente os parques temáticos, podem exigir o pagamento para atrações, eventos ou experiências específicos que estejam acontecendo em seu exterior, o que cria a necessidade de sistemas mais complexos. Existem várias soluções para atender às necessidades desse tipo de atração [144]:

- Os *smart cards* e os ingressos com fita magnética são bastante úteis para monitorar o ingresso em um entretenimento com experiências múltiplas, já que armazenam informações sobre o pagamento, eliminando a necessidade de pagar em cada ponto e a inconveniência que isso cria para os visitantes.

- Catracas que funcionam com *smart cards* ou ingressos podem controlar a entrada em vários tipos de eventos e atrações, como acontecimentos esportivos e concertos ao ar livre. Aparelhos portáteis de coleta de ingressos são outra opção, quando o acesso à energia e às instalações elétricas não é possível. Esse tipo de dispositivo é especialmente útil em grandes parques nacionais ao ar livre, zoológicos e outras atrações naturais.

- Os ingressos também podem ter um código de barras, permitindo que as informações sejam enviadas a um sistema de computadores que funciona a partir de programas de processamento da coleta de ingressos. Esse tipo de programa cancela automaticamente os ingressos usados, notifica os operadores sobre eventuais ingressos falsificados, impede a fraude por parte de funcionários e oferece outras funções de controle de receitas.

- Algumas atrações, como museus e parques, podem utilizar a TI para sinalização, orientando os visitantes no interior da atração para que tenham a melhor experiência e oferecendo informações sobre as exposições. A sinalização pode aparecer na forma de mídia eletrônica audiovisual, que pode ser facilmente modificada quando necessário.

- Os terminais eletrônicos com CD-ROM dão uma contribuição importante para auxiliar os visitantes a circular no destino. Além disso, são utilizados para fornecer informações em multimídia das exposições.

Tornando-se uma atração ágil e inovadora

Passo 6 – Aprimorar a experiência dos visitantes

As atrações e o setor de entretenimento estão se transformando rapidamente para oferecer experiências cada vez mais agradáveis, excitantes, educacionais e diversificadas aos visitantes. Embora a tecnologia não esteja à frente desse processo, ela proporciona mais opções para desenvolvimento de experiências de entretenimento e educação.

Os visitantes que vão a parques temáticos esperam ingressar em alguma forma de realidade diferente, seja simplesmente como entretenimento ou como uma forma educacional, o "edu-entretenimento" [144]. Isso pode ser obtido de forma mecânica, como ocorre nos diversos brinquedos e montanhas-russas dos parques de diversões. Também é possível criar uma experiência diferente para o visitante utilizando conjuntamente dispositivos mecânicos e eletrônicos. Mas a criação eletrônica de experiências mais sofisticadas está se tornando comum atualmente. Uma vantagem das experiências criadas de forma eletrônica é o fato de que elas podem ser mudadas com mais facilidade do que aquelas mecânicas ou eletromecânicas. O equipamento para fazê-lo é fornecido de várias formas, desde dispositivos de áudio e vídeo sofisticados até "*pods*" de realidade virtual. Existe um amplo setor de empresas que vendem esse tipo de tecnologia para parques temáticos e atrações, concorrendo para produzir as experiências mais estimulantes para os visitantes.

Os museus, os aquários e os jardins zoológicos também utilizam tecnologias de informação para oferecer aos visitantes experiências simuladas, no limite entre o entretenimento e a educação.

Os museus de ciência foram os primeiros a utilizá-las para dar vida às suas exposições. Sendo curadores de "conceitos e idéias", além de "coisas" (como é o caso de aquários, museus de história natural e zoológicos) eles precisam ser mais criativos para dar vida a seus museus. Para conseguir dar a um visitante a experiência de um "conceito", eles utilizam exposições eletrônicas e interativas. Hoje em dia, são comuns em museus de todos os tipos os passeios temáticos em exposições enriquecidas por filmes, som e experiências interativas diretas.

Passo 7 – Implementar a realidade virtual

As tecnologias de realidade virtual provavelmente crescerão e se tornarão cada vez mais refinadas, de forma que os visitantes possam experimentar mudanças no tempo e espaço.

Os passeios virtuais podem se basear em fatores tecnológicos e pessoais, definidos como uma experiência de telepresença em um ambiente criado virtualmente através da utilização de tecnologia de multimídia. A Internet, como o meio mais avançado de operação em rede, oferece um grande potencial como ferramenta de *marketing*, pois [154]:

- Tem uma grande diversidade em termos de conteúdo e interatividade, proporcionando dados que vão de textos até *streaming* de produtos multimídia, sendo o grau de interatividade definido pelo usuário.
- Pode ser um meio massificado e impessoal, ou bastante pessoal, que permite ao turista ter sua própria experiência virtual.

Com isso, através dos passeios virtuais, os usuários podem obter informações concretas que antes só poderiam ser acessadas através da experiência real. Contudo, as pesquisas sugerem que esse tipo de passeio pode ter impactos sobre uma série de aspectos relacionados ao comportamento turístico. Eis algumas hipóteses sobre os principais aspectos [154]:

- A forma de pesquisar as informações vai se transformar, já que os turistas podem obter melhores resultados com um custo mais baixo.
- Os turistas podem melhorar sua memória sobre o destino e criar uma história pessoal, formando imagens mais vívidas e claras.
- Os turistas podem estar mais bem posicionados para escolher um destino, já que a incerteza sobre as informações concretas desaparecerá.

Uma das contribuições mais interessantes do passeio virtual para o setor turístico é a capacidade de afetar a implementação do turismo sustentável. O sistema virtual pode possibilitar que os profissionais de *marketing* do turismo evitem o desenvolvimento desnecessário de recursos ambientais ou naturalmente importantes. O turismo sustentável é um tipo característico de atividade orientada para experiência, e os destinos costumam oferecer experiências bastante únicas e exóticas. Dessa forma, é particularmente difícil para os turistas elaborar uma imagem precisa do destino. Os passeios virtuais podem ajudar os turistas em potencial a desenvolver expectativas sobre o que podem experimentar no destino. Além disso, podem conhecer a singularidade do destino e o comportamento adequado através do passeio virtual, de forma natural.

FATORES FUNDAMENTAIS PARA O SUCESSO DE SUA ESTRATÉGIA DE *E-BUSINESS*

Embora as pequenas atrações tenham se apressado em utilizar o *marketing* eletrônico isto não garante, de forma alguma, o sucesso de suas iniciativas de *e-business*.

Por mais experiente que sua equipe possa ser com relação à Internet, os fatores de sucesso a seguir devem ser acompanhados muito de perto durante todo o processo de implantação. Para fazer isso, é necessário:

- Sair do ambiente de trabalho tradicional e desenvolver uma nova visão sobre a atração. Como administrador, você é o responsável por questionar as visões de seus colegas, funcionários e até dos concorrentes.

- Ficar atento às mudanças tecnológicas e às iniciativas dos concorrentes. Uma atração pequena pode ser facilmente superada pelo fato de outras empresas, que esperaram um pouco mais antes de lançar suas iniciativas de *e-business*, conseguirem integrar no projeto tecnologias mais recentes, mais eficazes e, às vezes, mais acessíveis. Acertar no tempo de desenvolvimento do projeto que você tem em mente também vai depender da concorrência e da tecnologia.

- Compartilhar a tarefa de aprendizagem sobre novos aplicativos de *e-business* e suas utilizações inovadoras. A geração de idéias é muito mais rápida e eficaz quando a equipe toda se apropria das novas soluções.

- Fornecer informações aos parceiros locais do setor. Conversar com empresas de hospitalidade, agências de viagens e operadoras turísticas pode ajudá-lo a identificar tipos totalmente novos de clientes com os quais você pode desenvolver bons relacionamentos *on-line*.

- Desafiar a equipe a produzir coisas inovadoras. Se a sua proposta oferece pouco mais do que uma atualização do que você já tem, será difícil obter mais valor a partir do *e-business*. Dessa forma, certifique-se de que você realmente esteja trabalhando com *e-business* e não simplesmente implementando alguma forma de infra-estrutura de TI mais sofisticada.

- Elaborar um estudo de caso realista que dê conta das fontes de geração de valor mais importantes para os visitantes. Infelizmente, as pessoas encarregadas das iniciativas de *e-business* costumam perder de vista o que é realmente necessário, que às vezes pode ser pouco mais do que uma função básica de processamento de transações.

- Manter-se próximo à experiência do visitante em toda a atração. É comum observarmos soluções novas de *e-business* que não melhoram necessariamente essa experiência, mas permanecem concentradas basicamente na eficiência. É fundamental obter o equilíbrio entre qualidade e custo.

- Testar as novas soluções com uma pequena amostragem de clientes reais. Embora pareça óbvio, a maioria dos projetos de *e-business* (os quais sempre são desenvolvidos sob pressão do cronograma) tendem a supor que podem pular esse passo, ou que ele irá custar tempo e dinheiro demais para o seu valor. A testagem não é um processo simplista de "validação", já que é comum as equipes fazerem com que a gerência aceite a coisa toda. Trata-se basicamente de uma verificação do "desempenho" da nova solução de *e-business*, para ver se ela pode sobreviver às operações reais.

- Harmonizar a estrutura em todo o local da atração. Os problemas operacionais costumam ocorrer porque os sistemas baseados na Internet não foram instalados de forma a se conectar completamente aos aplicativos legados, deixando muitas vezes uma idéia excelente utilizada apenas pela metade.

ESTUDOS DE CASO DE SOLUÇÕES INOVADORAS DE *E-BUSINESS*

Dada a ampla diversidade dos segmentos de mercado no negócio de atrações, identificamos alguns estudos de caso que provavelmente exigem uma estratégia de *e-business* e comércio eletrônico.

1. *Turismo cultural.*
2. *Ecoturismo.*
3. *Turismo esportivo.*
4. *Turismo urbano.*
5. *Turismo rural.*

Turismo cultural

Este segmento costuma ser visto como o mais interessante campo de provas para a aplicação da TI. Muitas vezes, o turismo cultural inclui museus, locais históricos, grandes exposições, teatros, imersões em situações da vida real, etc. Como essas atrações são visitadas por diversos grupos pequenos e médios, o desafio de gerenciar as operações de forma conectada antes, durante e depois das visitas é enorme.

Para obter um desempenho superior no gerenciamento das atrações culturais, é fundamental compreender a forma como se compõe a demanda desse tipo de turismo, e assim adaptar a rede de valor e de serviços para adequá-la mais especificamente aos usos da Internet, melhorando as vantagens oferecidas pela Internet.

Um levantamento recente revelou como os usuários da Internet consideram a demanda pelo turismo cultural uma forma de turismo geral, incluindo diferentes formas [155]. Por exemplo, a maioria dos entrevistados situou seus desejos no contexto de uma oferta cultural especial, que vai além da simples visita a museus e a locais históricos. Em vez disso, inclui o consumo de ofertas culturais, como jardins e parques, o setor de artesanato e os eventos tradicionais.

Mais do que isso, tornam-se evidentes a necessidade de se conceber o turismo cultural como uma forma mais ampla de turismo e a necessidade de se desenvolver a reengenharia da cadeia de valor tradicional. Além das informações sobre datas de eventos, concertos, festivais e passeios guiados, a maioria dos entrevistados considerou as informações gerais (história, fatos históricos e informações antecedentes) e as informações turísticas sobre o destino e as acomodações algo mais importante do que outros tipos específicos de dados a serem incluídos no *site*.

O resultado dessa pesquisa demonstra as mudanças no comportamento dos turistas e oferece sugestões para uma oferta competitiva de turismo cultural *on-line*. A Internet, como versão maleável de folheto, possibilita formas simples e atraentes em todas as etapas da rede de serviços (da mera coleta de informações à reserva e ao relacionamento com os clientes) para responder às novas necessidades e aos comportamentos dos turistas. O turismo cultural deve ser integrado ao geral, enquanto a oferta específica desse tipo de atividade tem que ser completada de outras formas.

No entanto, a maioria das atrações culturais passa por períodos de alta e baixa demanda. Dessa forma, além da simples função de informação cumprida pelos *sites*, é fundamental garantir que as soluções de *e-business* sejam coerentes com metas mais amplas. Na verdade, os aplicativos utilizados dessas soluções devem lhes permitir capturar toda a demanda, desde o momento de sua apresentação, e desenvolver o serviço de melhor qualidade para preservar sua reputação, bem como corresponder àquilo que é apresentado *on-line*.

Como discutimos anteriormente, existe uma ampla diversidade de aplicações para o *e-business*, muito úteis para se desenvolver diversas tarefas *on-line*:

- Atrair os visitantes através de *marketing* eletrônico.
- Possibilitar a visão antecipada dos conteúdos da atração.
- Oferecer descontos para os grupos de visitantes freqüentes.
- Gerenciar reservas e pagamento.
- Vender produtos e suvenires relacionados à atração.
- Coordenar grupos no local, durante as visitas.
- Aprimorar a experiência dos visitantes.
- Construir uma página personalizada na Internet, com notícias relacionadas a temas de interesse comum.

Para desempenhar cada uma dessas tarefas, foram desenvolvidas diversas soluções e *sites* em que as atrações culturais podem evitar com eficácia os problemas do gerenciamento de seus aplicativos de *e-business* por conta própria, e trabalhar com as diversas opções disponíveis na Internet. A seguir, alguns exemplos de soluções e práticas eficientes para atrações pequenas:

- **Construir uma presença *on-line***: a área de tecnologia aplicada que mais cresce nas atrações culturais é a apresentação e a divulgação de imagens. Na verdade, a Internet é atualmente uma forma importante de divulgar exposições e proporcionar informações aos visitantes. Um bom exemplo de liderança nessa área é a rede de instituições culturais de Montreal, com reputação de ser ágil na utilização da Internet para atrair residentes e visitantes do Canadá e do exterior. O Greater Montreal Tourism and Convention Bureau possui uma lista da maioria das instituições pesquisadas em seu *site*, e um grande número delas também desenvolveu seus *sites* [156].

- **Reservas *on-line***: para vender ingressos aos consumidores de eventos artísticos, o Culture-Finder é uma referência para se saber o que há na agenda de museus, orquestras, grupos de teatro e outras organizações em todos os Estados Unidos e em todo o Canadá [157]. Os clientes podem comprar seus ingressos *on-line* ou simplesmente saber o que está acontecendo durante a semana, em mais de 1.500 cidades da América do Norte. Se residirem ou visitarem com freqüência algumas das 65 principais cidades dos Estados Unidos, os clientes podem mesmo se inscrever para receber o informativo, que lhes avisará com antecedência sobre os principais eventos, antes mesmo que sejam colocados no *site*.

- **Informações complementares**: em função de sua condição e de sua presença massiva, os museus podem ser excelentes centros de atenção para muitas PMEs do setor turístico. Portanto, estas atrações culturais devem aproveitar sua popularidade para construir *sites* na Web, em parceria com organizações locais, para despertar a inveja de outras destinações. Por exemplo, o Museu do Louvre tornou-se um dos locais mais interessantes em que os visitantes podem planejar seus passeios em Paris [158].

- **Interatividade em *sites* de museus**: outra estratégia para atrair visitantes é oferecer uma amostra virtual dos conteúdos culturais disponíveis. Existem diversos métodos de organizar uma visita virtual ao museu. O principal fator é transformar uma experiência solitária, como acontece com as visitas virtuais de hoje, em uma atividade mais envolvente, com a qual várias pessoas possam interagir. Alguns exemplos desse tipo podem ser encontrados no Museu de Ciência e Tecnologia de Milão, no qual as visitas virtuais foram um fator de sucesso [159]. Esforços semelhantes são encontrados na Smithsonian Institution, a qual não apenas permite que os surfistas da Internet façam um passeio *on-line* nas atuais exposições, como também pesquisem nos arquivos do museu e participem de programas educacionais [160].

- **Aplicativos de *back-office* para passeios virtuais**: o desafio de instalar aplicativos completos para um passeio *on-line* pode exigir parcerias complexas, que costumam estar disponíveis apenas em ambientes experimentais, como as universidades. Um exemplo interessante é o Drexel Digital Fashion Project, uma iniciativa conjunta entre o College of Information Science and Technology e o College of Design Arts, da Drexel University [161]. O projeto representa o primeiro de vários projetos que serão criados para formar o Museu Digital Drexel. O que serviu de estímulo ao projeto foi a necessidade de proporcionar acesso à rica coleção de objetos de arte, produtos têxteis, vestuário, cerâmicas e artefatos de todo o mundo, de propriedade da Drexel University. O desenvolvimento de um banco de dados no qual as pessoas possam pesquisar, contendo imagens digitalizadas e documentação de apoio para cada peça, é uma maneira da coleção ser acessada por estudantes, pesquisadores, projetistas e outros indivíduos interessados de qualquer lugar do mundo. Desenvolveu-se uma análise de usuários em potencial e recursos para conferir ao banco de dados uma estrutura voltada ao usuário e identificar métodos de baixo custo para disponibilizá-lo.

Além de utilizar o *e-business* e o comércio eletrônico, as atrações culturais também devem considerar o impacto importante das novas tecnologias sobre a natureza de seus produtos. São vários os aplicativos que podem ser utilizados, especialmente muitos que podem se conectar diretamente com outros aplicativos voltados ao *e-business*:

- **Serviços de guia para os visitantes**: têm-se utilizado recursos alternativos para tornar a experiência no museu mais acessível ao público em geral. Como tal, vários museus utilizam vídeos ou computadores para aprimorar as exposições. Mas existem fatores que limitam a integração imediata da nova tecnologia. Alguns administradores observaram que os custos desses avanços podem ser proibitivos. Algumas instituições canadenses, por exemplo, tiveram que pagar até US$ 50.000 em aluguéis por um guia de áudio em infravermelho, para complementar os passeios, o que somente se justifica com um aumento no público. Existe o caso de um museu que avaliou o potencial desse tipo de mecanismo e decidiu não utilizá-lo, contratando sete estudantes pelo mesmo custo. Alguns estudiosos também argumentam que tais tecnologias podem reduzir a interação do visitante com os artefatos, e mesmo com outros visitantes [156].

- **Apresentação de conteúdo**: as atrações culturais também podem ser um palco para proezas tecnológicas. Por exemplo, o Hayden Planetarium, de Nova York, fica localizado no Rose Center for Earth and Space, uma ala recém-inaugurada do American Museum of Natural History. O planetário é uma combinação singular de vários sistemas de projeção avançados. Em breve, deve ser reproduzido em outros teatros reformados ou novos no mundo todo. O que faz dele um salto tecnológico é sua combinação da tecnologia analógica e digital, o que permite aos clientes visualizar efeitos especiais complexos que transmitem o conhecimento astronômico de forma mais vívida [162].

- **Aprimorando a experiência**: a New York Zoological Society administra cinco parques e desenvolve programas internacionais de educação, além de mais de 300 projetos de conservação em 53 países. Esta atração sem fins lucrativos está trabalhando para incorporar mais tecnologia às suas exposições, como: terminais e teatros interativos, *touch screens* para votos, câmeras de alta qualidade para distribuir vídeos da exposição pela Web e um banco de dados especial com o acervo dos animais, para acompanhar de forma automática o número de animais por espécie, semelhante ao sistema de gerenciamento de inventário [163].

- **Estimulando a criatividade**: a expressão artística e a tecnologia também podem ser fundidas de forma inovadora. Um exemplo disso é uma importante exposição de arte no museu Guggenheim de Nova York, a qual combinava, pela primeira vez, a interpretação do artista sobre o espaço físico e mental com o poder do DVD. A exposição, intitulada "Invested Spaces in Visual Arts, Architectural Spaces & Design from France, 1958-1998" ("Espaços investidos em artes visuais, espaços arquiteturais e desing da França"), maximizava todos os aspectos do potencial dessa tecnologia. O Zuma Digital, um estúdio especializado em DVD, desenvolveu a instalação do museu, composta por 45 monitores [164].

Ecoturismo

É certo que as pequenas praias, locais para aventura e atrações com base na natureza não precisam de muita tecnologia para funcionar, já que seus produtos e serviços estão, em grande parte, centrados na idéia de deixar que o visitante experimente ambientes pacíficos, limpos, puros, originais e exóticos. Contudo, o *marketing* eletrônico é uma questão fundamental nesse setor.

Por exemplo, como as praias costumam ser relativamente isoladas e como dependem de visitantes que morem próximos ou, pelo menos, estejam passeando naquele momento, elas devem desenvolver um caráter único que deixará sua propaganda altamente atrativa. Além disso, a concorrência nesse setor baseia-se na qualidade do próprio local, o que pode ser confirmado apenas pela transmissão boca a boca das informações, uma ferramenta que permanece lenta e estreita em seu alcance.

Para amenizar esses fatores, criaram-se diversos *sites* para que as praias possam fazer propaganda. Elas são listadas em algum sistema de avaliação da qualidade, assumindo a forma de um serviço de referência. Por exemplo, um *site* de esportes ao ar livre, o GORP.com, criou uma seção para a classificação das praias nos Estados Unidos [152]. Entre outros itens, as empresas que operam no litoral podem fazer propaganda e ser classificadas de acordo com seu verdadeiro valor. As categorias são as seguintes:

1. Melhor área de lazer na areia.
2. Melhor área de lazer na água.

3. Melhor *camping*.
4. Melhor natação.
5. Melhor isolamento.
6. Melhor ciclismo.
7. Melhor vida selvagem.
8. Melhores caminhadas.
9. Melhor nascer do sol.
10. Melhor pôr-do-sol.

Trata-se de um dos maiores e mais visitados *sites* dedicados à recreação ao ar livre e ao turismo de natureza e aventura [165]. Com cerca de 250.000 páginas de conteúdo, o GORP.com oferece um pacote completo de conteúdo qualificado – que já foi premiado –, uma comunidade grande e ativa de entusiastas das atividades ao ar livre e um conjunto completo de ofertas de comércio eletrônico, que geram cerca de 30 milhões de visitas por mês. Iniciado em 1995, o GORP oferece um mecanismo de reservas turísticas de serviço completo, com milhares de possibilidades de viagem, acessados pela Internet ou por telefone.

Turismo esportivo

Nos últimos 20 anos, o turismo esportivo cresceu muito. Cidades e distritos inteiros, em diversos países, podem tirar proveitos da prática de esportes de duas formas: atraindo eventos existentes e/ou criando seus próprios [166]. As atividades e os eventos esportivos (seja para que as pessoas participem ou apenas para que assistam) constituem uma porção importante do setor de atrações e entretenimento. Vários exemplos demonstram que a TI e o *e-business* podem tornar-se partes integrantes do turismo esportivo:

- Grandes eventos esportivos (como as olimpíadas, sejam de inverno ou verão); diversos esportes coletivos, como futebol, beisebol, *hockey* e basquete; esportes individuais, como maratonas, esqui, tênis e golfe, são desfrutados pelos turistas. Os sistemas de computadores estão sendo utilizados em todas as atividades, desde para controlar a entrada nos eventos. A TI também é empregada para acompanhar detalhes do jogo nos placares eletrônicos. A emissão de ingressos e o *marketing* desses eventos também dependem muito da utilização de bancos de dados computadorizados. Um desses esportes, especificamente o esqui, está utilizando a TI de formas interessantes e especializadas [144].

- As empresas começaram a agregar serviços na Internet a alguns de seus aplicativos, mas não em programas que sejam fundamentais para a atividade. Uma dessas companhias é a Intrawest, uma operadora de *resorts* e campos de golfe de Vancouver, na Colúmbia Britânica, que aceita reservas *on-line* para hospedagem, aluguéis de esquis, ingressos para teleféricos e aulas [167]. A empresa acrescentou serviços de Internet ao seu conjunto, de forma que os clientes possam reservar mais atividades *on-line*, incluindo restaurantes e funções não relacionadas ao *resort*, como o aluguel de carros para neve. A arquitetura dos serviços permitiu que se combinassem os sistemas das operações físicas e *on-line*. A parte surpreendente é o fato de que a utilização da Internet é um negócio muito melhor do que foi no passado.

- Para os clientes interessados em conhecer o mundo maravilhoso do mergulho e do *snorkel*, o departamento de turismo das ilhas Cayman desenvolveu um *site* que fornece todas as informações para as pessoas que querem saber mais sobre mergulho em geral e sobre as oportunidades para praticar o esporte nas ilhas em questão. Os visitantes do *site* podem fazer pesquisas em mais de 250 locais para mergulho nas ilhas e obter informações sobre profundidades mínimas e máximas, sobre o satélite de posicionamento global (GPS – *global positioning satellite*), coordenadas, pontos de referência nas margens, tipos de mergulho (em paredões, em destroços de navios, nos corais, etc.), condições para praticar *snorkel*, além de uma descrição detalhada dos locais dos quais, em muitos casos, há imagens digitais. Há também informações e *links* para empresas de mergulho, e os usuários podem se manter atualizados sobre as novidades nas ilhas registrando-se para receber um informativo por *e-mail* [168].

Turismo urbano

Como diversos autores já comentaram, o turismo urbano está certamente entre os mais mal compreendidos e subestimados [169]. Embora se esteja prestando cada vez mais atenção ao setor, as áreas específicas dentro das grandes cidades ou áreas urbanas também apresentam dificuldades em termos da avaliação da atividade e de sua separação em relação a outros elementos locais. É nesse nível, contudo, que o desenvolvimento turístico local acontece com base no governo, nas associações comerciais e nas estratégias de revitalização do centro das cidades. É fundamental compreender o papel da Internet na vinculação do local com o global.

O turismo urbano está muitas vezes vinculado a passeios especiais de lazer, complementados com atividades comuns em um ambiente específico. O perfil típico de uma visita inclui compras (mercados de rua e artesanato/antiguidades), participação em exposições e eventos esportivos durante o dia e nos fins de semana, e uma economia noturna baseada em comércio, artes e entretenimento – incluindo cinema e apresentações artísticas em *pubs*, música e apresentações de comediantes. O turismo cultural e o comércio especializado são, assim, importantes atrações para os turistas e os moradores locais.

Dada a natureza complexa e fragmentada do turismo urbano, sua promoção e seu gerenciamento costumam muitas vezes estar nas mãos de uma importante organização de gerenciamento do destino (OGD). Contudo, um número cada vez maior de organizações especializadas está assumindo a liderança em alguns locais, desenvolvendo *sites* a partir de suas próprias atrações, ao mesmo tempo em que estabelecem parcerias com prestadores de serviços turísticos locais para desenvolver estratégias complexas na Web. Este pode vir a ser um elemento importante na atração de mais visitantes e no gerenciamento do relacionamento com os clientes de forma integrada. A atração que assume esse tipo de posição de liderança deve refletir sobre diversas questões que vão além de suas preocupações comuns, na condição de atração única, e tentar se concentrar na natureza específica do turismo urbano. Por exemplo:

- Um foco importante com relação ao turismo urbano é aquele "voltado à experiência", que enfatiza atividades, eventos e experiências fantásticas ou exóticas. Porém, é difícil para os turistas formar uma imagem clara da destinação sem ter vivências diretas. Com o desenvolvimento da Internet, eles passaram a poder acessar a multimídia interativa com facilidade [154]. A interatividade e a multimídia são fatores fundamentais para criar um ambiente e proporcionar experiências virtuais. A partir da informação baseada na experiência, o turista virtual cria sua própria memória singular e sua história pessoal, a qual, por sua vez, lhe permite formar uma imagem mais vívida e clara do destino, reduzindo a incerteza a seu respeito.

- Direcionar adequadamente a publicidade, capturando a atenção dos visitantes mais interessantes, é uma das prioridades. Os portais de *e-business* turístico podem auxiliar nesse objetivo, oferecendo serviços complementares em seus *banners* regulares para operadoras e atrações urbanas. Por exemplo, o Travelocity.com e o TravelCLICK estabeleceram um relacionamento de longo prazo, no qual o segundo fornecerá ao primeiro mensagens publicitárias e promocionais que agregam valor, a partir de anunciantes locais dos setores turísticos, de hospitalidade e dos destinos em todo mundo. Segundo o acordo, serão apresentadas mensagens promocionais direcionadas geograficamente a partir dos anunciantes locais de TravelCLICK, nas páginas da Internet do Travelocity quando um cliente expressar o desejo de viajar a um determinado mercado. Essas mensagens promocionais dão aos 25 milhões de membros do Travelocity acesso a ofertas e descontos personalizados de hotelaria em sua cidade de destinação [170].

- Da mesma forma, fica cada vez mais importante deixar as reservas para as atividades nos destinos mais flexíveis, indo além dos sistemas individuais das atrações e juntando-se às soluções que englobam o conjunto do setor. Outro exemplo é a parceria do Travelocity com o Viator, que fornecerá aos clientes *on-line* não apenas as atividades mais populares nos destinos que escolherem, como também a possibilidade de fazerem reservas diretamente no *site* através da tecnologia Viator, além de vôos, hospedagem e/ou transporte em terra. A abordagem que o Viator assumiu com o Travelocity é pré-selecionar os passeios e as atrações mais populares na cidade de destino e permitir que os visitantes possam conhecê-los e reservá-los pelo *site*. Em seus estágios iniciais, as informações serão apresentadas para os clientes do Travelocity através de uma confirmação de reserva personalizada, por correio eletrônico, conhecida como "Bon Voyage". O Travelocity criará uma página no *site* na qual se poderão também fazer reservas para as principais atividades e atrações nas cidades mais importantes do mundo [171].

Turismo rural

Comparado a outras formas de atração de visitantes, o turismo rural é uma das mais promissoras, embora permaneça menos explorada pela maioria das operadoras turística *off-line* e *on-line*. Como tal, os destinos rurais precisam compreender o comprometimento necessário para desenvolver o turismo viável e equilibrado, além da natureza e do alcance dos custos e benefícios associados. É importante para o destino e para a comunidade atrair o tipo "certo" de turista, da mesma forma que o é para o turista acessar o produto "certo".

Um fator fundamental é entender o papel exato dos diferentes tipos de informações no âmbito do produto turístico e de que forma o *e-business* e o comércio eletrônico podem cumprir um papel central no gerenciamento de tais informações e transações [172]. Isto, em última análise, faz com que, em certas situações, o conhecimento tenha que ser apresentado em momentos e de formas diferentes, por processos humanos e tecnológicos. Da mesma forma que o conhecimento prévio pode estragar uma surpresa, a informação inadequada pode ter efeitos negativos sobre uma experiência turística. Conforme o alcance e a capacidade tornam-se mais avançados, há a necessidade de se reexaminar como as operadoras de atrações rurais podem gerenciar de forma eficaz os relacionamentos *on-line* e *off-line*, de forma totalmente conectada. Quando se adota uma abordagem verdadeira voltada ao mercado, o turista vem em primeiro lugar, com os benefícios advindo da satisfação de suas ansiedades. Isto, no contexto do turismo rural, pode gerar custos a curto prazo com benefícios econômicos, culturais e ambientais a longo prazo.

Como o setor de turismo rural ainda está dando seus primeiros passos, outra área na qual a TI pode cumprir um papel importante é o desenvolvimento de produto. A análise dos dados de mercado, a construção de um quadro do turismo rural e a concepção de novas idéias que possam efetivamente vender *on-line* são tarefas que podem ser facilitadas por pacotes computadorizados que vinculam novos pensamentos, bancos de dados de última geração e a estratégia da construção de cenários, associados a linhas de suporte técnico (em *softwares* e *hardwares*) e de procedimento (especialização em *marketing*). Todavia, o desenvolvimento e a implementação de um pacote padronizado de desenvolvimento de produto *on-line* ou, ainda, em redes de comunicação e pacotes de treinamento estão sujeitos a uma série de limitações em nível local. Uma delas é o incentivo para se envolver e outra é o financiamento para se manter iniciativas permanentes de desenvolvimento e treinamento.

Entretanto, não há dúvida de que o turismo rural pode se beneficiar muito do *e-business*, a ponto de talvez entrar para o grupo das principais atrações. Isso seria benéfico para o conjunto de todo o setor, através da diversificação e de uma maior satisfação dos consumidores de turismo eletrônico, notórios inovadores em suas preferências e na forma como planejam suas viagens.

O FUTURO DO COMÉRCIO ELETRÔNICO E DO *E-BUSINESS*

O que se pode dizer sobre o futuro do comércio eletrônico e do *e-business* para o setor de atrações? A maioria dos analistas concorda que as transformações serão imensas e que os impactos serão sentidos em todos os pontos da cadeia de valor das atrações, do *front-end* ao *back-end*, em toda a operação e no gerenciamento.

Entretanto, ninguém sabe se as pequenas atrações serão capazes de se concentrar na estratégia correta e investir nas tecnologias apropriadas. Até o momento, os especialistas em turismo concordam com pelo menos algumas conclusões [172]:

- Mesmo com um quadro global não muito claro, existe uma grande diversidade de ações que estão sendo desenvolvidas em níveis inferiores, que deve fazer com que as pequenas atrações evoluam rapidamente.
- Os empreendedores inovadores, que desenvolverem a reengenharia de seus processos empresariais e aproveitarem as oportunidades que surgem, terão grandes benefícios e melhorarão sua lucratividade e sua viabilidade do mercado global.
- A tecnologia da informação tem muito a oferecer às atividades turísticas do futuro; acredita-se que os benefícios para o setor turístico e para o turista surgirão a partir do refinamento do "quadro geral" – o *front-office* e as aplicações acrescentadas ao *back-office*, especialmente aquelas que envolvem o setor público e a comunidade no planejamento.

Como fazer com que os usuários avancem da simples navegação em um *site* para uma reserva do produto disponível? Um estudo recente revelou que, em termos de turismo, as cinco principais razões pelas quais os clientes permanecem relutantes a utilizar a Internet para fazer reservas de suas atividades são:

- Preocupações com a segurança dos cartões de crédito.
- Relutância em fornecer dados pessoais.
- Medo de ter problemas.
- Desejo de ter um agente de viagens para o qual telefonar em caso de emergência.
- Preferência pela utilização de uma agência de viagens tradicional.

Como a manutenção da fidelidade dos clientes *on-line* ainda é uma dificuldade, como podemos esperar que se dêem a evolução e o desenvolvimento do comércio eletrônico nos anos seguintes, especialmente para as pequenas atrações, para as quais o investimento em novas tecnologias parece extremamente arriscado?

- Sobre a questão da segurança, R. Broadhead, presidente da Intervex Consulting, diz apenas: "A Internet é inerentemente segura, o que causa problemas são os erros humanos". Na verdade, ele aponta para o fato de que um grupo de especialistas invadiu recentemente o código mais seguro dos cartões de créditos. Contudo, foram necessários sete meses para consegui-lo e o uso de 292 computadores, em 11 locais diferentes.
- Outro problema é o fato de que muitos *sites* simplesmente não estimulam os usuários a voltar. A forma mais simples de fazê-lo é pedir que a pessoa autorize o envio de *e-mails*. Trata-se de uma maneira barata e poderosa de conquistar os clientes em potencial. As empresas enviam informativos para os usuários do *site*, já que estes consideram que as informações são úteis.
- A personalização em massa não é apenas uma tendência, ela caiu no gosto do consumidor. O setor turístico deve tornar o processo de transações *on-line* mais fácil para o consumidor. "Não existem muitos *sites* que permitam fazer pedidos apenas com um clique". Muitos dos *sites* turísticos não auxiliam os usuários armazenando as informações pessoais, o que significa que, toda vez que a pessoa retorna ao *site*, ela tem que reinserir os dados já fornecidos. Os *sites* bem-sucedidos, como o Expedia e o Travelocity, realizam esse tipo de atividade e até cumprimentam os usuários pelo nome.

Conclusão

"O objetivo geral do Setor de Novas Tecnologias da Informação da OMT é fornecer liderança no campo de TI e turismo, orientando sobre as novas evoluções, para ajudar a acabar com a 'lacuna digital' entre os membros da organização. A seguir, os objetivos específicos: 1) desenvolver e ampliar a Tecnologia da Informação (TI) na base de conhecimentos do turismo, disseminar o conhecimento atual para os membros dos vários países e para os participantes do setor, e fornecer-lhes ferramentas concretas; 2) facilitar a padronização dos procedimentos e a disseminação das práticas adequadas para todos os membros; 3) estimular parcerias em TI entre os setores público e privado; 4) prestar assistência e dar apoio aos interessados que tendem a ficar atrás em nível de recursos e especialização em TI, como os países em desenvolvimento, as destinações periféricas ou as operadoras de pequeno e médio porte".

Resumo do programa de atividades da OMT para 2002-2003

A Parte C deste texto foi escrita tendo em mente os objetivos gerais e específicos do setor de novas tecnologias da informação da OMT. Para concluir, precisamos enfatizar mais uma vez a importância do desenvolvimento de ações nessa área. O surgimento do comércio eletrônico e do *e-business* está transformando o conjunto do setor turístico, mas afeta a cada setor de forma diferente. Como demonstramos na Parte C, é importante identificar corretamente as tendências dominantes e delinear especificamente de que forma pequenas e médias empresas (PME) devem avançar em cada segmento, de forma a ter sucesso no momento em que entram no cenário da concorrência pela Internet. Estabelecer uma estratégia coerente é mais importante do que nunca, especialmente no momento em que muitas empresas ingressam na Internet no meio de seu ciclo de vida.

Muitas vezes, identificamos uma falta de capacidade de resposta à mudança tecnológica no setor turístico. Várias razões (ou falsas percepções) podem explicar por que a ampla maioria das PMEs do setor turístico ainda não desenvolveram suas ambições de *e-business*:

- Medo do desconhecido, crença de que a tecnologia é complexa demais e inacessível.
- Falta de foco no crescimento, conservadorismo e falta de recursos para investir em novas iniciativas.
- Crença de que já é tarde para entrar, que todas as boas posições já estão ocupadas; falta de capacidade para competir.

Essas visões resumem, em si, cerca de 80% do problema de percepção dos executivos em turismo. Conseqüentemente, a importância de se assumir uma postura ativa e desenvolver estratégias que venham a ser efetivamente implementadas deve ser reafirmada constantemente.

Como o problema está presente em todos os segmentos do setor turístico, há uma necessidade de sintetizar as lições tiradas das partes referentes a cada setor. Na condição de administradores dispostos a desbloquear o potencial de uma PME, você deve ter em mente os seguintes princípios:

- **Direcionar a estratégia de *e-business***: nunca perca de vista as tendências mais amplas que movimentam o setor turístico, especialmente aquelas que movem o seu próprio setor. Antes de ler esse relatório, a maioria dos administradores terão uma idéia preliminar do que gostariam de fazer na Internet. Ainda assim, a maior parte basear-se-á em conhecimento parcial ou em observações rápidas. Certamente, o direcionamento de sua estratégia de *e-business* para os fatores mais importantes da concorrência no setor contribuirá para o seu sucesso.

- **Aplicativos e funções de *e-business***: quando pensava ter arquitetura final e ideal para suas infra-estruturas de *e-business*, você descobre que acabam de surgir aplicativos inovadores no mercado. Estar atualizado com a tecnologia é realmente importante para sua empresa, de forma que você pode preferir terceirizar todas as tarefas de identificação, exploração, comparação, testagem, avaliação de custos e escolha dos aplicativos adequados. Porém, a maioria dessas tarefas pode muitas vezes ser desempenhada a baixo custo no interior da empresa, já que manter-se atualizado com a tecnologia mais moderna é fundamental apenas para uma pequena minoria de PMEs do setor turístico. Não é a tecnologia que torna sua estratégia de *e-business* mais eficaz do que a de seus concorrentes, mas sim a forma como você concebe seus produtos e serviços, e o modelo e os processos empresariais que lhes dão apoio.

- **Guia passo a passo para a implementação de sua estratégia de *e-business***: muitas vezes, a implementação de uma estratégia de *e-business* é considerada simplesmente uma "receita". Essa idéia não pode estar mais longe da realidade, já que a implementação de estratégias raramente é linear. Dessa forma, uma vez ciente da típica evolução sistematizada das PMEs rumo ao *e-business*, você deve repensar sua estratégia geral e questionar quais desses passos você realmente pode dar, quais os recursos que serão necessários, se eles produzirão o valor que seus clientes atuais e futuros estão esperando, etc. Certamente, se há uma lição que deve surgir a partir deste relatório é a de que a estratégia de *e-business* é uma jornada, um esforço de aprendizagem repetitivo e cansativo, não um fim em si, mas meramente um processo evolutivo rumo a uma forma mais fluida e dinâmica de gerenciar seus negócios atuais e futuros.

- **Fatores fundamentais para sua estratégia de *e-business***: uma outra lição tirada desse relatório é a importância de estar atento para evitar os erros. Na verdade, já se viram inúmeros sucessos e fracassos com estratégias de *e-business* em outros setores. Contudo, as PMES do setor turístico, em função da natureza fragmentada e turbulenta de seu ambiente competitivo, devem ser ainda mais cuidadosas no gerenciamento de suas iniciativas de *e-business*.

- **Estudos de caso de soluções inovadoras de *e-business***: embora as lições aprendidas a partir de outras empresas possam ser úteis, é sempre necessário avaliar os fatores contextuais que ajudaram alguma solução a funcionar ou não, em determinado lugar. É provável que algumas tecnologias que pareçam perfeitamente acessíveis e adequadas se revelem pesadelo quando se trata do tempo de implementação. Os gerentes perspicazes das PMEs vão desenvolver uma intuição para esse tipo de problema (muito mais do que nas empresas de grande porte), já que muitas vezes estão duplamente capacitados para tratar intimamente da "operação" e da "estratégia", de forma integrada.

- **O futuro do comércio eletrônico e do *e-business***: no final das contas, qualquer que seja sua estratégia, são pouquíssimas as PMEs que terão um impacto significativo no segmento em que atuam, muito menos no setor turístico como um todo. Dessa forma, será sempre necessário refletir sobre o futuro, visualizar como a tecnologia será daqui a cinco anos e encontrar novos tópicos para incluir em sua agenda de aprendizagem. Como tal, a formulação de sua estratégia de *e-business* nunca estará acabada e continua enquanto for líder de seu setor (e do ritmo de seu desejo).

Em termos gerais, a análise de cada setor turístico oferece uma perspectiva equilibrada do que deve ser feito de estratégico, onde os administradores devem aprender a seu respeito e como determinadas empresas procederam. Essas lições devem servir para estimular a criatividade de sua equipe de gerenciamento e criar um vocabulário em torno do qual você seja capaz de comunicar iniciativas de *e-business* ao conjunto da organização, bem como entre os parceiros no setor.

Acima de tudo, você pode contar com os diversos elementos envolvidos no setor turístico, os quais estão prontos para juntar-se a suas iniciativas na melhoria das capacidades de *e-business* de sua empresa. A tecnologia está cada vez mais acessível, sendo apenas uma questão de saber o que você está interessado em obter, e a seguir comunicá-lo adequadamente a uma equipe de líderes empresariais comprometidos.

Provavelmente, ao seguir as lições apontadas neste texto, você poderá muito bem tornar-se um desses líderes em seu próprio setor e em seu nicho de mercado. Esperamos sinceramente que, uma vez que isso ocorra, você possa fazer parte da próxima edição do relatório do Conselho Empresarial da OMT, e vir a compartilhar sua experiência com todo o setor turístico.

Apêndice A – Análise de sites voltados ao consumidor

INTRODUÇÃO E METODOLOGIA

A escolha dos *sites* voltados ao consumidor foi desenvolvida em duas etapas:

Etapa 1

Inicialmente, identificamos mais de 100 *sites* de destinos conhecidos em todo mundo que tenham uma presença *on-line*. Muitas fontes diferentes foram utilizadas para elaborar essa listagem inicial, entre elas:

- Revistas de turismo, como Escaperoutes, Conde Nast Traveler.
- Guias *on-line* sobre destinações, como Lonelyplanet., Citynet, Fodors, Travelocity, Infoseek, Expedia, Rough Guides, ITN's Travel Network, LeisurePlanet.
- Mecanismos de busca, como Metacrawler, Altavista, Google.com, Yahoo, Looksmart.com.
- Portais que oferecem *links* para *sites* de OGDs, como Travel and Tourism Intelligence, IACVB, Tourism Offices Worldwide Directory.

Os mais de 100 *sites* foram analisados inicialmente, e 30 foram escolhidos para passar por um exame mais detalhado. Para estar entre esses 30, os *sites* foram examinados em relação aos seguintes critérios. Todos eles têm pelo menos as três primeiras características:

- *Links* para OGDs regionais/locais.
- *Links* para empresas turísticas do setor privado local.
- Mecanismo de planejamento de viagens interativo, possibilitando pesquisas por categoria.
- Mecanismos de reserva.
- Registro *on-line* de visitantes.

Esse anexo contém um resumo das principais características de cada *site* (com exceção dos cinco escolhidos para os estudos de caso) e uma análise comparativa dos 30 *sites*.

As 30 OGDs escolhidas são as seguintes:

Sites na Web das OGDs nacionais

PAÍS	12 OGDs nacionais	URL
Alemanha	German National Tourist Board	www.germany-tourism.de
Canadá	Canadian Tourism Commission	www.travelcanada.ca
Caribe	Caribbean Tourism Organisation	www.doitcaribbean.com
Egito	Egyptian Tourist Authority	www.touregypt.net
Espanha	Turespaña	www.tourespain.es
Japão	Japan National Tourist Organisation	www.jnto.jp
Malásia	Tourism Malaysia	tourism.gov.my
México	Ministério do Turismo do México	www.mexico-travel.com
Nova Zelândia	Tourism New Zealand	www.puurenz.com
Reino Unido	British Tourist Authority –*Gateway* americano	www.visitbritain.com
Suíça	Switzerland Tourism	www.myswitzerland.com
Tailândia	Tourism Authority of Thailand	www.tourismthailand.org

Sites na Web de OGDs regionais

REGIÃO	Sete OGDs regionais	URL
Andaluzia (Espanha)	Turismo Andaluz	www.andalucia.org
Edimburgo (Reino Unido)	Edinburgh & Lothians Tourist Board	www.edinburgh.org
Nova York (Estados Unidos)	New York State Division of Tourism	www.iloveny.com
Ontário (Canadá)	Ontario Travel – TraveLinx	www.travelinx.com
Pensilvânia (Estados Unidos)	Commonwealth of Pennsylvania, "100% Pure Pennsylvania Experience"	www.experiencepa.com
Trentino (Itália)	Azienda per la Promozione Turística del Trentino	www.trentino.to
Wallonie Bruxelas (Bélgica)	Wallonie Bruxelles Office de Promotion du Tourisme (OPT)	www.belgium-tourism.net

Sites na Web de OGDs locais

CIDADE/PAÍS	11 OGDs locais	URL
Barcelona (Espanha)	Turisme de Barcelona	www.barcelonaturisme.com
Berlim (Alemanha)	Berlin Tourismus Marketing GmbH	GmbH www.berlin-tourism.de
Budapeste (Hungria)	Budapest Tourism Office	www.budapestinfo.hu
Canberra (Austrália)	Canberra Tourism & Events Corporation	www.canberratourism.com.au
Copenhagen (Dinamarca)	Wonderful Copenhagen	www.visitcopenhagen.dk
Londres (Reino Unido)	London Tourist Board	www.londontown.com
Paris (França)	Paris Convention & Visitor Bureau	Bureau www.paris-touristoffice.com
Cingapura (Cingapura)	Singapore Tourism	www.newasia-singapore.com
Vancouver Canadá	Tourism Vancouver	www.tourismvancouver.com
Viena (Áustria)	Vienna Tourist Board	info.wien.at
Zurique (Suíça)	Zurich Tourism	vvww.zurichtourism.ch

Análise agregada das funções e dos serviços oferecidos pelos 30 *sites* de OGDs analisados:

Funções e serviços oferecidos pelo *site* (primeira página)	
Genéricos	
Introdução em Flash	2
Contexto sobre o local (onde estamos?)	14
Procedimentos para *log-in* (selecionar país de origem, clicar sobre o ícone...)	11
Escolha do idioma	24
Logo/marca	30
Menu	30
Informações turísticas	
Informações sobre cultura/história	16
Informações sobre o clima	23
Informações turísticas essenciais (dinheiro, costumes, vestuário, comércio...)	21
Informações sobre transportes	29
Informações sobre itinerários e passeios	25
Informações sobre seguro de viagem	3
Galeria de imagens	14
Mapas	26
Dicas/perguntas freqüentes (FAQ)	14
Links para OGDs regionais/locais/nacionais	23
Informações gerais	
Informações sobre a empresa/organização	22
Dados para contato	26
Oportunidades de emprego	3
Garantia de privacidade/isenção de responsabilidade/termos e condições/direitos autorais	18
Informações sobre o projetista do *site* (compatibilidade de navegadores, *webmaster*, hospedagem...)	8
Informações sobre a segurança de transações *on-line*	9
Política de garantia de reembolso	4
Dados de pesquisas/levantamentos feitos com os clientes	15
Links para outros *sites* empresariais	10
Links externos para *sites* correlatos	30
Recursos especiais	
Comentários dos visitantes/testemunhos	8
Informações/previsão do tempo	7
Notícias/reportagens/revista	10
Informativo (com notícias, ofertas...)	15
Bate-papo/grupos de notícias	6
Cartões-postais	12
***Design* e funções**	
Menu superior	30
Submenus	10
Lista de conteúdos em cada página	26
Link para a *homepage* em cada página	27
Mapa do *site*	13
Uso coerente de protocolos da Internet	29
Uso de *flash*	12
Uso de *java applets*	9
Uso de *gifts* animados	22
Multimídia	30
Descrição textual do destino	29
Notícias (manchetes, breve resumo)	16
Ofertas especiais/de última hora	14
Taxas de câmbio (conversor)	5
Verificação de *status* do trabalho e recursos de aperfeiçoamentos	4
Mecanismo de busca – por palavras-chave	22
Mecanismo de busca – por categoria	28
Funções e serviços oferecidos pelo *site* (segunda página)	
Explicação/guia de pesquisa	13

Concursos/prêmios	3
Inscrição (entrar em clube/ assinar informativo)	21
Folheto *on-line*/arquivo pessoal	10
Links para anunciantes/*banners*	10
Links para parceiros (por exemplo, governo)	23
Horário local	4
Data	5
Lista de prêmios concedidos ao *site*	1
Serviço/consultoria *on-line* aos clientes	2
Consultas por correio eletrônico	29
Formulário de solicitação de folheto	13
Pesquisa/lista de produtos	
Hospedagem	28
Vôos	12
Aluguel de carros	14
Pacotes	11
Atrações	23
Atividades	20
Eventos	29
Restaurantes	12
Passeios	27
Operadoras turísticas/agentes de viagens	11
Instalações para conferências	6
Serviços e empresas locais	5
Comércio e varejo	15
Pontos finais de informações sobre produtos	
Dados para contato	29
Multimídia	18
Disponibilidade	10
Tarifas	23
Descrição textual	27
Instalações	23
Certificação de qualidade por parte de organismos do governo	15
Mecanismos de reserva	
Preenchimento de formulário por *e-mail*/fax (solicitação de reserva)	9
Reserva e confirmação *on-line*, em tempo real	10
Links para terceiros, visando às reservas	12
Central de atendimento por telefone	15
Contratação direta de prestadores de serviços	28
Registro *on-line*	
Durante o procedimento de reservas	7
Entrar em concurso	2
Criar folheto pessoal	5
Comprar	1
Acessar bate-papo/fórum	2
Assinar informativo	14
Associar-se a um clube	0
Loja *on-line*	
Vestuário	1
Suvenires	1
Livros	2
Mapas	3
Valor total mínimo do pedido	0
Outros *sites* na Web	
Site específico para o setor turístico	8
Site específico para o MICE	15
Site específico para a mídia	10
Site específico para o comércio turístico	9

RESUMO DOS *SITES* VOLTADOS AO CONSUMIDOR

Canadian Tourism Commission (CIT) – http://www.travelcanada.ca

Este *site* é basicamente um portal para os *sites* oficiais dos destinos canadenses. Contudo, seu conteúdo é bem apresentado e seu mecanismo de pesquisa, eficiente, possibilitando ao usuário encontrar listas de todos os produtos e serviços por categoria e localização.

É um *site* atraente, com imagens de alta qualidade dos destinos e bem equilibradas em relação ao conteúdo. Também estão disponíveis cartões postais eletrônicos e um passeio virtual, de forma que os visitantes possam ter uma experiência visual mais profunda do destino. Os títulos do menu são muito simples e há atalhos disponíveis para todas as partes do *site* em cada página, facilitando a navegação.

Alguns mecanismos de busca são utilizados para permitir aos visitantes encontrar o produto que procuram, estimulando as pessoas a ir ao *site* do próprio fornecedor do setor ou da OGD da área específica dentro do país, para a qual desejam viajar, com o objetivo de finalizar seus planos de viagem. Não existem mecanismos de reserva ou confirmação no *site*, tarefas deixadas para a OGD local.

A CTC aproveita a oportunidade para coletar dados dos consumidores, como informações para contato, dados demográficos e preferências turísticas dos usuários, em momentos fundamentais da navegação no *site*, por exemplo, como parte do processo de registro, quando se faz a assinatura do informativo ou para enviar um formulário de avaliação por correio eletrônico.

O *site* é um bom exemplo de um portal de país que aproveita ao máximo seu relacionamento com parceiros regionais e locais.

German National Tourist Board (GNTB) – http://www.germany-tourism.de

O *site* oferece um excelente portal para a Alemanha, utilizando o mapa interativo do país e facilitando pesquisas em todos os níveis, seja nacional, regional ou municipal. Possui uma ampla gama de informações gerais sobre o país como um todo. Há *subhomepages* para várias regiões, com *links* para *sites* relacionados, incluindo os das OGDs.

A *homepage* é um pouco sobrecarregada de informações, mas mesmo assim o *site* se mantém interessante. Ha recursos de multimídia em todo o *site*, com um passeio virtual incomum, em estilo de desenho animado, utilizando o tema de alienígenas saindo de férias na Alemanha, para dar o contexto da localização. Há uma série de miniaplicativos Java e *gifs* animados, além de um álbum interativo de imagens (que você pode aproximar ou afastar). Infelizmente, este último é um pouco lento e apenas duas fotos estão disponíveis no momento.

A navegação no *site* é direta, o menu principal é muito simples e há um mapa. O *site* contém um bom mecanismo de busca de eventos, mas não oferece a possibilidade de fazê-lo com qualquer outro tipo de produto. Não existem mecanismos para reservas, mas há *links* para *sites* de terceiros (como hotéis) para reservar hospedagem. A Alemanha tem um *site* para reservas *on-line*, chamado www.booking-germany.com, acessível apenas às operadoras turísticas e às agências de viagens, mas decidiu que não seria empregado como o principal portal do país.

Os visitantes podem assinar um informativo *on-line* com eventos. Durante o processo de assinatura, o GNTB aproveita a oportunidade para saber mais sobre as preferências de seus visitantes em relação à região específica dentro da Alemanha na qual estão interessados, além do tipo de evento. Isso permite que se forneça a cada assinante um informativo adequado a seus próprios interesses.

O melhor recurso do *site* é o excelente mapa interativo através do qual o usuário pode pesquisar conteúdos da destinação (em nível de país, região, cidade).

Egyptian Tourist Authority – http://www.touregypt.net

Este *site* é muito rico em conteúdo, com guias de boa qualidade sobre as principais cidades, os quais têm *subhomepage* e um menu principal detalhado. O *site* lembra um mecanismo de busca ou uma listagem, com muitas categorias listadas na *homepage*, tornando-o um pouco confuso para o usuário. O *design* não é coerente em todas as páginas, o que aumenta um pouco a dificuldade.

Passada a confusão inicial da *homepage*, a navegação é razoavelmente fácil. Há um *link* de retorno para a *homepage* em cada página subseqüente e o menu principal está sempre presente.

O *site* oferece acesso à sua ampla listagem, com todos os tipos de recursos (hotéis, cinemas e restaurantes, etc), mas apenas o setor de hospedagem tem um mecanismo de busca, sendo que todos os outros produtos e serviços dispõem apenas de uma lista. As pesquisas em hotéis podem ser feitas por localização, classificação ou palavra-chave. As reservas estão disponíveis através de contato direto com os serviços (e muitas vezes através de um *link* para seus *sites*) ou por meio de terceiros.

Os usuários podem se registrar para receber um informativo e participar de um grupo de bate-papo, que exige o fornecimento de um endereço eletrônico. Nenhum outro tipo de dado é coletado sobre os clientes.

O conteúdo do *site* é muito rico, mas a informação talvez não seja apresentada da melhor forma possível para o usuário.

Japan National Tourist Organization (JNTO) – http://www.jnto.go.jp

Esse *site* possui um conteúdo de boa qualidade, com informações gerais sobre o destino, complementadas por guias práticos mais aprofundados em relação a destinações locais. Existe um guia interativo bastante consistente, no qual se podem fazer pesquisas por categoria, além de uma seção de turismo e transporte, a partir da qual se podem visualizar tabelas de horário para vôos e trens domésticos.

O *site* é interessante, com um menu de fácil utilização na *homepage*, semelhante ao utilizado pelo Expedia. Existe um menu com ícones para cada categoria (hospedagem, transportes, eventos, etc).

A navegação é relativamente fácil, mas seria útil ter um menu em cada página que permitisse aos usuários navegar pelo *site*, de um assunto para outro, sem ter que voltar à *homepage*.

Há mecanismos de busca em todos os principais produtos: hospedagem, comércio, restaurantes, atrações, eventos, etc. Cada categoria pode ser pesquisada de forma geral através do tipo, da data/hora, da área geográfica, do preço, da época da busca e do formato desejado. Pode-se verificar a disponibilidade de hospedagem e utilizar mecanismos de reserva *on-line* para alguns estabelecimentos. Os mapas interativos também são utilizados em todo o *site*, paralelamente às informações sobre o destino. Existe também uma seção com mapas interativos (em nível de país, regional e sub-regional), a partir da qual os visitantes podem aproximar e afastar as imagens dos mapas e localizar elementos como atividades, acomodações, restaurantes, etc.

A JNTO parece não coletar informações sobre as preferências e o perfil dos visitantes em qualquer estágio do *site*. O único momento em que se pede aos visitantes informações pessoais é durante o processo de reserva, em que devem se registrar e fornecer informações para contato.

Tourism Malaysia – http://tourism.gov.my

O *site* possui um conteúdo extenso de boa qualidade. A Malaysia Tourism está atualmente aprimorando suas funções com recursos de multimídia e novas tecnologias, como o Text Chat (uma conversa com profissionais do turismo através de texto) e mecanismos para planejamento personalizado de viagens que estão em fase de instalação.

Algumas partes do *site* são lentas para carregar. A repetição de diferentes menus na *homepage* tende a ser confusa, embora, em termos gerais, o uso do *site* seja fácil. Algumas páginas não contêm listagens de conteúdo nem um *link* de volta à *homepage*, obrigando o usuário a utilizar o botão de retorno na barra de ferramentas do navegador.

A lista de hotéis pode ser pesquisada de forma interativa, mas o *site* não oferece reservas *on-line* e apenas fornece endereços, números de telefone e fax dos estabelecimentos, fazendo com que os visitantes tenham que reservar diretamente.

O *site* não coleta as informações pessoais dos usuários, mas utiliza o programa Outlook Express News Group para consultas e avaliações que permitem enviar e receber perguntas e respostas.

Algumas partes do *site* são lentas para carregar e outras ainda estão em desenvolvimento. O Text Chat, com um assessor turístico *on-line*, é um bom recurso, assim como o conversor de moeda e o planejador personalizado de viagens.

Mexico Ministry of Tourism – http://www.mexico-travel.com

O conteúdo do *site* é muito rico, oferecendo informações globais e locais através de *subhomepages* para cada região, as quais funcionam como *minissites* dentro do *site* principal. Esses *minissites* possuem mecanismos de busca, mas não permitem fazê-la em todas as regiões. Assim, uma pesquisa por categoria em todo o país se torna difícil e deve ser feita utilizando-se palavras-chave.

O *site* é interessante, com aparência e funcionamento semelhantes para todas as *subhomepages* dos destinos, reproduzindo o mesmo formato, menu, funções e recursos. São utilizados muitos miniaplicativos Java e *gifs* animados, o que acaba por ter algum impacto nas baixas taxas de *download*. A navegação é fácil, com o menu principal apresentado à esquerda da tela, em todas as páginas. Infelizmente, o *link* para "página inicial" leva a uma página *tunnel* e não para a *homepage*.

Um mapa interativo do país funciona como ponto de partida para as pesquisas no destino. A escolha da região leva o usuário à respectiva *homepage*, com um mapa apresentando as principais cidades, para as quais parece haver *minissites* em processo de desenvolvimento. A pesquisa por palavras-chave é melhorada pela capacidade de se especificar a parte do *site* na qual você deseja fazê-la. À medida que os visitantes navegam, podem gravar e imprimir informações sobre os produtos serviços em um "organizador", mas não há mecanismos para reservas. Espera-se que os visitantes façam contato com os fornecedores do setor diretamente ou façam suas reservas através de seus agentes de viagens ou operadoras turísticas.

Pede-se que os visitantes se registrem, fornecendo informações completas para contato e escolhendo um nome de usuário e uma palavra-chave, o que garante acesso a estatísticas e relatórios turísticos. Através desse procedimento de *logging*, a OGD pode monitorar os interesses dos visitantes, o que permitirá a melhoria da qualidade de seu banco de dados e o desenvolvimento de atividades personalizadas de CRM.

Os *minissites*-gabarito para os destinos regionais e locais no interior do México são um recurso excelente. Cada um deles tem a mesma estrutura e oferece mecanismos de busca bastante úteis.

Turespaña – http://www.tourspain.es

O *site* tem um conteúdo de alto nível e indica com clareza que é voltado a diferentes segmentos, com partes dedicadas ao turismo de lazer, de negócios e de aventura. Não há *links* para *sites* de OGDs regionais ou locais, mas o conteúdo de cada destino é detalhado.

Trata-se de um *site* atrativo, com um estilo simples e utilizado de forma coerente. Podem ser feitos passeios curtos guiados através da região, a partir de temas centrais, com imagens e comentários em áudio.

A partir da *homepage*, são propostas várias opções de navegação, seja escolhendo um tipo de viagem ou utilizando o menu para acessar informações específicas. No final, todas se fundem em um menu detalhado (com submenus), disponível em cada página, permitindo uma boa navegação. O *link* para "Página Inicial" leva a uma página *tunnel* e não para a *homepage*, o que é um fator de dificuldade.

O *site* oferece mecanismos de busca interativos. O usuário clica na categoria que deseja pesquisar e um mapa interativo permite escolher uma região. Um menu *drop-down* possibilita a escolha de critérios para limitar ainda mais a pesquisa. Não são fornecidos mecanismos para reservas e os resultados da pesquisa em hospedagem apresentam endereço, telefone e fax do estabelecimento, para que o usuário possa fazer contato diretamente.

Não é coletada nenhuma informação sobre o perfil do cliente, mas pede-se ao usuário que escolha a língua de sua preferência (espanhol, inglês, alemão, francês) para entrar no *site* a partir da página *tunnel*, e seu país de origem caso opte por receber o informativo com notícias relevantes a seu mercado.

O *site* faz bom uso de um mapa interativo como parte do mecanismo de busca, possibilitando aos usuários escolher um destino específica, ao mesmo tempo em que a localizam no mapa. Isso é muito útil quando os visitantes não estão familiarizados com a geografia do país ou com os nomes das destinações locais ou regionais.

Switzerland Tourism – http://www.myswitzerland.com

Este *site* dispõe de material muito bom e tem uma série de funções interativas, incluindo fóruns, bate-papo e bancos de dados para pesquisa (hospedagem, eventos, atrações, etc). Funciona como um portal para os *sites* das OGDs da Suíça e fornece apenas uma descrição geral a respeito delas, enviando os visitantes diretamente para os *sites* mais locais, para que possam obter mais informações.

É um *site* atrativo que proporciona uma série de oportunidades para que o usuário tenha experiências visuais com o destino através de imagens animadas, câmeras e vídeos. Sua utilização é muito fácil, com menus simples e visíveis nas partes superior e inferior de cada página.

O *site* faz uma grande utilização de ferramentas de multimídia, incluindo um passeio virtual com uma mensagem em áudio promovendo o destino. Há um mapa interativo para pesquisas por destinação (país/região) e um banco de dado interativo, com menus escamoteáveis utilizados para pesquisar a listagem. O *site* oferece reservas *on-line* para hotéis através do sistema Switzerland Destination Management (SDM).

Há uma página *tunnel* na qual se pede aos visitantes que especifiquem de qual país estão viajando antes de entrar na *homepage*. Em outros pontos do *site* (por exemplo, no registro do arquivo/informativo do MySwitzerland), solicitam-se mais informações com relação a seu perfil.

Os recursos mais destacados do *site* são a ampla utilização de multimídia e as funções interativas: passeios virtuais, câmeras, fóruns/bate-papo, banco de dados com pesquisa interativa e folheto *on-line*.

Tourism Authority of Thailand – http://www.tourismthailand.org

O *site* tem um conteúdo geral de boa qualidade e informações sobre o destino, mas não fornece possibilidades de pesquisa detalhada em muitas categorias de produtos e serviços. Há mecanismos disponíveis para hospedagem e restaurantes, mas várias pesquisas realizadas no momento dessa avaliação não ofereceram nenhum resultado. Não são fornecidos *links* para os *sites* das OGDs, mas sim dados para contato. A profundidade das informações fornecidas para diferentes categorias do produto não é a mesma.

Os *designs* da página *tunnel* e da *homepage* são diferentes do resto do *site*, que também tem um *download* um pouco lento. É relativamente fácil de se navegar, utilizando-se uma ou duas barras de menu: uma com diferentes seções e outra que pode ser considerada uma barra de orientação sobre o menu. Esta contém dados para contato, mapa do *site*, pesquisa e *link* para a *homepage* (o qual leva para a página *tunnel*).

Cada destino tem sua própria *subhomepage* (com o mesmo nome), com o mecanismo de busca disponível por meio da escolha de uma categoria em uma lista. Existe um mapa interativo de fácil utilização de principais cidades, que leva os visitantes à *subhomepage* dos destinos, mas, infelizmente, a função está disponível apenas para a parte chamada "About TAT" ("Sobre a TAT").

Não parece haver qualquer coleta de informações pessoais, com exceção da página *tunnel*, na qual o visitante deve escolher sua língua de preferência para entrar no *site*.

A falta de conteúdo foi o principal problema deste *site*, já que, depois de uma grande quantidade de pesquisas com o mecanismo interativo do banco de dados, não houve retorno de qualquer resultado.

US Gateway da British Tourist Authority (BTA) – http://www.visitbritain.com

O *site* contém um nível muito bom de conteúdo, utilizando uma estrutura simples, mas detalhada. A BTA utiliza pontos de entrada diferentes para diferentes mercados-alvo, todos acessando os mesmos dados, mas apresentando-os de formas diferentes para se adequarem às necessidades dos segmentos. O US Gateway, da BTA, oferece um mecanismo de bate-papo por texto, em tempo real, com consultores turísticos no centro de atendimento nos Estados Unidos. O *site* oferece três opções diferentes para navegação: por área geográfica, por tipo de informação, por tipo de viajante (adulto, familiar, estudante, e *gays* e lésbicas) definindo com clareza seus principais segmentos-alvo.

Os *designs* de aparência e comportamento de cada ponto de entrada da BTA são semelhantes, na maioria dos casos. O *site* oferece um bom equilíbrio entre as informações pessoais e as fotografias do destino. É fácil de se navegar nesse *site*, com um menu coerente, simples e detalhado, disponível em cada página.

O *site* não oferece reservas *on-line*, mas tem um mecanismo de busca eficiente que permite aos usuários encontrar rapidamente as informações que desejam. Em geral, são endereços eletrônicos e *links*, e se pode também entrar em contato com a central de atendimento por telefone da BTA. Existe mapeamento interativo através de GPS, melhorando as possibilidades de localizar hospedagens, atrações, eventos e centros de informações turísticas.

Em todo o *site*, os usuários devem fornecer informações pessoais em resposta a perguntas que permitem à BTA coletar dados sobre o perfil pessoal e as preferências, como no momento em que entram na *homepage* (solicita-se o país de origem), pedem um folheto ou entram em um concurso. De forma aleatória, também se pede que os usuários forneçam informações para contato, se concordarem em participar de um rápido levantamento em uma data posterior, com a possibilidade de ganhar prêmios no Reino Unido.

O fato de serem apresentados diferentes pontos de entrada, adaptados às necessidades de seus mercados-alvo, é importante.

Turismo Andaluz – http://www.andalucia.org

O *site* possui conteúdo de boa qualidade, e mecanismos de busca detalhados e aprimorados, dando conta de muitos produtos (comércio, hospedagem, eventos, atividades, atrações, aluguel de automóveis). Existe reserva *on-line*, não apenas para hospedagem, mas também para aluguel de carros, algumas atrações, campos de golfe e determinados eventos.

É atraente, com grande parte do conteúdo disponível em quatro línguas. Contudo, a parte chamada "centro de reservas" (de onde se pode acessar o mecanismo de busca e as reservas *on-line*) e a seção de produtos especiais ("Star Offers") só estão disponíveis em espanhol. Esse fato é lamentável, já que limita a utilização destes aos usuários domésticos e aos visitantes internacionais que falem espanhol.

A utilização é fácil, com um menu principal simples, coerente em todo o *site*, oferecendo dois métodos de pesquisa no banco de dados: o primeiro orientado por informações e outro com o objetivo de se fazer reservas. As reservas *on-line* funcionam pelo "Sistema de Reservas Séneca" (a central de reservas turísticas de Andalucía). Os visitantes podem fazer reservas *on-line* ou por *e-mail*, enviando informações sobre cartão de crédito de forma separada por telefone/fax.

Os visitantes que enviam comentários e avaliações devem responder a algumas perguntas para que se descubra mais sobre seus perfis ou suas preferências. Essa resposta não é obrigatória, mas são necessários detalhes completos para se registrar e poder fazer reservas *on-line*.

Edinburgh & Lothians Tourist Board – http://www.edinburgh.org

O *site* proporciona bom acesso à lista de produtos e serviços da destinação, com mecanismo de busca interativo. Existe uma seção destinada às crianças, chamada "Kid's Section" ("Seção das Crianças"), que funciona como um *minissite*, possibilitando que elas explorem o destino. Também há uma seção de novidades, chamada "What's New Section" ("Seção O que há de novo"), que oferece pesquisas por categoria, utilizando-se um menu *drop-down*.

Trata-se de um *site* atrativo, mantendo um bom equilíbrio entre as informações editoriais e as imagens sobre o destino. É fácil de ser utilizado, com um menu disponível em todas as páginas. O sistema de menus é organizado em duas partes: uma no lado esquerdo e outro na parte de cima da tela.

O *site* oferece uma loja virtual para a compra de um número limitado de livros e mapas. Não há reservas *on-line* disponíveis, mas se estimula os usuários a entrar em contato direto com os fornecedores. Em geral, são oferecidos endereços eletrônicos e, em alguns casos, formulários de reservas prontos permitem que os visitantes reservem um quarto e peçam que o estabelecimento de hospedagem entre em contato para finalizar o processo. Existem opções diferentes para a pesquisa de hospedagem: preço, classificação, ordem alfabética ou a utilização de um sistema de pesquisa muito detalhado, que combina todos os fatores (localização, tipo, classificação, preço, instalações).

Como parte da introdução na seção "Contact us" ("Contato"), pede-se que os usuários participem de uma pesquisa *on-line* com perguntas que identificam perfis e preferências, mas o procedimento não é obrigatório.

New York State Division of Tourism – http://www.iloveny.com

Trata-se de um *site* que não contém informações detalhadas sobre o destino, funcionando mais como ponto de entrada para o estado de Nova York, oferecendo *links* para *sites* de OGDs mais regionais/locais, e uma plataforma para pesquisar a lista de produtos do estado. Todas as seções estão disponíveis para utilização de turistas internacionais e para os americanos, mas o *site* parece voltado basicamente para os últimos, contendo uma seção chamada "International visitors" ("Visitantes internacionais") que fornece um guia de itinerários publicado em seis idiomas.

A aparência e o comportamento são coerentes em todo o *site*. Os resultados, obtidos através de um questionário na forma de banco de dados, são apresentados em formato semelhante a um mecanismo de busca (listagem de resultados, com título e um breve resumo). A seguir, os usuários podem clicar em cada item para visualizar informações mais detalhadas, apresentadas apenas como texto. Não há nenhuma imagem, o que é decepcionante.

O *site* utiliza um menu detalhado, mas simples, coerente em todo o *site*, o que torna a navegação bastante fácil. A *homepage* também contém um menu de *links* para outros *sites* do estado de Nova York. Os usuários têm a opção de fazer pesquisas no banco de dados por categoria ou utilizar um mapa interativo para pesquisar por região. O aprofundamento da pesquisa por categoria pode ser feito através de *links* por região, que levam à *subhomepage*. Uma vez encontrado um determinado produto, existem funções interessantes para avançar, como a localização no mapa (GPS completo), planejamento da rota, pesquisa e outros produtos próximos (por categoria e distância).

Há um planejador básico de viagens que permite gravar itens de seu interesse para visualizá-los no final da visita, mas, se quiserem imprimi-los ou enviá-los por *e-mail*, terão que utilizar o navegador.

Solicita-se que os visitantes forneçam detalhes pessoais (informações completas para contato) para personalizar o planejador de viagem e receber a atualização sobre as oportunidades turísticas por *e-mail*. É um recurso opcional, já que os visitantes podem utilizar o planejador sem se registrar. O *site* oferece um formulário eletrônico para os usuários que desejam fazer uma consulta ou solicitar um folheto, no qual também se pede a opinião deles sobre o *site* e como vieram a conhecê-lo.

Alguns recursos interessantes são a possibilidade de localizar seu produto escolhido em um mapa e pesquisar outros produtos próximos.

Ontario Travel, Travelinx – http://www.travelinx.com

O *site* é bastante funcional, contendo informações sobre diferentes categorias de produto; é muito semelhante a uma plataforma para estimular reservas na província de Ontário, oferecendo diferentes opções para hospedagem, pacotes de passeios através de reservas *on-line*, central de atendimento por telefone, ou formulário de solicitação de reservas *on-line* (confirmações em 24 horas por telefone).

O *site* tem aparência e comportamento coerentes, com um mapa interativo de boa qualidade (em nível de província, distrito, país). Os visitantes também podem movimentar o cursor sobre regiões diferentes para obter uma breve descrição, antes que escolham clicar para ver informações mais detalhadas.

A utilização é muito fácil, com um menu principal simples e submenus detalhados, disponíveis em cada página. As funções de pesquisa são bastante completas, com uma ampla gama de critérios para escolher (data, localização, nome, tipo, serviços, instalações, atividades, amenidades) e, ainda assim, são bastante fáceis de utilizar e têm orientações adequadas.

Os usuários podem fazer pesquisas na destinação utilizando um mapa interativo ou um menu escamoteável, que permitem a escolha de uma região ou cidade. Cada destino tem sua própria *subhomepage*, com uma lista de produtos disponível. Os usuários também podem pesquisar diretamente por categoria (hospedagem, eventos, atrações).

Como parte da seção de solicitação de folhetos, os visitantes devem apresentar informações sobre suas preferências em um quadro de comentários (interesses, planos de viagem, época do ano, destinos escolhidos, etc). Os usuários devem "se dar ao trabalho" de escrever todos esses detalhes, quando talvez fosse interessante oferecer uma caixa de múltiplas escolhas, aumentando as chances de se obter as respostas.

O recurso mais interessante do *site* é a forma como as opções de reservas são integradas aos serviços gerais das OGDs, como a central de atendimento por telefone, as reservas *on-line* em tempo real e a solicitação de reservas *on-line*.

Commonweath of Pennsylvania, "100% Pure Pennsylvania Experience" ("Experiência 100% de Pura Pensilvânia") – http://www.experiencepa.com

Esse é o principal *site*, de uma rede de quase 200, e funciona como ponto de entrada para os *sites* que promovem o estado norte-americano da Pensilvânia por tema (outono, inverno, caça e pesca, assombrações, áreas de patrimônio, guerra civil, emoções, águas navegáveis, rotas panorâmicas, ferrovias, comércio, etc). Ele também leva a *sites* de OGDs locais e contém funções como mecanismos de busca por categoria, planejador de viagens e ferramentas em geral.

O *site* é atrativo e tem um filme curto que promove o destino e um tema especial. Contém um menu principal na parte superior (natureza e atividades ao ar livre, artes e entretenimento, locais históricos, hospedagem e alimentação) com códigos coloridos utilizados nos *minissites* da seção. Existe também um menu de recursos com os principais *links*. O menu principal não está sempre disponível no *site* e, em algumas ocasiões, os usuários são obrigados a utilizar o botão de retorno do navegador.

O *site* proporciona mecanismos de busca em produtos detalhados, com muitos critérios diferentes para escolher. Há um *link* para "Travelocity", que permite que se façam reservas. Há funções úteis disponíveis para melhorar as informações sobre cada produto, como produtos turísticos próximos (restaurante, *campings*, hospedagem, atrações, etc), bem como uma função chamada "Map it" ("Mapeie") em colaboração com o MapQuest, a qual fornece a função de GPS e instruções para quem está dirigindo.

Os visitantes podem se registrar como "preferenciais" se quiserem personalizar o *site* e obter acesso total ao mecanismo de planejamento de viagens (*schedule in calendar*).

Azienda per la Promozione Turistica Del Trentino – http://www.trentino.to

Este *site* apresenta um conteúdo de boa qualidade, com uma abordagem interessante de promoção da região como um destino dupla – um no verão e outro no inverno. Cada "temporada" tem sua própria *subhomepage*, na qual os usuários podem fazer pesquisas e planejar.

O *site* proporciona experiências visuais do destino, com uma galeria de fotos, filme curto, câmeras de imagens panorâmicas que permitem aproximar e afastar. O acesso é opcional e não interfere na velocidade de carregamento do *site*.

Há muitas formas de navegar e três tipos diferentes de menu disponíveis: o menu principal, o menu por "temporada" e o menu por categorias diferentes (hospedagem, etc), que é um pouco confuso. O *site* oferece um mecanismo de busca para muitas categorias de produto. A pesquisa em hospedagem é a mais detalhada, pois permite que o usuário especifique um bom número de critérios. Os visitantes podem reservar a hospedagem preenchendo o formulário de solicitação de reservas *on-line*.

Pede-se que o visitante participe de uma pesquisa *on-line* antes de enviar mensagens ao livro de hóspedes. Isso permite que a APT saiba mais sobre os interesses e as preferências das pessoas. Além disso, também coletam dados pessoais como parte do formulário de solicitação do folheto promocional.

O *site* emprega um sistema interessante de promoção/*marketing*, com duas formas claras, nas quais se podem pesquisar informações sobre o destino, no verão e no inverno.

Wallonie Bruxeles Office de Promotion du Turisme – http://www.belgium-tourism.net

O *site* promove separadamente duas regiões geográficas, Bruxelas e Wallonie. Os visitantes podem pesquisar os dois bancos de dados, já que cada um tem sua *subhomepage*. Na prática, são dois *sites* separados contidos em um só, ambos com gabaritos e funções idênticos.

A opção de promover uma região da Bélgica em dois destinos separados pode ser um pouco confusa para os visitantes. No entanto, utiliza-se um gabarito coerente para as duas *subhomepages*, com cores separadas para cada uma delas. O *site* tem uma página *tunnel*, a partir da qual os visitantes podem escolher seu idioma. Isso leva a uma *homepage*, de onde poderão acessar as *subhomepages* de Bruxelas ou Wallonie. A *homepage* tem um menu principal que dá acesso a seções comuns às duas áreas geográficas (ajuda para folhetos/seção de *links*) e cada *subhomepage* tem seu próprio menu, permitindo que o usuário busque informações sobre o destino por categoria de produto.

As duas *subhomepages* oferecem a mesma função, e os usuários podem pesquisar os bancos de dados de produtos com o uso de um mapa interativo para selecionar um distrito e, a seguir, pesquisar por categoria. Também se pode fazer pesquisa direta por categoria. Há um bom acesso ao banco de dados, que contém dados sobre hospedagem, atrações, atividades, eventos, informações e serviços gerais, como centros de informações turísticas, embaixadas, etc.

Para visualizar os folhetos promocionais *on-line* no formato PDF, os usuários devem se registrar. O processo de registro implica no fornecimento de informações completas para contato e um rápido levantamento que pede que os usuários informem como conheceram o *site* (a partir de um mecanismo de busca, listas de correspondência, revistas, etc).

Possui um recurso interessante, chamado "sugestões", que permite se pesquisar um banco de dados de sugestões de visitas por tipo (cidades, parques e jardins, descobertas) com descrição, comentários, informações práticas e folhetos recomendados para as visitas.

Turisme de Barcelona – http://www.barcelonaturisme.com

O nível de conteúdo desse *site* é bom e está disponível em quatro línguas diferentes. As informações na *homepage* são dispersas, e o *design* e a navegação são um pouco confusos.

O menu principal contém ferramentas gerais de navegação (página inicial, voltar, sair) e ferramentas de conteúdos (jogos, *gifts*). Existem duas opções para navegar através das informações sobre os produtos do destino no *site*. A primeira é utilizar o menu central na *homepage*, com ícones para cada categoria, os quais levam os usuários à *homepage* daquela categoria. Nela eles devem clicar em um ícone que representa uma seta, que leva à próxima página dentro da categoria. A segunda opção é clicar em "Index" ("Índice") na barra do menu, que funciona como um mapa do *site*, com o menu principal e o submenu. Os usuários podem, a seguir, ir diretamente para as subseções. A navegação não é fácil, e isso se agrava pelo fato de que a velocidade de carregamento é bastante lenta.

Pode-se fazer uma pesquisa interativa em um banco de dados de produto (com um menu escamoteável para escolher os critérios) sobre estabelecimentos de hospedagem, eventos e restaurantes. O resto dos produtos está disponível em uma lista. São fornecidos *links* para o *site* das reservas *on-line* de hospedagem.

Coletam-se apenas informações de contato dos usuários que desejam solicitar informações. Não se pede nenhuma outra informação pessoal.

O *site* possui uma velocidade de carregamento lenta e uma navegação um pouco complicada e confusa.

Budapest Tourism Office – http://www.budapestinfo.hu

Possui um bom conteúdo sobre o destino e mecanismos de busca detalhados para o banco de dados de produtos. É um *site* interessante, com uma estrutura simples, mas detalhada. Fotografias bonitas e *webcams* também podem ser vistas por categoria no "Photos Álbum" ("Álbum Fotográfico") correspondente ao menu.

A utilização desse *site* é fácil, com um menu situado no lado esquerdo da tela e disponível o tempo todo, fornecendo um banco de dados abrangente. Há a possibilidade de se fazer pesquisa sobre restaurantes, eventos e hospedagem, o que permite aos visitantes definir muitos critérios para encontrar os produtos adequados às suas necessidades. Também estão disponíveis informações sobre outros produtos, mas através de uma lista. O *site* fornece mecanismos de reserva *on-line* com o Travelport.hu, utilizando o sistema de reservas da Hungria.

Na seção "Your Opinion" ("Sua opinião"), o BTO criou uma pesquisa *on-line* com os clientes, pedindo para os visitantes definir o perfil no qual se enquadram e também dar sua opinião sobre a *homepage* e sobre Budapest como destinação turística. O preenchimento não é obrigatório, e não são propostos incentivos específicos para estimular os visitantes a preencherem os questionários.

O *site* oferece um mecanismo de busca bastante detalhado para restaurantes (por localização, tipo de restaurante, tipo de culinária, instalações, serviços, tipo de música ao vivo, preço, datas). Para cada estabelecimento de hospedagem, há disponível um mapa de localização (GPS completo) através do *site* Travelport.hu. Apresenta-se um mapa em grande escala com o estabelecimento marcado em vermelho para que possa ser localizado na área global. A seguir, os visitantes podem aproximar a imagem até localizá-lo em um mapa de ruas.

Canberra Tourism & Events Corporation – http://www.canberratourism.cam.au

Trata-se de um *site* rico em conteúdo e que oferece um bom acesso ao banco de dados de produtos e serviços. Há duas versões semelhantes disponíveis, mas destinadas a dois públicos-alvo diferenciados: um para os viajantes em geral e outro para escolas e grupos. O *site* também dá acesso a seções (*subhomepages*) dedicadas à mídia e ao MICE.

O *design* do *site* é muito diferente do tipo tradicional de página na Web que as OGDs utilizam. Baseia-se em um banco de dados e utiliza menus escamoteáveis para apresentar as informações disponíveis. Uma janela minimizada contendo as informações selecionadas aparece para cada subseção. O *site* é pobre em ilustrações visuais, com exceção da seção "Send a postcard" ("Envie um postal"), na qual os visitantes podem enviar uma fotografia do destino por *e-mail*.

A utilização da página é fácil, e o fato de não haver "Link para página inicial" e "Sumário" em cada página não chega a ser um problema, já que as informações escolhidas são apresentadas em uma janela separada, que o visitante só precisa fechar para voltar à *homepage* e reiniciar a pesquisa.

A maior parte do conteúdo do *site* se baseia em um banco de dados e está disponível através de menus escamoteáveis. Existe um banco de dados de produtos e serviços, apresentando hospedagens, pacotes, eventos, atrações, atividades, lojas, listas de companhias aéreas, aluguel de veículos, etc. Outros mecanismos de busca em profundidade estão disponíveis para hospedagem, além de um mapa de ruas para cada estabelecimento. Pode-se fazer a solicitação de reservas *on-line* para pacotes de hospedagem. Também há *links* para *sites* de reserva de ingressos *on-line* para teatros e eventos culturais/esportivos.

Na seção de avaliação, pede-se aos visitantes para preencher uma pesquisa *on-line* com perguntas sobre como conheceram o *site*, seus comentários e sugestões de melhoria. Pergunta-se as pessoas querem receber uma resposta a esse *e-mail* e também malas-diretas. É a única oportunidade que os visitantes recebem de integrar a lista.

O *site* adotou um *design* bastante incomum, fornecendo acesso a produtos e informações sobre o destino com a utilização de um menu escamoteável para cada categoria.

Wonderful Copenhagen – http://www.visitcopenhagen.dk

O *site* possui um bom conteúdo, dedicado aos viajantes de lazer, mas também tem seções destinadas à mídia, ao MICE e ao setor turístico.

Seu *design* é simples mas atraente, e fornece uma boa experiência visual do destino, com um vídeo curto sobre Copenhague e a Dinamarca (é necessário o MediaPlayer), fotografias panorâmicas de 360° e galerias fotográficas.

O *site* é bastante fácil de utilizar e adotou um menu simples (com submenus para as informações de cada seção) localizado no lado direito da tela e disponível permanentemente. Os visitantes também podem utilizar o índice (que funciona como um mapa do *site*) que apresenta todas as informações/temas apresentados em ordem alfabética.

O *site* dá acesso a uma ampla gama de produtos a partir do banco de dados. Existe um mecanismo de busca especialmente detalhado para hospedagens e eventos, e um mapa com as ruas para cada estabelecimento de hospedagem. O banco de dados sobre esses estabelecimentos é fornecido pelo HORSTE através do www.danishotels.dk. Os visitantes podem fazer reservas preenchendo um formulário *on-line* e têm a opção de informar os detalhes de seu cartão de crédito se quiserem garantir a reserva. Também podem solicitar o cartão Copenhagen (que lhes dá entrada gratuita e descontos em alguns dos produtos na cidade) e pacote com guia e transporte (para passeios/visitas especiais).

O Wonderful Copenhagen não coleta informações pessoais dos visitantes, exceto quando eles preenchem um formulário *on-line* e informam os dados pessoais.

Existe uma galeria muito boa de fotos, oferecendo informações sobre cada atração ou *site* apresentado nas imagens.

London Tourist Board – http://www.londontown.com

Este *site* é rico em conteúdo e apresenta um guia detalhado para a cidade, funcionando como uma listagem *on-line* de quase todos os aspectos de interesse turístico para os viajantes, como hospedagens, eventos, comércio, entretenimento, vida noturna, restaurantes. O LTB afirma que, em setembro de 2000, o Londontown.com foi o *site* de destino mais visitado do mundo, com 603.455 visitantes em um único mês.

As cores são um pouco escuras, mas se utilizam mais cores para designar as categorias em cada página. Cada categoria tem sua própria *homepage*, com mecanismo de busca, serviços apresentados/favoritos, artigos, etc. Também contém muitas ferramentas extras como o mapa com ruas para estabelecimentos de hospedagem, atrações populares, a possibilidade de enviar *e-mail*, cartão postal ou um mapa personalizado.

Apesar do fato de haver diversos recursos na *homepage*, o *site* é relativamente fácil de se usar, com vários menus detalhando com clareza as categorias incluídas. No entanto, a quantidade de menus utilizados (um para ferramentas gerais outro bastante detalhado para produtos e outro para os temas principais) pode ser um pouco confuso. Algumas das seções estão em fase de elaboração, fazendo com que alguns *links* internos não funcionem.

O *site* oferece um mecanismo de busca interativo para hospedagens, restaurantes e locais para conferências, além de pesquisa em listas, por categorias e subcategorias, para outros tipos de produtos (eventos, atrações, passeios). Os usuários podem fazer reservas *on-line* para qualquer estabelecimento que ofereça essa possibilidade, através de seus próprios mecanismos de busca ou de terceiros. Os visitantes podem enviar uma solicitação *on-line* de reservas para passeios, restaurantes, etc. Também se pode comprar *on-line* um guia com mapas de Londres.

Em diversas ocasiões, os visitantes devem se registrar, ou seja, enviar mensagens no quadro de mensagens e participar da mala-direta, mas apenas os endereços eletrônicos são coletados. O LTB obtém indicações do local de onde os visitantes estão acessando a página do *site* através da página *tunnel*, com um procedimento de *log-in*. Os visitantes têm a oportunidade de receber um itinerário de compras personalizado, respondendo a 20 questões curtas sobre seus interesses. O *site* incentiva-os a preencher uma pesquisa *on-line*, oferecendo a chance de concorrer a um prêmio em caso de participação.

No momento em que os visitantes retornam à *homepage*, surge uma janela com ofertas especiais de até 60% de desconto em quartos de hotel de luxo. A seguir, clica-se em "Check availability" ("Verificar disponibilidade") e surge uma pequena janela durante o processo de busca dizendo que o sistema está pesquisando e verificando a disponibilidade. Os visitantes poderão ver os nomes dos hotéis à medida que são verificados. O *site* contém também um mecanismo de busca detalhado para compras e um guia com descrições aprofundadas das lojas.

Paris Convention & Visitors Bureau – http://www.paris-touristoffice.com

Este *site* é rico em conteúdo e oferece um guia contendo muitas informações sobre Paris, além de *links* para outras cidades e OGDs regionais de destinos na França. O visual é atrativo, fazendo uso de fotografias e outros elementos em multimídia para ajudar a tornar o *site* mais vivo e interessante (por exemplo, uma visão panorâmica de 360°, de uma altura de 160 metros).

A navegação é fácil e faz uso de páginas com barras de rolagem para apresentar os submenus a partir dos títulos do menu principal. Há um mapa detalhado que lista todos os recursos envolvidos em cada seção do *site*.

Além disso, oferece um bom acesso à ampla gama de produtos/serviços contidos em um banco de dados. Hospedagens, eventos, museus e monumentos, restaurantes, convenções e feiras comerciais, transportes, passeios e informações práticas. Os mecanismos de busca para hospedagens, museus, monumentos e eventos são ricos em detalhes. Igualmente ricos em detalhes são os itens de estabelecimentos de hospedagem e os informativos, que contêm ferramentas úteis como mapas de acesso (mostrando as ruas com o 1bis.com), o metrô mais próximo, RER[*], trem, área e distância do centro de Paris.

Os visitantes devem se registrar caso queiram receber o informativo do Paris CVB, fornecendo apenas seu endereço eletrônico. O CVB elaborou uma pesquisa *on-line* com os consumidores, a qual os visitantes podem preencher se quiserem, mas não há qualquer estímulo para que o façam.

---

[*] N. de R.: Réseau Express Régional, linha expressa do metrô parisiense, que chega também aos subúrbios.

O *site* contém uma boa seção de *links*, chamada "Paris na Internet", com uma pesquisa por categorias e uma revista de boa qualidade (relatório do mês) com imagens e um artigo detalhado sobre o tema do mês.

Vienna Tourist Board – http://info.wien.at

Esse *site* oferece acesso ao banco de dados de produtos e serviços, mas não fornece informações sobre o destino propriamente dito, e sim *links* para outros *sites* relevantes que o fazem, abrindo-os em uma janela separada. Isso tem algum impacto na facilidade de utilização do *site* na medida em que os usuários não ficam dentro do *site* principal.

A utilização é fácil, com o menu disponível em todas as páginas, no lado esquerdo da tela, havendo também a utilização de cores para definir cada seção e facilitar a leitura.

Pode-ser fazer uma pesquisa interativa em banco de dados para verificar hospedagens, eventos e passeios. Há mecanismos de reservas disponíveis através do WienHotels.com. Os visitantes têm a opção de utilizar o sistema de reservas *on-line* em tempo real ou enviar uma solicitação, ambas diretamente ao hotel. Também se pode optar por telefonar para a central de atendimento. Outros produtos, como passagens, ingressos para teatro e para musicais, podem ser reservados através do *site* ou da empresa organizadora.

Os visitantes podem assinar o informativo VTB fornecendo o endereço eletrônico, mas não se pede nenhuma outra informação pessoal. Também se pode baixar um programa de eventos mensais e imprimí-lo.

Zurich Tourism – http://www.zurichtourism.ch

A Zurich Tourism declara explicitamente que o objetivo do *site* é fornecer informações para viajantes/visitantes de lazer e viajantes de negócios, e possibilitar as reservas de hotéis. Essas três funções são oferecidas na *homepage*, com ilustrações importantes.

A aparência e o comportamento da *homepage* é diferente do resto do *site*, com um *design* bastante simples, apenas com os recursos essenciais: um menu geral de ferramentas/recursos abaixo, uma lista dos temas/produtos incluídos (acessáveis através de um menu escamoteável) e, no centro, fotografias da destinação.

Apesar disso, o *site* é fácil de se utilizar e conta com um *design* e um estilo coerentes, com um menu detalhado no lado esquerdo de todas as telas. Oferece reservas *on-line* para hospedagens e a possibilidade de se enviar uma solicitação de reserva *on-line* para pacotes e *links* a *sites* de terceiros para reservar ingressos para eventos.

Os visitantes precisam se registrar e obter um nome de usuário e uma senha para poder reservar hospedagens *on-line* e solicitar folhetos. Nesse momento, são registradas as informações para contato.

A seção "Virtual Zurich" oferece um *city tour* de 360° do destino, começando com um mapa que apresenta diferentes atrações e monumentos. Os visitantes podem visualizar um passeio virtual para cada elemento individual apresentado.

Avaliação dos sites ao consumidor – Tabela de referência

Algumas das funções são classificadas em níveis 1, 2 ou 3, de acordo com o grau de sofisticação. Outras funções mais diretas são apenas marcadas como existentes ou não. A tabela a seguir detalha o quanto cada função foi analisada e explica o sistema de classificação utilizado para os três níveis.

Funções e serviços oferecidos pelo site				
	Sim/Não	Nível 1	Nível 2	Nível 3
Genéricos				
Introdução em Flash		Sem possibilidade de pular	Possibilidade de pular	+ rápido para carregar e instrutivo
Contexto sobre o local		No site	Na homepage	Como parte da introdução
Procedimentos para logging	Sim/Não			
Escolha do idioma		Pelo menos em inglês	Até 3	Mais de 3
Logo/marca	Sim/Não			
Menu	Sim/Não			
Informações turísticas				
Informações culturais/históricas	Sim/Não			
Informações climáticas	Sim/Não			
Informações turísticas essenciais	Sim/Não			
Informações sobre transportes	Sim/Não			
Informações sobre itinerários e passeios	Sim/Não			
Informações sobre seguro de viagem	Sim/Não			
Galeria de imagens		Até 10	Até 30	Mais de 30
Mapas		Estáticos	Interativos	GPS completo
Dicas/FAQs		Até 5	Até 10	Mais de 10
Links para OGDs	Sim/Não			
Informações gerais				
Informações sobre a empresa/organização	Sim/Não			
Dados para contato	Sim/Não			
Oportunidades de emprego	Sim/Não			
Garantia de privacidade/isenção de responsabilidade/termos e condições/ direitos autorais	Sim/Não			
Informações sobre o design do site	Sim/Não			
Informações sobre a segurança das transações on-line	Sim/Não			
Política de garantia e reembolso	Sim/Não			
Dados de pesquisas/levantamentos com clientes	Sim/Não			
Links para outros sites empresariais	Sim/Não			
Links externos para sites correlatos	Sim/Não			
Recursos especiais				
Comentários dos visitantes...	Sim/Não			
Informações climáticas/previsão do tempo		Global	Localizado	+ interesses especiais
Notícias/reportagens/revista	Sim/Não			
Informativos	Sim/Não			
Bate-papo/grupos de notícias	Sim/Não			
Cartões-postais		Até 5	Até 10	Mais de 10
Outros				

Design e funcionalidade				
Menu superior	Sim/Não			
Submenus	Sim/Não			
Lista de conteúdos em cada página	Sim/Não			
Link para a homepage em cada página	Sim/Não			
Mapa do site	Sim/Não			
Uso consistente de protocolos da Internet	Sim/Não			
Uso de flash	Sim/Não			
Uso de miniaplicativos Java	Sim/Não			
Uso de gifs animados	Sim/Não			
Multimídia		Fotos	Webcams	Vídeo/passeios virtuais
Descrição textual do destino	Sim/Não			
Notícias	Sim/Não			
Ofertas especiais/de última hora	Sim/Não			
Taxas de câmbio (conversor)	Sim/Não			
Rastreamento de status de tarefas e facilidades de alterações	Sim/Não			
Mecanismo de busca – por palavras-chave	Sim/Não			
Mecanismo de busca – por categoria		Até três categorias, com até três critérios	Até três categorias, com mais de três critérios	Mais de três categorias
Explicação/guia de pesquisa	Sim/Não			
Concursos/prêmios	Sim/Não			
Inscrição (clube/informativo)	Sim/Não			
Folheto on-line	Sim/Não			
Links para anunciantes/banners	Sim/Não			
Links para parceiros	Sim/Não			
Horário local	Sim/Não			
Data	Sim/Não			
Lista de prêmios concedidos ao site	Sim/Não			
Serviço on-line aos clientes		Bate-papo textual	Botão para retornar a ligação	Envio de voz pelo IP
Consultas por e-mail		Link para e-mail	Formulário predefinido	+ perguntas-chave
Formulário de solicitação de folheto		Link para e-mail	Formulário predefinido	+ perguntas-chave
Pesquisa/lista de Produtos				
Hospedagens		lista	Pesquisa – até três critérios	Mais de três critérios
Vôos		lista	Pesquisa – até três critérios	Mais de três critérios
Aluguel de carros		lista	Pesquisa – até três critérios	Mais de três critérios
Pacotes		lista	Pesquisa – até três critérios	Mais de três critérios
Atrações		lista	Pesquisa – até três critérios	Mais de três critérios
Atividades		lista	Pesquisa – até três critérios	Mais de três critérios
Eventos		lista	Pesquisa – até três critérios	Mais de três critérios
Restaurantes		lista	Pesquisa – até três critérios	Mais de três critérios
Passeios		lista	Pesquisa – até três critérios	Mais de três critérios
Operadoras turísticas/agentes de viagens		lista	Pesquisa – até três critérios	Mais de três critérios
Estruturas para conferências		lista	Pesquisa – até três critérios	Mais de três critérios

Serviços e empresas locais		lista	Pesquisa – até três critérios	Mais de três critérios
Comércio e varejo		lista	Pesquisa – até três critérios	Mais de três critérios
Pontos finais de informações sobre produtos				
Dados para contato	Sim/Não	Apenas postal/tel/fax	+ *e-mail* ou Internet	+ *e-mail* ou Internet
Multimídia		Uma foto	Algumas fotos	+ vídeo/*webcam*
Disponibilidade		Para hospedagem	Para dois produtos	Mais de dois produtos
Preços	Sim/Não			
Descrição textual	Sim/Não			
Instalações	Sim/Não			
Certificação de qualidade de um órgão governamental	Sim/Não			
Mecanismos de reserva				
Preenchimento de formulário em *e-mail*/fax (solicitação de reserva)	Sim/Não	Para um produto	Para dois produtos	Mais de dois produtos
Reserva e confirmação *on-line* em tempo real	Sim/Não	Para um produto	Para dois produtos	Mais de dois produtos
Links para terceiros, visando reservas	Sim/Não	Para um produto	Para dois produtos	Mais de dois produtos
Central de atendimento por telefone		Número da central	Botão para retornar a ligação	Envio de voz pelo IP
Entrar em contato direto com prestadores de serviços		Fone/fax	+ *e-mail* ou Internet	+ *e-mail* + Internet
Registro *on-line*				
Durante o procedimento de reservas		Inserir apenas *e-mail*	+ dados completos p/ contato	+ perguntas-chave
Entrar em concurso		Inserir apenas *e-mail*	+ dados completos p/ contato	+ perguntas-chave
Criar folheto pessoal		Inserir apenas *e-mail*	+ dados completos p/ contato	+ perguntas-chave
Comprar		Inserir apenas *e-mail*	+ dados completos p/ contato	+ perguntas-chave
Acessar bate-papo/fórum		Inserir apenas *e-mail*	+ dados completos p/ contato	+ perguntas-chave
Assinar informativo		Inserir apenas *e-mail*	+ dados completos p/ contato	+ perguntas-chave
Associar-se a clube		Inserir apenas *e-mail*	+ dados completos p/ contato	+ perguntas-chave
Outros				
Loja *On-line*				
Vestuário	Sim/Não			
Suvenires	Sim/Não			
Livros	Sim/Não			
Mapas	Sim/Não			
Valor total mínimo do pedido	Sim/Não			
Outros *sites*				
Site específico para o setor turístico	Sim/Não	Seção no *site*	*Subhomepage*	*Site* e URL separados
Site específico para o MICE	Sim/Não	Seção no *site*	*Subhomepage*	*Site* e URL separados
Site específico para a mídia	Sim/Não	Seção no *site*	*Subhomepage*	*Site* e URL separados
Site específico ao comércio turístico	Sim/Não	Seção no *site*	*Subhomepage*	*Site* e URL separados

Abreviaturas das OGDs utilizadas nas tabelas

Sites na Web de OGDs Nacionais	Abreviatura
Canadian Tourism Commission	CTC
Caribbean Tourism Organisation	CTO
German National Tourist Board	GNTB
Egyptian Tourist Authority	ETA
Japan National Tourist Organisation	JNTO
Tourism Malaysia	TM
Mexico Ministry of Tourism	MMT
Tourism New Zealand	TNZ
Turespaña	T
Switzerland Tourism	ST
Tourism Authority of Thailand	TAT
British Tourist Authority – US *gateway*	BTA
Sites na Web de OGDs Regionais	**Abreviatura**
Turismo Andaluz	TA
Edinburgh & Lothians Tourist Board	E&LTB
New York State Division of Tourism	NYSDT
Ontario Travel – TraveLinx	OT
Commonwealth of Pennsylvania, "100% Pure Pennsylvania Experience"	CoP
Azienda per la Promozione Turística del Trentino	APTT
Wallonie Bruxelles Office de Promotion du Tourisme (OPT)	OPT
Sites na Web de OGDs Locais	**Abreviatura**
Turisme de Barcelona	TB
Berlin Tourismus Marketing GmbH	BTM
Budapest Tourism Office	BTO
Canberra Tourism & Events Corporation	CT&EC
Wonderful Copenhagen	WC
London Tourist Board	LTB
Paris Convention & Visitor Bureau	PC&VB
Singapore Tourist Board	STB
Tourism Vancouver	TV
Vienna Tourist Board	VTB
Zurich Tourism	ZT

Observações:
O sinal "–" na tabela indica que a função não está presente.
O sinal "N/A" indica que a função não se aplica à OGD.

Tabela detalhada de avaliação dos *sites* da Web voltados ao consumidor (1/5)

Funções e serviços oferecidos pelo *site* (primeira página)					
Organização	CTC	CTO	GNTB	ETA	JNTO
Genéricos					
Introdução em Flash	–	–	–	–	–
Contexto sobre o local	Sim – 1	Sim – 1	Sim – 1	–	–
Procedimentos para *logging*	–	–	–	–	–
Escolha do idioma	Sim – 2	Sim – 3	Sim – 2	Sim – 1	Sim – 3
Logo/marca	Sim	Sim	Sim	Sim	Sim
Menu	Sim	Sim	Sim	Sim	Sim
Informações turísticas					
Informações culturais/históricas	–	Sim	–	Sim	–
Informações climáticas	Sim	–	–	Sim	Sim
Informações turísticas essenciais	Sim	Sim	Sim	Sim	Sim
Informações sobre transportes	Sim	–	Sim	Sim	Sim
Informações sobre itinerários e passeios	Sim	–	Sim	Sim	Sim
Informações sobre seguro de viagem	–	–	–	–	–
Galeria de imagens	–	–	Sim – 1	Sim – 2	–
Mapas	Sim – 1	–	Sim – 2	Sim – 1	Sim – 2
Dicas/FAQs	Sim – 3	–	Sim – 2	Sim – 2	Sim – 3
Links para OGDs	Sim	Sim	Sim	–	Sim
Informações gerais					
Informações sobre a empresa/organização	Sim	Sim	Sim	–	Sim
Dados para contato	Sim	Sim	Sim	–	Sim
Oportunidades de emprego	–	–	–	Sim	–
Garantia de privacidade/isenção de responsabilidade/termos e condições/ direitos autorais	–	Sim	Sim	–	Sim
Informações sobre o *design* do *site*	–	–	–	–	–
Informações sobre a segurança das transações *on–line*	–	–	–	–	Sim
Política de garantia e reembolso	–	–	–	–	–
Dados de pesquisas/levantamentos com clientes	–	–	–	–	–
Links para outros *sites* empresariais	Sim	–	Sim	–	–
Links externos para *sites* correlatos	Sim	Sim	Sim	Sim	Sim
Recursos especiais					
Comentários dos visitantes...	–	–	–	–	–
Informações climáticas/previsão do tempo	–	–	Sim – 2	Sim – 2	Sim – 2
Notícias/reportagens/revista	Sim	–	–	Sim	–
Informativo s	Sim	–	Sim	Sim	–
Bate-papo/grupos de notícias	–	–	Sim	–	–
Cartões-postais	Sim – 3	–	–	Sim – 3	–
Outros				Seção para crianças, receitas	
Design e funcionalidade					
Menu superior	Sim	Sim	Sim	Sim	Sim
Submenus	–	–	–	Sim	–
Lista de conteúdos em cada página	Sim	Sim	Sim	Sim	–
Link para a *homepage* em cada página	Sim	Sim	Sim	Sim	Sim
Mapa do *site*	–	–	Sim	–	–
Uso consistente de protocolos da Internet	Sim	Sim	Sim	Sim	Sim
Uso de flash	–	–	–	–	–

Uso de miniaplicativos Java	–	–	Sim	–	–
Uso de *gifs* animados	–	Sim	Sim	–	–
Multimídia	Sim – 3	Sim – 1	Sim – 3	Sim – 1	Sim – 1
Descrição textual da destinação	Sim	Sim	Sim	Sim	Sim
Notícias	Sim	–	Sim	Sim	Sim
Ofertas especiais/de última hora	Sim	–	–	–	–
Taxas de câmbio (conversor)	–	–	Sim	–	–
Rastreamento de *status* de tarefas e facilidades de alterações	–	–	–	–	Sim
Mecanismo de pesquisa – por palavras-chave	Sim	Sim	Sim	Sim	Sim
Funções e serviços oferecidos pelo *site* (segunda página)					
Organização	**CTC**	**CTO**	**GNTB**	**ETA**	**JNTO**
Mecanismo de pesquisa – por categoria	Sim – 3	–	Sim – 2	Sim – 1	Sim – 3
Explicação/guia de pesquisa	–	–	Sim	Sim	Sim
Concursos/prêmios	–	–	–	–	–
Inscrição (clube/informativo)	Sim	–	Sim	Sim	Sim
Folheto *on–line*	Sim	–	–	–	–
Links para anunciantes/*banners*	–	–	–	Sim	–
Links para parceiros	Sim	–	Sim	Sim	Sim
Horário local	–	–	–	–	–
Data	–	–	–	–	–
Lista de prêmios concedidos ao *site*	–	–	–	–	–
Serviço *on–line* aos clientes	–	–	–	–	–
Consultas por *e-mail*	Sim – 3	Sim – 1	Sim – 2	Sim – 1	–
Formulário de solicitação de folheto	–	Sim – 3	–	–	–
Pesquisa/lista de produtos					
Hospedagens	Sim – 2	–	–	Sim – 2	Sim – 3
Vôos	–	–	–	Sim – 1	Sim – 2
Aluguel de carros	Sim – 2	–	–	Sim – 1	–
Pacotes	Sim – 2	–	–	–	–
Atrações	Sim – 2	Sim	Sim	Sim – 1	Sim – 3
Atividades	–	–	Sim – 1	Sim – 1	Sim – 3
Eventos	Sim – 2	–	Sim – 3	Sim – 1	Sim – 2
Restaurantes	–	–	–	Sim – 1	Sim – 3
Passeios	Sim – 2	–	Sim – 1	Sim – 1	Sim – 1
Operadoras turísticas/agentes de viagens	Sim – 2	–	–	Sim – 2	Sim – 1
Estruturas para conferências	–	–	–	–	–
Serviços e empresas locais	–	–	–	Sim–1	–
Comércio e varejo	–	–	–	Sim–1	Sim – 3
Pontos finais de informações sobre produtos					
Dados para contato	Sim – 3	–	Sim – 3	Sim – 3	Sim – 3
Multimídia	–	–	–	Sim – 2	Sim – 1
Disponibilidade	–	–	–	–	Sim – 1
Preços	Sim	–	–	Sim	Sim
Descrição textual	Sim	–	Sim	Sim	Sim
Instalações	–	–	–	Sim	Sim
Certificação de qualidade	–	–	–	Sim	–
Mecanismos de reserva					
Preenchimento de formulário em *e-mail*/fax (solicitação de reserva)	–	–	–	–	–
Reserva e confirmação *on-line* em tempo real	–	–	–	–	Sim – 1

Links para terceiros, visando reservas	–	–	Sim – 1	Sim – 1	–
Central de atendimento por telefone	Sim – 1	–	–	–	–
Entrar em contato direto com prestadores de serviços	Sim – 3	–	Sim – 3	Sim – 3	Sim – 3
Registro *on–line*					
Durante o procedimento de reservas	N/A	N/A	N/A	N/A	Sim – 2
Entrar em concurso	N/A	N/A	N/A	N/A	N/A
Criar folheto pessoal	Sim – 1	N/A	N/A	N/A	N/A
Comprar	N/A	N/A	N/A	N/A	N/A
Acessar bate-papo/fórum	N/A	N/A	N/A	Sim – 1	N/A
Assinar informativo	Sim – 3	N/A	Sim – 3	Sim – 1	N/A
Associar-se a clube	N/A	N/A	N/A	N/A	N/A
Outros	–		–	–	–
Loja *on–line*					
Vestuário	–	–	–	–	–
Suvenires	–	–	–	–	–
Livros	–	–	–	–	–
Mapas	–	–	–	–	–
Valor total mínimo do pedido	N/A	N/A	N/A	N/A	N/A
Outros *sites* da Web					
Site específico para o setor turístico	Sim – 3	–	Sim – 3	–	–
Site específico para o MICE	Sim – 1	–	–	–	Sim – 2
Site específico para a mídia	Sim – 2	–	Sim – 1	–	–
Site específico ao comércio turístico	Sim – 2	–	Sim – 3	–	–

Tabela detalhada de avaliação dos *sites* da Web voltados ao consumidor (6/10)

Funções e serviços oferecidos pelo *site* (primeira página)					
Organização	TM	MMT	TNZ	T	ST
Genéricos					
Introdução em Flash	–	Sim	–	–	–
Contexto sobre o local	Sim – 1	Sim –1	–	Sim – 1	–
Procedimentos para *logging*	–	Sim	–	Sim	Sim
Escolha do idioma	–	Sim –2	Sim – 3	Sim – 3	Sim –3
Logo/marca	Sim	Sim	Sim	Sim	Sim
Menu	Sim	Sim	Sim	Sim	Sim
Informações turísticas					
Informações culturais/históricas	Sim	Sim	–	–	–
Informações climáticas	Sim	Sim	Sim	Sim	Sim
Informações turísticas essenciais	Sim	Sim	Sim	Sim	Sim
Informações sobre transportes	Sim	Sim	Sim	Sim	Sim
Informações sobre itinerários e passeios	–	Sim	Sim	Sim	Sim
Informações sobre seguro de viagem	–	–	–	–	Sim
Galeria de imagens	Planejada	Sim – 3	–	Sim – 3	Sim
Mapas	–	Sim–2	Sim – 2	Sim – 2	Sim – 3
Dicas/FAQs	Sim – 3	Sim – 3	–	–	Sim – 2
Links para OGDs	Sim	Sim	Sim	–	Sim
Informações gerais					
Informações sobre a empresa/organização	Sim	Sim	Sim	–	Sim
Dados para contato	Sim	–	–	–	Sim
Oportunidades de emprego	–	–	–	–	–
Garantia de privacidade/isenção de responsabilidade/termos e condições/direitos autorais	–	–	Sim	–	–

Informações sobre o *design* do *site*	–	Sim	Sim	Sim	–
Informações sobre a segurança de transações *on-line*	–	–	–	–	Sim
Política de garantia e reembolso	–	–	–	–	–
Dados de pesquisas/levantamentos com clientes	Sim	Sim	Sim	–	–
Links para outros *sites* empresariais	–	–	Sim	–	–
Links externos para *sites* correlatos	Sim	Sim	Sim	Sim	Sim
Recursos especiais					
Comentários dos visitantes...	Sim	–	Sim	–	Sim
Informações climáticas/previsão do tempo	–	–	–	–	Sim – 2
Notícias/reportagens/revista	–	–	Sim	–	–
Informativos	–	–	Sim	Sim	Sim
Bate-papo/grupos de notícias	Sim	–	Sim	–	Sim
Cartões-postais	–	–	Sim – 3	–	Sim – 3
Outros	Jogos...		Protetor de tela	Passeio guiado, jogo	
***Design* e funcionalidade**					
Menu superior	Sim	Sim	Sim	Sim	Sim
Submenus	Sim	Sim	–	Sim	Sim
Lista de conteúdos em cada página	–	Sim	Sim	Sim	Sim
Link para a *homepage* em cada página	–	Sim	Sim	Sim	Sim
Mapa do *site*	–	Sim	Sim	Sim	Sim
Uso consistente de protocolos da Internet	Sim	Sim	Sim	Sim	Sim
Uso de flash	–	Sim	–	Sim	Sim
Uso de miniaplicativos Java	Sim	Sim	–	–	–
Uso de *gifs* animados	Sim	Sim	Sim	Sim	Sim
Multimídia	Sim – 1	Sim – 1	Sim – 1	Sim – 3	Sim – 3
Descrição textual do destino	Sim	Sim	Sim	Sim	Sim
Notícias	Sim	–	Sim	–	Sim
Ofertas especiais/ da última hora	–	–	Sim	–	Sim
Taxas de câmbio (conversor)	Sim	–	–	Sim	–
Rastreamento de *status* de tarefas e facilidades de alterações	–	–	–	–	Sim
Mecanismo de pesquisa – por palavras-chave	–	Sim	Sim	Sim	Sim
Funções e serviços oferecidos pelo *site* (segunda página)					
Organização	**TM**	**MMT**	**TNZ**	**T**	**ST**
Mecanismo de pesquisa – por categoria	Sim – 2	–	Sim – 1	Sim – 3	Sim – 3
Explicação/guia de pesquisa	–	–	Sim	Sim	–
Concursos/prêmios	–	–	–	–	–
Inscrição (clube/informativo)	–	Sim	Sim	–	Sim
Folheto *on-line*	Sim	Sim	Sim	–	Sim
Links para anunciantes/*banners*	–	–	–	–	Sim
Links para parceiros	–	Sim	–	Sim	Sim
Horário local	–	Sim	–	–	–
Data	–	–	–	Sim	–
Lista de prêmios concedidos ao *site*	–	–	–	–	–
Serviço *on-line* aos clientes	1 planejado	–	–	–	–
Consultas por *e-mail*	Sim – 1	Sim – 2	Sim – 2	Sim – 2	Sim – 2
Formulário de solicitação de folheto	–	–	–	–	–
Pesquisa/lista de produtos					
Hospedagens	Sim – 3	Sim – 1	Sim – 2	Sim – 3	Sim – 2

Vôos	Sim – 1	–	Sim – 2	–	–
Aluguel de carros	Sim – 1	–	Sim – 2	–	–
Pacotes	–	–	Sim – 2	–	–
Atrações	–	Sim – 1	–	Sim – 3	Sim – 2
Atividades	Sim – 1	–	Sim – 2	Sim – 3	Sim – 2
Eventos	Sim – 1	Sim – 1	Sim – 2	Sim – 2	Sim – 3
Restaurantes	–	–	–	–	–
Passeios	–	Sim – 1	Sim – 2	Sim – 1	Sim – 2
Operadoras turísticas/agentes de viagens	–	Sim – 1	Sim – 2	Sim – 1	–
Estruturas para conferências	–	–	–	Sim – 2	–
Serviços e empresas locais	–	–	–	–	–
Comércio e varejo	–	–	Sim – 2	–	–
Pontos finais de informações sobre produtos					
Dados para contato	Sim – 1	Sim – 2	Sim – 3	Sim – 3	Sim – 2
Multimídia	–	Sim – 1	Sim – 1	–	Sim – 2
Disponibilidade	–	–	–	–	Sim – 1
Preços	Sim	–	–	Sim	Sim
Descrição textual	Sim	–	Sim	Sim	Sim
Instalações	–	–	–	Sim	Sim
Certificação de qualidade	–	–	–	Sim	–
Mecanismos de reserva					
Preenchimento de formulário em *e-mail*/fax (solicitação de reserva)	–	–	–	–	–
Reserva e confirmação *on-line* em tempo real	–	–	–	–	Sim – 1
Links para terceiros, visando reservas	–	–	Sim – 1	–	Sim – 2
Central de atendimento por telefone	–	–	–	–	Sim – 1
Entrar em contato direto com prestadores de serviços	Sim – 1	Sim – 2	Sim – 3	Sim – 3	Sim – 3
Registro *on–line*					
Durante o procedimento de reservas	N/A	N/A	N/A	N/A	Sim – 2
Entrar em concurso	N/A	N/A	N/A	N/A	N/A
Criar folheto pessoal	–	Sim – 2	Sim – 1	N/A	Sim – 3
Comprar	N/A	N/A	N/A	N/A	–
Acessar bate-papo/fórum	–	N/A	–	N/A	–
Assinar informativo	N/A	N/A	Sim – 1	N/A	Sim – 3
Associar-se a clube	N/A	N/A	N/A	N/A	N/A
Outros	–	Para início do acesso	Para enviar opiniões	N/A	Para colocar itens em discussão
Loja *on–line*					
Vestuário	–	–	–	–	Sim
Suvenires	–	–	–	–	Sim
Livros	–	–	–	–	–
Mapas	–	–	–	–	Sim
Valor total mínimo do pedido	N/A	N/A	N/A	N/A	N/A
Outros *sites* da Web					
Site específico para o setor turístico	–	Sim – 1	Sim – 3	–	–
Site específico para o MICE	–	–	–	–	Sim – 2
Site específico para a mídia	–	–	–	–	–
Site específico ao comércio turístico	–	–	–	–	–

Tabela detalhada de avaliação de *sites* da Web voltados ao consumidor (11/15)

Funções e serviços oferecidos pelo *site* (primeira página)					
Organização	TAT	BTA	TA	E&LTB	NYSTD
Genéricos					
Introdução em Flash	–	–	–	–	–
Contexto sobre o local	Sim – 1	Sim –1	–	Sim – 1	–
Procedimentos para *logging*	Sm	Sim	–	–	–
Escolha do idioma	Sim – 3	Sim – 3	Sim – 3	–	–
Logo/marca	Sim	Sim	Sim	Sim	Sim
Menu	Sim	Sim	Sim	Sim	Sim
Informações turísticas					
Informações culturais/históricas	Sim	–	Sim	–	Sim
Informações climáticas	Sim	Sim	Sim	Sim	Sim
Informações turísticas essenciais	Sim	Sim	–	Sim	–
Informações sobre transportes	Sim	Sim	Sim	Sim	Sim
Informações sobre itinerários e passeios	–	Sim	Sim	Sim	Sim
Informações sobre seguro de viagem	–	Sim	–	–	–
Galeria de imagens	–	Sim – 3	–	–	–
Mapas	Sim – 2	Sim – 3	Sim – 2	Sim – 1	Sim – 3
Dicas/FAQs	Sim – 2	Sim – 3	–	Sim – 2	–
Links para OGDs	–	Sim	–	Sim	Sim
Informações gerais					
Informações sobre a empresa/organização	Sim	Sim	–	–	–
Dados para contato	Sim	Sim	Sim	Sim	Sim
Oportunidades de emprego	–	–	–	–	–
Garantia de privacidade/isenção de responsabilidade/termos e condições/ direitos autorais	Sim	Sim	Sim	Sim	Sim
Informações sobre o *design* do *site*	–	Sim	–	–	–
Informações sobre a segurança de transações *on-line*	–	–	Sim	–	–
Política de garantia e reembolso	–	–	Sim	–	–
Dados de pesquisas/levantamentos com clientes	Sim	Sim	Sim	Sim	–
Links para outros *sites* empresariais	Sim	Sim	–	–	–
Links externos para *sites* correlatos	Sim	Sim	Sim	Sim	Sim
Recursos especiais					
Comentários dos visitantes...	–	Sim	–	–	–
Informações climáticas/previsão do tempo	–	–	–	–	–
Notícias/reportagens/revista	–	Sim	–	–	–
Informativo	–	Sim	–	–	Sim
Bate-papo/grupos de notícias	–	–	–	–	–
Cartões-postais	–	Sim – 3	–	Sim – 3	–
Outros	–	–	–	Seção para crianças	–
***Design* e funcionalidade**					
Menu superior	Sim	Sim	Sim	Sim	Sim
Submenus	–	–	–	–	–
Lista de conteúdos em cada página	Sim	Sim	Sim	Sim	Sim
Link para a *homepage* em cada página	Sim	Sim	Sim	Sim	Sim
Mapa do *site*	Sim	–	–	–	–
Uso consistente de protocolos da Internet	Sim	Sim	Sim	Sim	Sim
Uso de flash	–	–	Sim	–	–

Uso de miniaplicativos Java	–	–	Sim	–	–
Uso de *gifs* animados	Sim	Sim	Sim	Sim	–
Multimídia	Sim – 1	Sim – 1	Sim – 1	Sim – 1	Sim – 1
Descrição textual do destino	Sim	Sim	Sim	Sim	Sim
Notícias	–	Sim	–	Sim	–
Ofertas especiais/de última hora	–	Sim	Sim	sim	Sim
Taxas de câmbio (conversor)	–	–	–	–	–
Rastreamento de *status* de tarefas e facilidades de alterações	–	–	–	–	–
Mecanismo de pesquisa – por palavras-chave	–	Sim	Sim	–	–
Funções e serviços oferecidos pelo *site* (segunda página)					
Organização	TAT	BTA	TA	E&LTB	NYSDT
Mecanismo de pesquisa – por categoria	Sim – 3	Sim – 3	Sim – 3	Sim – 3	Sim – 3
Explicação/guia de pesquisa	Sim	Sim	Sim	–	–
Concursos/prêmios	–	Sim	–	–	–
Inscrição (clube/informativo)	–	Sim	Sim	Sim	Sim
Folheto *on–line*	–	–	–	–	Sim
Links para anunciantes/*banners*	–	Sim	–	–	Sim
Links para parceiros	Sim	Sim	Sim	–	Sim
Horário local	–	–	–	–	–
Data	–	–	–	–	–
Lista de prêmios concedidos ao *site*	–	–	–	–	–
Serviço *on-line* aos clientes	–	Sim – 1	–	–	–
Consultas por *e-mail*	Sim – 1	Sim – 2	Sim – 1	Sim – 2	Sim – 3
Formulário de solicitação de folheto	–	Sim – 3	Sim – 2	–	Sim – 3
Pesquisa/lista de produtos					
Hospedagens	Sim – 3	Sim – 2	Sim – 3	Sim – 3	Sim – 3
Vôos	Sim – 1	–	Sim – 2	–	–
Aluguel de carros	–	Sim – 2	Sim – 3	Sim – 1	Sim – 2
Pacotes	–	Sim – 2	–	–	–
Atrações	–	Sim – 2	Sim – 3	Sim – 2	Sim – 2
Atividades	Sim – 1	Sim – 2	Sim – 2	Sim – 2	Sim – 2
Eventos	Sim – 2	Sim – 2	Sim – 2	Sim – 2	Sim – 2
Restaurantes	Sim – 3	–	Sim – 2	Sim – 1	–
Passeios	Sim – 1	Sim – 1	Sim – 1	Sim – 2	Sim – 1
Operadoras turísticas/agentes de viagens	–	Sim – 1	–	–	–
Estruturas para conferências	–	–	Sim – 1	Sim – 2	Sim – 2
Serviços e empresas locais	–	–	Sim – 2	–	Sim – 2
Comércio e varejo	Sim – 1	–	Sim – 2	–	–
Pontos finais de informações sobre produtos					
Dados para contato	Sim – 1	Sim – 3	Sim – 3	Sim – 3	Sim – 2
Multimídia	Sim – 1	–	Sim – 1	Sim – 1	–
Disponibilidade	Não-disponível	–	Sim – 3	–	–
Preços	Não-disponível	Sim	Sim	Sim	Sim
Descrição textual	Sim	Sim	Sim	Sim	Sim
Instalações	Não-disponível	Sim	Sim	Sim	Sim
Certificação de qualidade	Não-disponível	Sim	Sim	Sim	–
Mecanismos de reserva					
Preenchimento de formulário em *e-mail*/fax (solicitação de reserva)	–	–	Sim – 3	–	–
Reserva e confirmação *on-line* em tempo real	–	–	Sim – 3	–	–
Links para terceiros, visando reservas	–	Sim – 2	–	–	–

Central de atendimento por telefone	–	Sim – 1	–	Sim – 1	Sim – 1
Entrar em contato direto com prestadores de serviços	Não-disponível	Sim – 3	Sim – 3	Sim – 1	Sim – 1
Registro *on–line*					
Durante o procedimento de reservas	N/A	N/A	Sim – 2	N/A	N/A
Entrar em concurso	N/A	Sim – 3	N/A	N/A	N/A
Criar folheto pessoal	N/A	N/A	N/A	N/A	Sim – 2
Comprar	N/A	N/A	N/A	Sim – 2	N/A
Acessar bate-papo/fórum	N/A	N/A	N/A	N/A	N/A
Assinar informativo	N/A	Sim – 1	N/A	N/A	Sim – 2
Associar-se a clube	N/A	N/A	N/A	N/A	N/A
Outros	–	–	Retorno – 3	–	–
Loja *on–line*					
Vestuário	–	–	–	–	–
Suvenires	–	–	–	–	–
Livros	–	–	–	Sim	–
Mapas	–	–	–	Sim	–
Valor total mínimo do pedido	N/A	N/A	N/A	–	N/A
Outros *sites* da Web					
Site específico para o setor turístico	–	Sim – 3	–	–	–
Site específico para o MICE	Sim – 3	Sim – 2	–	Sim – 2–	–
Site específico para a mídia	–	Sim – 2	–	–	–
Site específico ao comércio turístico	–	Sim – 2	–	Sim – 2	–

Tabela detalhada de avaliação dos *sites* da Web voltados ao consumidor (16/20)

Funções e serviços oferecidos pelo *site* (primeira página)

Organização	OT	CoP	APTT	OPT	TB
Genéricos					
Introdução em Flash	–	–	–	–	–
Contexto sobre o local	–	–	Sim – 1	–	–
Procedimentos para *logging*	–	–	–	Sim	Sim
Escolha do idioma	–	–	Sim –2	Sim –3	Sim –3
Logo/marca	Sim	Sim	Sim	Sim	Sim
Menu	Sim	Sim	Sim	Sim	Sim
Informações turísticas					
Informações culturais/históricas	Sim	–	Sim	–	Sim
Informações climáticas	Sim	Sim	Sim	Sim	Sim
Informações turísticas essenciais	Sim		–	Sim	Sim
Informações sobre transportes	Sim	Sim	Sim	Sim	Sim
Informações sobre itinerários e passeios	Sim	Sim	–	–	Sim
Informações sobre seguro de viagem	–	–	–	–	–
Galeria de imagens	–	–	Sim – 2	–	–
Mapas	Sim – 2	Sim – 3	Sim – 2	Sim – 2	–
Dicas/FAQs	–	–	–	–	–
Links para OGDs	Sim	Sim	Sim	Sim	Sim
Informações gerais					
Informações sobre a empresa/organização	–	–	Sim	–	Sim
Dados para contato	Sim	Sim	Sim	Sim	Sim
Oportunidades de emprego	Sim	–	–	–	–
Garantia de privacidade/isenção de responsabilidade/termos e condições/ direitos autorais	Sim	Sim	Sim	Sim	–

Informações sobre o *design* do *site*	–	–	Sim	–	–
Informações sobre a segurança de transações *on-line*	Sim	–	–	–	–
Política de garantia e reembolso	Sim	–	–	–	–
Dados de pesquisas/levantamentos com clientes	–	–	Sim	–	Sim
Links para outros *sites* empresariais	–	Sim	–	–	–
Links externos para *sites* correlatos	Sim	Sim	Sim	Sim	Sim
Recursos especiais					
Comentários dos visitantes...	–	–	Sim	–	–
Informações climáticas/previsão do tempo	–	Sim – 2	Sim – 3	–	–
Notícias/reportagens/revista	–	Sim	Sim	–	–
Informativo	–	Sim	Sim	Sim	–
Bate-papo/grupos de notícias	Sim	–	Sim	–	Sim
Cartões-postais	–	–	Sim – 3	–	–
Outros	–	Protetores de tela			Jogos, protetores de tela
***Design* e funcionalidade**					
Menu superior	Sim	Sim	Sim	Sim	Sim
Submenus	Sim	–	–	–	Sim
Lista de conteúdos em cada página	Sim	–	Sim	Sim	Sim
Link para a *homepage* em cada página	Sim	–	Sim	Sim	Sim
Mapa do *site*	Sim	–	Sim	–	Sim
Uso consistente de protocolos da Internet	Sim	Sim	Sim	Sim	Sim
Uso de flash	Sim	–	–	Sim	Sim
Uso de miniaplicativos Java	Sim	–	–	–	–
Uso de *gifs* animados	Sim	–	–	Sim	Sim
Multimídia	Sim – 1	Sim – 3	Sim – 3	Sim – 1	Sim – 1
Descrição textual do destino	Sim	Sim	Sim	Sim	Sim
Notícias	–	Sim	Sim	–	–
Ofertas especiais/de última hora	Sim	–	–	–	–
Taxas de câmbio (conversor)	–	–	–	–	–
Rastreamento de *status* de tarefas e facilidades de alterações	Sim	–	–	–	–
Mecanismo de pesquisa – por palavras-chave	–	Sim	Sim	–	Sim
Funções e serviços oferecidos pelo *site* (segunda página)					
Organização	OT	CoP	APTT	OPT	TB
Mecanismo de pesquisa – por categoria	Sim – 3	Sim – 3	Sim – 3	Sim – 3	Sim – 3
Explicação/guia de pesquisa	Sim	–	–	–	–
Concursos/prêmios	Sim	–	–	–	–
Inscrição (clube/informativo)	Sim	Sim	Sim	Sim	–
Folheto *on–line*	–	Sim	–	–	–
Links para anunciantes/*banners*	Sim	–	–	Sim	–
Links para parceiros	Sim	–	Sim	Sim	Sim
Horário local	–	–	–	–	–
Data	–	–	–	–	Sim
Lista de prêmios concedidos ao *site*	–	–	–	–	–
Serviço *on-line* aos clientes	–	–	–	–	–
Consultas por *e-mail*	Sim – 2	Sim – 1	Sim – 3	Sim – 1	Sim – 2
Formulário de solicitação de folheto	Sim – 2	Sim – 2	Sim – 3	Sim – 2	Sim – 2
Pesquisa/lista de produtos					
Hospedagem	Sim – 3	Sim – 2	Sim – 3	Sim – 3	Sim – 3

Vôos	–	–	–	–	–
Aluguel de carros	Sim – 1	–	–	–	–
Pacotes	Sim – 3	–	Sim – 2	–	–
Atrações	Sim – 3	Sim – 3	–	Sim – 3	Sim – 1
Atividades	Sim – 3	Sim – 2	Sim – 2	Sim – 3	Sim – 1
Eventos	Sim – 3	Sim – 3	Sim – 1	Sim – 3	Sim – 3
Restaurantes	–	Sim – 2	Sim – 1	–	Sim – 3
Passeios	Sim – 3	Sim – 2	–	Sim – 3	Sim – 1
Operadoras turísticas/agentes de viagens	–	–	–	Sim – 2	Sim – 2
Estruturas para conferências	–	–	–	–	–
Serviços e empresas locais	–	–	–	–	–
Comércio e varejo	Sim – 2	Sim – 2	Sim – 1	–	Sim – 2
Pontos finais de informações sobre produtos					
Dados para contato	Sim – 3	Sim – 3	Sim – 3	Sim – 3	Sim – 3
Multimídia	Sim – 1	–	Sim – 1	–	Sim – 2
Disponibilidade	Sim – 3	–	–	–	–
Preços	Sim	–	Sim	–	Sim
Descrição textual	Sim	Sim	Sim	Sim	Sim
Instalações	Sim	–	Sim	Sim	Sim
Certificação de qualidade	–	–	Sim	Sim	Sim
Mecanismos de reserva					
Preenchimento de formulário em *e-mail*/fax (solicitação de reserva)	Sim – 3	–	Sim – 1	–	–
Reserva e confirmação *on-line* em tempo real	Sim – 3	–	–	–	–
Links para terceiros, visando reservas	–	Sim – 3	–	Sim – 1	Sim – 1
Central de atendimento por telefone	Sim – 1	Sim – 1	–	–	Sim – 1
Entrar em contato direto com prestadores de serviços	Sim – 3	Sim – 3	Sim – 3	Sim – 3	Sim – 3
Registro *on–line*					
Durante o procedimento de reservas	Sim – 3	N/A	Sim – 2	N/A	N/A
Entrar em concurso	–	N/A	N/A	N/A	N/A
Criar folheto pessoal	N/A	–	N/A	N/A	N/A
Comprar	N/A	N/A	N/A	N/A	N/A
Acessar bate-papo/fórum	N/A	N/A	N/A	N/A	N/A
Assinar informativo	N/A	Sim – 3	Sim – 1	Sim – 1	N/A
Associar-se a clube	N/A	N/A	N/A	N/A	N/A
Outros		Planejador de viagens perso-nalizado – 3	Enviar mensagem – 3	Visualizar folheto (PDF) – 3	
Loja *on–line*					
Vestuário	–	–	–	–	–
Suvenires	–	–	–	–	–
Livros	–	–	–	–	–
Mapas	–	–	–	–	–
Valor total mínimo do pedido	N/A	N/A	N/A	N/A	N/A
Outros *sites* da Web					
Site específico para o setor turístico	–	–	–	–	–
Site específico para o MICE	–	Sim – 3	–	–	–
Site específico para a mídia	–	–	–	Sim – 1	–
Site específico ao comércio turístico	–	–	–	Sim – 1	–

Tabela detalhada de avaliação dos *sites* da Web voltados ao consumidor (21/25)

Funções e serviços oferecidos pelo *site* (primeira página)					
Organização	BTM	BTO	CT&EC	WC	LTB
Genéricos					
Introdução em Flash	–	–	Sim – 2	–	–
Contexto sobre o local	–	–	Sim – 1	–	–
Procedimentos para *logging*	Sim	–	–	–	Sim
Escolha do idioma	Sim – 3	Sim –2	–	Sim – 2	Sim –2
Logo/marca	Sim	Sim	Sim	Sim	Sim
Menu	Sim	Sim	Sim	Sim	Sim
Informações turísticas					
Informações culturais/históricas	Sim	Sim	Sim	–	–
Informações climáticas	Sim	Sim	Sim	–	–
Informações turísticas essenciais	Sim	Sim	Sim	–	–
Informações sobre transportes	Sim	Sim	Sim	Sim	Sim
Informações sobre itinerários e passeios	Sim	Sim	Sim	Sim	Sim
Informações sobre seguro de viagem	–	–	–	–	–
Galeria de imagens	Sim – 2	Sim – 3	–	Sim – 2	–
Mapas	Sim – 2	Sim – 3	Sim – 3	Sim – 3	Sim – 3
Dicas/FAQs	–	–	–	–	Sim – 3
Links para OGDs	–	Sim	Sim	Sim	–
Informações gerais					
Informações sobre a empresa/organização	Sim	Sim	Sim	Sim	Sim
Dados para contato	Sim	–	–	–	Sim
Oportunidades de emprego	–	–	–	–	–
Garantia de privacidade/isenção de responsabilidade/termos e condições/ direitos autorais	Sim	–	Sim	–	Sim
Informações sobre o *design* do *site*	–	–	–	–	–
Informações sobre a segurança de transações *on-line*	Sim	Sim	–	–	Sim
Política de garantia e reembolso	–	–	–	–	–
Dados de pesquisas/levantamentos com clientes	Sim	Sim	Sim	–	–
Links para outros *sites* empresariais	–	–	–	–	Sim
Links externos para *sites* correlatos	Sim	Sim	Sim	Sim	Sim
Recursos especiais					
Comentários dos visitantes...	–	–	–	–	Sim
Informações climáticas/previsão do tempo	–	–	–	–	–
Notícias/reportagens/revista	Sim	–	Sim	–	Sim
Informativo	–	–	–	–	Sim
Bate-papo/grupos de notícias	–	–	–	–	Sim
Cartões-postais	–	–	Sim – 3	–	Sim – 3
Outros	Jogo	–	–	–	Envio de mapa por *e-mail*
***Design* e funcionalidade**					
Menu superior	Sim	Sim	Sim	Sim	Sim
Submenus	Sim	–	Sim	Sim	Sim
Lista de conteúdos em cada página	Sim	Sim	–	Sim	Sim
Link para a *homepage* em cada página	Sim	Sim	–	Sim	Sim
Mapa do *site*	–	–	–	Sim	Sim
Uso consistente de protocolos da Internet	Sim	Sim	Sim	Sim	–
Uso de flash	–	Sim	Sim	Sim	Sim

Uso de miniaplicativos Java	–	–	–	–	–
Uso de *gifs* animados	Sim	Sim	Sim	Sim	Sim
Multimídia	Sim – 1	Sim – 2	Sim – 1	Sim – 3	Sim – 1
Descrição textual do destino	Sim	Sim	Sim	Sim	–
Notícias	Sim	–	–	–	Sim
Ofertas especiais/de última hora	Sim	–	–	Sim	Sim
Taxas de câmbio (conversor)	–	–	–	–	–
Rastreamento de *status* de tarefas e facilidades de alterações	–	–	–	–	–
Mecanismo de pesquisa – por palavras-chave	Sim	Sim	Sim	–	–
Funções e serviços oferecidos pelo *site* (segunda página)					
Organização	**BTM**	**BTO**	**CT&EC**	**WC**	**LTB**
Mecanismo de pesquisa – por categoria	Sim – 2	Sim – 3	Sim – 3	Sim – 3	Sim – 3
Explicação/guia de pesquisa	–	Sim	Sim	–	–
Concursos/prêmios	Sim	–	–	–	–
Inscrição (clube/informativo)	–	Sim	–	–	Sim
Folheto *on-line*	Sim	Sim	Sim	–	Sim
Links para anunciantes/*banners*	–	–	Sim	–	Sim
Links para parceiros	Sim	–	Sim	Sim	–
Horário local	–	–	Sim	–	Sim
Data	–	–	Sim	–	Sim
Lista de prêmios concedidos ao *site*	–	–	–	–	–
Serviço *on-line* aos clientes	–	–	–	–	–
Consultas por *e-mail*	Sim – 1	Sim – 1	Sim – 1	Sim – 1	Sim – 2
Formulário de solicitação de folheto	Sim – 2	–	–	–	Sim – 1
Pesquisa/lista de produtos					
Hospedagem	Sim – 3	Sim – 3	Sim – 3	Sim – 3	Sim – 3
Vôos	–	–	Sim – 1	Sim – 1	Sim – 1
Aluguel de carros	–	–	Sim – 1	Sim – 1	Sim – 1
Pacotes	Sim – 1	Sim – 3	Sim – 2	Sim – 3	Sim – 2
Atrações	Sim – 1	–	–	Sim – 3	Sim – 2
Atividades	–	–	Sim – 2	–	–
Eventos	Sim – 3	Sim – 3	Sim – 2	Sim – 3	Sim – 2
Restaurantes	–	Sim – 3	–	–	Sim – 3
Passeios	Sim – 1	Sim – 2	Sim – 2	Sim – 2	Sim – 2
Operadoras turísticas/agentes de viagens	–	–	Sim – 1	–	Sim – 1
Estruturas para conferências	–	–	–	–	Sim – 2
Serviços e empresas locais	–	–	–	–	–
Comércio e varejo	–	–	Sim – 2	–	Sim – 2
Pontos finais de informações sobre produtos					
Dados para contato	Sim – 3	Sim – 3	Sim – 3	Sim – 3	Sim – 3
Multimídia	Sim – 1	Sim – 2	–	Sim – 1	Sim – 2
Disponibilidade	Sim – 1	Sim – 1	–	–	Sim – 1
Preços	Sim	Sim	Sim	Sim	Sim
Descrição textual	Sim	Sim	Sim	Sim	Sim
Instalações	Sim	Sim	Sim	Sim	Sim
Certificação de qualidade	–	Sim	–	Sim	Sim
Mecanismos de reserva					
Preenchimento de formulário em *e-mail*/fax (solicitação de reserva)	Sim – 3	–	Sim – 2	Sim – 1	Sim – 2
Reserva e confirmação *on-line* em tempo real	Sim – 1	Sim – 1	–	–	Sim – 1
Links para terceiros, visando reservas	–	–	Sim – 2	–	–

Central de atendimento por telefone	Sim – 1	Sim – 1	Sim – 1	Sim – 1	Sim – 1
Entrar em contato direto com prestadores de serviços	Sim – 3	Sim – 3	Sim – 3	Sim – 3	Sim – 3
Registro *on–line*					
Durante o procedimento de reservas	–	Sim – 2	N/A	N/A	–
Entrar em concurso	Sim – 2	N/A	N/A	N/A	N/A
Criar folheto pessoal	N/A	N/A	N/A	N/A	N/A
Comprar	N/A	N/A	N/A	N/A	–
Acessar bate-papo/fórum	N/A	N/A	N/A	N/A	Sim – 1
Assinar informativo	N/A	N/A	N/A	N/A	Sim – 1
Associar-se a clube	N/A	N/A	N/A	N/A	N/A
Outros	–	–	–		*Log-in* para crianças
Loja *on-line*					
Vestuário	–	–	–	–	–
Suvenires	–	–	–	–	–
Livros	–	–	–	–	Sim
Mapas	–	–	–	–	Sim
Valor total mínimo do pedido	N/A	N/A	N/A	N/A	–
Outros *sites* da Web					
Site específico para o setor turístico	–	Sim – 1	–	–	–
Site específico para o MICE	Sim – 2	–	Sim – 2	Sim – 1	Sim – 3
Site específico para a mídia	Sim – 2	–	Sim – 2	Sim – 2	Sim – 2
Site específico ao comércio turístico	Sim – 2	–	–	Sim – 1	–

Tabela detalhada de avaliação dos *sites* da Web voltados ao consumidor (26/30)

Funções e serviços oferecidos pelo *site* (primeira página)					
Organização	PCXVB	STB	TV	VTB	ZT
Genéricos					
Introdução em Flash	–	Sim	–	–	–
Contexto sobre o local	–	Sim –1	–	–	Sim – 1
Procedimentos para *logging*	–	Sim	–	Sim	–
Escolha do idioma	Sim – 2	Sim – 3	Sim – 2	Sim – 3	Sim –2
Logo/marca	Sim	Sim	Sim	Sim	Sim
Menu	Sim	Sim	Sim	Sim	Sim
Informações turísticas					
Informações culturais/históricas	–	Sim	–	–	Sim
Informações climáticas	–	Sim	Sim	–	Sim
Informações turísticas essenciais	–	Sim	Sim	–	–
Informações sobre transportes	Sim	Sim	Sim	Sim	Sim
Informações sobre itinerários e passeios	Sim	Sim	Sim	Sim	–
Informações sobre seguro de viagem	–	–	Sim	–	–
Galeria de imagens	Sim – 3	Sim – 3	Sim – 3	Sim – 2	–
Mapas	Sim – 3	–	Sim – 3	Sim – 1	Sim – 1
Dicas/FAQs	Sim – 3	Sim – 3	Sim – 3	–	–
Links para OGDs	Sim	–	Sim	Sim	Sim
Informações gerais					
Informações sobre a empresa/organização	Sim	–	Sim	Sim	Sim
Dados para contato	Sim	Sim	Sim	Sim	Sim
Oportunidades de emprego	–	–	Sim	–	–
Garantia de privacidade/isenção de responsabilidade/termos e condições/ direitos autorais	–	Sim	Sim	–	–

	PC&VB	STB	TV	VTB	ZT
Informações sobre o *design* do *site*	–	Sim	Sim	–	–
Informações sobre a segurança de transações *on-line*	Sim	–	Sim	Sim	–
Política de garantia & reembolso	–	–	Sim	Sim	–
Dados de pesquisas/levantamentos com clientes	Sim	–	Sim	Sim	–
Links para outros *sites* empresariais	–	Sim	Sim	Sim	–
Links externos para *sites* correlatos	Sim	Sim	Sim	Sim	Sim
Recursos especiais					
Comentários dos visitantes...	Sim	Sim	–	Sim	–
Informações climáticas/previsão do tempo	–	–	Sim – 1	–	–
Notícias/reportagens/revista	Sim	–	–	–	–
Informativo	Sim	Sim	–	Sim	–
Bate-papo/grupos de notícias	Sim	–	–	–	–
Cartões-postais	–	Sim – 3	–	Sim – 3	–
Outros		Protetores de tela, receitas...			
***Design* e funcionalidade**					
Menu superior	Sim	Sim	Sim	Sim	Sim
Submenus	Sim	–	–	–	–
Lista de conteúdos em cada página	Sim	Sim	Sim	Sim	Sim
Link para a *homepage* em cada página	Sim	Sim	Sim	Sim	Sim
Mapa do *site*	Sim	–	Sim	Sim	Sim
Uso consistente de protocolos da Internet	Sim	Sim	Sim	Sim	Sim
Uso de flash	–	Sim	Sim	–	Sim
Uso de miniaplicativos Java	–	Sim	Sim	Sim	Sim
Uso de *gifs* animados	Sim	Sim	–	–	Sim
Multimídia	Sim – 3	Sim – 3	Sim – 3	Sim – 1	Sim – 3
Descrição textual do destino	Sim	Sim	Sim	Sim	Sim
Notícias	Sim	–	Sim	Sim	Sim
Ofertas especiais/de última hora	–	Sim	Sim	Sim	Sim
Taxas de câmbio (conversor)	Sim	–	Sim	–	–
Rastreamento de *status* de tarefas e facilidades de alterações	–	–	Sim	–	–
Mecanismo de pesquisa – por palavras-chave	Sim	Sim	Sim	Sim	Sim
Funções e serviços oferecidos pelo *site* (segunda página)					
Organização	PC&VB	STB	TV	VTB	ZT
Mecanismo de pesquisa – por categoria	Sim – 3	Sim – 2	Sim – 3	Sim – 3	Sim – 3
Explicação/guia de pesquisa	–	Sim	Sim	–	–
Concursos/prêmios	–	–	–	–	–
Inscrição (clube/informativo)	Sim	Sim	–	–	Sim
Folheto *on-line*	Sim	Sim	Sim	–	–
Links para anunciantes/*banners*	Sim	–	Sim	–	Sim
Links para parceiros	Sim	Sim	Sim	Sim	Sim
Horário local	Sim	–	–	–	–
Data	Sim	–	–	–	–
Lista de prêmios concedidos ao *site*	–	–	–	–	Sim
Serviço *on-line* aos clientes	–	Sim – 1	–	–	–
Consultas por *e-mail*	Sim – 1	Sim – 1	Sim – 1	Sim – 2	Sim – 1
Formulário de solicitação de folheto	–	Sim – 2	–	–	Sim – 2
Pesquisa/lista de produtos					
Hospedagem	Sim – 3	Sim – 3	Sim – 3	Sim – 3	Sim – 3

Vôos	Sim – 1	–	Sim – 2	–	–
Aluguel de carros	Sim – 1	–	Sim – 2	–	–
Pacotes	–	Sim – 1	Sim – 2	Sim – 1	Sim – 2
Atrações	Sim – 3	Sim – 2	Sim – 2	Sim – 1	Sim – 2
Atividades	–	–	Sim – 2	–	Sim – 2
Eventos	Sim – 3	Sim – 2	Sim – 2	Sim – 3	Sim – 3
Restaurantes	Sim – 2	–	Sim – 2	–	–
Passeios	Sim – 1	Sim – 3	Sim – 1	Sim – 3	Sim – 1
Operadoras turísticas/agentes de viagens	Sim – 1	–	Sim – 2	–	–
Estruturas para conferências	–	–	Sim – 2	–	Sim – 1
Serviços e empresas locais	Sim – 2	–	Sim – 2	–	–
Comércio e varejo	Sim – 1	Sim – 1	Sim – 2	–	Sim – 1
Pontos finais de informações sobre produtos					
Dados para contato	Sim – 3	Sim – 3	Sim – 3	Sim – 3	Sim – 3
Multimídia	–	Sim – 1	Sim – 1	Sim – 1	–
Disponibilidade	–	–	Sim – 1	Sim – 1	Sim – 1
Preços	Sim	Sim	Sim	Sim	Sim
Descrição textual	Sim	Sim	Sim	Sim	Sim
Instalações	Sim	Sim	Sim	Sim	Sim
Certificação de qualidade	Sim	–	–	Sim	Sim
Mecanismos de reserva					
Preenchimento de formulário em *e-mail*/fax (solicitação de reserva)	–	–	–	Sim – 1	Sim – 1
Reserva e confirmação *on-line* em tempo real	–	–	Sim – 2	Sim – 1	Sim – 1
Links para terceiros, visando reservas	Sim – 3	Sim – 2	–	–	Sim – 1
Central de atendimento por telefone	–	–	–	Sim – 1	Sim – 1
Entrar em contato direto com prestadores de serviços	Sim – 3	Sim – 3	Sim – 3	Sim – 3	Sim – 3
Registro *on–line*					
Durante o procedimento de reservas	–	N/A	–	–	Sim – 2
Entrar em concurso	N/A	N/A	N/A	N/A	N/A
Criar folheto pessoal	–	–	–	N/A	N/A
Comprar	N/A	N/A	N/A	N/A	N/A
Acessar bate-papo/fórum	–	N/A	N/A	N/A	N/A
Assinar informativo	Sim – 1	Sim – 3	N/A	Sim – 1	N/A
Associar-se a clube	N/A	N/A	N/A	N/A	N/A
Outros	–	–	Personalizar *site*	–	Solicitar folheto
Loja *on–line*					
Vestuário	–	–	–	–	–
Suvenires	–	–	–	–	–
Livros	–	–	–	–	–
Mapas	–	–	–	–	–
Valor total mínimo do pedido	N/A	N/A	N/A	N/A	N/A
Outros *sites*					
Site específico para o setor turístico	–	Sim – 3	Sim – 2	–	–
Site específico para o MICE	–	Sim – 3	Sim – 2	Sim – 3	Sim – 1
Site específico para a mídia	–	–	Sim – 2	–	Sim – 1
Site específico ao comércio turístico	–	Sim – 3	Sim – 2	–	–

Apêndice B – Glossário técnico e abreviaturas

Glossário técnico

Active Server Pages*	Literalmente, páginas ativas do servidor. Especificação para uma página criada de forma dinâmica, com uma extensão PSA que utiliza o *script* ActiveX (geralmente, códigos VB Script ou Jscript). Quando um navegador exige uma página PSA, o servidor gera uma página com código HTML e a envia de volta ao navegador.
*Banner**	Propaganda na forma de imagem gráfica na Internet. A maioria dos anúncios desse tipo são GIFs animados.
B2B**	*Business-to-business*. Iniciativas de *marketing* e de vendas de uma organização voltadas a outras empresas, e não aos consumidores finais.
Bate-papo* (Bate-papo textual)	Comunicação em tempo real entre dois usuários através do computador. Uma vez tendo sido iniciado um bate-papo, cada usuário poderá inserir texto através de digitação no teclado, e seu conteúdo aparecerá no monitor do outro.
Central de atendimento por telefone	Departamento operacional no interior de uma organização que processa todas as consultas telefônicas dos clientes ou de pessoas que buscam informações sobre produtos e serviços.
*Cookie**	Mensagem enviada ao navegador por um servidor. O navegador armazena a mensagem em um arquivo de texto denominado *cookie.txt*. A seguir, a mensagem é enviada de volta ao servidor a cada vez que o navegador lhe solicita uma página.
Comércio eletrônico	Ou *e-commerce*, em inglês. O termo costumava se referir ao desenvolvimento de transações *on-line*.
Compras eletrônicas ***	Em inglês, *e-procurement*. O processo de compra que acontece entre empresas, utilizando serviços como a Internet, intercâmbio eletrônico de dados ou transferência eletrônica de arquivos. Duas empresas, sendo uma fornecedora e outra compradora, transmitem diretamente consultas, pedidos, recibos, pagamentos, etc, através de seus sistemas de computador.
CRM	Sigla para *customer relationship management*, ou gerenciamento e/ou *marketing* de relacionamento com os clientes. Abordagem do *marketing* baseada no princípio de que o conhecimento ou o o relacionamento com os clientes é fundamental para maximizar as oportunidades de vendas, particularmente através de compras repetidas. Para uma discussão mais aprofundada, veja a Seção 1.4.
Download	Transferência de dados eletrônicos de outro computador para o seu.
dpi	Do inglês *dots per inch*, ou pontos por polegada. Quando maior for o número de pontos, mais precisa será a resolução da imagem.
E-business	*Electronic business*. O processo de fazer negócios com parceiros ou clientes por via eletrônica. Processamento eletrônico de transações; integração eletrônica de processos empresariais, transferência eletrônica de pagamentos; prestação eletrônica de serviços. Para obter uma discussão mais aprofundada, consulte a Seção 1.3.
Endereço IP*	Identificador para um computador ou um dispositivo em uma rede TCP/IP. O formato de um endereço IP é um número de 32 *bits*, na forma de quatro números separados por pontos. Cada número pode ir de 0 a 255. Por exemplo, 1.160.10.240 pode ser um endereço IP.
Extranet	A conexão entre duas ou mais *intranets* pela Internet.
*Flash**	Tecnologia de animação gráfica com largura de banda ou de vetor que não depende do navegador. Se dois navegadores diferentes estiverem equipados com os *plug-ins* necessários, as animações *flash* terão a mesma aparência.

3G*	3G é a especificação criada para a terceira geração de tecnologias móveis de telecomunicações (o celular analógico foi a primeira, PCS digital foi a segunda). A 3G promete um aumento da largura de banda; 384Kbps quando um dispositivo é estacionário ou se movimenta na velocidade de um pedestre, 128 Kbps em um automóvel e 2 Kbps em dispositivos fixos.
GIF* animado	Tipo de imagem GIF que pode ser animado ao combinar diversas imagens em um único arquivo GIF. É muito comum, pois pode ser usado em quase todos os navegadores e tende a ser consideravelmente menor do que outros arquivos animados, como os miniaplicativos Java.
GIS*	Sigla para *geographic information system*, ou sistema de informações geográficas. Ferramentas utilizadas para coletar, transformar, manipular, analisar e produzir informações relacionadas à superfície da terra, podendo existir na forma de mapas, modelos virtuais tridimensionais, tabelas e/ou listas.
Homepage	Página projetada como ponto de entrada para navegar em um *site*.
*Host***	Computador aberto para o acesso a outros computadores. O *site* de *host* é o local em que o ISP oferece a localização de um *site*.
HTML	Sigla para Hypertext Markup Language. Linguagem de *script* na qual se escrevem as páginas da Internet. Por exemplo, a frase escrita entre as *tags* <b> e </b> apareceria na tela em negrito.
IDTV	Sigla em inglês para *interactive digital television*, ou televisão digital interativa. Programação televisiva transmitida de forma digital e não analógica, e que também tem uma via de retorno, de forma que o espectador possa responder a solicitações de informações na tela.
Intranet	Sistema semelhante à Internet que só está disponível aos usuários internos de uma organização.
ISP	Em inglês, *Internet service provider*, ou provedor de acesso à Internet. Empresa de telecomunicações que fornece a seus clientes o acesso à Internet e outros serviços relacionados.
Link	Texto ou imagem em uma página da Internet. Quando se clica nele, o usuário é levado a outra página.
Marketing eletrônico	Ou *e-marketing*. Explora a Internet e outras formas de comunicação eletrônica para se comunicar com os mercados-alvo da forma mais compensadora em termos de custos e possibilitar o trabalho conjunto com as organizações parceiras, com as quais haja interesse comum.
Mecanismo de busca	Também chamado de mecanismo de pesquisa. *Site* que permite ao visitante fazer uma pesquisa em páginas que contenham palavras de seu interesse. Por exemplo, Yahoo!, Lycos, Excite, AltaVista.
Metatags	Palavras que servem a propósitos especiais e que fazem parte de uma página na Internet, mas não são mostradas. Por exemplo, uma *metatag* "descrição" conterá os textos descritivos que serão apresentados através de diversos mecanismos de busca.
Miniaplicativos Java ***	Pequenos aplicativos Java que podem ser baixados de um servidor e funcionar em seu computador através de um navegador compatível com Java, como o Netscape Navigator ou o Microsoft Internet Explorer.
Multimídia	Combinação de meios eletrônicos, como texto, imagens estáticas e vídeo.
Navegador da Web	*Software* utilizado para visualizar *sites* na Web. Os dois mais comuns são o Microsoft Internet Explorer e o Netscape Navigator.
Nome de domínio*	Nome que identifica um ou mais endereços IP, utilizados em URLs para identificar páginas específicas na Internet. Cada nome de domínio tem um sufixo que indica o domínio superior ao qual pertence (como gov, edu, org, com...)
OGD (DMO)	Sigla de *destination marketing organization*, ou organização de marketing do destino – às vezes chamada de organização de gerenciamento do destino. Trata-se de uma organização, provavelmente uma autoridade pública do setor turístico, que tem, entre suas responsabilidades, a tarefa de promover seu destino e operar os serviços de informações e, em alguns casos, as reservas.
On-line	O termo geralmente descreve a condição de se estar conectado à Internet, mas pode significar estar em rede com qualquer computador ou dispositivo de informática remoto.
Página *gateway*	Página na Internet especificamente projetada como ponto de entrada para um *site*.
Página *splash*	*Subhomepage* em um *site* principal.
PDF***	Portable Document Format. Formato de documento independente de plataforma criado pela Adobe, que permite a leitura de folhetos, relatórios e outros documentos com design gráfico complexo fora da rede. Quando se faz o *download* de um arquivo em PDF, recebe-se o documento inteiro, em um arquivo único.

Portal	Na maioria das vezes, descreve um *site* utilizado pelas pessoas como ponto de entrada para a Internet, podendo ser a página de seu provedor ou um mecanismo de busca. Os serviços de IDTV estão tentando se posicionar como portais para o mundo *on-line*.
Protocolo	Base comum de linguagem através da qual os computadores podem transmitir dados entre si utilizando redes de computadores. O protocolo da Internet é o IP – Internet Protocol.
PSA (ASP)	Sigla de a*pplication service providers*, ou provedores de serviço de aplicação. Terceiros que gerenciam e distribuem serviços baseados em *software* e soluções para clientes em uma rede ampla, a partir de uma central de dados.
Resolução	Grau de detalhes que podem ser vistos em um monitor de computador. Geralmente medido em píxeis, que são os quadradinhos que se enxergam na tela. A maioria dos monitores tem uma resolução horizontal de 800 píxeis e vertical de 600 píxeis, ou seja, 800x600.
Sala de bate-papo*	Sala virtual em que ocorre uma sessão de bate-papo. Tecnicamente é um canal, mas se utiliza o termo "sala" para promover a metáfora do bate-papo.
SCR (CRS)	Sigla de *computer* ou *central reservation system*, ou sistema central computadorizado de reservas ou sistema de reservas por computador. Os SGDs costumavam ser chamados de SCRs das companhias aéreas, mas agora o termo SCR costuma se referir ao sistema de reservas interno de uma organização.
Servidor da Web*	Computador que transmite (serve) as páginas da Web. Todos os servidores têm um endereço IP e, possivelmente, um nome de domínio.
SGD (DMS)	Sigla de *destination management system*, ou sistema de gerenciamento do destino. A infra-estrutura técnica que sustenta as atividades empresariais de uma organização de *marketing* de destino. Para obter uma discussão mais aprofundada, consulte o Capítulo 3.
SGLD (GDS)	Em inglês, *global distribution system*, ou sistema global de distribuição. Nome dado aos sistemas de reservas globais das companhias aéreas como Amadeus, Galileu, Sabre e Worldspan.
Terminais eletrônicos****	Terminais de computador ligados ao SGD e utilizados pelo público para acessar informações turísticas e realizar transações.
URL	Sigla para Uniform Resource Locator. O URL é o termo comum usado para indicar um endereço na internet.
Visitantes únicos	Número de pessoas que visitam um *site* da Web, independentemente do número de páginas que vêem.
WAP*	O Wireless Application Protocol é um aplicativo seguro que permite que os usuários acessem instantaneamente as informações através de dispositivos sem-fio e de mão, como celulares, *pagers*, rádios bidirecionais, *smartphones* e comunicadores pessoais.
Web	Abreviação de World Wide Web, também conhecida simplesmente como WWW. A Web é a parte da Internet formada por *sites* da Web.
Webmaster*	Indivíduo que gerencia um *site*. Dependendo do tamanho do *site*, o *webmaster* poderá ser responsável por qualquer uma das seguintes atividades: certificar-se de que o equipamento e os programas do servidor estejam funcionando adequadamente; desenvolver o *site*; criar e atualizar páginas da Web; responder aos usuários; criar *scripts* CGI, monitorar o tráfego no *site*.
WYIWYG*	Pronuncia-se, em inglês, "*wizzy-wig*", e significa "*what you see is what you get*" (literalmente, o que se vê, é o que se recebe). O aplicativo WYIWYG permite que se visualize exatamente a aparência do documento quando impresso. O WYIWYG é muito utilizado na editoração eletrônica.
XML	Sigla para Extensible Markup Language. Versão avançada do HTML, que permite transmitir e receber dados de *softwares* como se se estivesse diretamente conectado ao *software* em uso.

* Fonte: Webopedia (http://webopedia.Internet.com)
** Fonte: biblioteca da Responsive Database Services, Inc. (http://www.rdsinc.com/librarv)
*** Fonte: glossário de termos da Enterprise Ireland (http://www.enterprise-Ireland.com)
**** Fonte: Impact Through IT – Practical Guidelines for England's Tourism Organisation on the Use of Information Technology

Outras abreviaturas (como usadas na Parte C)

AMS	Agency Management Systems – sistemas de gerenciamento de agências
ASTA	American Society of Travel Agents
CBA – (ABC)	Custeio baseado em atividades (activity-based costing)
CLIA	Cruise Lines International Association
DIS	Destination Information System – sistemas de informações dos destinos
ESP	Expert Searching and Pricing
GCS – (SCM)	Gerenciamento da cadeia de suprimento (supply chain management)
GPS	Global Positioning Satellite – satélite de posicionamento global
MRI – IBE	Mecanismos de reserva pela Internet – Internet Booking Engine
OT – (TO)	Operadora turística – Tour Operator
PDA	Portable Digital Assistant – assistente digital portável
PEI – (EIP)	Portal empresarial de informações – Enterprise Information Portal
PME – (SME)	Pequenas e médias empresas – Small and medium-sized enterprise
PRE – (ERP)	Planejamento de recursos empresariais – Enterprise Resource Planning
SGP – (PMS)	Sistema de gerenciamento de propriedade – Property Management System
TCP/IP	Transmission Control Protocol/Internet Protocol
TI	Tecnologia da Informação
TIA	Travel Industry Association

Apêndice C – Sugestões de leitura

Apresentamos aqui algumas sugestões para os que desejarem se manter atualizados com as mais recentes novidades em relação à concorrência *on-line* e às soluções inovadoras.

Os seguintes *sites* apresentam **notícias e casos interessantes sobre a tecnologia de informação e sobre turismo em geral**:

Setor turístico – Geral	Setor turístico – Segmentos específicos
www.twcrossroads.com	www.eyefortravel.com
www.etourismnewsletter.com	www.hospitalitynet.org
www.webtravelnews.com	www.hotelmarketing.com
www.infotec-travel.com	www.hotels-online.com
www.t-ti.com	www.str-online.com

Os grupos de pesquisa a seguir publicam regularmente **pesquisas sobre mercados e práticas de *e-business* no setor turístico**:

Sites especializados em pesquisa/consultoria em *e-business* no turismo	*Sites* genéricos com diversas publicações em turismo eletrônico
www.phocuswright.com	www.forrester.com
www.genesys.net	www.jup.com (Jupiter Media Metrix)
www.garrett-comm.com	www.emarketer.com
www.horwath-consulting.com	www.gartner.com

Estes *sites* apresentam **notícias e casos interessantes** em *e-business* e no comércio eletrônico do ponto de vista administrativo:

- www.thestandard.com: notícias, listas de empresas, *Who's Who*, dados numéricos e pesquisas, etc.
- www.cyberatlas.com: notícias, tendências e estatísticas, pesquisas, orientações, tecnologia, etc.
- www.ecommercetimes.com: artigos, notícias, estudos de caso, pesquisa, etc.
- www.ciomagazine.com: artigos, centros de recursos em *e-business*, estudos de caso, etc.
- www.wsrn.com: empresas classificadas por segmentos do setor, perfis e notícias das empresas, etc.

Estes livros definem os conceitos fundamentais das **estratégias, das aplicações e do gerenciamento de *e-business***:

- Alan Afuah e Christopher Tucci, (2000), *Internet Business Models and Strategies: Text and Cases*, New York, McGraw-Hill Higher Education (www.mhhe.com)

- Ravi Kalakota e Marcia Robinson, (2001), *E-Business 2.0: A Roadmap for Success*, 2nd edition, Reading, Mass., Addison-Wesley/Pearson Education (www.awl.com)*
- Efraim Turban, et al., (2000), *Electronic Commerce: A Managerial Perspective*, Englewood Cliffs N.J.: Prentice-Hall/Pearson Education: www.prenhall.com/turban

Os *sites* da Web a seguir apresentam **cursos, programas e conferências** em *e-business* e comércio eletrônico:

- http://dossantos.cbpa.louisville.edu/ISNET/Ecomm/
- http://portal.brint.com/cgi-bin/getit/links/Business/E-Commerce/Education/Centres/
- http://dir.yahoo.com/Computers_and_Internet/lnternet/Conferences_and_Events/

Por fim, alguns *sites* de **associações de pesquisa e do setor turístico** apresentam eventos ligados ao turismo e à tecnologia em si:

- Tourism Industry Association of America (www.tia.org)
- Pacific Asia Travel Association (www.pata.org)
- International Federation for Information Technology and Travel & Tourism (www.ifitt.org)

---

* N. de R.: Publicado pela Bookman, no Brasil, com o título de *e-Business: Estratégias para Alcançar o Sucesso no Mundo Digital.*

Apêndice D – Bibliografia para a Parte C

1. F. Frangialli, "A Vision, Three Worksites, A Strategy,". Madrid, 2001.
2. B. Kleindl, "Competitive dynamics and new business models for PMEs in the virtual marketplace," in *Journal of Developmental Entrepreneurship,* vol.5, 2000, pp.73-85.
3. R. Monk, "Why small businesses fail," in *CMA Management,* vol. 74, 2000, pp. 12-13.
4. P. Weill and M. Broadbent, *Leveraging the New Infrastructure: How Market Leaders Capitalise on Information Technology.* Boston: Harvard University Press, 1998.
5. Gartner/cPulse, "Gartner/cPulse Report: Net Users Favor Niche Travel Sites," www.ecommercetimes.com, 2000.
6. Forrester, "Online Travel Service Breeds Loyalty," Forrester.com, 11 July 2001.
7. Jupiter Media Metrix, "Research Report: Corporate Travel Energizing Online Market," www.ecommercetimes.com, 2001.
8. D. Lake, "Web Travel Takes Off," *The Industry Standard,* vol. http://www.thestandard.com, 2001.
9. PhoCusWright, "The Online Travel Marketplace 2001-2003: Forecasts, Business Models, And Best Practices For Profitability," PhoCusWright.com July 11th, 2001.
10. Jupiter Media Metrix, "Europeans Move Travel Planning Online," *CyberAtlas,* 2001.
11. Ipsos-Reid, "Internet Transforming Canadian Travel Habits," *CyberAtlas,* 2001.
12. G. Evans and M. Peacock, "Small is Beautiful? TIC and Tourism PMEs: Comparative European Survey," in *Information and Communication Technologies in Tourism 2000,* D. R. Fesenmaier, S. Klein, and D. Buhalis, Eds. Vienna: SpringerWienNewyork, 2000, pp. 497-508.
13. T. Mullen, "Travel's Long Journey To The Web," in *Internetweek,* vol. Issue, 2000, pp. G103-106.
14. D. Schuette, "Turning e-business barriers into strengths," in *Information Systems Management,* vol.17, 2000, pp. 20-25.
15. B. Kienan, *Small business solutions E-commerce.* Redmond, Wash.: Microsoft Press, 2000.
16. T. R. Lituchy and A. Rail, "Bed and breakfasts, small inns, and the Internet: The impact of technology on the globalization of small businesses," in *Journal of International Marketing,* vol.8, 2000, pp.86-97.
17. Canadian Travel Press, "Net Numbers," *Canadian Travel Press,* vol.33, pp.12, 2001.
18. T. Kemp, "Online Travel Takes Off Despite Poor Economy," http://www.Internetweek.com/story/INW20010517S0003, 2001.
19. eyefortravel.com, "GetThere Gets Wyndham", 2001.
20. A. Petrone, "Convenience And Price Key to Consumer Loyalty," *Canadian Travel Press*, vol.34, pp.1 & 27, 2001.
21. J. Ott, "Airlines Dig for New Tools, Seek Online Travel Partners," in *Aviation Week & Space Technology,* vol.153, 2000, pp.62-64.
22. eyefortravel.com, "Marriott Hotels In View", 2001.
23. L. S. Tillett, "Tools Personalise Travel Shopping", 2001.
24. M. Whitford, "Mapping it out", in *Hotel and Motel Management,* vol. 215, 2000, pp.30.
25. eyefortravel.com, "New Look for HotelRes.com", 2001.
26. hotel-online.com, "Webvertising Powers Destination Site With iHotelier System", *Hotel Online Hospitality News Headlines,* 2001.
27. www.conferenceboard.ca, "TRAVEL FORECAST 2000: Twenty-One Questions for the 21st Century", 2000.
28. L. McConnell, "B&Bs And The Internet: Not Just An Online Reservation System Anymore", *CTX News,* 2001.
29. eyefortravel.com, "Real Time Access to 500 hotels Across India", 2001.
30. L. S. Tillett, "Site Gives View Of A Room: Marriott.com update includes more personalization and support for customer preferences," http://www.Internetweek.com/ebizapps/ebiz111300-2.htm, 2000.
31. D. Buhalis, "Information technology for small, and medium-sized tourism enterprises: adaptation and benefits", *Information Technology & Tourism,* vol. 2, pp.79-95, 1999

32. eyefortravel.com, "Tailor-Made Internet Reservation & Marketing Solutions for the Lodging Industry by RoomsNet", 2001.
33. eyefortravel.com, "Leapnet Developments", 2001.
34. M.Bush, "Internet will not replace traditional reservation systems", in *Hotel and Motel Management,* vol.215, 2000, pp.31.
35. Canadian Travel Press, "GDS Hotel Booking Up," *Canadian Travel Press,* vol.33, pp.14, 2001.
36. eyefortravel.com, "Travelocity Birthday Developments", 2001
37. eyefortravel.com, "TRUST International, Member Of Bertelsmann Group, Strengthens U.S.", 2001.
38. eyefortravel.com, "HotDeals Goes Mobile". 2001.
39. eyefortravel .com, "More French Offerings from Laterooms.com", 2001
40. eyefortravel.com, "goStay Launch by Netpace", 2001.
41. eyefortravel.com, "Zoho Adds Budget Tracking and Inventory Management Applications to Online Procurement System", 2000.
42. eyefortravel.com, "HotelTools PSA Rollout", 2001.
43. eyefortravel.com, "Headquarters Plaza Signs With Synxis Far Leading Edge Reservations And Electronic Distribution Services," http://www. eyefortravel. com/index.PSA?news=16227&src=nwsltr, 2001.
44. eyefortravel.com, "Newtrade Technologies Inc. Announces Appointment of Barry Gleason as Vice-President, Sales and Marketing," http://www.eyefortravel.com/index.PSA?news=16369&src=nwsltr, 2001.
45. eyefortravel.com, "Yatra Solutions for Arizona Businesses", 2001.
46. eyefortravel.com, "'More Hospitality E-Procurement' – Aberdeen Group", 2001.
47. www.hotelsmag.com, "E-Commerce: The Pace Picks Up," in *Hotels,* 2000.
48. E. Ngonzi, "Hospitality eProcurement – Will the Industry Take Advantage of These Internet Models and Strategies", 2000.
49. www.eurhotec.com, "Telefonica And Sol Melia to Create Hotel Sector B2B e-commerce Portal with Barcelo, Iberostar and BBVA", 2000.
50. J. L. Caro, A. Guevara, A. Aguaya, and S. Galvez, "Increasing the quality of hotel management information systems by applying workflow technology," *Information Technology & Tourism,* vol.3, pp.87-98, 2000.
51. eyefortravel .com, "Wireless Access for Bass Hotels Brands", 2001.
52. eyefortravel.com, "Turn-Key Web Marketing Approach for Florida Hospitality Industry", 2001, pp.5/2/2001.
53. eyefortravel.com, "Movenpick Operates IDeaS Solution", 2001.
54. eyefortravel.com, "IDeaS for Mandarin", 2001.
55. eyefortravel.com, "Does The Room Have Net Access?", 2001
56. Canadian Travel Press, "High-Speed Service Offered By Toronto Hotel," *Canadian Travel Press,* vol.33, pp.9, 2001.
57. eyefortravel.com, "Curbside Check-In at Wyndham Hotels", 2001.
58. eyefortravel.com, "Cutting The Paperwork", 2001
59. eyefortravel.com, "Utell To Represent Park Place", 2001.
60. eyefortravel.com, "Worldspan First To Offer Integrated Hotel Rate Range Functionality; Marriott Signs As Launch Customer", 2001.
61. eyefortravel.com, "Banners Banned On Travelclubhouse Site", 2001.
62. eyefortravel.com, "Concierges Needed For Global Site", 2001.
63. eyefortravel.com, "Nexion Selects Lanyan's DigitalQueue Technology to Automate Travel Ticketing Process", 2001.
64. eyefortravel.com, "Avendra Procurement Client Base Expands", 2001.
65. eyefortravel.com, "IDeaS for Park Hyatt Tokyo", 2001.
66. eyefortravel.com, "MICROS Interface for Wyndham Hotels", 2001.
67. eyefortravel.com, "The Consortium' Hospitality Business Model", 2001.
68. eyefortravel.com, "New Check-Rate Online Product Helps Hotels Search Multiple Travel Sites Far Easy, Real Time Online Rate Comparatives", 2001.
69. eyefortravel.com, "New Web Performance Tool", 2001.
70. M. G. Echo, "Tad Smith, futurist", in *Management Review,* vol.88, 1999, pp.64
71. J. Galloway, "Booking Travel on the Internet," http://www.astanet.corn/news/article_bookingtravel.PSA, 2001.
72. S. Khan and D. Rosato, "Web to cut travel agents by 25%", in *USA Today,* 2000, pp. 01A.
73. eyefortravel.com, "IDC eTravel Research Update", 2001.
74. J. Sharkey, "Rosenbluth, a trend spotter among travel agents, believes it has found a new one", in *New York Times.* New York, 2000, pp. C.14.
75. ASTA, "ASTA Releases Results of 2001 Service Fees Report", http://www.astanet.com/news/index.PSA #Spring, vol. Los Cabos, Mexico, 2001.
76. W. B. Schatzman, "Ready for takeoff", in *Best's Review,* vol.101, 2000, pp.81-82.
77. M. Goldstein, "The great Web site shakeout", in *Successful Meetings,* vol.49, 2000, pp.27.
78. M. Dunbar, "Dot.coms No Immediate Threat To Agents", *Canadian Travel Press,* vol.32, pp.6, 2000.

79. A. Diba, "An old-line agency finds an Online niche:" in *Fortune,* vol.141, 2000, pp.258.
80. eyefortravel.com, "New Latin American Sites", 2001
81. B. Mowat, "Tips To Protect Your Investment Online," *Canadian Travel Press*, vol. 32, pp.2 & 22, 2000.
82. M. Villano, "That's the ticket", in *Cio,* vol.13, 2000, pp.210-224.
83. J. Slater, "On the move", in *Far Eastern Economic Review,* vol.163, 2000, pp.34-36.
84. vacation.com, "Vacation.com", 2001.
85. P. Richer, "The Battle of Brand", *Travel Thade Gazette e-commerce Articles*, 2000.
86. T. Wilson, "Sabre, Ariba Build B-To-B Marketplace For Travel, Hospitality Industries", *http://www.Internetweek.corn/story/INW20000301S0004*, 2000.
87. eyefortravel .com, "Jetour Streamlines Processes", 2001.
88. eyefortravel.com, "Expedia ESP", 2001.
89. C. Belman, "Are You Keeping Current with Technological Advances? – Maintaining pace requires a collective effort from the top down," *ACTA Voyage,* pp.32-34, 2001.
90. ASTA, "ASTA Puts The Emphasis On Education With Diverse New Offerings", *http://www.astanet.com/news/*, 2001.
91. ASTA, "ASTA 2001 World Congress", *http://www.astanet.com/conference/cg01_seminars.PSA#Technology*, 2001.
92. Canadian Travel Press, "Online Training Offered By CLIA", *Canadian Travel Press*, vol.32, pp.9, 2000.
93. Canadian Travel Press, "Free Amex Service", *Canadian Travel Press,* vol.33, pp.4, 2001.
94. eyefortravel.com, "VacationCoach introduces Me-Print Technology to Help Online Travel Sites Move Beyond Airline Tickets and Into More Complex Travel Products", 2001.
95. T. Kemp, "Travel Sites Take Off: Technology fuels success, but independent sites face threat from airlines", *http://www.Internetweek.com/ebizapps01/ebizo52101-2.htm*, 2001.
96. Canadian Travel Press, "New Tool Helps Agents Create Travel Agendas", *Canadian Travel Press*, vol.33, pp.10, 2001.
97. eyefortravel.com, "Amadeus Launches Travel Assistant Web Site: Provides Online Itineraries and More for Amadeus-Powered Travellers and Travel Professionals in North America", *http://www.eyefortravel.com/index.PSA?news=16370&src=nwsltr*, 2001.
98. Canadian Travel Press, "TravelBestBuys Provides New Agency Sales Option", *Canadian Travel Press*, vol.33, pp.1 e 27, 2001.
99. Mowat, "Software Package Creates Desktop That Connects Agents And Operators", *Canadian Travel Press*, vol.33, pp.16, 2001.
100. eyefortravel.com, "Students Travel Habits Uncovered", 2001.
101. A. Leary, "Going it alone", in *Asian Business*, vol.36, 2000, pp.18.
102. Rosier, "Saga's portal to target affluent 'grey' market", in *Marketing,* 2000, pp. 11.
103. K. W. Sudeikis, "Have Passion, Will Travel", *http://www.astanet.com/news/article_havepassionwilltravel.PSA*, 2001.
104. Murphy, "Web travel takes off," *Marketing – London,* pp.43-44, 2000.
105. Government of Australia, "Case Studies of TourismDotComs", vol. *http://www.isr.gov.au/sport_tourism/tourismdotcom/Appendices/casestudies.html*, 2001.
106. L. Del Rosso, "Perspective: Turning Web lookers into off-line bookers", *www.twcrossroads.com*, 2001.
107. eyefortravel.com, "Uniglobe.com launches new "Travel Shop" and announces ten affiliate partners", *eyefortravel.com,* 2000.
108. eyefortravel.com, "Uniglobe Expands Fare Offerings", *eyefortravel.com*, 2000.
109. CIO Magazine, "That's the ticket", *CIO Magazine,* vol. *http://www2.cio.com/archive/061500_ticket_content.html*, 2000.
110. B. Sharak, "Agencies Move To The Web," *http://www.eyefortravel.com/index.PSA?news=6969*, 2000.
111. J. Sharkey, "Last week's stock debacle may paint to a consolidation in the online booking business," in *New York Times.* New York, 2000, pp. C.8.
112. C. Rosen, "Internet shatters travel model", in *Informationweek,* vol.816, 2000, pp.56-60.
113. P. Sontag, "Forecasting The Industry 2001", *Canadian Travel Press,* vol.33, pp. 27, 2001.
114. www.ntaonline.com, "Tour Operators", 2000.
115. www.eyefortravel.com, "No turning back: Tour operators and e-commerce", 2000.
116. www.eyefortravel.com, "No turning back: Tour operators and e-commerce", 2000.
117. www.hotel-online.com, "The Changing World of E-Travel", 2000.
118. P. Richer, "The Death of the Brochure", *Travel Trade Gazette e-commerce Articles,* 2000.
119. P. Richer, "Creating Content", *Travel Trade Gazette e-commerce Articles,* 2001.
120. www.serverworldmagazine.com, "New Channels for Travel Industry", 2001.
121. www.atemiami.com, "Advanced Technology Enterprises, Inc.", 2001.
122. www.ibm.com, "GTI Tours delivers perfect getaways with DB2-based extranet", 2001.
123. eyefortravel.com, "Local Solution for Hawaii", 2001.
124. Canadian Travel Press, "Logibra Amadeus Team Up", *Canadian Travel Press*, vol.33, pp.14, 2001.
125. 203.111.122.76/about/newsroom.html, "Viator Builds Technology Bridge Connecting Tour Operators and Global Distributors", 2000.

126. www.freesun.be, ""Gradient Solutions" uses new technologies to cut the costs of travel distribution by 75% unique intranet solution connects old technology to new", 2001.
127. G. Jewell, B. Williamson, and K. Kärcher, "The Airtours Cruise Intranet: Streamlining the distribution of information, knowledge and money", *Information and Communication Technologies in Tourism 1999 – Proceedings of the International Conference in lnnsbruck, Austria – Enter 1999*, pp.337-346, 1999.
128. www.ustoapackagepower.com, "Instant smarts", 2000.
129. Travelink.co.uk, "Travelink product details", 2001.
130. www.pegsinc.com, "Pegasus Systems Enters the European Tour Operator Market through Agreement with U.K. – Based Mirror Image Communications", 1999.
131. eyefortravel.com, "SCS Solars Moves Tourtek Into Chile", 2001.
132. www3.ncr.com, "Travel Unie", 2000.
133. www.unexplored.com, "Unexplored Travel Network Finalizes Acquisition Of Resort Automation To Offer Call Centre And Online Inventory Solutions", 2000.
134. eyefortravel.com, "MEDiARO.com Launches First Dynamic Travel Exchange in Asia Pacific in FinderPlus", 2000.
135. Asiatravelmart.com, "Asiatravelmart.Com Gains Competitive Advantage With Egain's Solutions", 2001.
136. A. Lupton, "Tour Operator Built Success By Getting On The Net Early", *Canadian Travel Press*, vol.32, pp.16 & 26, 2000.
137. G. McKenzie-Wilson, "Web-based tour operator and handling agent," *www.ecommerce-scotland.org*, 2001.
138. M. Pittini, "Italy's largest tour operator migrates its booking system to the Web and saves costs", *www.ibm.com*, 2001.
139. Microsoft, "Advanced Self-Help Reservation System Accommodates Online Travel Customers", *www.microsoft.com*, 2000.
140. K. Rice, "Online travel companies exploit the Web with a human touch", *www.webtravelnews.com*, 2000.
141. M. Beaunoyer, "Joane Tetreault, de Skylink – Une passion pour le professionnalisme", *Le magazine L'agent de voyages*, vol.6, pp.4, 2001.
142. L. McNeill, *Travel in the digital age*. London. U.K,: Bowerdean Publishing Company Ltd., 1997.
143. D. Buhalis, "Information Technology far Small and Medium-Sized Tourism Enterprises: Adaptation and Benefits", *Information Technology & Tourism*, vol. 2, pp.79-96, 1999.
144. P. Sheldon, *Tourism Information Technology*. London, U.K.: CABI Publishing, 1997.
145. J.-M. Godart, "Using the Trip Planning Problem far Computer-Assisted Customisation of Sightseeing Tours", in *Information and Communication Technologies in Tourism 2001 – Proceedings of the International Conference* in Montreal, Canada 2001, K. W. W. Pauline J. Sheldon, Daniel R. Fesenmaier, Ed. New York: SpringerWienNewYork, 2001, pp.377-386.
146. U. Gretzel, Y. Yuan, and D. R. Fesenmaier, "White Paper an Advertising Strategy and Information Technology in Tourism", Urbana-Champaign, 2000, pp.48.
147. A. Creed, "The Real Way To Travel In Style", *Newsbytes*, 2000.
148. J. Mallory, "Rand McNally TripPlanner", *Newsbytes*, 1995.
149. eyefortravel.com, "Travelago Offers Free Online Promotion For Hawaii Businesses", http://www.eyefortravel.com/index.PSA?news=16270&src=nwsltr, 2001.
150. eyefortravel.com, "Satellite Photography Through AOL", http://www.eyefortravel.com/index.PSA?news=16260&src=nwsltr, 2001.
151. S. Dennis, "Netherlands – Libertel Taps Signalsaft For M-Location Services", *Daily News*, 2000.
152. eyefortravel.com, "GORP.com Names América's Best Beaches", http://www.eyefartravel.com/index.PSA?news=16265&src=nwsltr, 2001.
153. S. Elmy, "Wireless Travel Guides", *Canadian Travel Press*, vol.33, pp.4, 2001.
154. Y.-H. Cho and D. R. Fesenmaier, "A Conceptual Framework for Evaluating Effects of a Virtual Tour," in *Information and Communication Technologies in Tourism 2000 – Proceedings of the International Conference* in Barcelona, Spain, 2000, D. R. Fesenmaier, S. Klein, and D. Buhalis, Eds. Vienna: SpringerWienNewYork, 2000.
155. H. Pechlaner and L. Osti, "Reengineering the Role of Culture in Tourism's Value Chain and the Challenges for Destination Management Systems – The Case of Tyrol", in *Information and Communication Technologies in Tourism 2001 – Proceedings of the International Conference* in Montreal, Canada. New York: SpringerWienNewYork, 2001, pp.300-301.
156. S. Tufts and S. Milne, "Museums – A Supply-Side Perspective", *Annals of Tourism Research*, vol.26, pp.613-631, 1999.
157. B. Ebiri, "Napster freaked the music industry, and Web entertainment had same ups and downs. What does the future hold?", *Yahoo! Internet Life*, 2001.
158. S. Elmy, "Le Louvre On Le Web", *Canadian Travel Press*, vol.33, pp.4, 2001.
159. P. Paolini, T. Barbieri, P. Loiudice, F. Alonzo, and et al., "Visiting a museum together: How to share a visit to a virtual world", in *Journal of the American Society for Information Science*, vol.51, 2000, pp.33-38.

160. PC Magazine, "Smithsonian Institution", *PC Magazine,* 2001.
161. A. A. Goodrum and K. Martin, "Bringing fashion out of the closet: Classification structure for the Drexel Historic Costume Collection", in *American Society far Information Science. Bulletin of the American Society far Information Science*, vol.25, 1999, pp.21-23.
162. S. Ditlea, "Digital deep space", in *Technology Review*, vol.103, 2000, pp.108-109.
163. L. J. Goff, "IT's a Zoo at New York's Wildlife Conservation Society", *Computer World*, 2001.
164. M. Misek, "Art and technology? Zuma Digital, the Guggenheim, and the Premises of a paradox", in *E Media Professional*, vol.12, 1999, pp.28-29.
165. eyefortravel.com, "Timberland Forms Alliance With Gorp.Com: Bringing the outdoor playground online for outdoor enthusiasts world-wide", *http://www.eyefartravel.com/index.PSA?news=16049&src=nwsltr*, 2001.
166. J. Kelly, "Looking to sports for development dollars", in *The American City & County*, vol.115, 2000, pp.20-21.
167. T. Sullivan, "At your Web service", *The InfoWorld.com Network*, 2001
168. Canadian Travel Press, "Web Site Designed Far Divers", *Canadian Travel Press*, vol.32, pp.14, 2000.
169. G. Evans, "Networking for Growth and Digital Business: Local Urban Tourism D. SMTEs and TIC", in *Information and Communications Technologies in Tourism 1999*, P. J. Sheldon, K. W. Wöber, and D. R. Fesenmaier, Eds. Wien: Springer Verlag/Wien New York, 1999
170. eyefortravel.com, "Travelocity and TravelCLICK Team Up", 2001.
171. eyefortravel.com, "Viator Partners With Travelocity To Offer Booking For Destination Activities Worldwide", *http://www.eyefartravel.com/index.PSA?news=16048&src=nwsltr*, 2001.
172. G. A. Lyons, "Developing Rural Tourism Destinations: Implications for, and of, Information Systems", in *Information and Communication Technologies in Tourism 2000 – Proceedings of the International Conference in Barcelona, Spain 2000*, D. R. Fesenmaier, S. Klein, and D. Buhalis, Eds. Wien: Springer, 2000, pp.241-242.

edelbra

Impressão e acabamento:
E-mail: edelbra@edelbra.com.br
Fone/Fax: (54) 321-1744

Filmes fornecidos pelo Editor.